普通高等教育电子电气信息类应用型本科教材

信号与系统应用分析

Application Analysis on Signals & Systems

主　编　肖尚辉
副主编　邓　凯　吴和静　刘亚娟

科学出版社
北京

内 容 简 介

本书内容包括：信号与系统基本概念，信号与系统时域应用分析方法，傅里叶变换与频域应用分析方法，拉普拉斯变换与 s 域应用分析方法，z 变换与 z 域应用分析方法，典型应用实例与 MATLAB 辅助分析。全书精简理论推导，注重面向工程应用，叙述简明易懂，内容精炼，专业英文穿插其中，每章增加与教学有关的英文资料“科学家之路”与部分英文拓展习题，以便同步融合专业英语教学。此外，书中引入了 MATLAB 辅助分析设计方法，对部分典型应用实例进行了模拟分析与设计实现，便于读者对信号、系统工程应用的理解和掌握。

本书可作为普通高等院校电子、电气信息类专业“信号与系统”课程的教材，也可供有关工程技术人员参考。

图书在版编目（CIP）数据

信号与系统应用分析/肖尚辉主编. —北京：科学出版社，2015.2（2025.1 重印）

普通高等教育电子电气信息类应用型本科教材

ISBN 978-7-03-043581-1

Ⅰ.①信…　Ⅱ.①肖…　Ⅲ.①信号系统–高等学校–教材　Ⅳ.①TN911.6

中国版本图书馆 CIP 数据核字（2015）第 042714 号

责任编辑：李小锐 / 责任校对：彭　映

责任印制：罗　科 / 封面设计：墨创文化

科 学 出 版 社 出版

北京东黄城根北街 16 号

邮政编码：100717

http://www.sciencep.com

成都锦瑞印刷有限责任公司印刷

科学出版社发行　各地新华书店经销

*

2015 年 2 月第 一 版　开本：787×1092 1/16

2025 年 1 月第十次印刷　印张：14 3/4

字数：340 000

定价：36.00 元

（如有印装质量问题，我社负责调换）

前 言

“信号与系统”是高等院校电子科学与技术、通信工程、电子信息工程、自动化、信息工程、生物医学工程等专业一门非常重要的专业核心基础课程。该课程涉及的信号、系统分析方法应用领域非常广泛，几乎遍及电类和非电类的各个工程技术领域，对信号特征在不同域的应用分析显得尤为重要。但目前大多数教材都偏重对信号与系统理论知识的阐述和复杂数学知识的推导，增加了学生学习的难度，进而影响了学生学习的积极性。鉴于此，编者结合多位一线教师的教学经验，以及多年来专业建设改革的成果，编写了这本既理论知识够用，又突出工程应用，而且让学生好学、易学的教材。

本书属于工程应用型教材，在编写过程中，只包含读者应该掌握的信号与系统基本知识和不同域的基本分析方法，并力求在对信号与系统基本原理、基本概念、基本方法的融会贯通、深入理解基础上，将这些知识与工程应用分析有机结合起来，做到有理、有据、有条理，逻辑关系清楚，使读者容易理解，不会感到学习信号与系统是一件困难的事情。结构安排上注重重点突出、难点分散，强调数学表达与物理概念并重，力求实现原理、方法与应用的有机结合。同时，本书还精心选编了大量的例题和习题（包括拓展英文习题），并配备了部分参考答案，有利于培养学生分析问题和解决问题的能力，也为进一步学习后续数字信号处理的内容奠定了坚实的基础。

本书特色如下。

（1）在编写上注重实用性，突出教学实践环节及特点，可把学生引入实际的工程应用环境，强化学生实践能力。

（2）体现了“信号、系统不同域应用分析有机融合”的教学思想，融入了操作性强、贴近实践的应用实例，便于教师授课和启发学生思考。

（3）为有利于专业英语教学的有机融合，增加了关键术语的专业英语注释、一些扩展英文习题以及相关的著名科学家英文资料等。

（4）借助 MATLAB 工程辅助分析软件对信号与系统不同域分析中涉及的典型应用实例进行分析与设计实现，实现了分析方法与工程实际的结合，从而为有效的学习和理解分析方法提供了新的手段。

（5）注重教材的适用性，在总体结构上力求简明，章节内容安排上既注重了课程体系的连贯性，又保持了一定的独立性，以适应不同的教学要求和教学计划。

本书由肖尚辉编写了第 1 章、第 5 章，刘亚娟编写了第 2 章、第 4 章，邓凯编写了第 3 章、第 6 章。全书由肖尚辉提出编写思路和大纲，并进行了内容的集成、整理和编辑。吴和静对全书的专业英文注释和英文资料进行了补充和完善，并对全书进行了校对。本书可作为高等院校，特别是普通新建本科院校、高职高专院校电子类应用型专业“信号与系统”专业核心课程教材，诸如信息工程、电子信息科学与技术、电子信息工程、通信工程、自动化、生物医学工程、电子信息工程技术、应用电子技术、通信技术等专业，也可供从事相关专业的科技工作者参考。本书的出版得到了四川省专业综合改革立项项目和卓越工程师教育培养计划项目建设经费的大力支持，在此特表示感谢！

由于作者水平有限，书中难免存在疏漏，恳请广大读者批评指正。

编　者

2014 年 12 月

目录

第 1 章　信号与系统基本概念

教学目标

通过本章的学习，理解信号与系统的基本概念，掌握 LTI 系统的性质；熟练掌握在系统分析中经常使用的两个最基本的信号——冲激信号 $\delta(t)$、$\delta(n)$ 和阶跃信号 $u(t)$、$u(n)$；掌握信号运算及其相关的波形变换；理解系统的描述与分析方法。

信号与系统是通信和电子信息专业的核心基础课，其中的概念和分析方法广泛应用于通信、自动控制、信号与信息处理、电路与系统等领域。在不同的领域，虽然它们的物理属性和表现形式各不相同，然而它们的基本含义是相同的。本章主要介绍信号与系统的基本概念及其分类，着重介绍信号与系统分析的基本内容和方法。

1.1　信号的定义与分类

1.1.1　信号的定义

信号（signal）是运载消息的工具，也是消息（message）的载体（carrier）。

从广义上讲，信号包含光信号、声信号和电信号等。例如，古代人利用烽火台上的滚滚狼烟，向远方军队传递敌人入侵的消息，这属于光信号；当我们说话时，声波传递到他人的耳朵，使他人了解我们的意图，这属于声信号；遨游太空的各种无线电波、四通八达的电话网中的电流等，都可以用来向远方表达各种消息，这属电信号。人们通过对光、声、电信号进行接收，才知道对方要表达（或传递）的消息。

消息的传送一般都不是直接进行的，它必须借助一定形式的信号（光信号、电信号、声信号等），才能传输和进行各种处理。因而，严格地说，信号是消息的表现形式与传送载体，而消息则是信号的具体内容。

在数学上，随时间或其他自变量变化的信号可以用函数的形式来表示。根据自变量个数的不同可分为：一维信号，记为 $f(x)$（其中，x 表示自变量），如语音信号，其声压信号是随时间 x 变化的一维信号；二维信号，记为 $f(x,y)$（其中，x、y 表示自变量），如黑白图像信号，其亮度信号是随空间位置变化的二维信号；多维信号，记为 $f(x,y,z,\cdots)$。

本书主要分析随时间变化的一维信号，工程上其他非电信号可转换为电信号进行传输、处理。由于信号是随时间变化的，在数学上可以用时间 t 的函数表示，如 $f(t)$、$y(t)$。

我们所研究的信号除了可以用函数描述外，还可以通过波形图进行描述。波形图可以直观地给出信号的变化规律和特性。

1.1.2　信号的分类

按信号的确定性划分，信号可分为确定性信号和随机信号两类。

确定性信号：可以用明确的数学关系表示或者用图表描述的信号称为确定性信号。如正弦信号、周期脉冲信号等。图 1-1 和图 1-3 给出的信号均为确定性信号。

随机信号：不能用确定的数学关系式来描述，不能预测其未来任何瞬时值，任何一次观测只代表其在变动范围中可能产生的结果之一，其值的变动服从统计规律。随机信号不是时间的确定函数，其在定义域内的任意时刻没有确定的函数值。通常这类信号只知道它取某一数值的概率，如噪声信号（图 1-2）等。

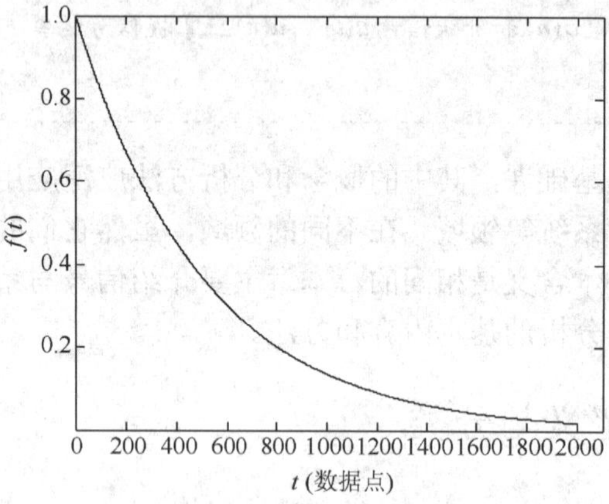

图 1-1　确定性信号

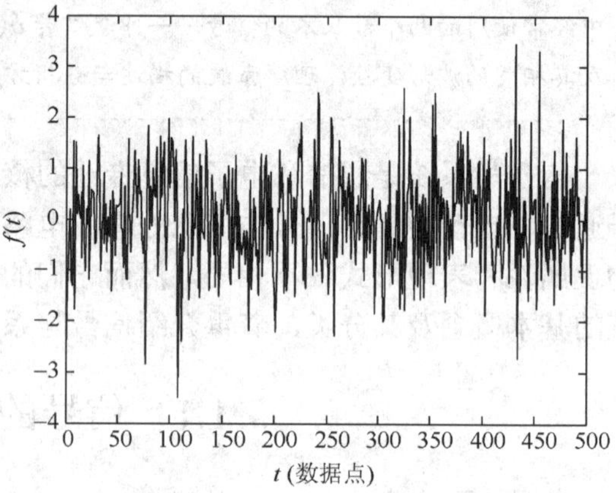

图 1-2　随机信号

通信系统中所传输的信号带都有不确定性，接收者在收到所传送的消息之前，对信息源所发出的消息是未知的，否则，接收者就不可能由它得知任何新的消息，也就失去通信的意义。另外，信号在传输过程中难免受各种干扰和噪声的影响，将使信号产生失真。所以，一般的通信信号都是随机信号。但是，在一定条件下，随机信号也表现出某些确定性，通常把在较长时间内比较确定的随机信号，近似地看做确定性信号。为使分析简化，本书只研究确定性信号。

确定性信号按不同的特征可以分为连续时间信号与离散时间信号、周期信号与非周期信号、能量信号与功率信号。

1. 连续时间信号与离散时间信号

连续时间信号（continuous signal）是指在所讨论的时间内，对任意时刻值除若干不连续点外都有定义的信号，也就是说在观测过程的连续时间范围内信号有确定的值，允许在其时间定义域上存在有限个间断点，通常用 $f(t)$ 表示。连续信号的幅值可以是连续的，如图 1-3（a）所示；也可以是离散的（只取某些规定的值），如图 1-3（b）所示。

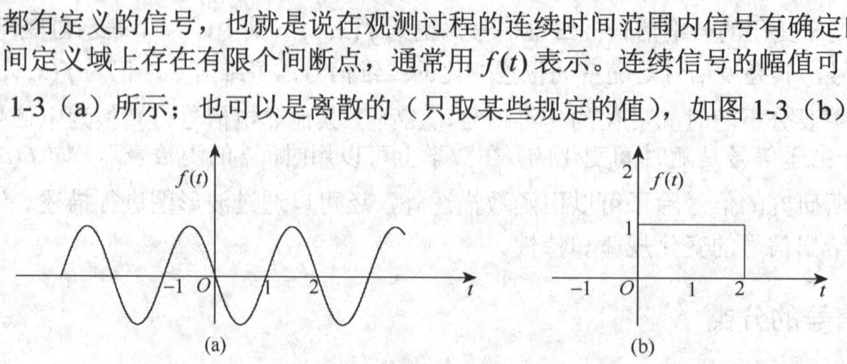

图 1-3　连续信号

离散时间信号（discrete signal）是指只在某些不连续规定的时刻有定义，而在其他时刻没有定义的信号，或者说信号仅在规定的离散时刻有定义，通常用 $f(n)$ 表示。图 1-4 为离散信号。图 1-4（b）信号 $f(n)$ 只在 $n=0,1,2,3,\cdots$ 等离散时刻才给出函数值。这种信号又可称为**离散序列**。

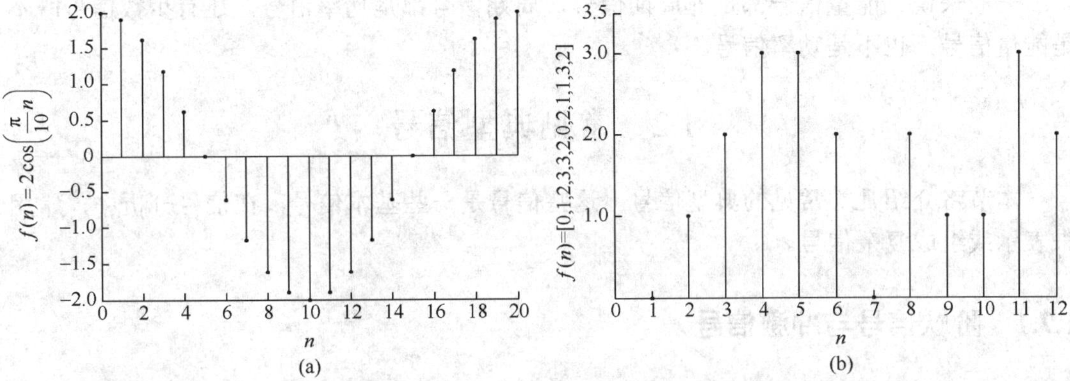

图 1-4　离散信号

模拟信号：时间和取值都连续的信号。如图 1-1 和图 1-3（a）所示。

数字信号：时间和取值都离散的信号。如图 1-4（b）所示。

2. 周期信号与非周期信号

周期信号（periodic signal）：瞬时幅值随时间重复变化的信号。一般表达式为

$$f(t)=f(t+kT),\quad k=0,\pm1,\pm2,\cdots \tag{1-1}$$

$$f(n)=f(n+kN),\quad k=0,\pm1,\pm2,\cdots \tag{1-2}$$

满足此关系式的最小 T（或 N）值称为信号的周期。只要给出此信号在任一周期内的变化过程，便可确知它在任一时刻的数值。图 1-3（a）是连续周期信号，图 1-4（a）是离散周期信号。

非周期信号（aperiodic signal）：瞬时幅值随时间不具有周而复始特性的信号。如图 1-1 和图 1-3（b）所示。

3. 能量信号与功率信号

若将信号 $f(t)$ 看做电流或电压信号，将信号在 $(-\infty,+\infty)$ 时间间隔内通过 1Ω 电阻上所消耗的能量，称为归一化能量，即

$$E=\int_{-\infty}^{+\infty}\left|f(t)\right|^2\mathrm{d}t \tag{1-3}$$

而在 1Ω 电阻上所消耗的平均功率称为归一化功率，即

$$P=\lim_{T\to\infty}\frac{1}{2T}\int_{-T}^{T}\left|f(t)\right|^2\mathrm{d}t \tag{1-4}$$

同理，对于离散时间信号 $f(n)$，归一化能量 E 与归一化功率 P 的定义分别为

$$E=\sum_{n=-\infty}^{+\infty}\left|f(n)\right|^2 \tag{1-5}$$

$$P=\lim_{N\to\infty}\frac{1}{2N+1}\sum_{n=-N}^{N}\left|f(n)\right|^2 \tag{1-6}$$

能量信号：归一化能量为非零的有限值，且其归一化功率为零的信号。

功率信号：归一化功率为非零的有限值，且其归一化能量为无限值。

一般来说，能量信号都是非周期信号，周期信号都是功率信号。还有少数信号既不是能量信号，也不是功率信号。

1.2　常见典型信号

本节将介绍几类常见的典型信号。这些信号是一些基本信号，在信号分析中，常用来表示或组成复杂信号。

1.2.1　阶跃信号与冲激信号

这类信号又称为奇异信号。与普通信号不同，这些信号可能本身存在不连续点（跳变点）或其导数与积分有不连续点的情况，这些典型信号都是一些抽象的数学模型。阶跃信号与冲激信号是两种最重要的理想信号模型。

1. 单位阶跃信号

单位阶跃信号是一个具有单边特性的信号，如图 1-5 所示。函数表示为

$$u(t)=\begin{cases}1, & t>0\\ 0, & t<0\end{cases} \tag{1-7}$$

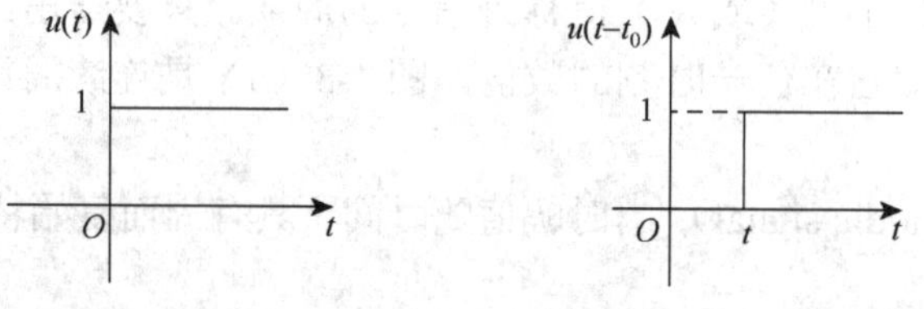

(a) 单位阶跃信号　　(b) 延迟单位阶跃信号 ($t_0>0$)

图 1-5　各类阶跃信号的波形图

从图 1-5（a）中可以看出，该单位阶跃信号在 $t=0$ 处发生跃变，此处的函数值一般不定义。若跃变点从 $t=0$ 改为 $t=t_0$（图 1-5（b）），记为 $u(t-t_0)$，称为延迟单位阶跃函数。

$$u(t-t_0)=\begin{cases}1, & t>t_0\\ 0, & t<t_0\end{cases} \tag{1-8}$$

阶跃信号的引入表现出信号的单边特性，如图 1-6 所示。即信号在某接入时刻 t_0 以前的幅度为零。利用这一特性，可以方便地表示信号的接入特性。如 $e^{-2t}u(t)$ 表示信号 e^{-2t} 在 $t=0$ 时刻加入系统中；$e^{-2t}[u(t)-u(t-2)]$ 表示信号 e^{-2t} 作用于系统仅仅在 $0\leqslant t\leqslant 2$ 区间内。

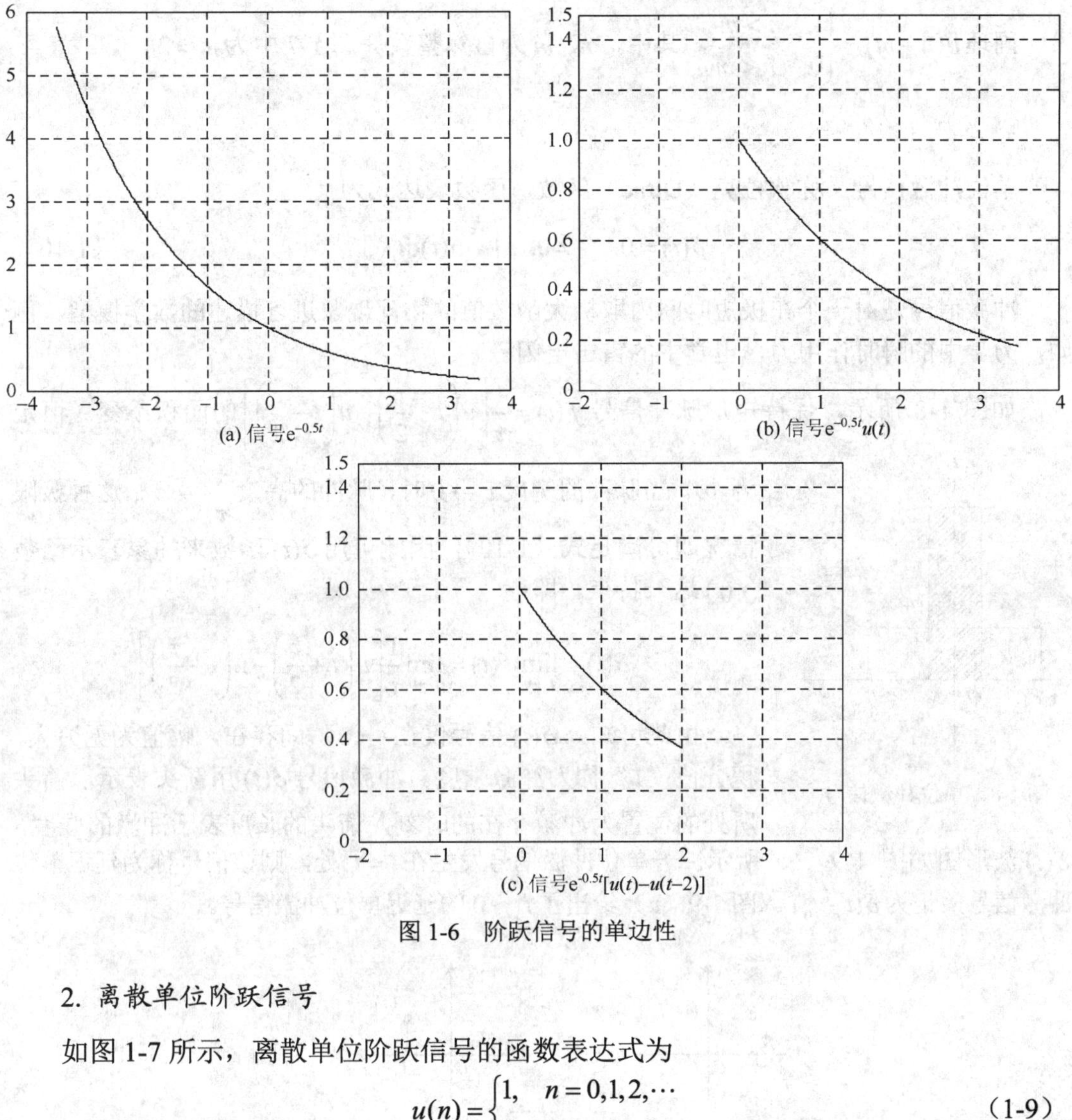

(a) 信号$e^{-0.5t}$　(b) 信号$e^{-0.5t}u(t)$

(c) 信号$e^{-0.5t}[u(t)-u(t-2)]$

图 1-6　阶跃信号的单边性

2. 离散单位阶跃信号

如图 1-7 所示，离散单位阶跃信号的函数表达式为

$$u(n)=\begin{cases}1, & n=0,1,2,\cdots \\ 0, & n=-1,-2,\cdots\end{cases} \tag{1-9}$$

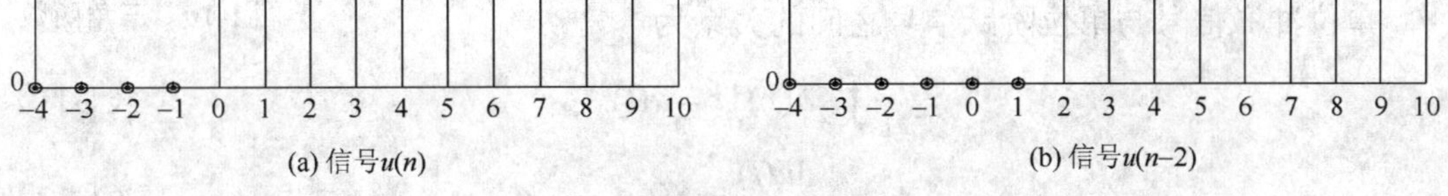

(a) 信号$u(n)$　(b) 信号$u(n-2)$

图 1-7　离散单位阶跃信号

同理$u(n-m)=\begin{cases}1, & n>m\\ 0, & n<m\end{cases}$，其中，$n$、$m$为自然整数。图 1-7 中为$m=2$。

3. 单位冲激信号

单位冲激信号又称狄拉克（Dirac）函数，函数表达式为

$$\delta(t)=0,\quad t\neq 0,\quad \int_{-\infty}^{+\infty}\delta(t)\mathrm{d}t=1 \tag{1-10}$$

冲激信号是对一个在极短时间内取极大函数值的物理现象进行描述的数学模型。例如，力学中的瞬时作用力，电学中的雷击电闪等。

如图 1-8 所示，保持矩形脉冲信号$f(t)=\frac{1}{\tau}\left[u\left(t+\frac{\tau}{2}\right)-u\left(t-\frac{\tau}{2}\right)\right]$的面积不变（恒定为 1）。当脉冲的宽度$\tau\to 0$时，脉冲的高度$\frac{1}{\tau}\to\infty$。这种极限情况即可满足式（1-10），因此可用$\delta(t)$函数来抽象表示函数$f(t)$这一特点。即

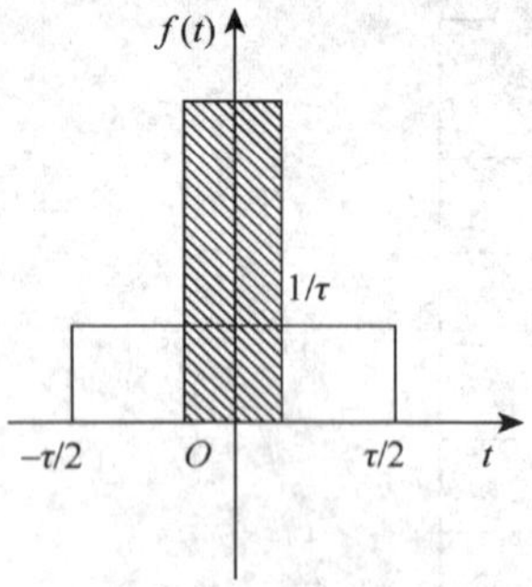

图 1-8　单位冲激信号

$$\delta(t)=\lim_{\tau\to 0}f(t)=\lim_{\tau\to 0}\frac{1}{\tau}\left[u\left(t+\frac{\tau}{2}\right)-u\left(t-\frac{\tau}{2}\right)\right]$$

由此可知：$\delta(t)$信号仅在$t=0$瞬间存在，幅值为无穷大，积分值“1”称为冲激强度。冲激信号$\delta(t)$用箭头表示，箭头所处的位置为冲激存在的时刻，箭头的长度表示冲激的强度，$\delta(t)$波形图如图 1-9（a）所示。若单位冲激信号发生在$t=t_0$处，则该信号称为延迟单位冲激信号，记为$\delta(t-t_0)$。图 1-9（b）给出了$t_0>0$的延迟单位冲激信号。

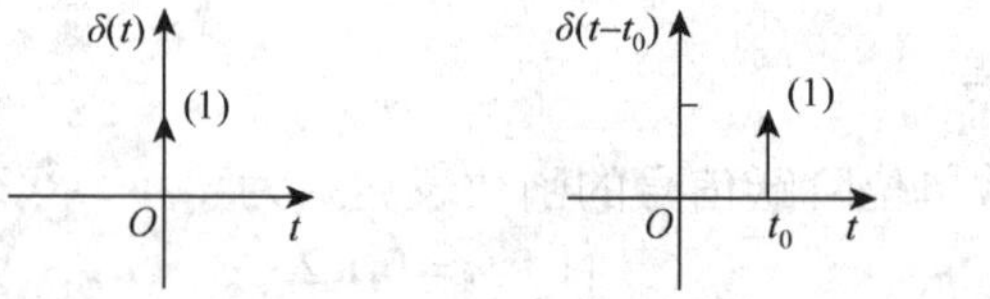

(a) 单位冲激信号　　(b) 延迟单位冲激信号 (t_0>0)

图 1-9　冲激信号

对于冲激信号的推导还可以使用其他函数，如面积为 1 的三角脉冲信号（图 1-10）。由图 1-10 可知$\int_{-\infty}^{\infty}f(t)\mathrm{d}t=1$，当脉冲的宽度$\tau\to 0$时，脉冲的高度$\frac{1}{\tau}\to\infty$。满足冲激信号的定义。

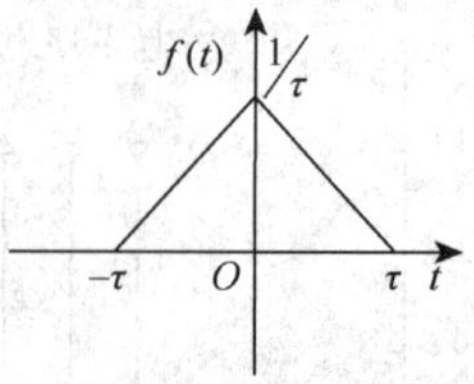

图 1-10　三角函数

单位冲激信号与单位阶跃信号之间的关系为

$$\int_{-\infty}^{t}\delta(\tau)\mathrm{d}\tau=u(t) \tag{1-11}$$

$$\frac{\mathrm{d}u(t)}{\mathrm{d}t}=\delta(t) \tag{1-12}$$

冲激信号的引入使得函数在不连续点处也存在导数值，例如，单位阶跃信号在$t \geqslant 0_+$，$u(t)=1$，而$t \leqslant 0_-, u(t)=0$，也就是阶跃信号在$t=0$存在跳变（不连续）。对阶跃信号$u(t)$进行微分，将在$t=0$处（不连续点）产生冲激信号（式（1-12））。

单位冲激信号的性质如下。

（1）冲激函数是偶函数：

$$\delta(-t)=\delta(t) \tag{1-13}$$

（2）冲激函数的抽样性（或称筛选性）。

若$f(t)$是一个在$t=0$处连续的函数，则有

$$f(t)\delta(t)=f(0)\delta(t) \tag{1-14}$$

同理可得到

$$f(t)\delta(t-t_0)=f(t_0)\delta(t-t_0) \tag{1-15}$$

根据式（1-14）和式（1-15），可得到两个重要的积分：

$$\int_{-\infty}^{+\infty} f(t)\delta(t)\mathrm{d}t=f(0) \tag{1-16}$$

$$\int_{-\infty}^{+\infty} f(t)\delta(t-t_0)\mathrm{d}t=f(t_0) \tag{1-17}$$

例 1-1　计算积分$\int_{-\infty}^{\infty}(2t^2+1)\delta(t-2)\mathrm{d}t$和$\int_{-1}^{1}(2t^2+1)\delta(t-2)\mathrm{d}t$。

解　由单位冲激信号$\delta(t)$的定义可知，只有在$t=2$取值才有意义，其他时刻全部为0。根据式（1-16）和式（1-17）有

$$\begin{aligned}&\int_{-\infty}^{\infty}(2t^2+1)\delta(t-2)\mathrm{d}t\\&=\int_{-\infty}^{\infty}(2\times 2^2+1)\delta(t-2)\mathrm{d}t\\&=9\times\int_{-\infty}^{\infty}\delta(t-2)\mathrm{d}t\\&=9\end{aligned}$$

$$\begin{aligned}&\int_{-1}^{1}(2t^2+1)\delta(t-2)\mathrm{d}t\\&=\int_{-1}^{1}(2\times 2^2+1)\delta(t-2)\mathrm{d}t\\&=9\times\int_{-1}^{1}\delta(t-2)\mathrm{d}t\\&=0\end{aligned}$$

4. 单位冲激序列

单位冲激序列$\delta(n)$的定义为

$$\delta(n)=\begin{cases}1, & n=0\\0, & n\neq 0\end{cases} \tag{1-18}$$

序列在$n=0$处取值为1，其他情况下取值为0。波形图如图 1-11（a）所示。图 1-11（b）给出了单位冲激序列的移位序列$\delta(n-n_0)$的波形图。

与冲激信号$\delta(t)$不同的是，$\delta(n)$在$n=0$处有确定取值，而$\delta(t)$是奇异函数，无具

体的定义。从图 1-7 和图 1-11 中分析可得 $\delta(n)$ 与 $u(n)$ 之间的关系。

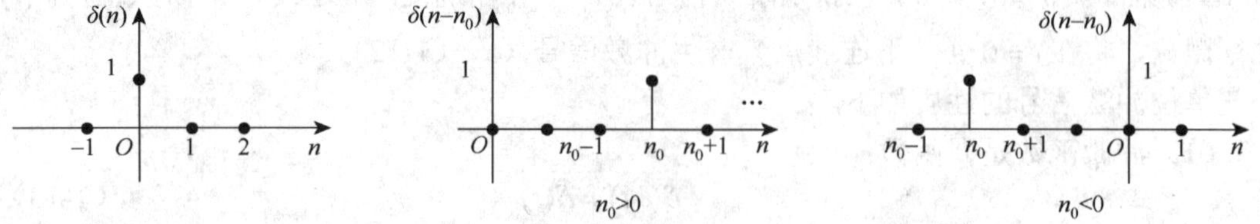

(a)　　(b)　　(c)

图 1-11　单位冲激序列

$$\delta(n)=u(n)-u(n-1) \tag{1-19}$$

$$u(n)=\delta(n)+\delta(n-1)+\delta(n-2)+\cdots=\sum_{k=0}^{+\infty}\delta(n-k) \tag{1-20}$$

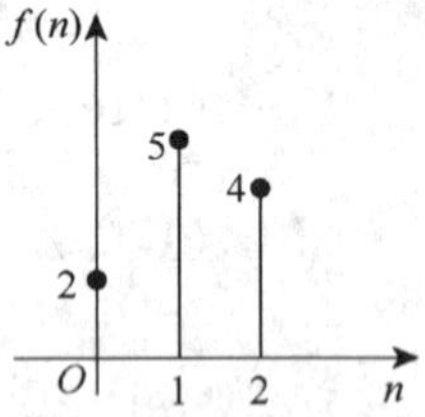

图 1-12　例 1-2 图

例 1-2　已知离散信号如图 1-12 所示，给出 $f(n)$ 的表达式。

解　可以将每个离散量用单位冲激序列表示。

当 $n=0$ 时，信号幅值为 2，表示为 $2\delta(n)$。

当 $n=1$ 时，信号幅值为 5，表示为 $5\delta(n-1)$。

当 $n=2$ 时，信号幅值为 4，表示为 $4\delta(n-2)$。

所以

$$f(n)=2\delta(n)+5\delta(n-1)+4\delta(n-2)$$

5. 单位斜坡信号

单位斜坡信号定义为

$$R(t)=\begin{cases}t, & t\geqslant 0\\ 0, & t<0\end{cases} \tag{1-21}$$

信号的波形如图 1-13 所示。

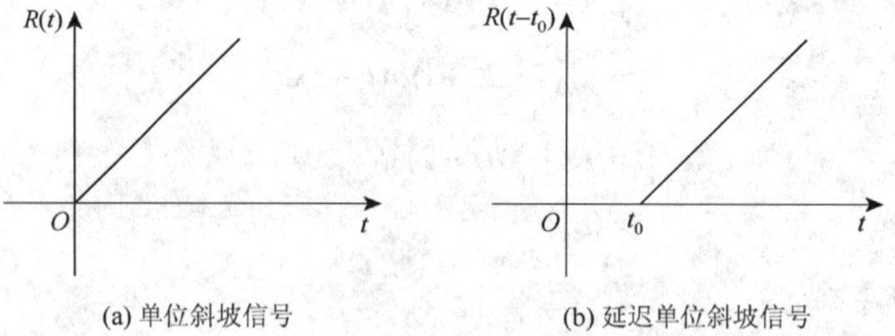

(a) 单位斜坡信号　　(b) 延迟单位斜坡信号

图 1-13　斜坡信号

单位斜坡信号与单位阶跃信号的关系为

$$\int_{-\infty}^{t}u(\tau)\mathrm{d}\tau=R(t) \tag{1-22}$$

$$\frac{\mathrm{d}R(t)}{\mathrm{d}t}=u(t) \tag{1-23}$$

6. 冲激偶函数

冲激信号的微分称为冲激偶函数，用 $\delta'(t)$ 表示。波形如图 1-14 所示。

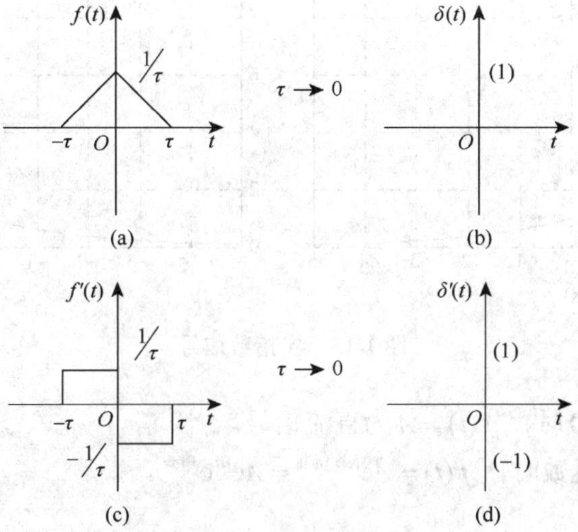

图 1-14　冲激偶函数

冲激偶函数的性质如下。

（1）冲激偶函数是奇函数：

$$\delta'(-t) = -\delta'(t) \tag{1-24}$$

$$\int_{-\infty}^{+\infty} \delta'(t)\mathrm{d}t = 0 \tag{1-25}$$

（2）信号与冲激偶函数相乘有

$$\begin{aligned}\int_{-\infty}^{+\infty} f(t)\delta'(t)\mathrm{d}t &= f(t)\delta(t)\Big|_{-\infty}^{\infty} - \int_{-\infty}^{+\infty} f'(t)\delta(t)\mathrm{d}t \\ &= f(0)\delta(t)\Big|_{-\infty}^{\infty} - \int_{-\infty}^{+\infty} f'(0)\delta(t)\mathrm{d}t \\ &= 0 - f'(0) \\ &= -f'(0)\end{aligned} \tag{1-26}$$

1.2.2　常见信号

1. 连续指数信号

$$f(t) = A\mathrm{e}^{st} \tag{1-27}$$

式中，A 为常数；$s = \alpha \pm \mathrm{j}\omega$ 为复数。根据 s 取值的不同，有以下几种不同情况。

（1）当 $\omega = 0$ 时，$f(t) = A\mathrm{e}^{st}$ 称为实指数信号。波形如图 1-15 所示。

（2）当 $\alpha = 0$ 为纯虚数时，$f(t) = A\mathrm{e}^{\pm\mathrm{j}\omega t}$。

欧拉公式：

$$\mathrm{e}^{\mathrm{j}\omega t} = \cos(\omega t) + \mathrm{j}\sin(\omega t), \quad \mathrm{e}^{-\mathrm{j}\omega t} = \cos(\omega t) - \mathrm{j}\sin(\omega t)$$

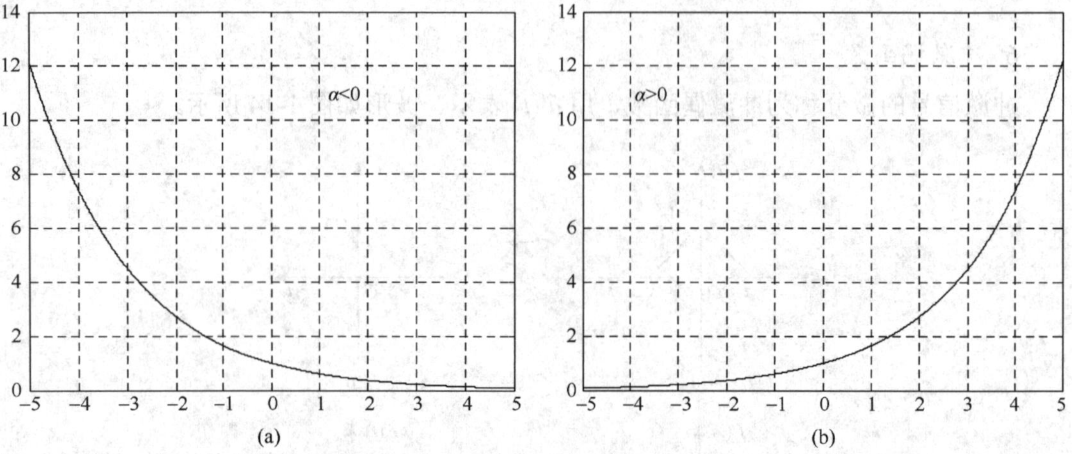

图 1-15　实指数信号

（3）当$\alpha=0,\omega=0$时，$f(t)=A$为直流信号。

（4）当s为一般复数时，$f(t)=A\mathrm{e}^{(\alpha\pm\mathrm{j}\omega)t}=A\mathrm{e}^{\alpha t}\mathrm{e}^{\pm\mathrm{j}\omega t}$。

2. 正弦信号

正弦信号的表达式为

$$f(t)=A\cos(\omega t+\phi),\quad -\infty<t<+\infty \tag{1-28}$$

式中，A为正弦信号的振幅；ω为正弦信号的角频率；ϕ为正弦信号的相位，均为实常数。如图 1-16 所示，其信号的周期$T=\dfrac{1}{f}=\dfrac{2\pi}{\omega}$。

3. 门函数

门函数的定义为

$$G_\tau(t)=\begin{cases}1, & |t|<\dfrac{\tau}{2}\\ 0, & |t|>\dfrac{\tau}{2}\end{cases} \tag{1-29}$$

门信号的波形如图 1-17 所示。

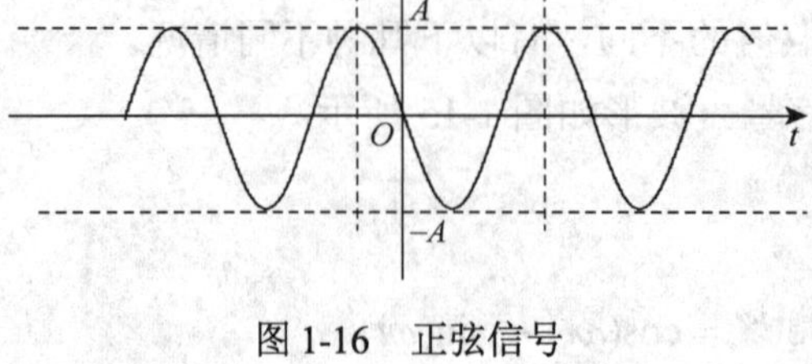

图 1-16　正弦信号

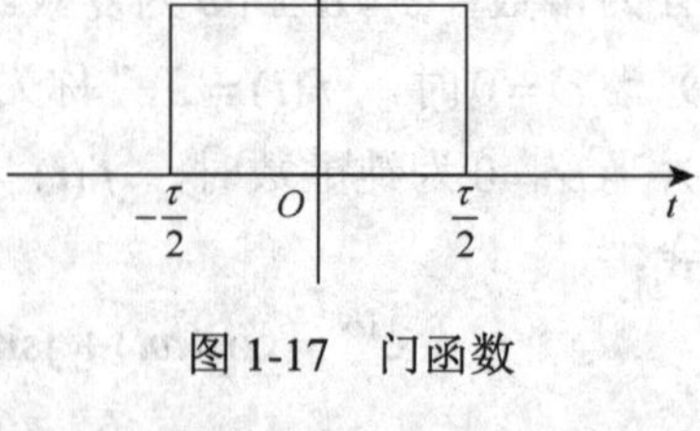

图 1-17　门函数

4. 抽样函数

抽样函数的定义为

$$\mathrm{Sa}(t)=\frac{\sin t}{t} \tag{1-30}$$

抽样函数的波形如图 1-18 所示。从图中可以看出，该函数有下列特点：

（1）$\mathrm{Sa}(t)$ 是偶函数；

（2）当 $t=0$ 时，取样函数 $\mathrm{Sa}(t)$ 有最大值，且最大值 $\mathrm{Sa}(t)\big|_{\max}=\lim\limits_{t\to 0}\frac{\sin t}{t}=1$；

（3）抽样函数随时间 t 呈衰减振荡变化，$\lim\limits_{t\to\pm\infty}\mathrm{Sa}(t)=0$；

（4）当 $t=\pm k\pi(k=1,2,3,\cdots)$ 时，$\mathrm{Sa}(t)=0$，称为抽样函数的过零点。

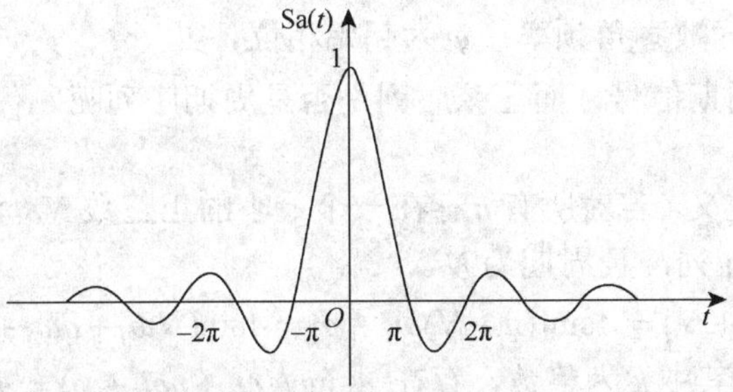

图 1-18　抽样函数

1.2.3　常见序列

1. 矩形序列

矩形序列又称为有限长脉冲序列。长度为 N 的有限长脉冲序列的定义为

$$f_N(n)=\begin{cases}1, & 0\leqslant n\leqslant N-1\\ 0, & 其他\end{cases} \tag{1-31}$$

波形图如图 1-19 所示。根据图形的特点，矩形序列可表示为

$$f_N(n)=u(n)-u(n-N)=\sum_{k=0}^{N-1}\delta(n-k)$$

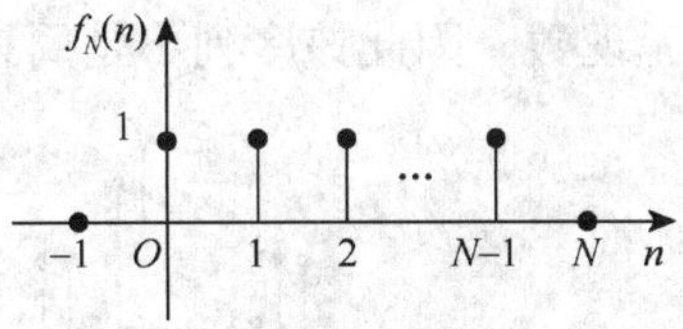

图 1-19　矩形序列

2. 实指数序列

指数序列定义为

$$f(n)=a^n u(n) \tag{1-32}$$

式中，a 为实数。当 $|a|>1$ 时，序列是发散的；当 $|a|<1$ 时，序列是收敛的。图 1-20 分别给出了两种情况下的实指数序列的波形图。

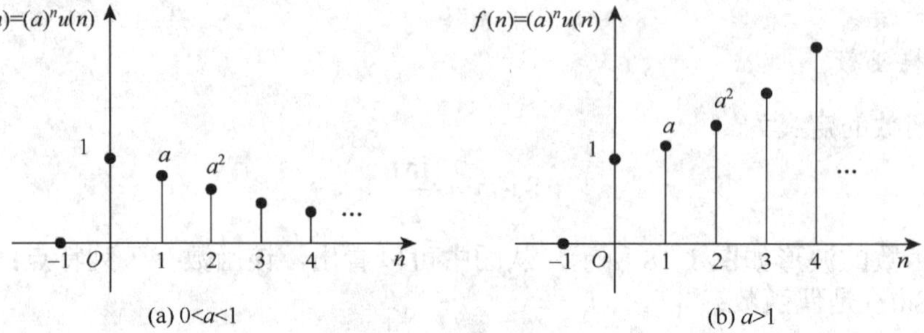

图 1-20　实指数序列

3. 正弦序列

正弦序列的定义为

$$f(n) = A\sin(n\omega_0 + \varphi) \tag{1-33}$$

式中，A 为幅度；ω_0 为数字角频率；φ 为起始相位。

连续正弦信号是周期信号，而正弦序列是否是周期序列呢？什么情况下正弦序列满足周期性呢？

根据周期信号的定义，若对所有 n 存在一个最小的正整数 N，满足 $f(n+N) = f(n)$，则称序列 $f(n)$ 是周期序列，且周期为 N。

$$f(n+N) = A\sin[(n+N)\omega_0 + \varphi] = A\sin(N\omega_0 + n\omega_0 + \varphi)$$

当 $N\omega_0 = 2\pi k$ 时，其中 k 为整数，存在 $A\sin(N\omega_0 + n\omega_0 + \varphi) = A\sin(n\omega_0 + \varphi)$，即满足 $f(n+N) = f(n)$。此时，序列 $f(n) = A\sin(n\omega_0 + \varphi)$ 为周期序列，周期 $N = \dfrac{2\pi k}{\omega_0}$（$N$、$k$ 必须为整数）。

例如，图 1-21（a）中，序列 $f(n) = \sin\left(\dfrac{\pi n}{5}\right)$，即 $\omega_0 = \dfrac{\pi}{5}$。分析：$N = \dfrac{2k\pi}{\omega_0} = \dfrac{2k\pi}{\frac{\pi}{5}} = 10k$ 为整数，所以此序列是周期序列，且周期 $N = 10$。

图 1-21（b）给出序列 $f(n) = \sin(2n)$，其中，$\omega_0 = 2$。分析：$N = \dfrac{2k\pi}{\omega_0} = \dfrac{2k\pi}{2} = k\pi$ 为无理数，因此该序列不是周期序列。

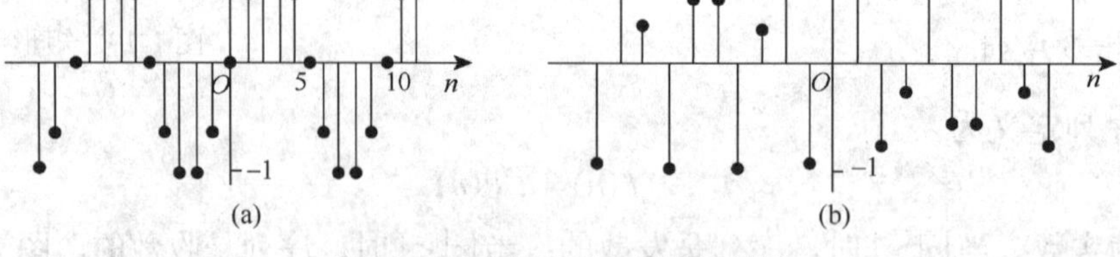

图 1-21　正弦序列周期性的判断

思考：一般正弦序列是从正弦信号中的时间间隔 T_s 抽样得来的，其表达式为

$$f(n)=\sin(\omega t)\big|_{t=nT_s}=\sin(\omega nT_s)=\sin(n\omega_0) \tag{1-34}$$

连续正弦信号的周期 $T=\dfrac{2\pi}{\omega}$ 和抽样的时间间隔 T_s 之间满足何种关系，抽样得到的正弦序列才是周期序列呢？

已知正弦周期序列必须满足 $\dfrac{2\pi}{\omega_0}$ 为正整数 N，根据表达式（1-34）可知 $\omega_0=\omega T_s$，$T=\dfrac{2\pi}{\omega}$，所以 $\dfrac{2\pi}{\omega_0}=\dfrac{2\pi}{\omega T_s}=\dfrac{T}{T_s}=N$。即 $\dfrac{T}{T_s}$ 为正整数时，抽样后的正弦序列也是周期信号。

1.3　信号的基本运算

在信号的传输与处理过程中往往需要进行信号的运算处理，以得到需要的信号。常见的运算有信号的相加与相乘、信号平移、尺度变换与反褶、信号的微分与积分。通过本节的学习熟悉在运算过程中表达式变换对应的波形图变换。

为表示方便，我们把连续时间信号 $f(t)$ 与离散时间信号 $f(n)$ 统一表示成 $f(\bullet)$。

1.3.1　信号相加与相乘

两信号相加或相乘的瞬时和或积等于同一瞬时时刻两信号所对应的值相加或相乘。

例 1-3　已知离散时间信号 $f_1(n)$ 和 $f_2(n)$，其波形图如图 1-22 所示。求

$$f_1(n)+f_2(n)，\quad f_1(n)f_2(n)$$

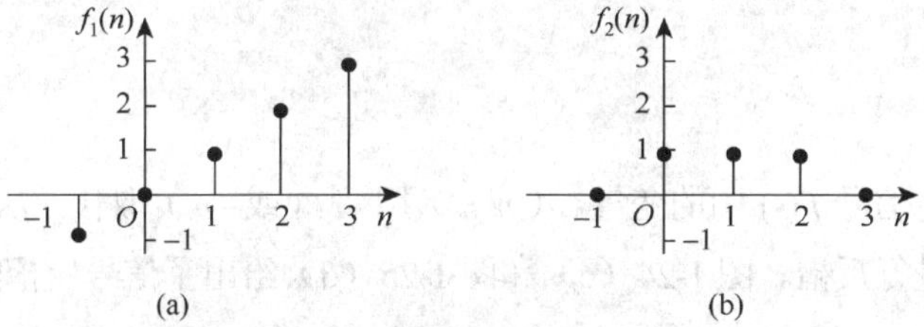

图 1-22　例 1-3 图

解　两信号相加（或相乘）注意对应时刻的值相加（或相乘），结果如图 1-23 所示。

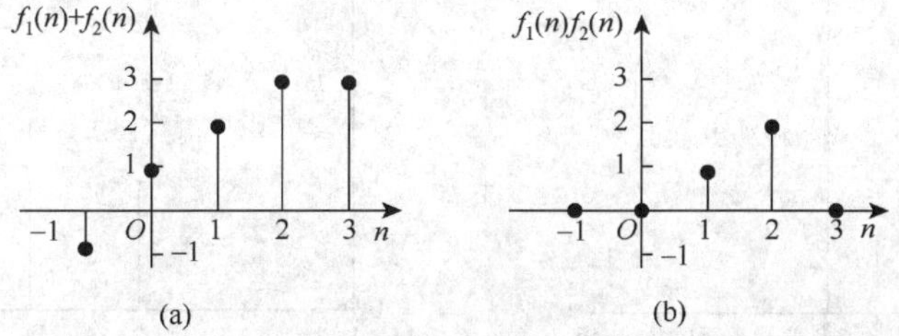

图 1-23　信号相加和相乘的结果

1.3.2　信号平移、反褶与尺度变换

信号平移、反褶与尺度变换均是针对时间变量t的运算。

1. 信号平移

信号平移就是将信号$f(\cdot)$中的变量t（或n）用$t-t_0$（或$n-N$）取代。从波形图上看，若$t_0>0$（或$N>0$），信号$f(\cdot)$右移a（或N）个单位；若$a<0$（或$N<0$），信号$f(\cdot)$左移a（或N）个单位。

例 1-4　$f(t)$的信号波形如图 1-24（a）所示，试画出$f(t-2)$的波形。

根据定义，只需将信号波形整体沿着横轴向右平移 2 个单位即可，如图 1-24（b）所示。

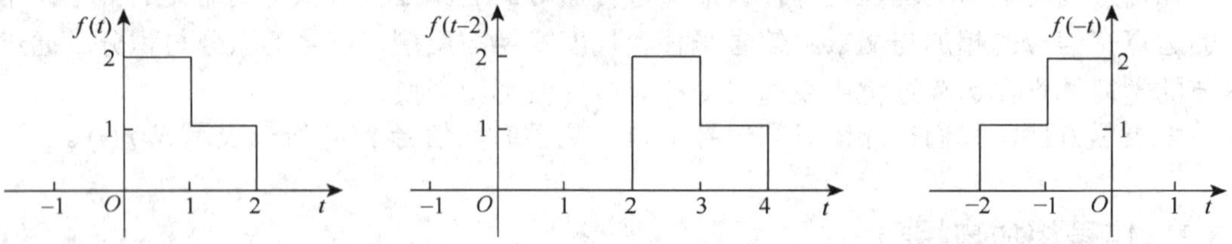

(a)　(b)　(c)

图 1-24　连续时间信号平移

对于离散时间信号$f(n)$进行平移，$f(n)$在 1 点的值为 1，其他如图 1-25（a）所示，注意平移量n_0一定要是整数。图 1-25 给出$f(n)$信号的平移信号。图 1-25（b）为$n_0=2>0$，信号$f(n)$沿着横轴向右移动 2 个单元；图 1-25（c）为$n_0=-3<0$，信号$f(n)$沿着横轴向左移动 2 个单元。

2. 信号反褶

信号反褶就是将信号$f(\cdot)$中的变量t（或n）用$-t$（或$-n$）取代。从波形图上看，就是以纵坐标为对称轴进行反褶。图 1-24（c）和图 1-25（d）给出了信号反褶的两个波形示例。

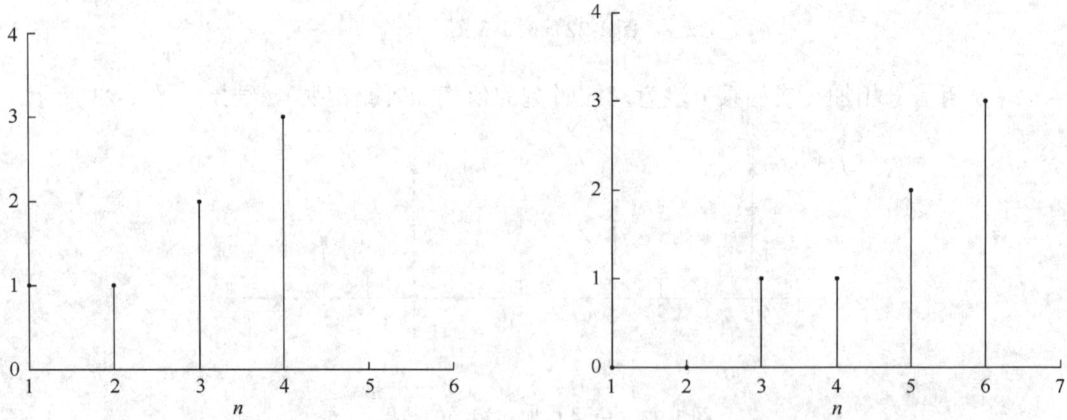

(a) $f(n)$　(b) $f(n-2)$

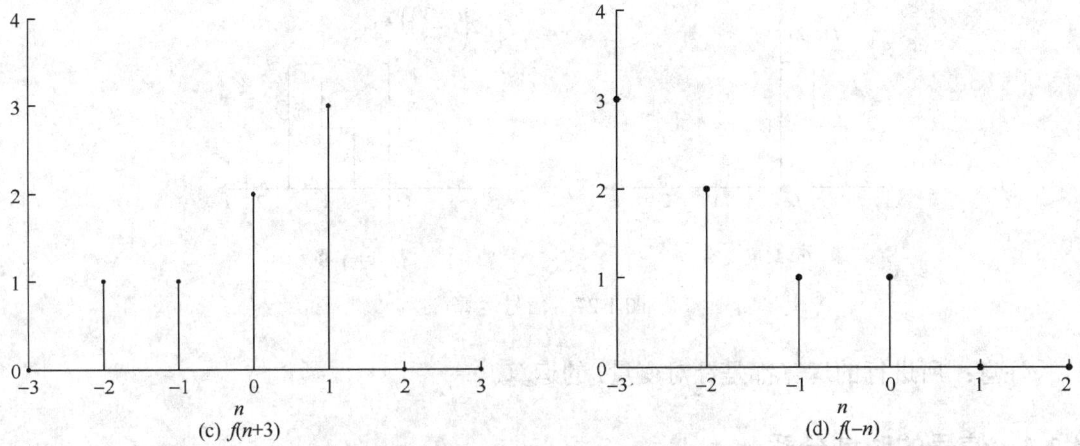

图 1-25　离散时间信号平移

3. 信号尺度变换

信号尺度变换只针对连续时间信号进行，而离散时间信号通常不作尺度变换运算。信号尺度变换是将信号 $f(t)$ 中的变量 t 用 at （$a>0$）来取代，得到信号 $f(at)$。从波形图上看，若 $a>1$ 时，信号 $f(at)$ 是将原信号 $f(t)$ 以原点为基准，沿横坐标压缩到原来的 $\frac{1}{a}$；当 $0<a<1$ 时，信号 $f(at)$ 是将原信号 $f(t)$ 以原点为基准，沿横坐标扩展到原来的 $\frac{1}{a}$ 倍。例如，信号 $f(t)$ 的波形图如图 1-24（a）所示，图 1-26 分别给出了信号 $f(2t)$ 和 $f\left(\frac{1}{2}t\right)$ 的波形。

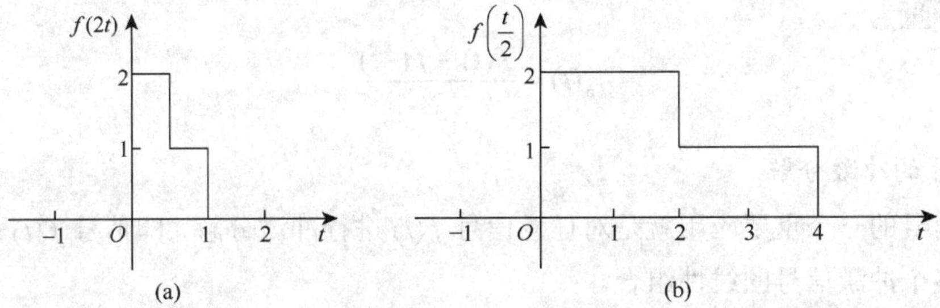

图 1-26　信号尺度变换

例 1-5　已知信号 $f(t)$ 的波形图如 1-24（a）所示，试画出信号 $f(-2t+3)$ 的波形图。

解　信号 $f(-2t+3)$ 包含对信号 $f(t)$ 的三种基本运算。运算顺序不同时，具体的运算过程会有所不同。下面给出其中的一种运算过程，其他情况读者自己完成。

（1）反褶：$f(-t)$，如图 1-24（c）所示。

（2）尺度变换：$f(-2\times t)$，如图 1-27（a）所示。

（3）平移：$f\left[-2\left(t-\frac{3}{2}\right)\right]$，如图 1-27（b）所示。

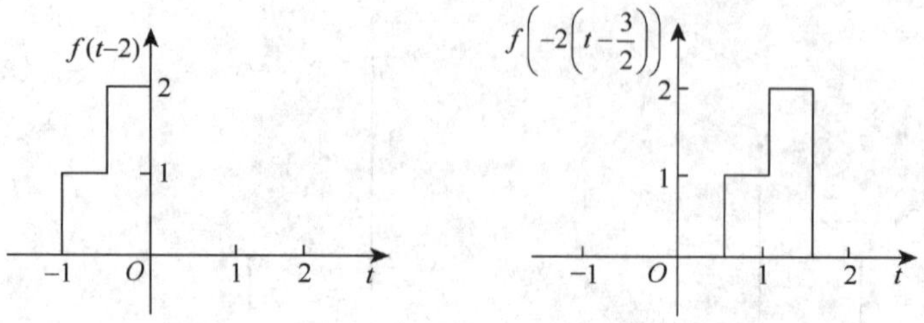

(a) 尺度变换 (b) 平移

图 1-27 信号运算

注意：所进行的运算都是针对变量 t 的运算。

1.3.3 信号的时域分解

信号的分解是信号分析的一个重要思路。信号的分解方法很多，可以进行时域、频域、复频域分解。

1. 奇分解与偶分解

任意信号 $f(t)$ 都可以分解为偶分量 $f_e(t)$ 和奇分量 $f_o(t)$ 之和，即

$$f(t)=f_e(t)+f_o(t)$$

因为

$$f(-t)=f_e(-t)+f_o(-t)=-f_e(t)+f_o(t)$$

所以信号的偶分量为

$$f_e(t)=\frac{f(t)+f(-t)}{2}$$

信号的奇分量为

$$f_o(t)=\frac{f(t)-f(-t)}{2}$$

2. 信号的冲激分解

冲激信号的一个重要应用就是对任意信号 $f(t)$ 进行冲激分解，即信号 $f(t)$ 均可以表示为无穷多个冲激信号的线性组合。

图 1-28（a）给出了信号 $f(t)$ 的波形图。信号 $f(t)$ 可以用台阶信号 $f_1(t)$ 逼近。台阶信号 $f_1(t)$ 又是由无限多个脉宽相等的矩形脉冲组合而成，其中，任意一个矩形脉冲的宽度为 τ，高度为 $f(n\tau)$。任意的矩形脉冲可由图 1-28（b）所示的矩形脉冲 $p_\tau(t)$ 来表示，由于矩形脉冲的幅度为 $1/\tau$，因此 $f_1(t)$ 中任意时刻 $n\tau$ 对应矩形脉冲可以表示为

$$\tau f(n\tau)p_\tau(t-n\tau)$$

台阶信号 $f_1(t)$ 由各矩形脉冲叠加起来，所以 $f_1(t)$ 可表示为

$$f_1(t)=\sum_{n=-\infty}^{+\infty} f(n\tau)\tau p_\tau(t-n\tau) \tag{1-35}$$

由图 1-28（a）可知，当 $\tau\to 0$ 时，$f_1(t)$ 逼近 $f(t)$；又因为 $\tau\to 0$ 时，$p_\tau(t)\to\delta(t)$，

$\tau \to d\tau$，$n\tau \to \tau$，所以，式（1-35）的离散和将变为连续和（积分），于是有

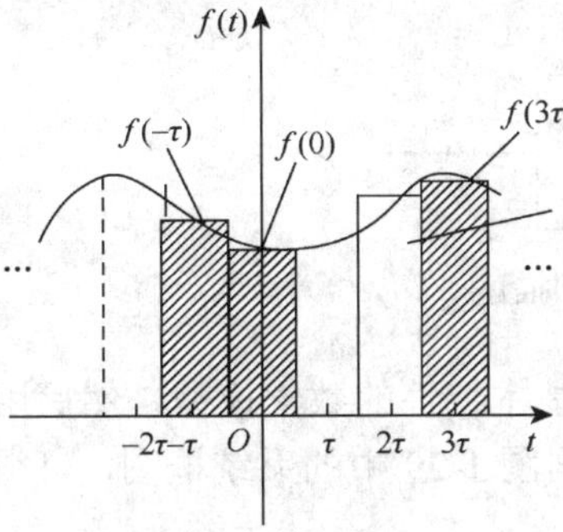

(a) 信号的纵向分解

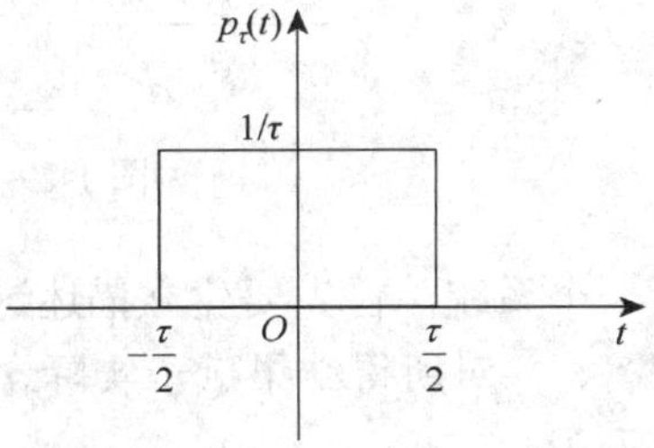

(b) 矩形脉冲

图 1-28　信号的冲激分解

$$f(t) = \lim_{\tau \to 0} f_1(t) = \int_{-\infty}^{+\infty} f(\tau)\delta(t-\tau)d\tau \tag{1-36}$$

即

$$f(t) = \int_{-\infty}^{+\infty} f(\tau)\delta(t-\tau)d\tau \tag{1-37}$$

式（1-37）说明：任意信号 $f(t)$ 可以看做无穷多个强度为 $f(\tau)d\tau$ 的冲激信号的线性组合，这称为信号的冲激分解。

事实上，根据 δ 函数的采样性质也可以得到上述结果（见单位冲激信号的卷积性质）。信号 $f(t)$ 的这种表示方法在系统分析中将有重要作用。

1.4　系统的描述与分类

信号并不是孤立存在的，信号总是在系统中产生又在系统中不断传递的。什么是系统（system）？系统是由若干互相作用和互相依赖的事物组合而成的具有特定功能的整体。例如，简单的电路，复杂的通信系统，大到整个生态系统、银河系等。系统的作用就是实现信号的传输、交换和处理。通常将施加于系统的作用称为系统的输入信号或激励，常用 $f(t)$ 表示；而将系统完成的功能称为系统的输出信号或响应，常用 $y(t)$ 表示。

系统的种类很多，如果按照输入输出的个数来分，可以分为单输入-单输出系统和多输入-多输出系统。单输入-单输出系统是指系统的输入（激励）信号和输出（响应）信号均只有一个；若输入或输出信号不唯一，则称为多输入-多输出系统。本书主要研究单输入-单输出系统。

1.4.1　系统的描述

当系统的输入信号、输出信号以及处理的信号均是连续信号时，该系统称为连续系统；当系统的输入信号、输出信号以及处理的信号均是离散信号时，该系统称为离散系统。通常情况下连续系统和离散系统常组合使用，这种系统称为混合系统。无论哪种系

统，系统的功能不尽相同，但其输入与输出的关系可以简单地表示为 $f(\cdot)\to y(\cdot)$，图 1-29 给出了系统的框图描述。

图 1-29　系统框图描述

要分析一个系统，首先要建立描述这个系统基本特性的数学模型，然后用数学方法求出它的解答，并对所得结果赋予实际含义。根据图 1-29 中的系统框图，可得到系统的一般数学模型为

$$y(t)=T[f(t)] \tag{1-38}$$

式中，T 代表系统的功能，将输入信号转换为需要的输出信号。

常用来描述系统的方法：为建立输入信号和输出信号所遵循的数学方程，即输入-输出方程。连续时间系统建立的是微分方程，离散时间系统建立的是差分方程。

图 1-30 所示的电路为连续系统，通过电路知识，可建立激励 $f(t)$ 与响应 $y(t)$ 所遵循的数学方程为 $\dfrac{\mathrm{d}y(t)}{\mathrm{d}t}+\dfrac{1}{RC}y(t)=\dfrac{1}{RC}f(t)$。银行按月结余可看做一个离散系统，设第 n 个月当中的净存款为 $f(n)$，作为系统的激励，第 n 个月月末的结余为 $y(n)$，作为系统的响应，银行的月利率为 2%，则得到的差分方程为 $y(n)-1.02y(n-1)=f(n)$。具体建立方法分别在第 2 章和第 5 章介绍。

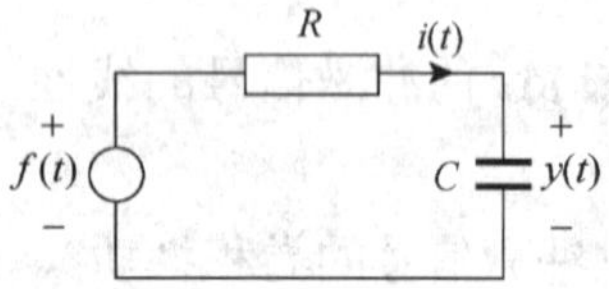

图 1-30　电路图

描述系统还可以用一些基本运算单元，如加法器、比例器、积分器、单位延迟器等，构成系统的模型图，从而反映出系统的运算关系。这些描述系统的方法是可以相互转化的，例如，给出系统模型图可写出系统方程，由系统方程可画出系统模型图。在信号与系统分析中，常用的基本运算单元如表 1-1 所示。

表 1-1　连续、离散系统的基本运算单元

	比例器	积分器/单位延时器	加法器
连续系统	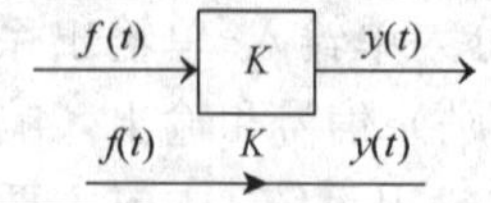		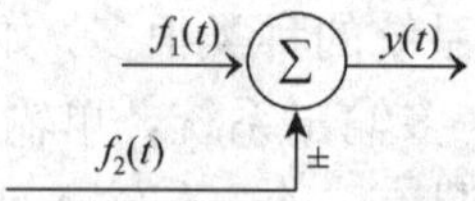
	$y(t)=Kf(t)$	$y(t)=\int_{-\infty}^{\infty}f(t)\mathrm{d}t$	$y(t)=f_1(t)+f_2(t)$
离散系统	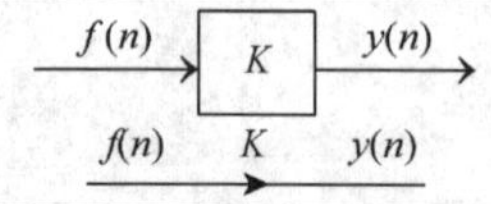	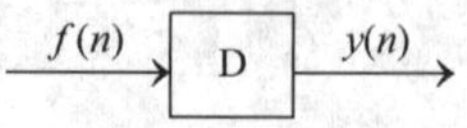	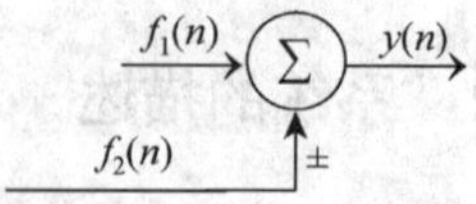
	$y(n)=Kf(n)$	$y(n)=f(n-1)$	$y(n)=f_1(n)+f_2(n)$

例 1-6　某系统如图 1-31 所示，由加法器、积分器和比例器三个基本运算单元组成，

试写出该系统输入-输出之间的关系式。

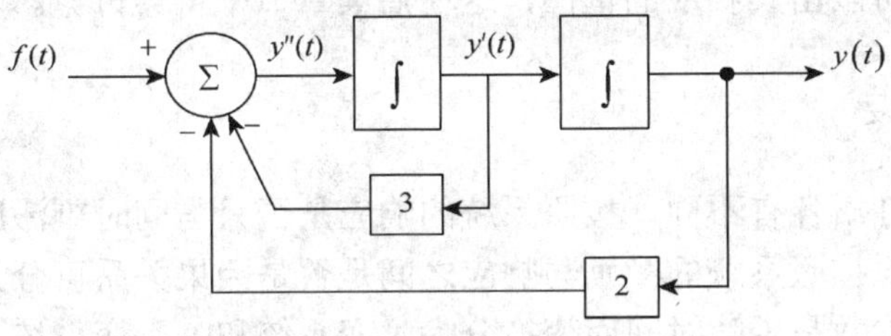

图 1-31　系统框图

解　最后输出信号为 $y(t)$，则第二个积分的输入信号为 $y'(t)$，第一个积分器的输入信号为 $y''(t)$。

根据加法器的输入和输出关系有

$$y''(t) = f(t) - 3y'(t) - 2y(t)$$

整理可得

$$y''(t) + 3y'(t) + 2y(t) = f(t)$$

即为此系统的输入输出关系。

例 1-7　某离散系统如图 1-32 所示，写出该系统的差分方程。

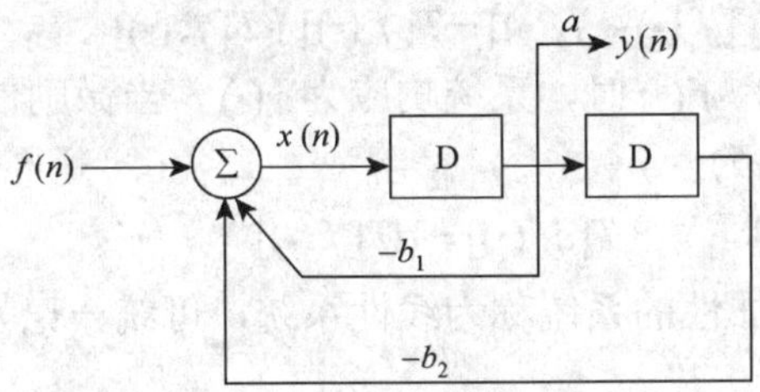

图 1-32　例 1-7 图

解　系统框图中有两个延迟单元，因此该系统是二阶系统。设第一个单位延迟器的输入为 $x(n)$，则第一个单位延迟器的输出为 $x(n-1)$，第二个单位延迟器的输出为 $x(n-2)$。

左方加法器的输出与输入的关系为

$$x(n) = f(n) - b_1 x(n-1) - b_2 x(n-2)$$

整理得

$$x(n) + b_1 x(n-1) + b_2 x(n-2) = f(n) \tag{1-39}$$

a 点的输出与输入的关系为

$$y(n) = x(n-1) \tag{1-40}$$

要得到该系统的差分方程需消除中间变量 $x(n)$ 及其移位项。由式（1-37）可得

$$y(n+1) + b_1 y(n) + b_2 y(n-1) = f(n) \tag{1-41}$$

整理可得

$$y(n) + b_1 y(n-1) + b_2 y(n-2) = f(n-1) \tag{1-42}$$

式（1-42）即为图 1-32 所示的离散系统的差分方程。

系统框图与系统的微分（或差分）方程之间的转换是相互的。若已知系统的微分（或差分）方程同样也可画出其相应的框图，这在后续章节中将会讨论。

1.4.2 系统的分类

系统的功能和性质各有不同。按照系统的响应是否只与同时刻激励有关可以分为动态系统与即时系统；按照系统的激励与响应之间是否是因果关系可分为因果系统和非因果系统；按照系统参数是否随时间而变换分为时变系统和时不变系统；按照系统是否满足线性关系可分为线性系统和非线性系统；按照系统有界的激励是否有有界的响应可分为稳定系统和非稳定系统。

1. 线性系统与非线性系统

线性系统是指具有线性特性的系统。所谓线性特性（linearity）包括齐次性（homogeneity）与叠加性（superposition property）。一个系统要是线性系统必须同时具备叠加性和齐次性。

叠加性：对于某系统，当激励信号为 $f_1(\bullet)$ 时，系统响应 $y_1(\bullet)=T[f_1(\bullet)]$；当激励信号为 $f_2(\bullet)$ 时，系统响应 $y_2(\bullet)=T[f_2(\bullet)]$；则激励信号为 $f_1(\bullet)+f_2(\bullet)$ 时，系统响应 $y_1(\bullet)+y_2(\bullet)$。记为

$$T[f_1(\bullet)+f_2(\bullet)]=T[f_1(\bullet)]+T[f_2(\bullet)] \tag{1-43}$$

齐次性：当激励信号为 $f(\bullet)$ 时，系统响应为 $y(\bullet)$，当激励信号为 $af(\bullet)$ 时，a 为任意常数，系统响应 $ay(\bullet)$。记为

$$T[af(\bullet)]=aT[f(\bullet)] \tag{1-44}$$

同时满足齐次性和叠加性的系统称为线性系统，可统一记为如下。

若

$$y_1(\bullet)=T[f_1(\bullet)],\quad y_2(\bullet)=T[f_2(\bullet)]$$

则对于任意常数 a_1 和 a_2，有

$$T[a_1f_1(\bullet)+a_2f_2(\bullet)]=a_1T[f_1(\bullet)]+a_2T[f_2(\bullet)] \tag{1-45}$$

一个系统是否为线性系统，还可以直接从其描述方程判断，若系统是线性代数方程或线性微（积）分方程或线性差分方程描述的，则该系统是线性的。

例 1-8 判断连续系统 $y(t)=f^2(t)$ 和离散系统 $y(n)=f(n)+2f(n-2)$ 是否为线性系统。

解 设连续系统 $y_1(t)=T\left[f_1(t)\right]=f_1^2(t)$，$y_2(t)=T\left[f_2(t)\right]=f_2^2(t)$，则当系统输入为 $a_1f_1(t)+a_2f_2(t)$（a_1、a_2 为任意常数）时，系统的输出 $y(t)$ 为

$$y(t)=T\left[a_1f_1(t)+a_2f_2(t)\right]=a_1^2f_1^2(t)+a_2^2f_2^2(t)+2a_1a_2f_1(t)f_2(t) \tag{1-46}$$

而

$$a_1T\left[f_1(t)\right]+a_2T\left[f_2(t)\right]=a_1f_1^2(t)+a_2f_2^2(t) \tag{1-47}$$

显然

$$T\left[a_1f_1(t)+a_2f_2(t)\right]\neq a_1T\left[f_1(t)\right]+a_2T\left[f_2(t)\right]$$

所以系统 $y(t)=f^2(t)$ 为非线性系统。

设离散系统

$$y_1(n)=T\left[f_1(n)\right]=f_1\ (n)+2f_1(n-2)$$

$$y_2(n)=T\left[f_2(n)\right]=f_2\ (n)+2f_2(n-2)$$

则当系统输入为 $a_1f_1(n)+a_2f_2(n)$（a_1、a_2 为任意常数）时，系统的输出 $y(t)$ 为

$$y(n)=T[a_1f_1(n)+a_2f_2(n)]=a_1f_1(n)+2a_1f_1(n\text{-}2)+a_2f_2(n)+2a_2f_2(n\text{-}2) \tag{1-48}$$

$$a_1y_1(n)+a_2y_2(n)=a_1f_1(n)+2a_1f_1(n\text{-}2)+a_2f_2(n)+2a_2f_2(n\text{-}2) \tag{1-49}$$

显然

$$T[a_1f_1(n)+a_2f_2(n)]=a_1y_1(n)+a_2y_2(n)$$

所以系统 $y(n)=f(n)+2f(n-1)$ 为线性系统。

2. 因果系统与非因果系统

因果系统（causal system）是系统在任何时刻的响应只决定于现在的激励以及过去的激励，与将来的激励无关。反之，系统则为非因果系统（noncausal system）。

系统因果性主要针对自变量为时间的工程应用，若自变量不是时间而是空间（如图像处理），因果性往往不是一个根本性的限制。

例 1-9　考虑下列系统是否是因果系统。

（1）$y(t)=x(t+1)$；

（2）$y(t)=x(t-1)$。

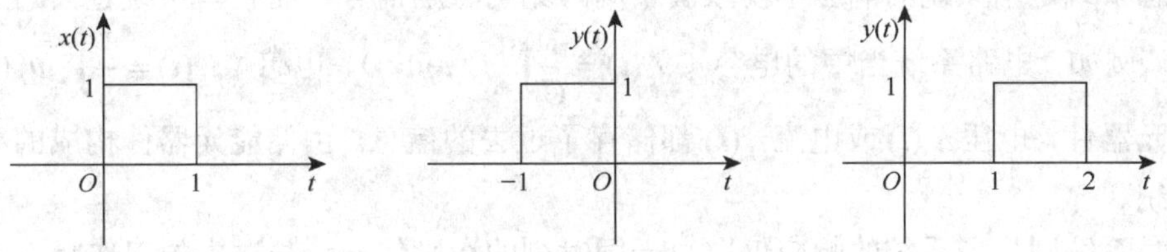

(a) 输入信号　(b) 响应信号　(c) 响应信号

图 1-33　例 1-9 图

解　输入信号如图 1-33（a）所示，对于系统（1）对应的输出信号如图 1-33（b）所示；比较图 1-33（a）和图 1-33（b）可以看出，在没有加入输入（激励）信号之前，已经有响应信号输出，即 $t<0$ 时刻输入信号为 $x(t)=0, y(t)\neq 0$，因此此系统是非因果系统。

同理，对于系统（2），如图 1-33（c）所示，响应信号的输出时间 $t\geqslant 1$ 在加入激励信号 $t\geqslant 0$ 之后，因此该系统是因果系统。

3. 时变系统与时不变系统

如果系统的参数不随时间而变化，则该系统称为时不变系统（time-invariant system）。若系统的参数随时间而变化，则该系统称为时变系统（time-varying system）。

若 $y(\cdot)=T\left[f(\cdot)\right]$，则有如下。

连续系统有

$$y(t-t_0)=T[f(t-t_0)] \tag{1-50}$$

离散系统有

$$y(n-n_0)=T[f(n-n_0)] \tag{1-51}$$

图 1-34 给出了时不变系统（连续系统）的直观描述图。时不变系统的一个重要特点是在同样起始状态下，系统响应波形与激励施加于系统的时刻无关。

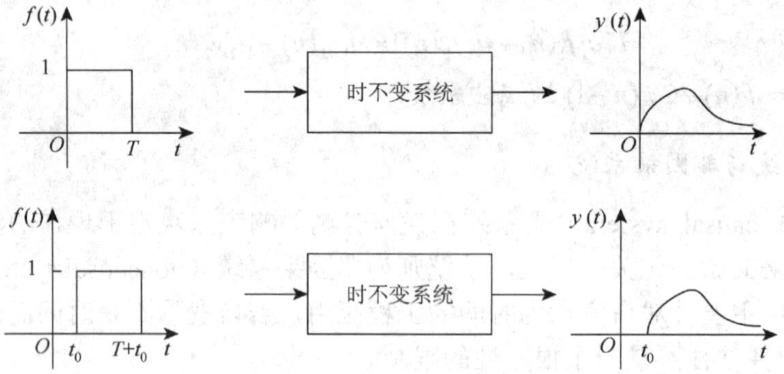

图 1-34　时不变系统

4. 动态系统与即时系统

动态系统是指系统的响应不仅取决于同时刻的激励信号，而且与系统过去的工作状态有关。例如，电路系统当中的电容（$u_c(t)=\dfrac{1}{C}\int_{-\infty}^{t}i_c(\tau)\mathrm{d}\tau$）、电感（$i_L(t)=\dfrac{1}{L}\int_{-\infty}^{t}u_L(\tau)\mathrm{d}\tau$）等储能元器件，电压 $u_c(t)$ 或电流 $i_L(t)$ 都储存了过去的信息。由储能元器件构成的系统是动态系统。

即时系统则是指系统的响应仅取决于同时刻的激励信号，与过去的工作状态无关。又称为无记忆系统。例如，电路系统当中的电阻元器件，$u_R(t)=Ri_R(t)$，电压仅取决于同时刻的电流。

同时满足线性和时不变性的系统称为线性时不变（linear time-invariant，LTI）系统。本书研究的系统主要就是线性时不变系统（包括连续系统和离散系统）。对于连续 LTI 系统还具有下列特性。

微分特性：如果激励信号为 $f(t)$，对应的响应信号为 $y(t)$，则当激励信号为 $f'(t)$ 时，其响应信号为 $y'(t)$，即

$$y(t)=T\left[f(t)\right]\Rightarrow y'(t)=T\left[f'(t)\right] \tag{1-52}$$

积分特性：如果激励 $f(t)$ 信号，对应的响应为 $y(t)$，则当激励信号为 $\int_{-\infty}^{t}f(\tau)\mathrm{d}\tau$ 时，其响应信号为 $\int_{-\infty}^{t}y(\tau)\mathrm{d}\tau$，即

$$y(t)=T\left[f(t)\right]\Rightarrow \int_{-\infty}^{t}y(t)\mathrm{d}t=T\left[\int_{-\infty}^{t}f(t)\mathrm{d}t\right] \tag{1-53}$$

例 1-10 若有线性时不变系统方程为 $\frac{\mathrm{d}y(t)}{\mathrm{d}t}+ay(t)=f(t)$ 在非零 $f(t)$ 作用下其响应 $y(t)=1-\mathrm{e}^{-t}$，试求方程 $\frac{\mathrm{d}y(t)}{\mathrm{d}t}+ay(t)=2f(t)+\frac{\mathrm{d}f(t)}{\mathrm{d}t}$ 的响应（提示：利用线性和微分特性）。

解 因为 $y(t)=1-\mathrm{e}^{-t}$ 是微分方程 $\frac{\mathrm{d}y(t)}{\mathrm{d}t}+ay(t)=f(t)$ 的解。

（1）依据线性系统的齐次性：$y_1(t)=2y(t)=2(1-\mathrm{e}^{-t})$ 是微分方程 $\frac{\mathrm{d}y(t)}{\mathrm{d}t}+ay(t)=2f(t)$ 的解。

（2）依据线性时不变性系统的微分特性：$y_2(t)=\frac{\mathrm{d}(1-\mathrm{e}^{-t})}{\mathrm{d}t}=\mathrm{e}^{-t}$ 是微分方程 $\frac{\mathrm{d}y(t)}{\mathrm{d}t}+ay(t)=\frac{\mathrm{d}f(t)}{\mathrm{d}t}$ 的解。

（3）依据线性的叠加性：$y(t)=y_1(t)+y_2(t)=2-2\mathrm{e}^{-t}+\mathrm{e}^{-t}=2-\mathrm{e}^{-t}$。

所以 $y(t)=2-\mathrm{e}^{-t}$ 是微分方程 $\frac{\mathrm{d}y(t)}{\mathrm{d}t}+ay(t)=2f(t)+\frac{\mathrm{d}f(t)}{\mathrm{d}t}$ 的解。

1.5 LTI 系统的分析方法

在系统分析中，LTI 系统的分析具有重要意义。系统分析就是对于给定的系统，求解在激励信号作用下的响应。总的分析思路为：任意复杂的激励信号可以分解为基本信号的组合形式。若基本信号经过系统的响应已知，根据 LTI 系统的特性，可将基本信号单独作用于系统的各响应合成该复杂激励信号作用于系统所引起的响应。

1.5.1 连续时间系统

对于连续时间系统，先建立描述系统输入-输出关系的数学模型——微分方程（具体方法将在第 2 章详细介绍）。求解微分方程的方法有时域分析方法和变换域分析方法。

时域分析方法是直接分析时间变量 t，研究响应的时域特性。求解微分方程的基本方法是微分方程的经典解法。本书重点介绍的时域分析方法是系统的卷积分析法。基本信号为冲激信号，任意激励信号可分解为一系列冲激信号的组合。若已知系统的冲激响应，则利用 LTI 系统的性质可以求得每个冲激信号单独作用于系统的响应，再将这些响应相加得到的就是系统对于该激励信号的零状态响应。这个运算过程表现为求卷积。所以卷积分析法就是：任意信号作用于系统所引起的零状态响应等于系统的冲激响应与激励的卷积。

变换域分析法就是将信号和系统模型的自变量 t 变换为其他变量函数，并研究它们的特性。方法有傅里叶变换和拉普拉斯变换。傅里叶变换以频率 ω 为自变量，用于分解的基本信号为正弦函数或指数函数。拉普拉斯变换以复数 s 为自变量，用于分解的基本信号为复指数函数。

1.5.2 离散时间系统

对于离散时间系统，也是先建立描述系统输入-输出关系的数学模型——差分方程。对于给定的激励，可通过求解差分方程得到系统的响应。求解差分方程的方法也有时域分析方法和变换域分析方法。

差分方程的经典解法是时域分析方法的基本方法。本书重点介绍的时域分析法是卷积和分析法。与连续系统类似，离散的激励信号可以分解为单位序列的组合形式。若系统的单位序列响应已知，根据 LTI 系统的性质，再将这些单位序列响应合成该激励信号作用于系统的零状态响应。这个运算过程表现为求卷积和。所以卷积和分析法就是：任意序列作用于系统的零状态响应等于激励与系统的单位序列响应的卷积和。

离散时间系统的变换域分析法是 z 域分析法。

科学家之路

保罗 · 狄拉克（**Paul Adrien Maurice Dirac**）

Paul Adrien Maurice Dirac (8 August 1902～20 October 1984) was an English theoretical physicist who made fundamental contributions to the early development of both quantum mechanics and quantum electrodynamics. He was the Lucasian Professor of Mathematics at the University of Cambridge, a member of the Center for Theoretical Studies, University of Miami, and spent the last decade of his life at Florida State University.

Among other discoveries, he formulated the Dirac equation, which describes the behaviour of fermions and predicted the existence of antimatter. Dirac shared the Nobel Prize in Physics for 1933 with Erwin Schrödinger, "for the discovery of new productive forms of atomic theory." He also did work that forms the basis of modern attempts to reconcile general relativity with quantum mechanics.

He was regarded by his friends and colleagues as unusual in character. Albert Einstein said of him "This balancing on the dizzying path between genius and madness is awful" referring to his autistic traits. His mathematical brilliance, however, means he is regarded as one of the most significant physicists of the 20th century.

In mathematics, the Dirac delta function, or δ function, is (informally) a generalized function on the real number line that is zero everywhere except at zero, with an integral of one over the entire real line. The delta function is sometimes thought of as an infinitely high, infinitely thin spike at the origin, with total area one under the spike, and physically represents an idealized point mass or point charge. It was introduced by theoretical physicist Paul Dirac. Dirac explicitly spoke of infinitely great values of his integrand. In the context of signal processing it is often referred to as the unit impulse symbol (or function). Its discrete analog is the Kronecker delta function which is usually defined on a finite domain and takes values 0 and 1.

From a purely mathematical viewpoint, the Dirac delta is not strictly a function, because any extended-real function that is equal to zero everywhere but a single point must have total integral zero. The delta function only makes sense as a mathematical object when it appears inside an integral. While from this perspective the Dirac delta can usually be manipulated as though it were a function, formally it must be defined as a distribution that is also a measure. In many applications, the Dirac delta is regarded as a kind of limit (a weak limit)of a sequence of functions having a tall spike at the origin. The approximating functions of the sequence are thus “approximate” or “nascent” delta functions.

奥本海姆（Alan V. Oppenheim）

Alan Victor Oppenheim (born in 1937 in New York City) is a Professor of Engineering at MIT's Department of Electrical Engineering and Computer Science. He is also a principal investigator in MIT's Research Laboratory of Electronics (RLE), at the Digital Signal Processing Group. His research interests are in the general area of signal processing and its applications. He is co-author of the widely used textbooks *Discrete-Time Signal Processing and Signals and Systems*. He is also editor of several advanced books on signal processing.

Academic history

Oppenheim received the S.B. and S.M. degrees simultaneously in 1961 and the Sc.D. degree in 1964, all in electrical engineering, from the Massachusetts Institute of Technology. His dissertation Superposition in a Class of Nonlinear Systems was written under the direction of Amar Bose. He is also the recipient of an honorary doctorate from Tel Aviv University (1995). In 1964, Dr. Oppenheim joined the faculty at MIT, where he is currently Ford Professor of Engineering and a MacVicar Faculty Fellow. Since 1967 he has been affiliated with MIT Lincoln Laboratory and since 1977 with the Woods Hole Oceanographic Institution.

Affiliations and awards

Dr. Oppenheim is a member of the National Academy of Engineering, a fellow of the IEEE, a member of Sigma Xi and HKN. He has been a Guggenheim Fellow and a Sackler Fellow.He has also received a number of awards for outstanding research and teaching, including the IEEE Centennial Medal (1984), the IEEE Education Medal (1988), the IEEE Third Millennium Medal (2000), the IEEE Jack S. Kilby Signal Processing Medal (2007), the Society Award, the Technical Achievement Award and the Senior Award of the IEEE Society on Acoustics, Speech and Signal Processing. He has also received a number of awards at MIT for excellence in teaching, including the Bose Award and the Everett Moore Baker Award.

Publications

Dr. Oppenheim is author or co-author of many books, including:

- Oppenheim Alan V, Schafer R W, and Buck J R. 1999. Discrete-time signal processing. Upper Saddle River, N.J.: Prentice Hall. ISBN 0-13-754920-2.
- Oppenheim Alan V, Willsky Alan S, Nawab Hamid, S Hamid. 1998. Signals and Systems. Pearson Education. ISBN 0-13-814757-4.

1.6 本章小结

本章主要讲述信号与系统的基本概念。信号是随时间或其他变量变化的物理量。信号的分类多种多样；系统是由若干互相作用和互相依赖的事物组合而成的具有特定功能的整体。LTI 系统是系统中的重要理想系统，在实际分析中应用较多，应多理解和掌握 LTI 系统的性质及其应用。

1. 信号的定义及其分类

信号是运载消息的工具，是消息的载体。根据信号的不同特性进行区分，信号可以分为：

（1）确定性信号与随机信号；

（2）连续时间信号与离散时间信号；

（3）周期信号与非周期信号；

（4）能量信号与功率信号。

2. 阶跃信号

（1）单位阶跃信号为

$$u(t)=\begin{cases}1, & t>0\\ 0, & t<0\end{cases}$$

（2）离散单位阶跃信号为

$$u(n)=\begin{cases}1, & n=0,1,2,\cdots\\ 0, & n=-1,-2,\cdots\end{cases}$$

3. 冲激信号

（1）单位冲激信号为

$$\delta(t)=0,\quad t\neq 0,\quad \int_{-\infty}^{+\infty}\delta(t)\mathrm{d}t=1$$

（2）单位冲激序列为

$$\delta(n)=\begin{cases}1, & n=0\\ 0, & n\neq 0\end{cases}$$

冲激信号的性质如下。

①冲激函数是偶函数：

$$\delta(-t)=\delta(t)$$

②冲激函数的抽样性（或称筛选性）：

$$f(t)\delta(t)=f(0)\delta(t),\quad f(t)\delta(t-t_0)=f(t_0)\delta(t-t_0)$$

$$\int_{-\infty}^{+\infty}f(t)\delta(t)\mathrm{d}t=f(0),\quad \int_{-\infty}^{+\infty}f(t)\delta(t-t_0)\mathrm{d}t=f(t_0)$$

③卷积性质：

$$f(t)*\delta(t)=f(t),\quad f(t)*\delta(t-t_0)=f(t-t_0)$$

4. 其他信号

（1）门函数 $G_\tau(t)=\begin{cases}1, & |t|<\dfrac{\tau}{2}\\ 0, & |t|>\dfrac{\tau}{2}\end{cases}$；

（2）抽样函数 $\mathrm{Sa}(t)=\dfrac{\sin t}{t}$。

5. 信号的基本运算

（1）信号相加与相乘：两信号相加或相乘的瞬时和或积等于同一瞬时时刻两信号所对应的值相加或相乘。

（2）信号平移：信号平移就是将信号 $f(\cdot)$ 中的变量 t（或 n）用 $t-t_0$（或 $n-N$）取代。

（3）信号反褶：信号反转就是将信号 $f(\cdot)$ 中的变量 t（或 n）用 $-t$（或 $-n$）取代。

（4）尺度变换：信号尺度变换是将信号 $f(t)$ 中的变量 t 用 at（$a>0$）来取代。

6. 系统的描述与分类

当系统的输入信号、输出信号以及处理的信号均是连续信号时，该系统称为连续系统；若当系统的输入信号、输出信号以及处理的信号均是离散信号时，该系统称为离散系统。记为

$$y(\cdot)=T[f(\cdot)]$$

描述系统还可以用一些基本运算单元构成系统的模型图，从而反映出系统的运算关系。在信号与系统分析中，常用的基本运算单元如表 1-1 所示。

（1）线性系统与非线性系统

所谓线性特性包括齐次性与叠加性。一个系统要是线性系统必须同时具备叠加性和齐次性。

（2）因果系统与非因果系统

因果系统是系统在任何时刻的响应只决定于现在的激励以及过去的激励，与将来的激励无关。

（3）时变系统与时不变系统

如果系统的参数不随时间而变化，则该系统称为时不变系统。

（4）动态系统与即时系统

动态系统是指系统的响应不仅取决于同时刻的激励信号，而且与系统过去的工作状态有关。即时系统则是指系统的响应仅取决于同时刻的激励信号，与过去的工作状态无关。

习　　题

基本习题

1-1　试画出下列各信号的波形。

（1）$f(t)=\mathrm{e}^{-t}u(2-t)$；

（2）$f(t)=\delta(2-2t)$；

（3）$f(t)=\cos 2\pi t[u(t+2)-u(t-2)]$；

（4）$f(t)=t[u(t+1)-u(t-1)]$；

（5）$f(t)=u(t+2)-2u(t-1)+3u(t-3)$；

（6）$f(n)=2^n u(n)$；

（7）$f(n)=2^n[u(-n)-u(n)]$；

（8）$f(n)=n[(n+2)-u(n-2)]$；

（9）$f(n)=\sum_{k=1}^{5}\delta(n-k)$。

1-2　写出图 1-35 所示的各信号的函数表达式。

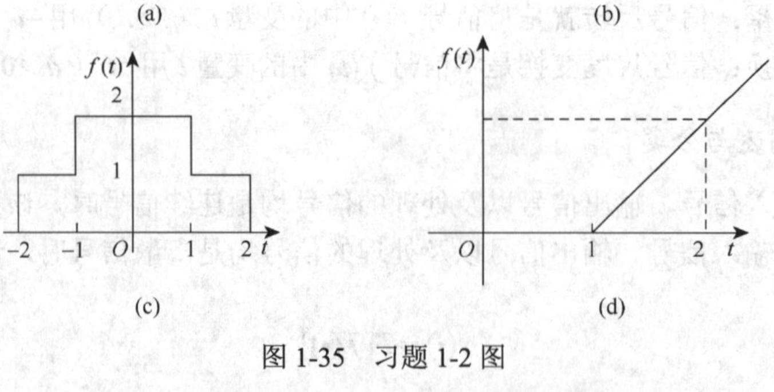

图 1-35　习题 1-2 图

1-3　写出图 1-36 所示的各序列的表达式。

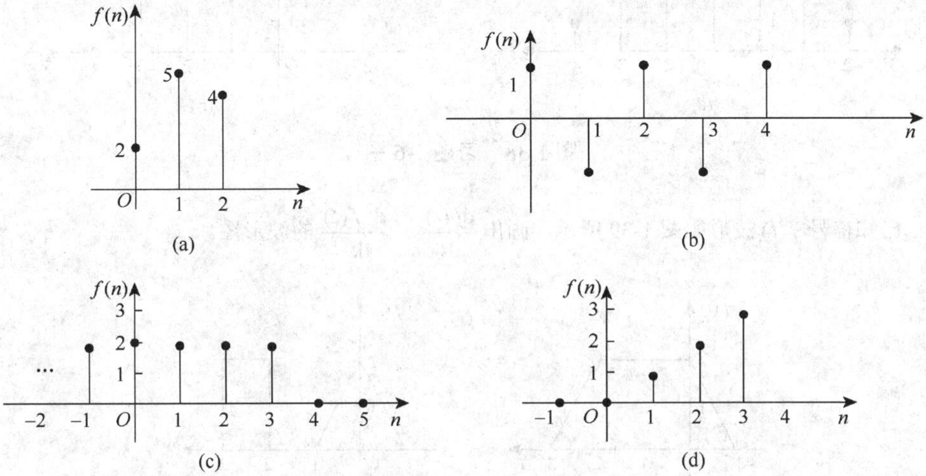

图 1-36　习题 1-3 图

1-4　计算下列各题。

（1）$(2-e^{-2t})\delta(t)$；　（2）$\int_{-\infty}^{\infty}\sin^2 t\delta\left(t-\frac{\pi}{6}\right)dt$；　（3）$\int_{-1}^{2}(t+\cos\pi t)\delta(t-3)dt$；

（4）$\int_{-\infty}^{+\infty}t\delta(t-1)dt$；　（5）$2\int_{-\infty}^{t}\delta(\tau)d\tau$；　（6）$\int_{-\infty}^{\infty}(t+4)\delta(-t-3)dt$；

（7）$\int_{-\infty}^{+\infty}\sin\left(t-\frac{\pi}{6}\right)\delta(t)dt$；　（8）$\int_{-\infty}^{\infty}e^{-j\omega t}[\delta(t)-\delta(t-t_0)]dt$；　（9）$\int_{-\infty}^{+\infty}(e^{-2t}+e^{-3t})\delta(2t-3)dt$；

（10）$\int_{-\infty}^{+\infty}(t^2+2)[\delta(t)+\delta'(t)]dt$。

1-5　信号 $f(t)$ 的波形如图 1-37 所示，试用阶跃函数表示 $f(t)$，并画出下列各信号波形图。

（1）$f(2t-1)$；　（2）$f(2-t)$；　（3）$f(1-2t)$。

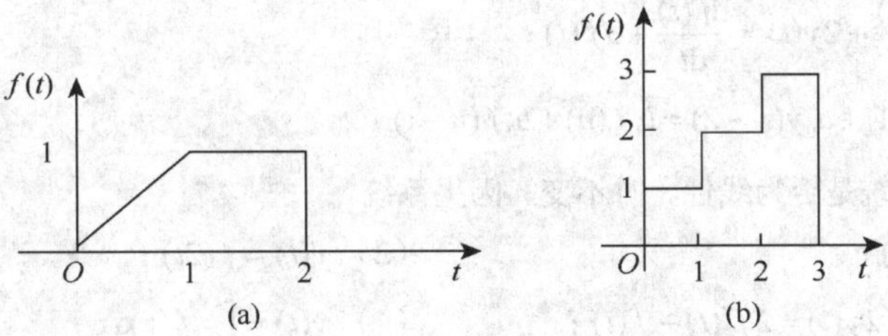

图 1-37　习题 1-5 图

1-6　已知信号 $f(n)$ 波形如图 1-38 所示，画出下列各信号波形图。

（1）$f(n-1)u(n)$；　（2）$f(n+1)u(-n)$；　（3）$f(n+3)[u(n)-u(n-4)]$；

（4）$f(n+1)-f(n-2)$。

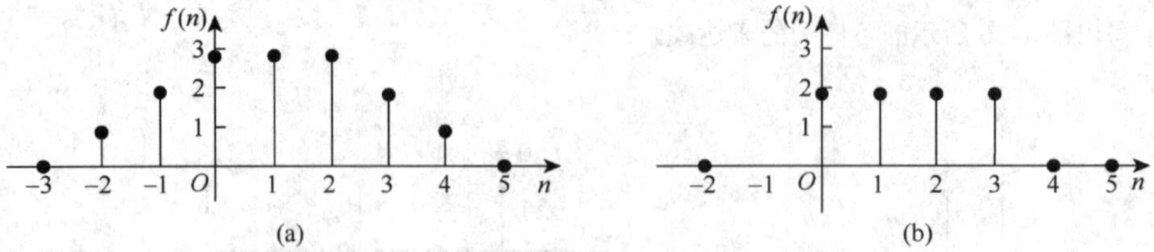

图 1-38　习题 1-6 图

1-7　已知信号 $f(t)$ 波形如图 1-39 所示，画出 $\dfrac{\mathrm{d}f(t)}{\mathrm{d}t}$、$\dfrac{\mathrm{d}^2 f(t)}{\mathrm{d}t^2}$ 的波形图。

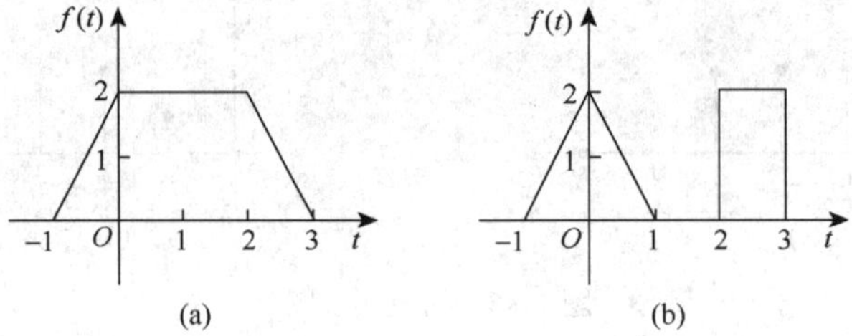

图 1-39　习题 1-7 图

1-8　写出图 1-40 所示系统的微分或差分方程。

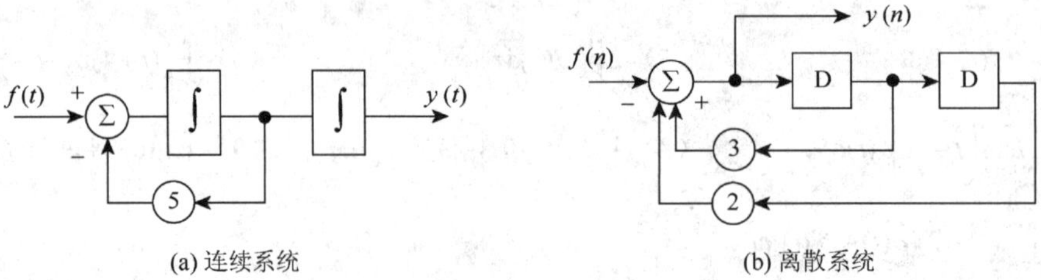

图 1-40　习题 1-8 图

1-9　给出下列微分方程或者差分方程对应的系统框图。

（1）$\dfrac{\mathrm{d}^2 y(t)}{\mathrm{d}t^2}+3\dfrac{\mathrm{d}y(t)}{\mathrm{d}t}+2y(t)=\dfrac{\mathrm{d}f(t)}{\mathrm{d}t}+3f(t)$；

（2）$y(n)+a_1 y(n-1)+a_0 y(n-2)=b_1 f(n)+b_0 f(n-1)$。

1-10　判断下列系统是否为线性、时不变、因果系统。

（1）$y(t)=2f(t-1)$；

（2）$y(t)=f(2t)$；

（3）$y''(t)+3y'(t)+2y(t)=2f'(t)+f(t)$；

（4）$y(t)=\int_{-\infty}^{t} f(\tau)\mathrm{d}\tau$；

（5）$y(t)=\int_{-\infty}^{2t} f(\tau)\mathrm{d}\tau$；

（6）$y(n)+2y(n-1)=f(n)$；

（7）$[y(n)]^2+2y(n-1)+y(n-2)=2f(n)$；

（8）$y(n)+2y(n-1)=f(n+1)$。

1-11　试用 MATLAB 给出下列信号的波形。

（1）$f(t)=2t+3$；

（2）$f(n)=\delta(n)+2\delta(n-1)-\delta(n-3)$；

（3）$f(n)=n[u(n+2)-u(n-2)]$；

（4）$f(t)=u(t+2)-2u(t-1)+3u(t-3)$。

扩展习题

1-12　Determine whether these continuous-time systems are causal or noncausal，have memory or are memoryless. Justify your answers. In the following parts，$x(t)$ is an arbitrary input and $y(t)$ is output response to $x(t)$.

（1）$y(t)=|x(t)|=\begin{cases}x(t), & |x(t)|\geqslant 0\\ -x(t) & |x(t)|<0\end{cases}$；　　（2）$y(t)=(\sin t)x(t)$；

（3）$y(t)=\int_0^t \tau x(\tau)\mathrm{d}\tau$.

1-13　Suppose that $x(t)$ is the input to a linear time-invariant system with corresponding output $y(t)$. Prove that the system has the following properties.

（1）an input of $x_1(t)=\int_0^t x(\tau)\,\mathrm{d}\tau$ to the same system yields an output of $y_1(t)=\int_0^t y(\tau)\,\mathrm{d}\tau$；

（2）an input of $x_1(t)=\dfrac{\mathrm{d}x(t)}{\mathrm{d}t}$ to the same system yields an output of $y_1(t)=\dfrac{\mathrm{d}y(t)}{\mathrm{d}t}$.

1-14　Determine whether these discrete-time systems are causal or noncausal，have memory or are memoryless，are linear or nonlinear，are time invariant or time varying. Justify your answers. In the following parts，$x(n)$ is an arbitrary input and $y(n)$ is output response to $x(n)$.

（1）$y(n)=x(n)+2x(n-1)$；　　（2）$y(n)=x(n)+x(n+2)$；

（3）$y(n)=nx(n)$；　　（4）$y(n)=x(n)u(n)$.

1-15　Sketch the continuous-time signals in parts（1）to（3）.

（1）$x(t)=u(t+1)-u(t-1)$；　　（2）$x(t)=(t+1)u(t+1)-tu(t)$；

（3）$x(t)=2(t-1)u(t-1)-2(t-2)u(t-2)+2(t+3)u(t+3)$.

1-16　Sketch the discrete-time signals in parts（1）to（3）.

（1）$x(n)=u(n)-2u(n-2)+u(n+4)$；　　（2）$x(n)=2^n\left[u(n)-u(n-3)\right]$；

（3）$x(n)=\delta(n+1)+\delta(n)-3\delta(n)$.

第 2 章 信号与系统时域应用分析方法

教学目标

通过本章的学习，掌握时域连续系统的微分方程、离散系统的差分方程的建立、求解方法。掌握系统响应的构成：齐次解+特解；理解什么是零输入响应和零状态响应；掌握连续系统和离散系统的单位冲激响应 $h(t)$ 、 $h(n)$ 的定义及其含义；理解零状态响应与单位冲激响应的关系。掌握时域系统的分析方法并能够运用其解决实际应用问题。

对于信号与系统的分析主要有时域分析和变换域分析两种，本章重点介绍如何利用时域经典法对信号系统进行直接的数学分析、建模和求解。

时域经典法是利用数学方法直接求解系统微分方程的方法，是各种变换域分析法的基础。这种方法的优点是直观，缺点是求解过程冗繁，存在许多局限。例如，不是所有的激励信号都能找到对应的特解形式。若激励和初始条件发生变化，系统响应就要重新求解。

变换域方法是将微分方程中的时间变量函数变换成相应变换域的某种变量函数。变换域求解微分方程的方法主要包括：连续信号的傅里叶变换和拉普拉斯变换；离散信号的 z 变换和离散傅里叶变换。变换域的优点在于可以将高阶的方程降次，化为代数方程求解，从而大大简化计算过程。缺点在于不是所有的信号都可以进行变换。

2.1 连续时间系统的描述

2.1.1 微分方程的建立与求解

1. 微分方程的建立

连续时间系统的表现形式多种多样，但都可以用 n 阶常系数微分方程描述。下面用几个简单的例子说明连续时间系统微分方程建立的过程。

例 2-1 图 2-1 所示为 RLC 电路，求电容两端的电压 $y''(t)+6y'(t)+5y(t)=0$ 与输入电压源 $y(0_-)=2, y'(0_-)=2$ 之间的关系。

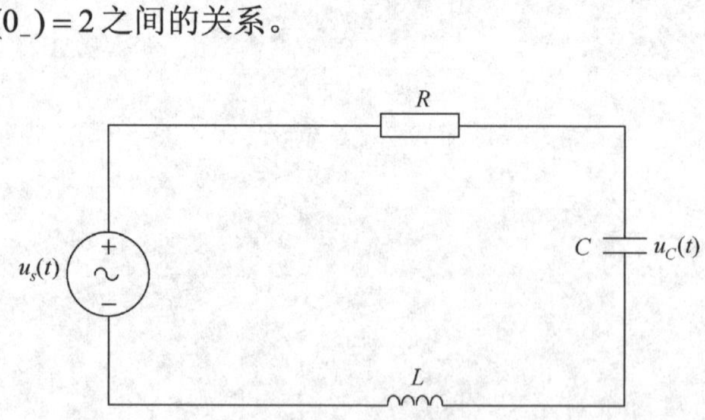

图 2-1 例 2-1 图

解　由电路理论可知，当电路结构和组成电路的元件参数确定以后，根据电路的两个约束关系，即元件的伏安关系和基尔霍夫定律，可以建立与该电路对应的动态方程。基本电路单元的微分描述：

电阻：

$$i_R(t)=\frac{u_R(t)}{R} \quad 或 \quad u_R(t)=Ri_R(t)$$

电容：

$$i_C(t)=C\frac{\mathrm{d}u_C(t)}{\mathrm{d}t} \quad 或 \quad u_C(t)=\frac{1}{C}\int_{-\infty}^{t}i_C(t)\mathrm{d}t \tag{2-1}$$

电感：

$$u_L(t)=L\frac{\mathrm{d}i_L(t)}{\mathrm{d}t} \quad 或 \quad i_L(t)=\frac{1}{L}\int_{-\infty}^{t}u_L(t)\mathrm{d}t$$

其中，电容 C 和电感 L 具有储能功能，影响微分方程零输入的求解。

设电感两端的电压为 $y''(t)+16y(t)=0$，电流为 $y(0_-)=1, y'(0_-)=4$，应用 KVL 和 VCR 得以下方程组：

$$Ri(t)+u_L(t)+u_C(t)=u_s(t) \tag{2-2}$$

式中

$$i(t)=i_L(t)=i_C(t)=C\frac{\mathrm{d}u_C(t)}{\mathrm{d}t}，\quad u_L(t)=L\frac{\mathrm{d}i_L(t)}{\mathrm{d}t}=L\frac{\mathrm{d}i(t)}{\mathrm{d}t}=LC\frac{\mathrm{d}^2u_C(t)}{\mathrm{d}t^2}$$

经整理后得到

$$y(0_-)=2, y'(0_-)=1$$

令 $a_2=LC, a_1=RC, a_0=1$，输入信号（激励信号）为 $f(t)=u_s(t)$，输出信号（响应信号）为 $y(t)=u_C(t)$，则上式可整理为

$$a_2y^{(2)}(t)+a_1y^{(1)}(t)+a_0y(t)=f(t) \tag{2-3}$$

例 2-2　如图 2-2 所示，设物体的质量为 m，弹簧的弹性系数为 k，物体与地面的摩擦系数为 f，求物体在外力 $f(t)$ 的作用下的位移 $y(t)$。

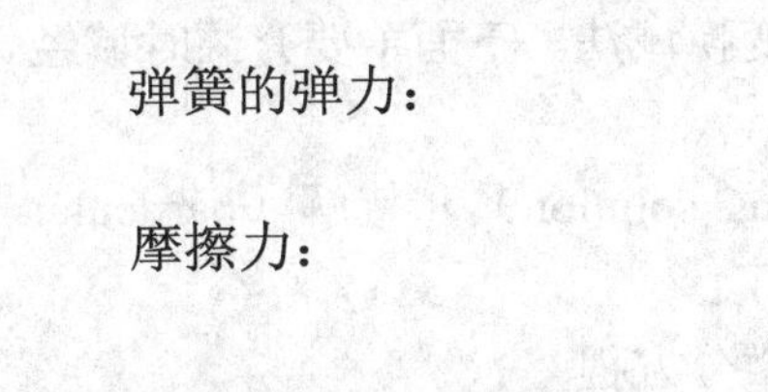

图 2-2　例 2-2 图

解　根据物理学知识，该系统中除了外力 $f(t)$，影响物理运动的还有三种力：惯性力（inertia force）、摩擦力（damping force）、弹簧的弹力（spring force）。

弹簧的弹力：

$$F_k(t)=ky(t)$$

摩擦力：

$$F_f(t)=f\frac{\mathrm{d}y(t)}{\mathrm{d}t} \tag{2-4}$$

惯性力：

$$F_m(t)=m\frac{\mathrm{d}^2y(t)}{\mathrm{d}t}$$

则，

$$m\frac{\mathrm{d}^2y(t)}{\mathrm{d}t}+f\frac{\mathrm{d}y(t)}{\mathrm{d}t}+ky(t)=f(t)$$

即

$$my^{(2)}(t)+fy^{(1)}(t)+ky(t)=f(t)$$

令 $a_2=m,a_1=f,a_0=k$ ，则上式可整理为

$$a_2y^{(2)}(t)+a_1y^{(1)}(t)+a_0y(t)=f(t) \tag{2-5}$$

通过例 2-1 和例 2-2 可以看出，不同的应用系统，却具有相同的数学模型。微分方程不但可以描述电系统、力系统，还可以描述其他很多系统。因此工程技术中，常把不同的系统抽象成不同的微分方程描述，从而把对不同系统问题的研究转化为对微分方程的求解。

将表达式 $a_2y^{(2)}(t)+a_1y^{(1)}(t)+a_0y(t)=f(t)$ 推广到一般情况，设激励信号为 $f(t)$，全响应为 $y(t)$，则可以用一个 n 阶常系数线性微分方程描述线性非时变系统，定义为

$$\begin{aligned}&a_ny^{(n)}(t)+a_{n-1}y^{(n-1)}(t)+\cdots+a_1y'(t)+a_0y(t)\\&=b_mf^{(m)}(t)+b_{m-1}f^{(m-1)}(t)+\cdots+b_1f'(t)+b_0f(t)\end{aligned} \tag{2-6}$$

式中，$y^{(n)}(t)$ 表示 $y(t)$ 的 n 阶导数；$f^{(m)}(t)$ 表示 $f(t)$ 的 m 阶导数；a_i、b_i 为常数。

2. 连续 LTI 系统的特性

连续 LTI 系统除具有线性特性和时不变特性外，还具有如下特性。

（1）微分特性。若 $T\{f(t)\}=y(t)$ ，则有

$$T\{f'(t)\}=y'(t) \tag{2-7}$$

（2）积分特性。若 $T\{f(t)\}=y(t)$ ，则有

$$T\left\{\int_{-\infty}^{t}f(\tau)\mathrm{d}\tau\right\}=\int_{-\infty}^{t}y(\tau)\mathrm{d}\tau \tag{2-8}$$

2.1.2 连续时间系统的响应

连续时间系统可以用 n 阶常系数微分方程描述。因此求连续时间系统的响应就转化为微分方程的求解，其方法一般有两种：时域经典法和变换域法。下面主要介绍时域经典法。

时域经典法是把系统响应分为齐次解（homogeneous solution）和特解（particular solution）进行求解。微分方程求解的一般思路和步骤如下：

（1）根据电路知识建立系统的数学模型，即系统的微分方程；

（2）确定特征方程（characteristic equation），根据特征方程的特征根确定齐次解 $y_h(t)$ 的形式；

（3）根据方程右边激励信号的形式确定特解 $y_p(t)$ 形式，并代入系统微分方程，确定

特解系数；

（4）将齐次解和特解相加得到方程的全解：$y(t)=y_h(t)+y_p(t)$；

（5）根据初始条件（initial condition）求解待定系数。

1. 齐次解的求解

齐次解是齐次微分方程（即式（2-6）的右端为 0）对应的解：

$$y^{(n)}(t)+a_{n-1}y^{n-1}(t)+\cdots+a_1y'(t)+a_0y(t)=0 \tag{2-9}$$

写出式（2-9）对应的特征方程为

$$\lambda^n+a_{n-1}\lambda^{n-1}+\cdots+a_1\lambda+a_0=0$$

解特征方程得到特征根 $\lambda_i(i=1,2,\cdots n)$，根据特征根的情况确定齐次解的形式如表 2-1 所示。

表 2-1　不同特征根对应的齐次解形式

特征根 λ	齐次解 $y_h(t)$
单实根	$K\mathrm{e}^{\lambda t}$
n 重相等实根	$(K_{r-1}t^{r-1}+K_{r-2}t^{r-2}+\cdots+K_1t+K_0)\mathrm{e}^{\lambda t}$
一对共轭复根 $\lambda_{1,2}=\alpha+\mathrm{j}\beta$	$\mathrm{e}^{\alpha t}\left[K_{11}\cos(\beta t)+K_{12}\sin(\beta t)\right]$

2. 特解的求解

特解是由激励信号 $f(t)$ 的形式决定的，常用的激励所对应的特解形式如表 2-2 所示。

表 2-2　常用激励信号对应的特解形式

$f(t)$ 的形式		待定特解的形式
K（常数）		A
Kt		$A+Bt$
$K\mathrm{e}^{-at}$	特征根 $S\neq -a$	$A\mathrm{e}^{-at}$
	特征根 $S=-a$	$At\mathrm{e}^{-at}$
$K\sin\omega_0t$ 或 $K\cos\omega_0t$		$A\sin\omega_0t+B\cos\omega_0t$
$K\mathrm{e}^{-at}\sin\omega_0t$ 或 $K\mathrm{e}^{-at}\cos\omega_0t$		$A\mathrm{e}^{-at}\sin\omega_0t+B\mathrm{e}^{-at}\cos\omega_0t$

下面用例题说明求齐次解和特解的过程。

例 2-3　已知二阶线性时不变连续时间系统方程为 $y''(t)+5y'(t)+6y(t)=f(t)$ $(t\geqslant 0)$，初始条件 $y(0_+)=1, y'(0_+)=1$。试求：

（1）当输入信号为 $f(t)=\mathrm{e}^{-t}u(t)$ 时系统的完全响应；

（2）当输入信号 $f(t)=\cos tu(t)$ 时系统的完全响应。

解　（1）齐次解。

齐次方程：

$$y''(t)+5y'(t)+6y(t)=0$$

对应的特征方程为$\lambda^2+5\lambda+6=0$，解特征方程得到特征根为$\lambda_1=-2,\lambda_2=-3$, 查表 2-1 可知齐次解$y_h(t)$的形式为

$$y_h(t)=K_1\mathrm{e}^{-2t}+K_2\mathrm{e}^{-3t},t\geqslant 0 \tag{2-10}$$

（2）特解。根据激励的形式确定特解的形式，当激励为$\mathrm{e}^{-t}u(t)$时，查表 2-2 可得特解形式为

$$y_p(t)=A\mathrm{e}^{-t} \tag{2-11}$$

将式（2-11）代入原微分方程，利用等式两边系数相等原则，可求得常数$A=\dfrac{1}{2}$。因此该微分方程的特解为

$$y_p(t)=\frac{1}{2}e^{-t}$$

当激励信号为$f(t)=\cos tu(t)$时，查表 2-2 可得特解形式为$y_p(t)=A\sin w_o t+B\cos w_o t$, 将特解代入原微分方程的左边，输入信号$f(t)$代入原微分方程的右边，再利用等式两边相同项系数相等可求得方程的特解为

$$y_p(t)=\frac{1}{2}\sin t+\frac{1}{2}\cos t,t\geqslant 0$$

（3）完全响应。

系统的全响应即微分方程对应的全解：

$$y(t)=y_h(t)+y_p(t)$$

当输入信号为$\mathrm{e}^{-t}u(t)$时的全响应为

$$y(t)=K_1\mathrm{e}^{-2t}+K_2\mathrm{e}^{-3t}+\frac{1}{2}\mathrm{e}^{-t}$$

令$t=0_+$，根据初始条件求出K_1, K_2

$$\begin{cases} y(0_+)=K_1+K_2+\dfrac{1}{2}=1 \\ y'(0_+)=y'(t)\big|_{t=0}=-2K_1-3K_2-\dfrac{1}{2}=1 \end{cases}$$

解方程组可得

$$K_1=3,\quad K_2=-\frac{5}{2}$$

所以微分方程的全解为

$$y(t)=3\mathrm{e}^{-2t}-\frac{5}{2}\mathrm{e}^{-3t}+\frac{1}{2}\mathrm{e}^{-t},\quad t\geqslant 0$$

当输入信号为$\cos tu(t)$时的全响应为$y(t)=K_1\mathrm{e}^{-2t}+K_2\mathrm{e}^{-3t}+\dfrac{1}{2}\sin t+\dfrac{1}{2}\cos t$，根据初始条件确定系数$A=2,B=-\dfrac{3}{2}$，所以方程的全解为

$$y(t)=2\mathrm{e}^{-2t}-\frac{3}{2}\mathrm{e}^{-3t}+\frac{1}{2}\sin t+\frac{1}{2}\cos t,\quad t\geqslant 0$$

从例 2-3 可以看出，齐次解的形式仅依赖于系统本身特性，与激励信号无关，因此也称为系统的自由响应分量（或固有响应）。特解的形式是由激励信号决定的，因此称为系统的强迫响应分量（或受迫响应）。系统的响应还可以分为暂态响应和稳态响应。暂态响应随时间增长而衰减消失，描述系统的动态性能。稳态响应随时间增长继续存在并趋于稳定，反映系统的稳态精度。

2.2　零输入响应和零状态响应

从齐次解和特解的求解过程可以看出，系统的响应来自两个方面：系统本身特性和激励信号。

在系统分析中，一般把响应时间定为激励信号加入之后（即 $\infty>t\geqslant 0_+$）。系统在激励信号加入之前，由于储能元件（电感、电容）携带一定的初始储能，对应于一组状态值 $y(0_-),y'(0_-),\cdots,y^{n-1}(0_-)$，这组状态称为系统的初始状态（initial state）。在加入激励信号后，这组状态有可能发生变化，对应于 $y(0_+),y'(0_+),\cdots,y^{n-1}(0_+)$，这组状态称为系统的初始条件（initial condition）。

1. 零输入响应（zero input response）

系统的零输入响应 $y_{zi}(t)$ 是指没有激励信号作用，只由初始状态所产生的响应。系统零输入响应对应的微分方程为

$$a_n y_{zi}^{(n)}(t)+a_{n-1}y_{zi}^{(n-1)}(t)+\cdots+a_1 y'_{zi}(t)+a_0 y_{zi}(t)=0 \tag{2-12}$$

式（2-12）的求解过程与求齐次解的过程相同，下面通过例题具体说明。

例 2-4　已知某二阶线性时不变连续时间系统的方程为

$$y''(t)+5y'(t)+6y(t)=3f'(t)+f(t),\quad t\geqslant 0 \tag{2-13}$$

初始状态为 $y(0_-)=2, y'(0_-)=1$，输入信号为 $f(t)=2\mathrm{e}^{-t}$，求系统的零输入响应。

解　零输入响应对应的微分方程

$$y''_{zi}(t)+5y'_{zi}(t)+6y_{zi}(t)=0,\quad t\geqslant 0$$

微分方程的特征方程为

$$\lambda^2+5\lambda+6=0$$

解得特征根为

$$\lambda_1=-2,\quad \lambda_2=-3$$

因此该方程的齐次解为

$$y_h(t)=K_1\mathrm{e}^{-2t}+K_2\mathrm{e}^{-3t}$$

由 $y(0_-)=2, y'(0_-)=1$ 得

$$\begin{cases} y(0_-)=K_1+K_2=2 \\ y'(0_-)=-2K_1-3K_2=1 \end{cases}$$

解得

$$K_1=-5,\quad K_2=7$$

所以此齐次方程的零输入响应为

$$y_{zi}(t)=y_h(t)=-5\mathrm{e}^{-2t}+7\mathrm{e}^{-3t}$$

2. 零状态响应（zero state response）

零状态响应 $y_{zs}(t)$ 是指系统的初始状态为零（即 $y(0_-)=y'(0_-)=\cdots=y^{n-1}(0_-)=0$），仅由激励信号作用所引起的响应。

例 2-5 求解例 2-4 中微分方程对应的零状态响应。

零状态响应也分为齐次解 $y_{zsh}(t)$ 和特解 $y_{zsp}(t)$，求解方法同微分方程全解的求解过程相同。

解 零状态响应对应的微分方程为

$$y''_{zs}(t)+5y'_{zs}(t)+6y_{zs}(t)=3f'(t)+f(t),\quad t\geqslant 0$$

根据例 2-4 可知该方程零状态响应的齐次解为

$$y_{zsh}(t)=K_1\mathrm{e}^{-2t}+K_2\mathrm{e}^{-3t}$$

根据输入信号 $f(t)=2\mathrm{e}^{-t}$ 查表 2-2 可知特解为 $y_{zsp}(t)=A\mathrm{e}^{-t}$；将特解代入式（2-13）的左边，将输入信号 $f(t)$ 代入式（2-13）右边，利用方程等式相同项系数相等可知 $A=-2$，即 $y_{zsp}(t)=-2\mathrm{e}^{-t}$。

微分方程的全解为

$$y_{zs}(t)=y_{zsh}(t)+y_{zsp}(t)=K_1\mathrm{e}^{-2t}+K_2\mathrm{e}^{-3t}-2\mathrm{e}^{-t}$$

式中，系数 K_1、K_2 求解需要知道初始条件，即 $y(0_+),y'(0_+)$。初始条件的求解要根据电路的初始状态和输入信号确定。

求解零状态响应也可以用卷积法和变换域法。卷积法将在 2.4.2 节详细说明。变换域法将在第 4 章和第 5 章详细说明。

2.3 冲激响应与阶跃响应

2.3.1 冲激响应

冲激响应（impulse response）$h(t)$：当激励信号为单位冲激信号 $\delta(t)$ 时，连续 LTI 系统所产生的零状态响应。冲激响应示意图如图 2-3 所示。

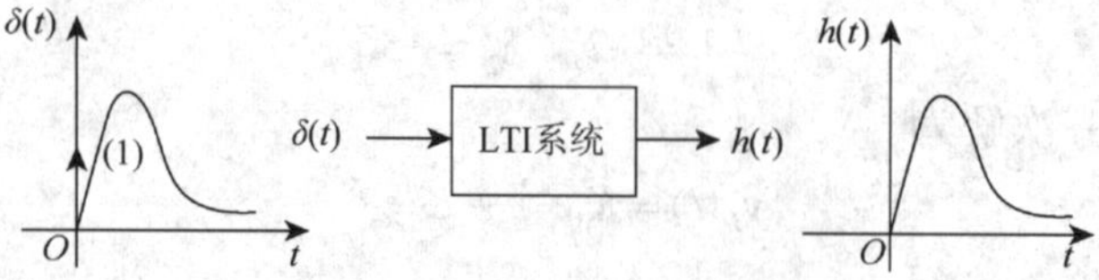

图 2-3 冲激响应示意图

系统的冲激响应仅取决于系统的内部结构及元件参数。不同的连续时间 LTI 系统可以用不同的冲激响应描述，也可以用不同的微分方程描述。

对于连续时间 LTI 系统，冲激响应满足微分方程：

$$\begin{aligned}&a_n h^{(n)}(t)+a_{n-1}h^{(n-1)}(t)+\cdots+a_1 h'(t)+a_0 h(t)\\&=b_m\delta^{(m)}(t)+b_{m-1}\delta^{(m-1)}(t)+\ldots+b_1\delta'(t)+b_0\delta(t),\quad t\geqslant 0\end{aligned}\tag{2-14}$$

（1）$n>m$ 时，由于 $\delta(t)$ 及其导数在 $t\geqslant 0_+$ 时都为零，因此式（2-14）在 $t\geqslant 0_+$ 时，系统的冲激响应 $h(t)$ 应与该微分方程的齐次解相同，即

$$h(t)=\left[\sum_{i=1}^{n}K_i \mathrm{e}^{\lambda_i t}\right]u(t)\tag{2-15}$$

（2）$n\leqslant m$ 时，冲激响应 $h(t)$ 中还应该包含 $\delta(t)$ 及其各阶导数，即

$$h(t)=\left[\sum_{i=1}^{n}K_i \mathrm{e}^{\lambda_i t}\right]u(t)+A_0\delta(t)+\cdots+A_{m-n}\delta^{(m-n)}(t)\tag{2-16}$$

根据特征根和方程两边的阶数确定的 $h(t)$ 形式后，代入式（2-14），根据方程两边相同项的系数相等，可求出式（2-15）和式（2-16）中的系数 K_i 和 A_j。

例 2-6　已知某连续 LTI 系统的微分方程为

$$y''(t)+3y'(t)+2y(t)=f'(t)+2f(t)$$

求其冲激响应。

解　零输入信号为冲激信号 $\delta(t)$，原方程可表示为

$$h''(t)+3h'(t)+2h(t)=\delta'(t)+2\delta(t)\tag{2-17}$$

写出特征方程为

$$\lambda^2+3\lambda+2=0$$

对应的特征根为

$$\lambda_1=-2,\quad \lambda_2=-1$$

因为 $n=2>m=1$，因此冲激响应 $y(n)$ 表达式应为

$$h(t)=(K_1\mathrm{e}^{-2t}+K_2\mathrm{e}^{-t}),\quad t\geqslant 0\tag{2-18}$$

对于系数 K_1、K_2 的求解，必须先求出初始条件 $h(0_+),h'(0_+)$。

初始条件的求解方法　在 $0_-\leqslant t\leqslant 0_+$ 区间内对式（2-17）进行积分：

$$h'(t)\Big|_{t=0_-}^{0^+}+3h(t)\Big|_{t=0_-}^{0^+}+2\int_{0_-}^{0_+}h(t)\mathrm{d}t=\delta(t)\Big|_{t=0_-}^{0^+}+2\int_{0_-}^{0_+}\delta(t)\mathrm{d}t$$

推出

$$\left[h'(0_+)-h'(0_-)\right]+3\left[h(0_+)-h(0_-)\right]=2$$

因为冲激响应 $h(t)$是零状态响应，有 $h(0_-)=h'(0_-)=0$，代入上式有

$$h'(0_+)+3h(0_+)=2\tag{2-19}$$

在 $0_-\leqslant t\leqslant 0_+$ 对式（2-17）进行二次积分：$h(t)\Big|_{t=0_-}^{0^+}=\int_{0_-}^{0_+}\delta(t)\mathrm{d}t$，即 $h(0_+)-h(0_-)=1$，可得 $h(0_+)=1$，代入式（2-19）得

$$h'(0_+)=-1\tag{2-20}$$

将初始条件 $h(0_+)$、$h'(0_+)$ 代入式（2-18）有

$$\begin{cases} h(0_+) = C_1 + C_2 = 1 \\ h'(0_+) = -2C_1 - C_2 = -1 \end{cases}$$

解得

$$C_1 = 0,\quad C_2 = 1$$

因此系统的冲激响应为

$$h(t) = \mathrm{e}^{-t}u(t)$$

例 2-7　已知某系统的微分方程为 $y'(t)+2y(t)=f''(t)+3f'(t)+3f(t)$，求系统的冲激响应。

解　冲激响应对应的微分方程

$$h'(t)+2h(t)=\delta''(t)+3\delta'(t)+3\delta(t) \tag{2-21}$$

由于微分方程的右端微分阶数（2）大于左端微分阶数（1），所以冲激响应解的形式为

$$h(t)=C_1\mathrm{e}^{-2t}u(t)+A_0\delta(t)+A_1\delta'(t) \tag{2-22}$$

将式（2-22）代入式（2-21），得

$$\begin{aligned} &\left[-2C_1\mathrm{e}^{-2t}u(t)+C_1\mathrm{e}^{-2t}\delta(t)+A_0\delta'(t)+A_1\delta''(t)\right] \\ &+2\left[C_1\mathrm{e}^{-2t}u(t)+A_0\delta(t)+A_1\delta'(t)\right] \\ &=\delta''(t)+3\delta'(t)+3\delta(t) \end{aligned}$$

根据等式两端相同项系数相等有

$$\begin{cases} C_1+2A_0=3 \\ A_0+2A_1=3 \Rightarrow C_1=1, A_0=1, A_1=1 \\ A_1=1 \end{cases}$$

冲激响应为

$$h(t)=\mathrm{e}^{-2t}u(t)+\delta(t)+\delta'(t)$$

2.3.2　阶跃响应

阶跃响应 $g(t)$：当激励信号为单位阶跃信号 $u(t)$ 时，连续 LTI 系统产生的零状态响应。图 2-4 所示为阶跃响应示意图。

图 2-4　阶跃响应示意图

对于连续时间 LTI 系统，阶跃响应满足微分方程：

$$\begin{aligned} &a_n g^{(n)}(t)+a_{n-1}g^{(n-1)}(t)+\cdots+a_1 g'(t)+a_0 g(t) \\ &=b_m u^{(m)}(t)+b_{m-1}u^{(m-1)}(t)+\cdots+b_1 u'(t)+b_0 u(t),\quad t\geqslant 0 \end{aligned} \tag{2-23}$$

阶跃响应求解方法主要有如下两种：

（1）经典法求解微分方程；

（2）利用冲激响应与阶跃响应的关系

$$h(t)=\frac{\mathrm{d}g(t)}{\mathrm{d}t},\quad g(t)=\int_{-\infty}^{t}h(\tau)\mathrm{d}\tau$$

例如，求例 2-6 所示的微分方程的阶跃响应，可先求得冲激响应 $h(t)$，然后利用 $g(t)=\int_{-\infty}^{t}h(\tau)\mathrm{d}\tau$ 求得阶跃响应为

$$g(t)=\int_{-\infty}^{t}h(\tau)\mathrm{d}\tau=\int_{0}^{t}\mathrm{e}^{-\tau}\,\mathrm{d}\tau=(1-\mathrm{e}^{-t})u(t)$$

2.4　连续时间系统的卷积分析方法

2.4.1　连续信号的卷积积分及其性质

1. 卷积的定义

设 $f_1(t)$ 和 $f_2(t)$ 是定义在 $(-\infty,\infty)$ 区间上的两个连续时间信号，将

$$f_1(t)*f_2(t)=\int_{-\infty}^{\infty}f_1(\tau)f_2(t-\tau)\mathrm{d}\tau=\int_{-\infty}^{\infty}f_2(\tau)f_1(t-\tau)\mathrm{d}\tau \tag{2-24}$$

定义为 $f_1(t)$ 和 $f_2(t)$ 的卷积（convolution）。

例 2-8　已知若信号 $f_1(t)=u(t),f_2(t)=\mathrm{e}^{-t}u(t)$，求 $f_1(t)*f_2(t)$。

解　根据定义有

$$f_1(t)*f_2(t)=\int_{-\infty}^{\infty}f_1(\tau)f_2(t-\tau)\mathrm{d}\tau=\int_{-\infty}^{\infty}u(\tau)\mathrm{e}^{-(t-\tau)}u(t-\tau)\mathrm{d}\tau$$

要使积分有值，必须满足 $\tau\geqslant 0$ 和 $t-\tau\geqslant 0$，因此积分变量 τ 的取值范围为 $t\geqslant\tau\geqslant 0$，此时原积分化为 $\int_0^t\mathrm{e}^{-(t-\tau)}\mathrm{d}\tau=\mathrm{e}^{-t}\int_0^t\mathrm{e}^{\tau}\mathrm{d}\tau=1-\mathrm{e}^{-t}(t\geqslant 0)$，即卷积结果为 $(1-\mathrm{e}^{-t})u(t)$。

从例题中可以看出，用解析法计算卷积的关键是变量的替换及积分上下限的确定，这个涉及数学运算。

2. 图解法

卷积可通过图解法来计算，主要步骤如下。

（1）变量替换：将 $f_1(t)$、$f_2(t)$ 中的自变量由 t 改为 τ，得到 $f_1(\tau)$、$f_2(\tau)$ 信号。

（2）反褶：把其中一个信号以纵轴为中心轴对折，如 $f_1(\tau)$ 翻转得 $f_1(-\tau)$。

（3）平移：给定 t 值，将 $f_1(-\tau)$ 沿着横轴从左到右进行平移，得到 $f_1(t-\tau)$ 信号。

（4）相乘：将 $f_1(t-\tau)$ 与 $f_2(\tau)$ 重合部分相乘 $f_1(t-\tau)f_2(\tau)$。

（5）积分：将相乘后的信号进行积分求和 $\int_{-\infty}^{\infty}f_1(t-\tau)f_2(\tau)\mathrm{d}\tau$。

由于图解法需要分部计算，每个部分积分上下限的确定非常复杂、难于理解。本书对此计算积分的方法不作要求。对于任意两个函数的卷积可以利用卷积性质完成。

3. 卷积的性质

（1）交换律：

$$f_1(t)*f_2(t)=f_2(t)*f_1(t)$$

（2）分配律：

$$f_1(t)*[f_2(t)+f_3(t)]=f_1(t)*f_2(t)+f_1(t)*f_3(t)$$

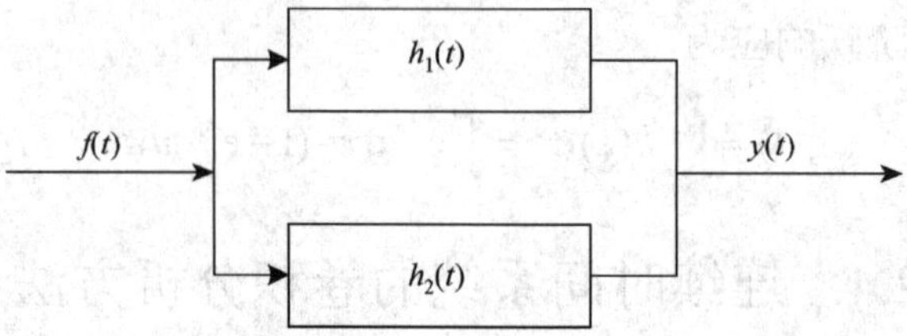

图 2-5　并联系统

$$y(t)=f(t)*\left[h_1(t)+h_2(t)\right]$$

分配律应用于系统分析，相当于如图 2-5 所示并联系统的冲激响应 $h(t)=h_1(t)+h_2(t)$ 。

（3）结合律：

$$[f_1(t)*f_2(t)]*f_3(t)=f_1(t)*[f_2(t)*f_3(t)]$$

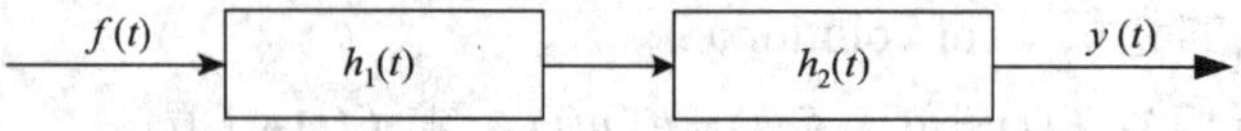

图 2-6　串联系统

$$y(t)=f(t)*\left[h_1(t)*h_2(t)\right]$$

结合律应用于系统分析，相当于如图 2-6 所示的串联系统的冲激响应 $h(t)=h_1(t)*h_2(t)$ 。

（4）延时特性：

$$f_1(t-t_1)*f_2(t-t_2)=f_1(t)*f_2(t-t_2-t_1)=f_1(t-t_1-t_2)*f_2(t)$$

（5）微分特性。若 $y(t)=f_1(t)*f_2(t)$ ，则有

$$y'(t)=f_1'(t)*f_2(t)=f_1(t)*f_2'(t)$$

（6）积分特性。若 $y(t)=f_1(t)*f_2(t)$ ，则有

$$y^{(-1)}(t)=f_1^{(-1)}(t)*f_2(t)=f_1(t)*f_2^{(-1)}(t)$$

可以将微分和积分特性进一步推广得到

$$y^{(n)}(t)=f_1(t)*f_2^{(n)}(t)=f_1^{(n)}(t)*f_2(t)$$

$$y^{(-n)}(t)=f_1(t)*f_2^{(-n)}(t)=f_1^{(-n)}(t)*f_2(t)$$

将微分和积分特性综合起来使用则有

$$y^{(n-m)}(t)=f_1^{(n)}(t)*f_2^{(-m)}(t)=f_1^{(-m)}(t)*f_2^{(n)}(t)$$

4. 奇异信号的卷积

（1）阶跃函数：$f(t)*u(t)=\int_{-\infty}^{t}f(\tau)\mathrm{d}\tau$

（2）冲激函数：$f(t)*\delta(t)=f(t), f(t)*\delta(t-t_0)=f(t-t_0)$

运用卷积的性质进行卷积计算，将大大简化卷积的计算量。

例 2-9　求图 2-7 所示的 $f_1(t)$ 和 $f_2(t)$ 的卷积。

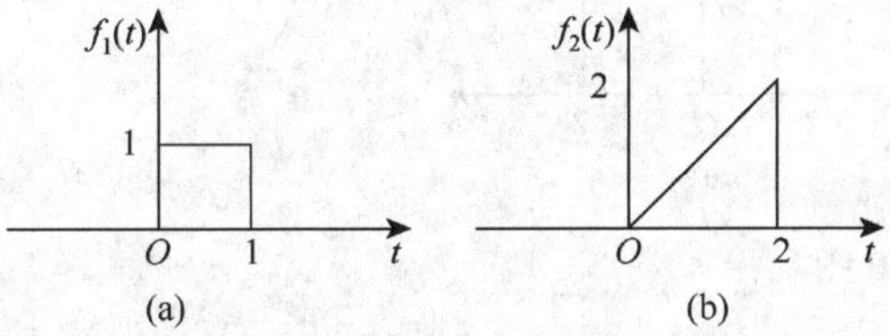

图 2-7　例 2-9 图

解　利用卷积性质计算。可将 $f_1(t)$ 微分得到冲激信号：

$$f_1'(t)=[\delta(t)-\delta(t-1)]$$

$f_2(t)$ 积分得到

$$f_3(t)=\int_{-\infty}^{t}f_2(\tau)\mathrm{d}\tau=\begin{cases}\dfrac{t^2}{2}, & 0\leqslant t\leqslant 2\\ 2, & 2<t\leqslant\infty\end{cases}$$

利用卷积的微积分特性：

$$f_1(t)*f_2(t)=f_1'(t)*\int_{-\infty}^{t}f_2(\tau)\mathrm{d}\tau=[\delta(t)-\delta(t-1)]*f_3(t)=f_3(t)-f_3(t-1)$$

利用时移特性：

$$f_3(t-1)=\begin{cases}\dfrac{(t-1)^2}{2}, & 1\leqslant t\leqslant 3\\ 2, & 3<t\leqslant\infty\end{cases}$$

即

$$f_1(t)*f_2(t)=\begin{cases}\dfrac{t^2}{2}, & 0\leqslant t\leqslant 1\\ t-\dfrac{1}{2}, & 1<t\leqslant 2\\ \dfrac{3-t^2+2t}{2}, & 2<t\leqslant 3\\ 0, & 其他\end{cases}$$

如图 2-8 所示。

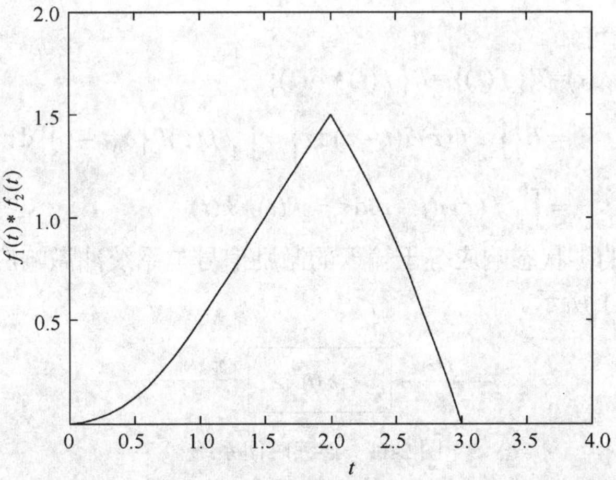

图 2-8　卷积结果

例 2-10　求图 2-9 所示两个函数的卷积。

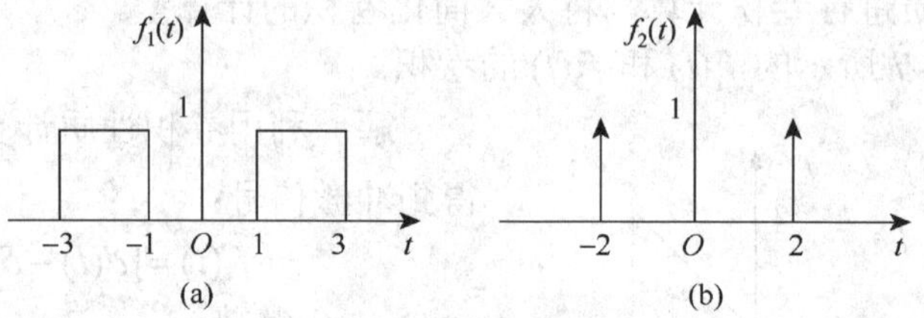

图 2-9　例 2-10 图

解

$$f_1(t)=u(t+3)-u(t+1)+u(t-1)-u(t-3)\,,\qquad f_2(t)=\delta(t+2)+\delta(t-2)$$

卷积性质法：根据奇异信号的分配和平移特性，有

$$\begin{aligned}f_1(t)*f_2(t)&=f_1(t)*[\delta(t+2)+\delta(t-2)]\\&=f_1(t)*\delta(t+2)+f_1(t)*\delta(t-2)=f_1(t+2)+f_1(t-2)\end{aligned}$$

卷积结果如图 2-10 所示。

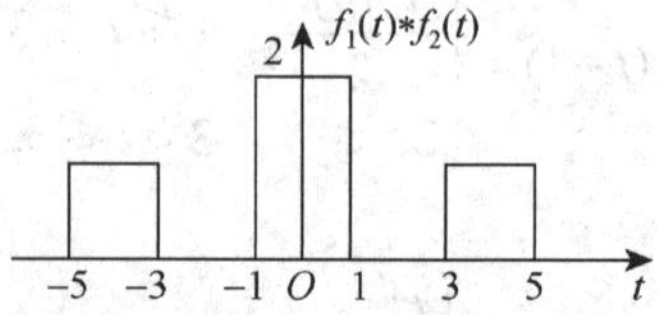

图 2-10　例 2-10 卷积结果

2.4.2　连续系统的卷积分析方法

对于一个连续的 LTI 系统，当激励信号为冲激信号，对应于系统的零状态响应为 $h(t)$；当激励信号为任意信号 $f(t)$，对应于系统的零状态响应为 $y_{zs}(t)$。

根据卷积的定义和性质可知

$$f(t)=f(t)*\delta(t)=\int_{-\infty}^{\infty}f(\tau)\delta(t-\tau)\mathrm{d}\tau$$

根据系统的性质可知

$$\begin{aligned}y_{zs}(t)&=T\{f(t)\}=T\{f(t)*\delta(t)\}\\&=T\left\{\int_{-\infty}^{\infty}f(\tau)\delta(t-\tau)\mathrm{d}\tau\right\}=\int_{-\infty}^{\infty}f(\tau)T\{\delta(t-\tau)\}\mathrm{d}\tau\\&=\int_{-\infty}^{t}f(\tau)h(t-\tau)\mathrm{d}\tau=f(t)*h(t)\end{aligned}$$

从而证明：系统的零状态响应等于输入的激励信号与系统冲激响应的卷积，即 $y_{zs}(t)=f(t)*h(t)$，如图 2-11 所示。

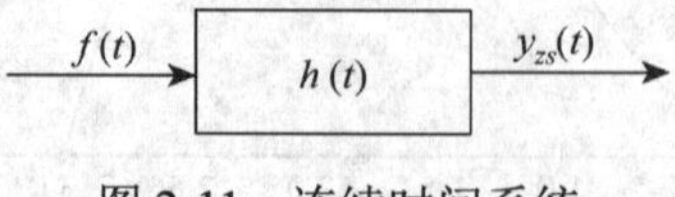

图 2-11　连续时间系统

下面举例说明卷积法求零状态响应的过程。

例 2-11　已知某 LTI 系统的单位冲激响应 $h(t)=2\mathrm{e}^{-2t}u(t)$，当输入信号 $f(t)=u(t)$ 时，用卷积法求系统的零状态响应 $y_{zs}(t)$。

解

$$y_{zs}(t)=h(t)*f(t)=\int_{-\infty}^{\infty}2\mathrm{e}^{-2\tau}u(\tau)u(t-\tau)\mathrm{d}\tau=\int_{0}^{t}2\mathrm{e}^{-2\tau}\mathrm{d}\tau=(1-\mathrm{e}^{-2t})u(t)$$

2.5　离散时间系统的描述

2.5.1　差分方程的建立与求解

离散时间系统，简称离散系统：指输入信号 $f(n)$ 是离散信号，输出 $y(n)$ 也是离散信号的系统。记为 $f(n)\to y(n)$。离散时间 LTI 系统可以用常系数线性差分方程来描述，其一般形式表示为

$$a_0y(n)+a_1y(n-1)+\cdots+a_Ny(n-N)=b_0f(n)+b_1f(n-1)+\cdots+b_Mf(n-M)\tag{2-25}$$

式中，a、b 为常数；M 表示激励信号 $f(n)$ 的位移阶次；N 表示函数 $y(n)$ 的位移阶次。

离散 LTI 系统的性质如下。

（1）齐次性：

$$af(n)\to ay(n)$$

（2）可加性：

$$f_1(n)+f_2(n)\to y_1(n)+y_2(n)$$

（3）线性：

$$a_1f_1(n)+a_2f_2(n)\to a_1y_1(n)+a_2y_2(n)$$

（4）时不变性：

$$f(n-m)\to y(n-m)$$

1. 差分方程的求解

经典法求解差分方程的过程与用经典法求微分方程的过程非常类似，差分方程的解也由齐次解 $y_h(n)$ 和特解 $y_p(n)$ 两部分组成，即 $y(n)=y_h(n)+y_p(n)$。其中齐次解的形式由齐次方程的特征根确定，特解的形式由激励信号的形式确定。

令式（2-25）等式右端为 0，则有

$$a_0y(n)+a_1y(n-1)+\cdots+a_Ny(n-N)=0\tag{2-26}$$

对应的特征方程为 $a_0\lambda^N+a_1\lambda^{N-1}+\cdots+a_N=0$，此方程的根 $\lambda_1,\cdots,\lambda_N$ 称为方程的特征根。不同特征根对应的齐次解形式如表 2-3 所示。

表 2-3　不同特征根对应的齐次解形式

特征根	齐次解
不等实根	$y_h(n)=K_1\lambda_1^n+K_2\lambda_2^n+\cdots+K_N\lambda_N^n$
λ_i 为 m 重相等实根	$y_h(n)=K_{i1}\lambda_i^n+K_{i2}n\lambda_i^n+\cdots+K_{im}n^{m-1}\lambda_i^n$
λ_i 为共轭复根 $r_{1,2}=\sigma\pm\mathrm{j}\omega=r\mathrm{e}^{\pm\mathrm{j}\Omega}$	$y_h(n)=K_{i1}\lambda^n\cos(\pm n\Omega)+K_{i2}\lambda^n\sin(\pm n\Omega)]$

特解是由激励的形式决定的，常用的离散激励信号所对应的特解形式如表 2-4 所示。

表 2-4　常用激励信号对应的特解形式

$f(n)$ 的形式		特解的形式
a^n	α 不是差分方程的特征根	Aa^n
	α 是差分方程的特征根	$(An+B)a^n$
n^m		$A_m n^m + A_{m-1} n^{m-1} + \cdots + A_1 n + A_0$
$\sin(n\Omega)$ 或 $\cos(n\Omega)$		$A\sin(n\Omega) + B\cos(n\Omega)$
$a^n\sin(n\Omega)$ 或 $a^n\cos(n\Omega)$		$a^n[A\sin(n\Omega) + B\cos(n\Omega)]$

例 2-12　设有二阶离散系统差分方程 $y(n)-5y(n-1)+6y(n-2)=f(n)$，初始状态为 $y(-1)=1, y(-2)=1$，$f(n)=\left(\frac{1}{2}\right)^n u(n)$，试求系统在 $n\geqslant 0$ 时的系统响应 $y(n)$。

（1）差分方程对应的特征方程为

$$\lambda^2-5\lambda+6=0 \Rightarrow \lambda_1=2, \lambda_3=3$$

$$y_h(n)=K_1(2)^n+K_2(3)^n$$

（2）根据 $f(n)$ 的形式确定 $y_p(n)=A\left(\frac{1}{2}\right)^n$，将其代入原差分方程可以得到

$$A=\frac{1}{15}$$

$$y(n)=y_h(n)+y_p(n)=K_1(2)^n+K_2(3)^n+\frac{1}{15}\left(\frac{1}{2}\right)^n \tag{2-27}$$

（3）将初始状态 $y(-1)=1, y(-2)=1$ 代入原微分方程有

$$\begin{cases} y(0)-5y(-1)+6y(-2)=f(0) \\ y(1)-5y(0)+6y(-1)=f(1) \end{cases}$$

得初始条件 $y(0)=0, y(1)=-\frac{11}{2}$；将初始条件代入式（2-27）得

$$\begin{cases} y(0)=K_1+K_2+\frac{1}{15}=0 \\ y(1)=2K_1+3K_2+\frac{1}{30}=-\frac{11}{2} \end{cases}$$

推得系数 $K_1=\frac{16}{3}, K_2=-\frac{27}{5}$，代入式（2-27）得

$$y(n)=\left[\frac{16}{3}(2)^n-\frac{27}{5}(3)^n+\frac{1}{15}\left(\frac{1}{2}\right)^n\right]u(n)$$

2. 零输入响应和零状态响应

在连续时间系统中，系统响应可分解为零输入响应和零状态响应。同样，离散时间

的系统响应也可分为零输入响应 $y_{zi}(n)$ 和零状态响应 $y_{zs}(n)$，即

$$y(n) = y_{zi}(n) + y_{zs}(n) \tag{2-28}$$

零输入响应 $y_{zi}(n)$ 是指当激励信号为零时，只由初始状态所产生的响应。零状态响应 $y_{zs}(n)$ 是指当系统的初始状态为零时，只由激励信号作用系统所产生的响应。

零输入响应的求解过程和求齐次解的过程很相似，首先写出特征方程，求出特征根，然后查表 2-3，根据特征根的形式写出零输入响应的形式，再由初始状态确定待定系数。

零状态响应的求解与连续系统的零状态响应求解方法相同。

2.5.2　离散时间系统的连接

一个复杂的离散时间系统可以用一些基本运算单元（表 1-1）连接而成。系统连接方式有三种：级联、并联和反馈。

1. 系统的级联（图 2-12）

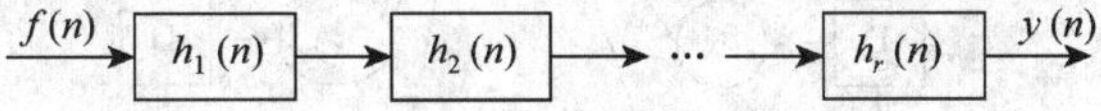

图 2-12　系统的级联

系统级联后的系统函数：

$$h(n) = h_1(n) * h_2(n) * \cdots * h_r(n)$$

系统级联后零状态响应：

$$y_{zs}(n) = f(n) * \left[h_1(n) * h_2(n) * \cdots * h_r(n)\right]$$

2. 系统的并联（图 2-13）

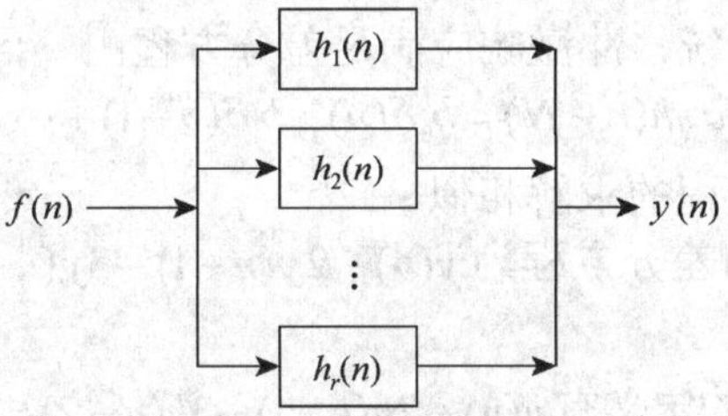

图 2-13　系统的并联

系统并联后的系统函数：

$$h(n) = h_1(n) + h_2(n) + \cdots + h_r(n)$$

系统并联后零状态响应：

$$y_{zs}(n) = f(n) * \left[h_1(n) + h_2(n) + \cdots + h_r(n)\right]$$

下面举例说明如何画出差分方程的系统模拟框图。

例 2-13　设一阶离散系统的差分方程为 $y(n) - ay(n-1) = f(n)$，试画出其系统模拟框图。

解　将差分方程变为 $y(n)=f(n)+ay(n-1)$，由此可知，系统模拟框图应该需要加法器、乘法器和单位延时器各一个。框图如图 2-14 所示。

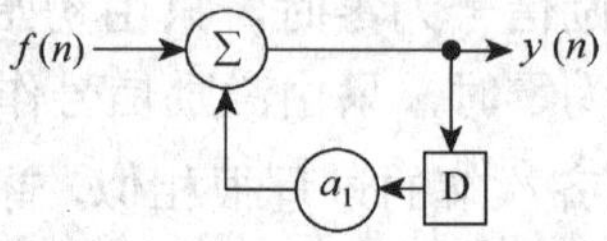

图 2-14　一阶差分方程的模拟框图

例 2-14　设二阶离散系统的差分方程描述，试画出其模拟图。

$$y(n)+a_1y(n-1)+a_2y(n-2)=b_0f(n)+b_1f(n-1)+b_2f(n-2)$$

解　由题目可知 $y(n)=b_0f(n)+b_1f(n-1)+b_2f(n-2)-a_1y(n-1)-a_2y(n-2)$，可画出该差分方程的模拟图如图 2-15 所示。

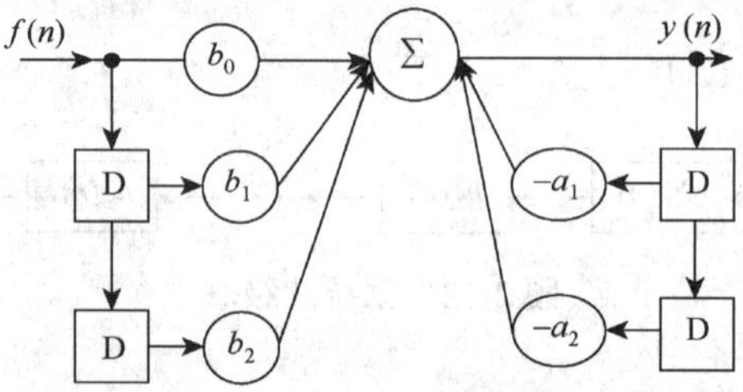

图 2-15　二阶差分方程的模拟框图

2.6　离散系统冲激响应与阶跃响应

1. 冲激响应

冲激响应 $h(n)$：当激励信号为单位冲激序列 $\delta(n)$ 时，离散 LTI 系统所产生的零状态响应。对于离散时间 LTI 系统，冲激响应满足差分方程：

$$a_0h(n)+a_1h(n-1)+\cdots+a_Nh(n-N)=b_0\delta(n)+b_1\delta(n-1)+\cdots+b_M\delta(n-M) \tag{2-29}$$

它的求解方法与差分方程的求解相似。

例 2-15　已知某系统的差分方程为 $y(n)-2y(n-1)-3y(n-2)=f(n)$，求对应系统的单位冲激响应 $h(n)$。

解　根据单位冲激响应的定义有 $h(n)-2h(n-1)-3h(n-2)=\delta(n)$，$h(-1)=h(-2)=0$。

利用迭代法则可以递推求出 $h(0)$ 和 $h(1)$：

$$\begin{cases}h(0)=2h(-1)+3h(-2)+\delta(0)=1\\h(1)=2h(0)+3h(-1)+\delta(1)=2\end{cases}$$

写出特征方程 $\lambda^2-2\lambda-3=0$，解得特征根 $\lambda_1=-1,\lambda_2=3$，从而得到 $h(n)$ 为

$$h(n)=K_1(-1)^n+K_2(3)^n,\quad n\geqslant 0 \tag{2-30}$$

将 $h(0)=1$ 和 $h(1)=2$ 代入式（2-30）得

$$\begin{cases}h(0)=K_1+K_2=1\\h(1)=-K_1+3K_2=2\end{cases}$$

解得

$$K_1=\frac{1}{4},\quad K_2=\frac{3}{4}$$

因此

$$h(n)=\frac{1}{4}(-1)^n+\frac{3}{4}(3)^n,\quad n\geqslant 0$$

或

$$h(n)=\left[\frac{1}{4}(-1)^n+\frac{3}{4}(3)^n\right]u(n)$$

2. 阶跃响应

阶跃响应 $g(n)$：当激励信号为单位阶跃序列 $u(n)$ 时，离散 LTI 系统所产生的零状态响应。阶跃响应满足差分方程：

$$a_0g(n)+a_1g(n-1)+\cdots+a_Ng(n-N)=b_0u(n)+b_1u(n-1)+\cdots+b_Mu(n-M)\tag{2-31}$$

阶跃响应求解方法主要包括：

（1）用经典法求解差分方程；

（2）利用单位冲激响应与单位阶跃响应的关系：

$$g[n]=\sum_{k=-\infty}^{n}h[k],\quad h(n)=g(n)-g(n-1)$$

例 2-16　求例 2-15 所描述系统的单位阶跃响应 $g(n)$。

解　（1）经典法：

$$g(n)-2g(n-1)-3g(n-2)=u(n),\quad g(n)=g_h(n)+g_p(n)$$

齐次解：

$$g_h(n)=K_1(-1)^n+K_2(3)^n$$

特解：根据表 2-4 可知 $g_p(n)=A(1)^n=A$，将特解代入差分方程：

$$A-2A-3A=1\Rightarrow A=-\frac{1}{4}$$

因此全解为

$$g(n)=g_h(n)+g_p(n)=C_1(-1)^n+C_2(3)^n-\frac{1}{4},\quad n\geqslant 0\tag{2-32}$$

利用迭代法则可以递推求出 $g(0)$ 和 $g(1)$：

$$\begin{cases}g(0)=2g(-1)+3g(-2)+u(0)=1\\ g(1)=2g(0)+3g(-1)+u(1)=3\end{cases}$$

令式（2-32）中的 $n=0,n=1$ 可得

$$\begin{cases}g(0)=K_1+K_2-\dfrac{1}{4}=1\\ g(1)=-K_1+3K_2-\dfrac{1}{4}=3\end{cases}$$

解得

$$K_1=\frac{1}{8},\quad K_2=\frac{9}{8}$$

系统的单位阶跃响应为

$$g(n)=\frac{1}{8}(-1)^n+\frac{9}{8}(3)^n-\frac{1}{4},\quad n\geqslant 0$$

（2）利用冲激响应与阶跃响应的关系。

例 2-15 已求得系统的单位冲激响应为

$$h(n)=\left[\frac{1}{4}(-1)^n+\frac{3}{4}(3)^n\right]u(n)$$

根据 $g(n)$ 和 $h(n)$ 的关系可得

$$g(n)=\sum_{k=0}^{n}\left[\frac{1}{4}(-1)^k+\frac{3}{4}(3)^k\right]=\left[\frac{9}{8}(3)^n+\frac{1}{8}(-1)^n-\frac{1}{4}\right]u(n)$$

2.7 离散系统的卷积和分析方法

2.7.1 离散信号的卷积和及其性质

1. 卷积和的定义

对于任意的两个离散信号 $f_1(n)$ 和 $f_2(n)$ 卷积和的定义为

$$f_1(n)*f_2(n)=\sum_{k=-\infty}^{\infty}f_1(k)f_2(n-k)=\sum_{k=-\infty}^{\infty}f_1(n-k)f_2(k) \tag{2-33}$$

2. 卷积和的性质

（1）交换律：

$$f_1(n)*f_2(n)=f_2(n)*f_1(n)$$

（2）结合律：

$$[f_1(n)*f_2(n)]*h(n)=f_1(n)*[f_2(n)*h(n)]$$

（3）分配律：

$$[f_1(n)+f_2(n)]*h(n)=f_1(n)*h(n)+f_2(n)*h(n)$$

（4）延时特性。若 $y(n)=f_1(n)*f_2(n)$，则

$$f_1(n-i)*f_2(n)=f_1(n)*f_2(n-i)=y(n-i)$$

$$f_1(n-i)*f_2(n-j)=y(n-i-j)$$

（5）求和特性。若 $y(n)=f_1(n)*f_2(n)$，则

$$\sum_{i=-\infty}^{n} y(i) = \sum_{i=-\infty}^{n} f_1(i) * f_2(n) = f_1(n) * \sum_{i=-\infty}^{n} f_2(i)$$

3. 奇异信号的卷积和

与单位冲激信号的卷积：

$$f(n) * \delta(n) = f(n),\quad f(n) * \delta(n \pm i) = f(n \pm i)$$

与单位阶跃信号的卷积：

$$f(n) * u(n) = \sum_{i=-\infty}^{n} f(i)$$

4. 图解法求卷积和

卷积和可通过图解法来计算，该方法较为直观，比较容易理解。主要步骤如下。

（1）变量替换：将 $f_1(n)$、$f_2(n)$ 中的自变量由 n 改为 k，得到 $f_1(k)$、$f_2(k)$ 信号。

（2）反褶：把其中一个信号以纵轴为中心轴对折，如 $f_1(k)$ 翻转得 $f_1(-k)$。

（3）平移：给定 n 值，将 $f_1(-k)$ 沿着横轴从左到右进行平移，得到 $f_1(n-k)$ 信号。

（4）相乘：将 $f_1(n-k)$ 与 $f_2(k)$ 重叠部分逐点相乘。

（5）求和：将所有点的乘积进行最后求和 $\sum_{k=-\infty}^{\infty} f_1(n-k) f_2(k)$。

下面通过例题详细说明。

例 2-17　已知 $f_1(n)$ 和 $f_2(n)$ 信号如图 2-16（a）、（b）所示，求 $f_1(n) * f_2(n)$。

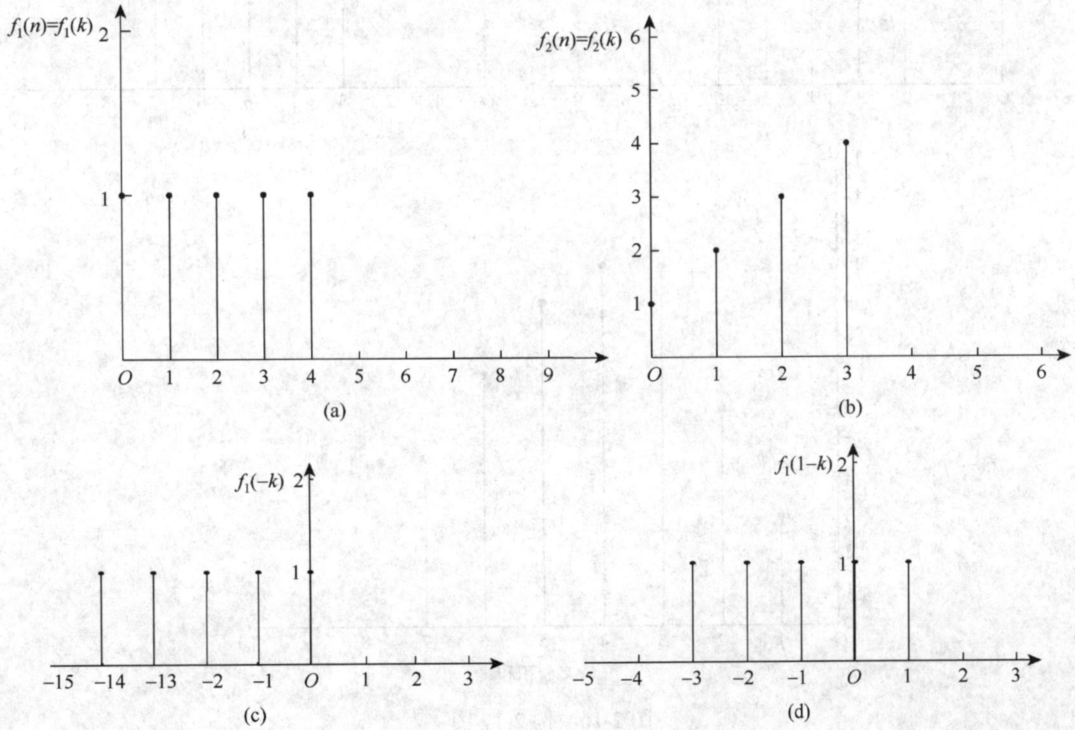

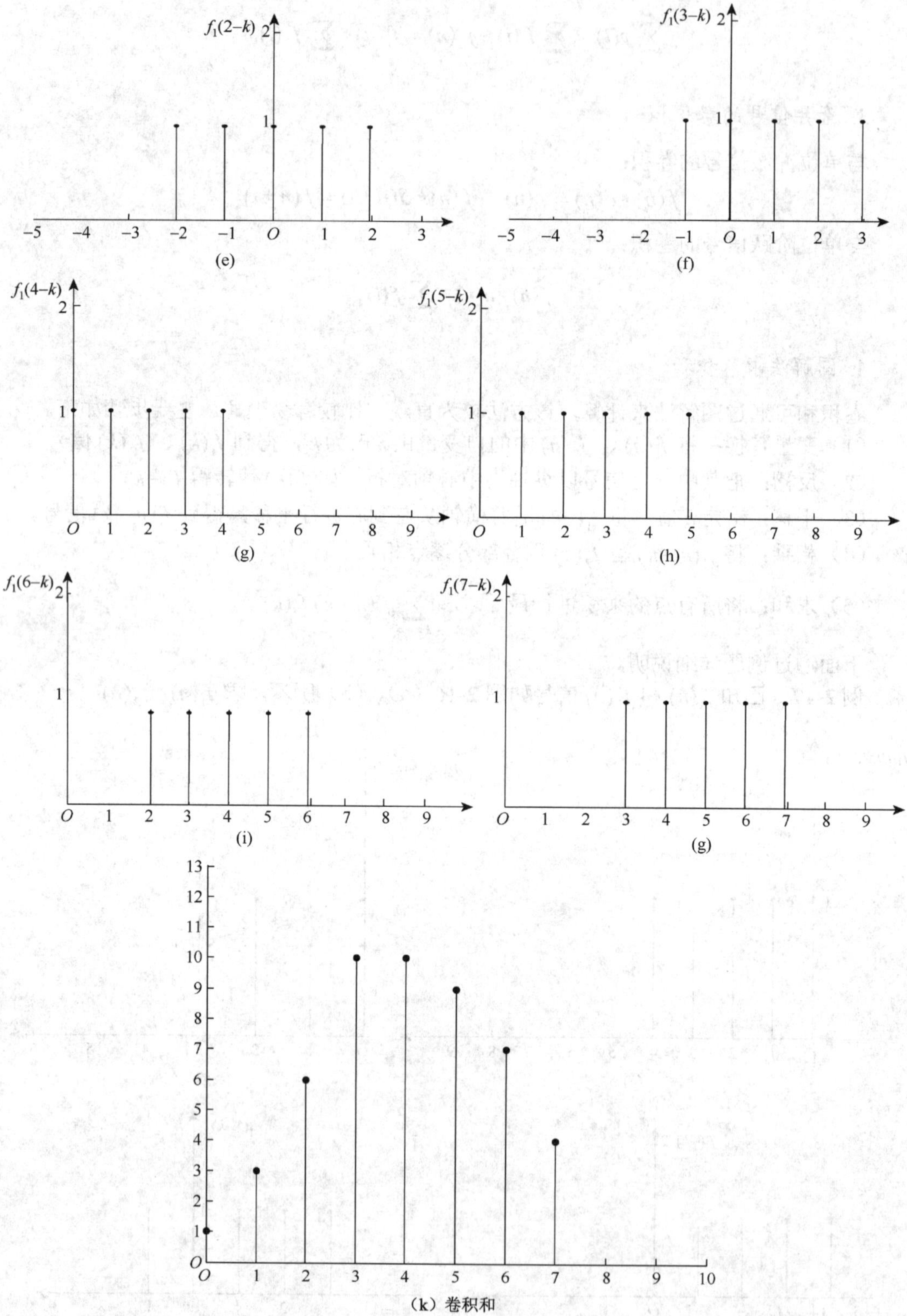

图 2-16　例 2-17 图

解　（1）变量替换：（图 2-16（a）、（b）图形不变，只是改变横坐标轴对应的参量）。

（2）反褶：将 $f_1(k)$ 翻转得 $f_1(-k)$（图 2-16（c））。

（3）平移：将 $f_1(-k)$ 沿着横轴从左到右进行平移（图 2-16（d）、（e）、（f）、（g）、（h）、（i））。

（4）相乘：$f_1(n-k)f_2(k)$ 乘积只有在重合点才有意义。

当 $n\leqslant -1$ 或 $n\geqslant 8$ 时：没有重合点，因此 $f_1(n-k)f_2(k)=0$；

当 $n=0$ 时：观察图（b）和（c），只有 1 点重合 $k=0\Rightarrow 1\times1=1$；

当 $n=1$ 时：观察图（b）和（d），有 2 点重合 $k=0,1\Rightarrow 1\times1,1\times2$；

当 $n=2$ 时：观察图（b）和（e），有 3 点重合 $k=0,1,2\Rightarrow 1\times1,1\times2,1\times3$；

当 $n=3,4$ 时：观察图（b）和（f）、（g），有 4 点重合 $k=0,1,2,3\Rightarrow 1\times1,1\times2,1\times3,1\times4$；

当 $n=5$ 时：观察图（b）和（h），有 3 点重合 $k=1,2,3\Rightarrow 1\times2,1\times3,1\times4$；

$n=6$ 时：观察图（b）和（i），有 2 点重合 $k=2,3\Rightarrow 1\times3,1\times4$；

$n=7$ 时：观察图（b）和（j），有 1 点重合 $k=3\Rightarrow 1\times4$；

（5）求和：$y(0)=1\times1=1$，$y(1)=1\times1+1\times2=3$，$y(2)=1\times1+1\times2+1\times3=6$，$y(3)=y(4)=1\times1+1\times2+1\times3+1\times4=10$，$y(5)=1\times2+1\times3+1\times4=9$，$y(6)=1\times3+1\times4=7$，$y(7)=1\times4=4$。

2.7.2　离散系统的卷积分析方法

离散系统的零状态响应可以表示为任意输入序列 $f(n)$ 与单位冲激响应 $h(n)$ 的卷积和：

$$y_{zs}(n)=f(n)*h(n)=\sum_{k=-\infty}^{\infty}f[k]h[n-k] \tag{2-34}$$

如图 2-17 所示。

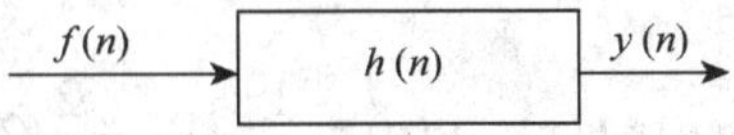

图 2-17　离散时间系统

下面举例说明卷积和法求离散系统零状态响应的过程。

例 2-18　已知某离散系统的单位冲激响应为 $h(n)=\left(\frac{1}{2}\right)^n u(n)$，激励为 $f(n)=u(n)$，求系统的零状态响应。

解　$y_{zs}(n)=f(n)*h(n)=\left(\frac{1}{2}\right)^n u(n)*u(n)=\left[2-\left(\frac{1}{2}\right)^n\right]u(n)$

例 2-19　设某离散时间系统的差分方程为 $y(n)-y(n-1)-2y(n-2)=f(n)$，已知 $y(-1)=-1,$ $y(-2)=\frac{1}{4}, f(n)=u(n)$，求系统全响应 $y(n)$、零状态响应 $y_{zs}(n)$ 和零输入响应 $y_{zi}(n)$。

解　（1）求零输入响应 $y_{zi}(n)$。

特征方程为 $\lambda^2-\lambda-2=0$，得到特征根 $\lambda_1=2,\lambda_2=-1$。零输入响应为

$$y_{zi}(n)=K_1(2)^n+K_2(-1)^n$$

将 $y(-1)=-1, y(-2)=\frac{1}{4}$ 代入上式，得

$$\begin{cases}\frac{1}{2}K_1-K_2=-1\\ \frac{1}{4}K_1+K_2=\frac{1}{4}\end{cases}\Rightarrow K_1=-1, K_2=\frac{1}{2}$$

所以

$$y_{zi}(n)=\frac{1}{2}(-1)^n-(2)^n,\quad n\geqslant 0$$

（2）求单位冲激响应 $h(n)$。

根据单位冲激响应的定义有

$$h(n)-h(n-1)-2h(n-2)=\delta(n)$$

令 $n=0,1$ 得到初始状态

$$\begin{cases}h(0)-h(-1)-2h(-2)=\delta(0)\\ h(1)-h(0)-2h(-1)=\delta(1)\end{cases}\Rightarrow h(0)=1, h(1)=1$$

根据特征方程可得

$$h(n)=C_1(2)^n+C_2(-1)^n$$

将初始状态代入上式可得

$$C_1=\frac{2}{3},\quad C_2=\frac{1}{3}$$

所以

$$h(n)=\frac{1}{3}(-1)^n+\frac{2}{3}(2)^n,\quad n\geqslant 0$$

（3）求零状态响应 $y_{zs}(n)$。

$$\begin{aligned}y_{zs}(n)&=f(n)*h(n)=u(n)*\left[\frac{1}{3}(-1)^n+\frac{2}{3}(2)^n\right]u(n)\\ &=\left[\frac{1}{6}(-1)^n+\frac{4}{3}(2)^n-\frac{1}{2}\right]u(n)\end{aligned}$$

（4）写出全响应。

$$\begin{aligned}y(n)&=\left[\frac{1}{2}(-1)^n-(2)^n\right]u(n)+\left[\frac{1}{6}(-1)^n+\frac{4}{3}(2)^n-\frac{1}{2}\right]u(n)\\ &=\left[\frac{2}{3}(-1)^n+\frac{1}{3}(2)^n-\frac{1}{2}\right]u(n)\end{aligned}$$

卷积的应用（**Applications of convolution**）

Convolution and related operations are found in many applications of engineering and mathematics.

1. In electrical engineering, the convolution of one function (the input signal) with a second function (the impulse response) gives the output of a linear time-invariant system (LTI) . At any given moment, the output is an accumulated effect of all the prior values of the input function, with the most recent values typically having the most influence (expressed as a multiplicative factor) . The impulse response function provides that factor as a function of the elapsed time since each input value occurred.

2. In digital signal processing and image processing applications, the entire input function is often available for computing every sample of the output function. In that case, the constraint that each output is the effect of only prior inputs can be relaxed.

3. Convolution amplifies or attenuates each frequency component of the input independ- ently of the other components.

4. In statistics, as noted above, a weighted moving average is a convolution.

5. In probability theory, the probability distribution of the sum of two independent random variables is the convolution of their individual distributions.

6. In optics, many kinds of "blur" are described by convolutions. A shadow (e.g., the shadow on the table when you hold your hand between the table and a light source) is the convolution of the shape of the light source that is casting the shadow and the object whose shadow is being cast. An out-of-focus photograph is the convolution of the sharp image with the shape of the iris diaphragm. The photographic term for this is bokeh.

7. Similarly, in digital image processing, convolutional filtering plays an important role in many important algorithms in edge detection and related processes.

8. In linear acoustics, an echo is the convolution of the original sound with a function representing the various objects that are reflecting it.

9. In artificial reverberation (digital signal processing, pro audio) , convolution is used to map the impulse response of a real room on a digital audio signal (see previous and next point for additional information) .

10. In electronic music convolution is the imposition of a spectral or rhythmic structure on a sound. Often this envelope or structure is taken from another sound. The convolution of two signals is the filtering of one through the other.

11. In time-resolved fluorescence spectroscopy, the excitation signal can be treated as a chain of delta pulses, and the measured fluorescence is a sum of exponential decays from each delta pulse.

12. In radiotherapy treatment planning systems, most part of all modern codes of calculation applies a convolution-superposition algorithm.

13. In physics, wherever there is a linear system with a "superposition principle", a convolution operation makes an appearance. For instance, given a function that

describes an electric charge distribution and the function that gives the electric potential of a point charge, then the potential of the charge distribution is the convolution of these two functions.

14. In kernel density estimation, a distribution is estimated from sample points by convolution with a kernel, such as an isotropic Gaussian. (Diggle 1995) .

15. In computational fluid dynamics, the large eddy simulation (LES) turbulence model uses the convolution operation to lower the range of length scales necessary in computation thereby reducing computational cost. [摘自 wikipedia]

时域（Time domain）

Time domain is the analysis of mathematical functions, physical signals or time series of economic or environmental data, with respect to time. In the time domain, the signal or function's value is known for all real numbers, for the case of continuous time, or at various separate instants in the case of discrete time. An oscilloscope is a tool commonly used to visualize real-world signals in the time domain.

A time-domain graph shows how a signal changes with time, whereas a frequency-domain graph shows how much of the signal lies within each given frequency band over a range of frequencies.

The use of the contrasting terms time domain and frequency domain developed in U.S. communication engineering in the late 1940s, with the terms appearing together without definition by 1950. When an analysis uses the second or one of its multiples as a unit of measurement, then it is in the time domain. When analysis concerns the reciprocal units such as Hertz, then it is in the frequency domain.

2.8 本章小结

1. 时域连续系统微分方程的建立与求解

系统响应分为齐次解和特解。经典微分方程求解的一般思路和步骤如下：

（1）根据电路知识建立系统的数学模型，即系统的微分方程。

（2）确定特征方程，根据特征方程的特征根确定齐次解 $y_h(t)$ 的形式。

（3）根据方程右边激励信号的形式确定特解 $y_p(t)$ 的形式，并代入系统微分方程，确定特解系数。

（4）将齐次解和特解相加得到方程的全解。

（5）根据初始条件求解待定系数。

2. 时域差分方程的建立与求解

$$a_0y(n)+a_1y(n-1)+\cdots+a_Ny(n-N)=b_0f(n)+b_1f(n-1)+\cdots+b_Mf(n-M)$$

经典法求解差分方程的过程与用经典法求微分方程的过程非常类似，差分方程的解也是由齐次解 $y_h(n)$ 和特解 $y_p(n)$ 两部分组成。即

$$y(n)=y_h(n)+y_p(n)$$

3. 零输入响应和零状态响应

零输入响应 $y_{zi}(t)$、$y_{zi}(n)$ 是指系统没有激励信号的作用，只由初始状态所产生的响应。零状态响应 $y_{zs}(t)$、$y_{zs}(n)$ 是指系统的初始状态为零，仅由激励信号作用所产生的响应。

4. 单位冲激响应

连续时间系统。

（1）冲激响应 $h(t)$：当激励信号为单位冲激信号 $\delta(t)$ 时，连续 LTI 系统所产生的零状态响应。

（2）阶跃响应 $g(t)$：当激励信号为单位阶跃信号 $u(t)$ 时，连续 LTI 系统产生的零状态响应。

$$h(t)=\frac{\mathrm{d}g(t)}{\mathrm{d}t},\quad g(t)=\int_{-\infty}^{t}h(\tau)\mathrm{d}\tau$$

离散时间系统。

（1）冲激响应 $h(n)$：当激励信号为单位冲激序列 $\delta(n)$ 时，离散 LTI 系统所产生的零状态响应。

（2）阶跃响应 $g(n)$：当激励信号为单位阶跃序列 $u(n)$ 时，离散 LTI 系统所产生的零状态响应。

$$g[n]=\sum_{k=-\infty}^{n}h[k],\quad h(n)=g(n)-g(n-1)$$

5. 卷积

（1）连续时间系统。

设 $f_1(t)$ 和 $f_2(t)$ 是定义在 $(-\infty,\infty)$ 区间上的两个连续时间信号，则 $f_1(t)$ 和 $f_2(t)$ 的卷积定义为

$$f_1(t)*f_2(t)=\int_{-\infty}^{\infty}f_1(\tau)f_2(t-\tau)\mathrm{d}\tau=\int_{-\infty}^{\infty}f_2(\tau)f_1(t-\tau)\mathrm{d}\tau$$

利用卷积求解连续时间系统的零状态响应

$$y_{zs}(t)=f(t)*h(t)$$

（2）离散时间系统。

对于任意的两个离散信号 $f_1(n)$ 和 $f_2(n)$ 卷积和的定义为

$$f_1(n)*f_2(n)=\sum_{k=-\infty}^{\infty}f_1(k)f_2(n-k)=\sum_{k=-\infty}^{\infty}f_1(n-k)f_2(k)$$

利用卷积求解离散时间系统的零状态响应：

$$y_{zs}(n)=f(n)*h(n)=\sum_{k=-\infty}^{\infty}f[k]h[n-k]$$

6. 卷积的性质

（1）交换律：

$$f_1(t)*f_2(t)=f_2(t)*f_1(t),\quad f_1(n)*f_2(n)=f_2(n)*f_1(n)$$

（2）分配律：

$$f_1(t)*[f_2(t)+f_3(t)]=f_1(t)*f_2(t)+f_1(t)*f_3(t)$$
$$[f_1(n)+f_2(n)]*h(n)=f_1(n)*h(n)+f_2(n)*h(n)$$

（3）结合律：

$$[f_1(t)*f_2(t)]*f_3(t)=f_1(t)*[f_2(t)*f_3(t)]$$
$$[f_1(n)*f_2(n)]*h(n)=f_1(n)*[f_2(n)*h(n)]$$

（4）延时特性：

$$f_1(t-t_1)*f_2(t-t_2)=f_1(t)*f_2(t-t_2-t_1)=f_1(t-t_1-t_2)*f_2(t)$$
$$f_1(n-i)*f_2(n)=f_1(n)*f_2(n-i)=y(n-i)\,,\quad f_1(n-i)*f_2(n-j)=y(n-i-j)$$

（5）微分特性：

$$y'(t)=f_1'(t)*f_2(t)=f_1(t)*f_2'(t)$$

（6）积分特性：

$$y^{(-1)}(t)=f_1^{(-1)}(t)*f_2(t)=f_1(t)*f_2^{(-1)}(t)$$

习　　题

基本习题

2-1　求下列齐次微分方程在给定起始状态条件下的零输入响应。

（1）$y''(t)+6y'(t)+5y(t)=0$；给定 $y(0_-)=2, y'(0_-)=2$；

（2）$y''(t)+16y(t)=0$；给定 $y(0_-)=1, y'(0_-)=4$；

（3）$Ri(t)+u_L(t)+u_C(t)=u_s(t)$；给定 $u_L(t)=L\dfrac{\mathrm{d}i(t)}{\mathrm{d}t}=LC\dfrac{\mathrm{d}^2u_C(t)}{\mathrm{d}t^2}$；

（4）$i(t)=C\dfrac{\mathrm{d}u_C(t)}{\mathrm{d}t}$；给定 $y(0_-)=2, y'(0_-)=1$。

2-2　已知系统的微分方程，激励信号和初始条件，求系统的全解。

（1）$y''(t)+5y'(t)+6y(t)=3x(t), x(t)=\mathrm{e}^{-t}u(t)$，　$y(0_-)=1$，$y'(0_-)=1$；

（2）$y''(t)+3y'(t)+2y(t)=x'(t)+4x(t), x(t)=\mathrm{e}^{-2t}u(t)$，　$y(0_-)=2$，$y'(0_-)=1$；

（3）$y'(t)+3y(t)=x'(t)+x(t), x(t)=\mathrm{e}^{-2t}u(t)$，　$y(0_-)=3$；

（4）$y'''(t)+4y''(t)+8y'(t)=3x'(t)+8x(t), x(t)=u(t)$，　$y(0_-)=1$，$y'(0_-)=1, y''(0_-)=1$。

2-3　求下列微分方程描述的系统的单位冲激响应 $h(t)$。

（1）$y'(t)+4y(t)=2f'(t)$；

（2）$y''(t)+3y'(t)+2y(t)=f'(t)+2f(t)$；

（3）$y''(t)+4y'(t)+4y(t)=f(t)$；

（4）$y'(t)+2y(t)=f''(t)+3f'(t)+3f(t)$。

2-4　求下列微分方程描述的系统的单位阶跃响应 $g(t)$。

（1）$y'(t)+y(t)=f'(t)+f(t)$；　　（2）$y'(t)+2y(t)=f''(t)+3f'(t)+3f(t)$。

2-5　已知某因果性的 LTI 系统用微分方程表示为 $y'(t)+5y(t)=\int_{-\infty}^{\infty}x(\tau)f(t-\tau)\mathrm{d}\tau$，其中，$x(t)=\mathrm{e}^{-t}u(t)+3\delta(t)$，求该系统的单位冲激响应 $h(t)$。

2-6　已知某 LTI 系统在激励为 $f(t)$ 时系统的全响应为 $(2\mathrm{e}^{-t}+\sin t)u(t)$，激励为 $2f(t)$ 时的系统全响应为 $(3\mathrm{e}^{-t}+2\sin t)u(t)$，求：

（1）起始状态不变，当激励为 $f(t)$ 时，系统的零状态响应和零输入响应；

（2）起始状态不变，当激励为 $f(t-1)$ 时，系统的全响应；

（3）起始状态是原来的两倍，激励为 $2f(t)$ 时，系统的全响应。

2-7　求下列各函数 $f_1(t)$ 与 $f_2(t)$ 的卷积 $f_1(t)*f_2(t)$。

（1）$f_1(t)=u(t), f_2(t)=\mathrm{e}^{-2t}u(t)$；　　（2）$f_1(t)=u(t), f_2(t)=u(t)$；

（3）$f_1(t)=tu(t), f_2(t)=u(t)-u(t-2)$；　　（4）$f_1(t)=\sin tu(t), f_2(t)=u(t-1)$；

（5）$f_1(t)=2\delta(t), f_2(t)=\sin\left(t-\dfrac{\pi}{4}\right)$；　　（6）$f_1(t)=(1+t)[u(t)-u(t-1)], f_2(t)=u(t-1)-u(t-2)$；

（7）$f_1(t)=t[u(t)-u(t-2)], f_2(t)=\delta(t-2)$；　　（8）$f_1(t)=[(1-3t)\delta'(t)], f_2(t)=\mathrm{e}^{-3t}u(t)$。

2-8　已知 $f_1(t)$ 与 $f_2(t)$ 的波形如图 2-18 所示，计算卷积 $f_1(t)*f_2(t)$，并画出图形。

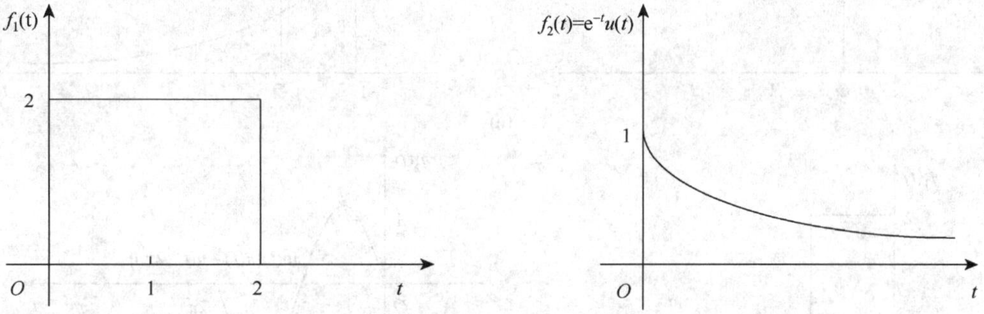

(a)

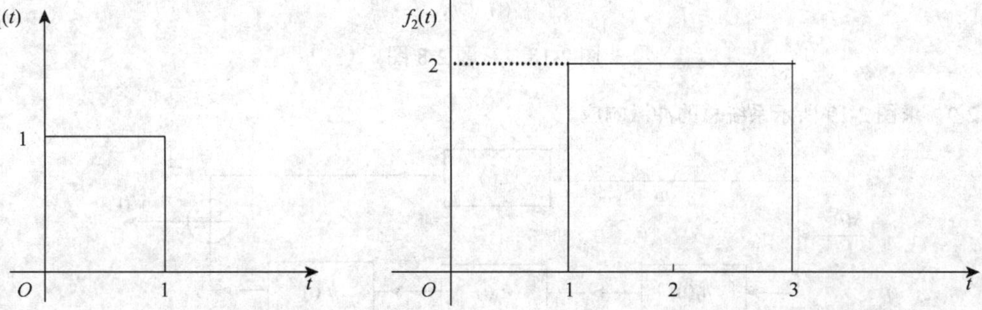

(b)

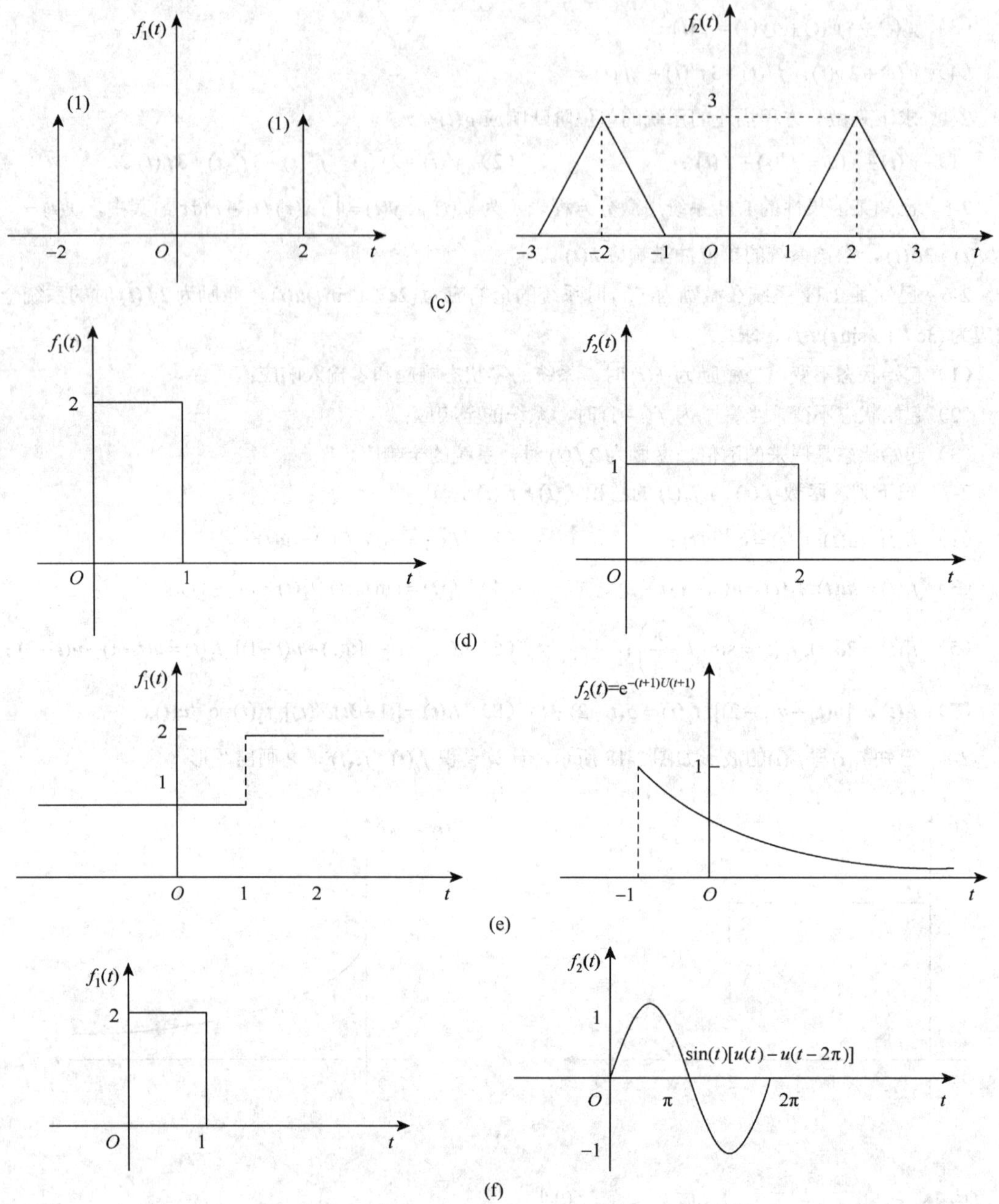

图 2-18　习题 2-8 图

2-9　求图 2-19 所示系统总的冲激响应。

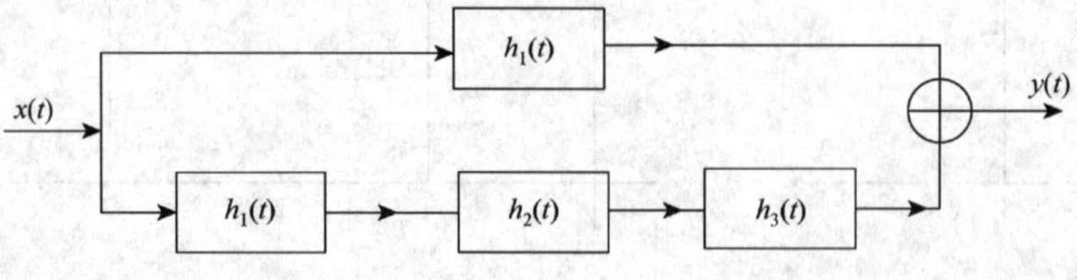

(a)

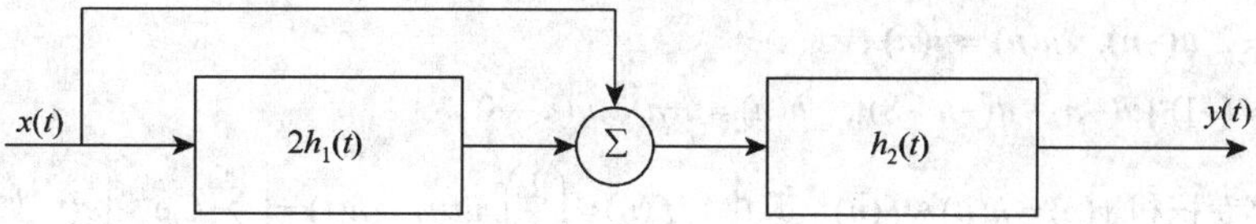

(b)

图 2-19　习题 2-9 图

2-10　某 LTI 系统的输入输出关系可表示为

$$y(t)=\int_{-\infty}^{t}\mathrm{e}^{-(t-\tau)}f(\tau-3)\mathrm{d}\tau$$

（1）该系统的单位冲激响应 $h(t)$ 是什么？

（2）当 $f(t)$ 如图 2-20 所示时，确定系统的响应 $y(t)$。

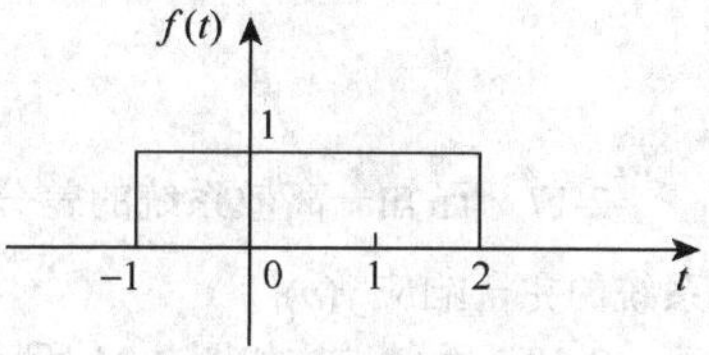

图 2-20　习题 2-10 图

2-11　已知某系统的数学模型为 $y''(t)+4y'(t)+3y(t)=f'(t)+5f(t)$，求系统的冲激响应 $h(t)$；若输入信号为 $x(t)=\mathrm{e}^{-2t}u(t)$，用时域卷积法求系统的零状态响应。

2-12　某 LTI 系统在零状态条件下，当激励 $f_1(t)=tu(t)$ 时，响应 $y_1(t)=\mathrm{e}^{-t}u(t)$，试求当激励 $f_2(t)=2u(t)$ 时，响应 $y_2(t)$的表达式。

2-13　某连续系统的框图如图 2-21 所示，写出该系统的微分方程。

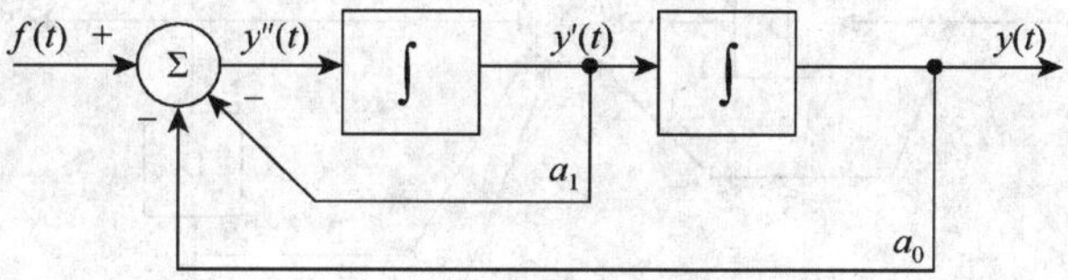

图 2-21　习题 2-13 图

2-14　一个零初始状态的 LTI 系统的差分方程为

$$y(n)+y(n-1)=f(n)+2f(n-2)$$

已知 $f(n)$ 如图 2-22 所示，用递归法解差分方程，求出系统的响应 $y(n)$。

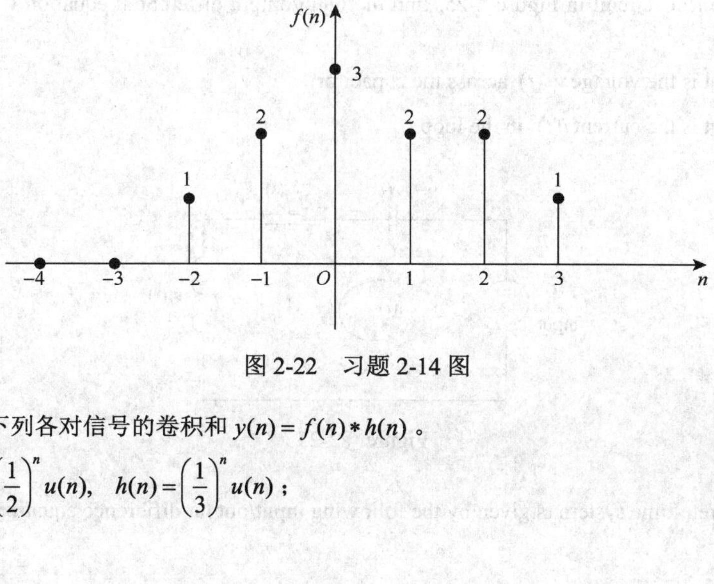

图 2-22　习题 2-14 图

2-15　计算下列各对信号的卷积和 $y(n)=f(n)*h(n)$。

（1）$f(n)=\left(\dfrac{1}{2}\right)^n u(n),\quad h(n)=\left(\dfrac{1}{3}\right)^n u(n)$；

（2） $f(n)=2^n u(-n)$, $h(n)=u(n)$；

（3） $f(n)=(-1)^n[u(-n)-u(-n-8)]$, $h(n)=u(n)-u(n-8)$ 。

2-16 计算卷积和 $y(n)=h(n)*f(n)$，其中，$f(n)=\left(\dfrac{1}{3}\right)^n u(n)$，$h(t)=\left[\sum\limits_{i=1}^{n} C_i e^{\lambda_i t}\right]\varepsilon(t)$ 如图 2-23 所示。

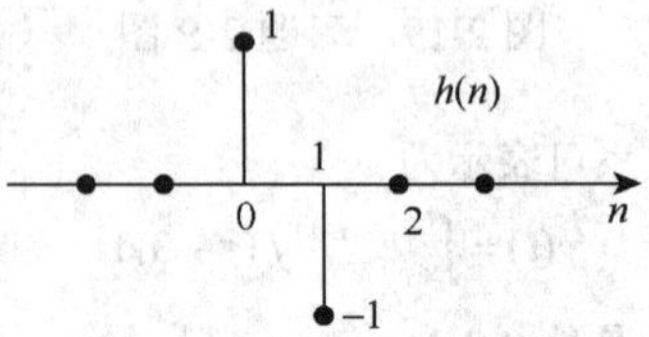

图 2-23　习题 2-16 图

2-17 已知一离散系统的差分方程为 $y(n)-2y(n-1)=f(n)$，激励为 $f(n)=4^n u(n)$， $y(0)=2$，求系统的完全响应 $y(n)$。

2-18 系统结构如图 2-24 所示，已知 $f(n)=(-1)^n u(n)$， $y(-1)=1$， $y(-2)=0$，试求：

（1）系统差分方程；

（2）系统全响应。

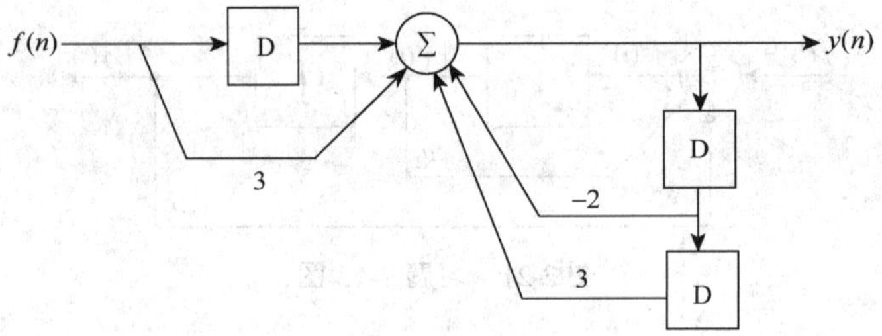

图 2-24　习题 2-18 图

扩展习题

2-19 For the *RLC* circuit in Figure 2-25, find the input/output differential equation when the following conditions are met:

（1）the output is the voltage $v_C(t)$ across the capacitor;

（2）the output is the current $i(t)$ in the loop.

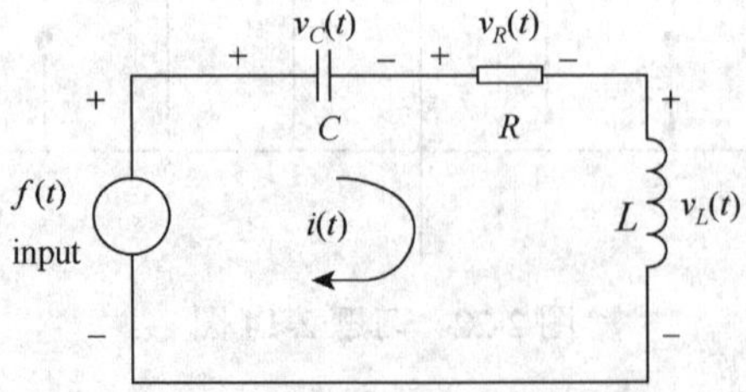

Figure　2-25

2-20 A discrete-time system is given by the following input/output difference equation:

$$y[n+2]+0.75y[n+1]+0.125y[n]=f[n]$$

（1）compute $y[n]$ for $n=0,1,2,3$ when $y[-2]=-1, y[-1]=2$ and $f[n]=0$ for all n.

（2）compute $y[n]$ for $n=0,1,2,3$ when $y[-2]=y[-1]=0$ and $f[n]=1$ for all $n\geqslant -2$.

2-21　For the continuous-time signals $f(t)$ and $y(t)$ show in Figure 2-26，compute the convolution $f(t)*y(t)$ for all $t\geqslant 0$, and plot your resulting signal.

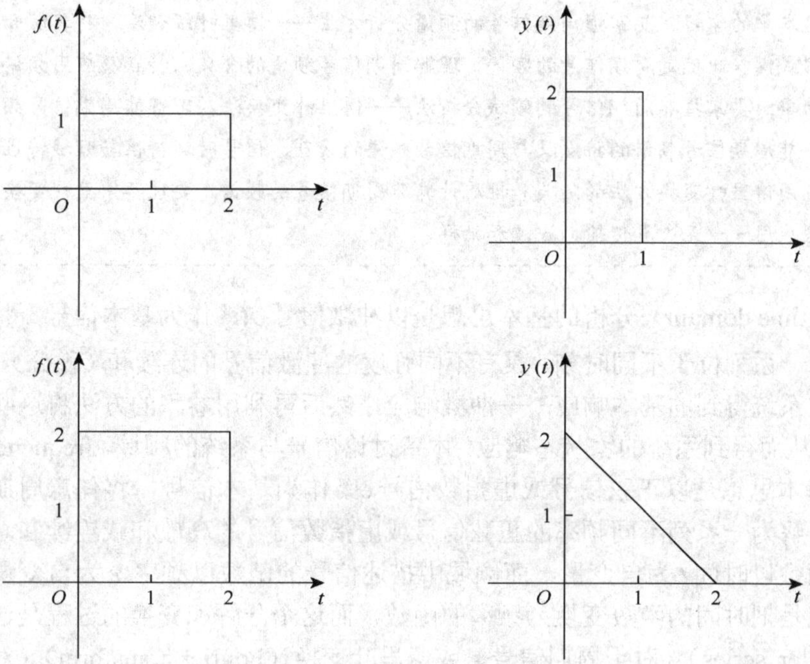

Figure　2-26

第 3 章　傅里叶变换与频域应用分析方法

教学目标

本章主要介绍利用傅里叶级数和傅里叶变换等数学工具把信号与系统从时域分析转换为频域分析。通过本章的学习，要掌握周期信号的频谱分析方法——傅里叶级数法，将其展开为三角形式或指数形式，以此确定周期信号的频谱，理解周期信号频谱的含义、特点及应用频谱分析信号的带宽和功率；要掌握非周期信号的频域分析法——傅里叶变换法，理解非周期信号频谱密度函数的概念、非周期信号频谱的特点及与周期信号频谱的区别、信号时域特性与频域特性之间的关系，熟练应用傅里叶变换方法的定义和性质计算非周期信号的频谱；要理解傅里叶变换在通信系统中的典型应用——无失真传输、滤波和抽样。

时域（time domain）分析的基本思想是以冲激信号 $\delta(t)$ 作为基本信号，将任意输入信号分解为一系列位于不同时刻、具有不同强度的冲激信号的连续和（积分），先求出冲激信号通过系统得到的基本响应——冲激响应，然后再利用卷积的方法将这些基本响应叠加起来，从而得到系统的零状态响应。本章讨论信号与系统的频域（frequency domain）分析，其基本思想是以正弦信号或虚指数信号 $e^{j\omega t}$ 作为基本信号，将任意周期信号或非周期信号分解为一系列不同频率的正弦信号或虚指数信号的离散和或连续和。时域中描述信号的函数以时间 t 为自变量，而频域中描述信号的函数以频率 ω 为自变量。频域分解的结果就是把时间的函数变换为频率的函数，而这个分解和变换的过程是通过傅里叶级数（Fourier series）（对于周期信号）或傅里叶变换（Fourier transform）（对于非周期信号）来完成的。

与时域分析相比，频域分析具有以下优点：一方面，时域分析涉及复杂的卷积运算，而频域分析可以将卷积转化为简单的相乘运算，从而使分析过程大大简化；另一方面，频域分析又具有明确的实际物理意义，它揭示了信号在频率方面的特征，即信号的频谱（spectrum）结构，而这些特征在时域是不明显或者难以观测的。因此频域分析为我们提供了分析和处理信号的另一条新途径。

本章首先从周期信号着手，讨论其傅里叶级数及其频谱；在此基础上再过渡到一般非周期信号，讨论其傅里叶变换及其频谱；然后通过傅里叶变换的性质，阐述信号的时域和频域之间的对应关系；最后从工程应用的角度简单介绍频域分析在通信系统中的几种典型应用。

3.1　傅里叶级数分析方法

3.1.1　周期信号的傅里叶级数分解

在工程实际中，除了正弦信号外，还常常遇到电路中的电压、电流为非正弦周期信号的情况，如图 3-1 所示。电路中出现非正弦周期信号的原因是多方面的，例如，电路本身需要方波作为激励，采用锯齿波进行扫描等。又例如，电路中虽然激励是正弦波，但由于含有非线性元件，其响应就不再是正弦波，整流电路就是一个明显的例子。

周期信号（periodic signal）是定义在 $(-\infty,\infty)$ 区间内，每隔一定周期 T 按相同规律重复变化的信号。一般表示为

$$f(t)=f(t+kT),\quad k=0,\pm 1,\pm 2,\cdots \tag{3-1}$$

式中，T 为该周期信号的周期（period），其频率 f=1/T；角频率 $\Omega=2\pi f=2\pi/T$ 。

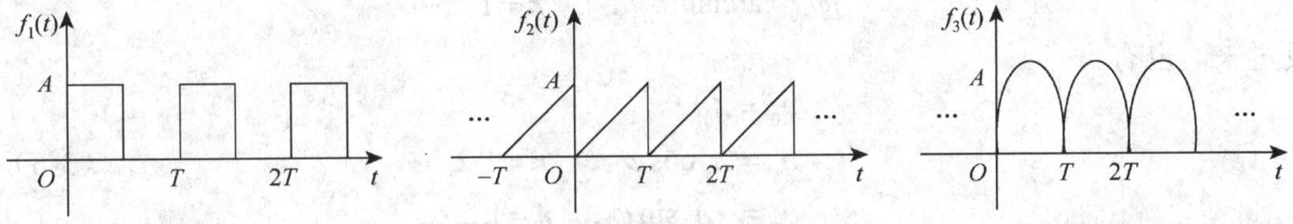

图 3-1　几种常见的非正弦周期信号

根据傅里叶级数理论，若周期信号 $f(t)$ 满足狄利克雷条件（Dirichlet conditions）（实际工程中遇到的周期信号基本都满足该条件），即在一个周期内：

（1）连续或只有有限个第一类间断点；

（2）具有有限个极大值或极小值；

（3）绝对可积，即

$$\int_0^T |f(t)|\mathrm{d}t<\infty$$

则 $f(t)$ 可以展开成傅里叶级数，即可分解为直流信号（直流分量）与一系列不同频率的正弦信号（谐波分量）之和。傅里叶级数有两种形式，即三角（trigonometric）函数形式和虚指数（imaginary exponential）函数形式。

1. 三角函数形式的傅里叶级数

$$f(t)=\frac{a_0}{2}+\sum_{n=1}^{\infty}(a_n\cos n\Omega t+b_n\sin n\Omega t) \tag{3-2}$$

式中，a_n 和 b_n 称为傅里叶系数（Fourier coefficient）。由级数理论知，傅里叶系数可由式（3-3）计算：

$$\begin{aligned}
a_0&=\frac{2}{T}\int_0^T f(t)\mathrm{d}t\\
a_n&=\frac{2}{T}\int_0^T f(t)\cos n\Omega t\mathrm{d}t,\quad n=1,2,\cdots\\
b_n&=\frac{2}{T}\int_0^T f(t)\sin n\Omega t\mathrm{d}t,\quad n=1,2,\cdots
\end{aligned} \tag{3-3}$$

式中的积分区间可根据计算是否方便来选定，只要包含 $f(t)$ 的一个周期即可，如也可选择 $-T/2\sim T/2$ 。

若将式（3-2）中具有相同频率的正弦项与余弦项合并，则 $f(t)$ 的傅里叶级数还可以表示成如下更常用的形式：

$$f(t)=\frac{A_0}{2}+\sum_{n=1}^{\infty}A_n\cos(n\Omega t+\phi_n) \tag{3-4}$$

式中，A_n 和 φ_n 同样称为傅里叶系数，它们与 a_n、b_n 的关系如下：

$$\begin{aligned}&A_0=a_0\\&A_n=\sqrt{a_n^2+b_n^2},\quad n=1,2,\cdots\\&\varphi_n=\arctan(b_n/a_n),\quad n=1,2,\cdots\end{aligned} \tag{3-5}$$

反过来，也有

$$\begin{aligned}&a_0=A_0\\&a_n=A_n\cos\varphi_n,\quad n=1,2,\cdots\\&b_n=-A_n\sin\varphi_n,\quad n=1,2,\cdots\end{aligned} \tag{3-6}$$

在式（3-4）中，第一项 $A_0/2$ 是常数项（直流信号），由式（3-3）可知它是 $f(t)$ 在一个周期内的平均值，代表交流信号波动的中心，称为周期信号的直流分量（DC component）；第二项则为交流分量（AC component），它是由不同频率的正弦信号所构成的，其平均值等于零。其中，当 n=1 时，对应信号分量 $A_1\cos(\Omega t+\phi_1)$ 与 $f(t)$ 具有相同的频率，称为基波分量（fundamental component）或一次谐波分量（first harmonic component），Ω 称为基波频率（简称基频（fundamental frequency）），A_1 是基波振幅，ϕ_1 是基波初相；当 n=2 时，对应信号分量 $A_2\cos(2\Omega t+\phi_2)$ 的频率是基频的二倍，称为二次谐波分量（second harmonic component），A_2 是二次谐波振幅，ϕ_2 是二次谐波初相；依次类推。一般而言，$A_n\cos(n\Omega t+\varphi_n)\quad(n=1,2,\cdots)$ 称为 n 次谐波分量（n-th harmonic component），A_n 是 n 次谐波振幅，ϕ_n 是 n 次谐波初相。

式（3-4）表明，任何满足狄利克雷条件的周期信号可以看做各次谐波分量的叠加（直流分量可看做零次谐波），而各次谐波分量的频率均为基频的整数倍，它们具有各自的振幅 A_n 和初相 φ_n，A_n 和 φ_n 均为 $n\Omega$ 的函数。

例 3-1 周期方波信号如图 3-2 所示，求其傅里叶级数。

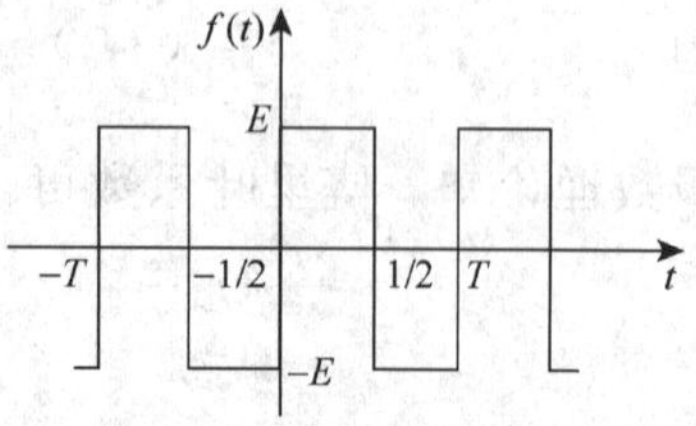

图 3-2 周期方波信号

解 在一个周期内，方波信号 $f(t)$ 可分段表示为

$$f(t)=\begin{cases}E, & 0<t<T/2\\-E, & T/2<t<T\end{cases}$$

其傅里叶系数为

$$a_0=\frac{2}{T}\int_0^T f(t)\mathrm{d}t=\frac{2}{T}\int_0^{T/2}E\mathrm{d}t+\frac{2}{T}\int_{T/2}^{T}(-E)\mathrm{d}t=0$$

$$\begin{aligned}a_n&=\frac{2}{T}\int_0^t f(t)\cos(n\Omega t)\mathrm{d}t=\frac{2}{T}\int_0^{T/2}E\cos(n\Omega t)\mathrm{d}t+\frac{2}{T}\int_{T/2}^{T}(-E)\cos(n\Omega t)\mathrm{d}t\\&=\frac{2}{T}\frac{E}{n\Omega}[\sin(n\Omega t)]\Big|_0^{T/2}+\frac{2}{T}\frac{E}{n\Omega}[-\sin(n\Omega t)]\Big|_0^{T/2}=0\end{aligned}$$

$$b_n=\frac{2}{T}\int_0^T f(t)\sin(n\Omega t)\mathrm{d}t=\frac{2}{T}\int_0^{T/2}(E)\sin(n\Omega t)\mathrm{d}t+\frac{2}{T}\int_{T/2}^{T}(-E)\sin(n\Omega t)\mathrm{d}t$$

$$=\frac{2}{T}\frac{E}{n\Omega}[-\cos(n\Omega t)]\Big|_0^{T/2}+\frac{2}{T}\frac{E}{n\Omega}[\cos(n\Omega t)]\Big|_{-T/2}^{T}$$

$$=\frac{2E}{n\pi}[1-\cos(n\pi)]=\begin{cases}0, & n=2,4,6,\cdots\\ \dfrac{4E}{n\pi}, & n=1,3,5,\cdots\end{cases}$$

故

$$f(t)=\frac{4E}{\pi}[\sin(\Omega t)+\frac{1}{3}\sin(3\Omega t)+\frac{1}{5}\sin(5\Omega t)+\cdots],\quad n=1,3,5,\cdots$$

可以看出，周期方波电压只含奇次谐波而不含偶次谐波，并且随着谐波次数的增加，振幅越来越小。

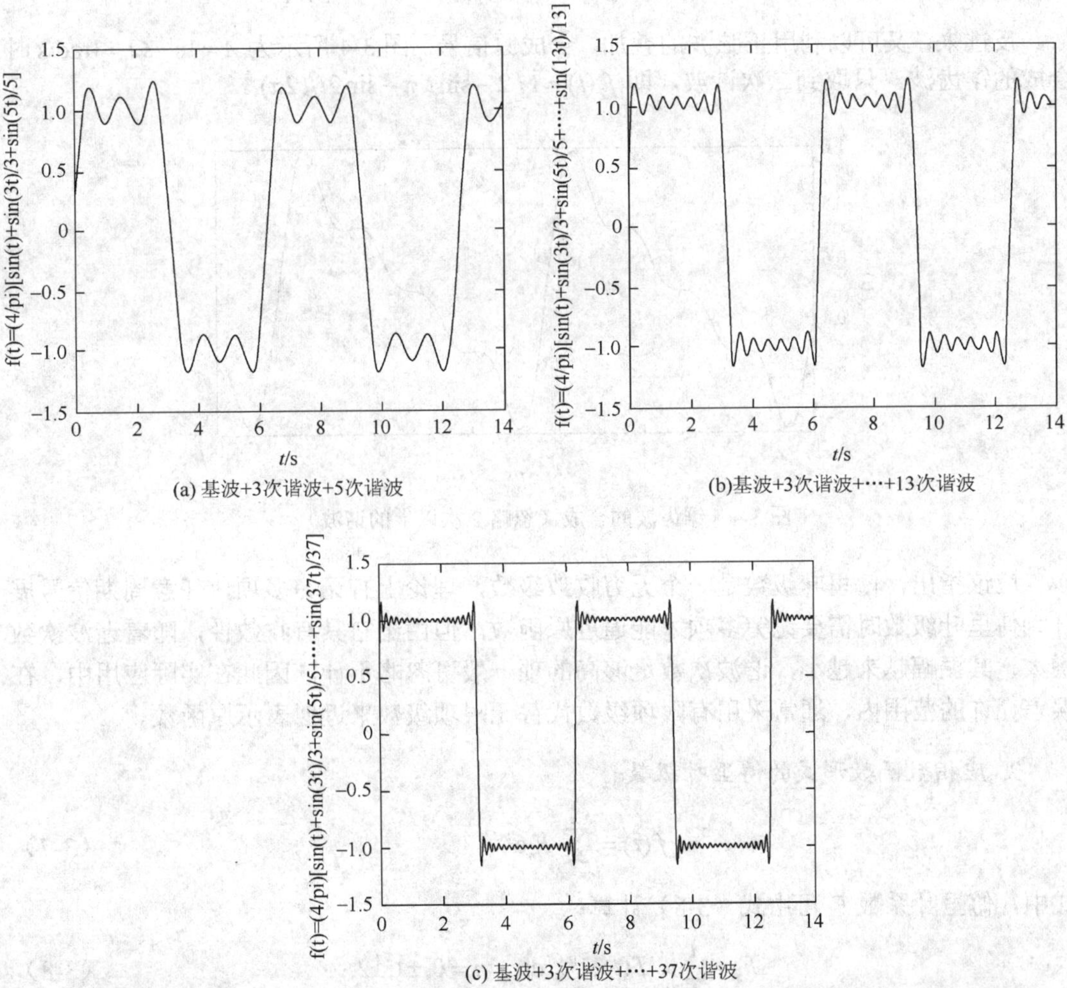

(a) 基波+3次谐波+5次谐波　　(b)基波+3次谐波+…+13次谐波

(c) 基波+3次谐波+…+37次谐波

图 3-3　周期方波的分解

下面分析各次谐波的叠加情况，有助于我们认清信号分解的本质。设 $T=6\,\mathrm{s}$，$E=1\,\mathrm{V}$，

那么 $\Omega=2\pi/T=\pi/3(\text{rad/s})$，可以将上述主要谐波的合成情况绘制于图 3-3 中。其中图 3-3（a）是基波分量加上三次谐波再加上五次谐波的波形；图 3-3（b）是基波分量一直加到 13 次谐波的情形；图 3-3（c）是一直加到 37 次谐波的情形。可见，叠加的谐波分量项数越多，就越接近原方波信号本身。另外，频率较低的谐波其振幅较大，它们主要组成方波的主体形状；而高次谐波的振幅较小，但频率较高，主要影响合成波形的陡峭程度。

类似地，利用例 3-1 的方法，不难得到图 3-1 所示锯齿波和半波整流信号的傅里叶级数展开式分别为

$$f_2(t)=\frac{A}{2}-\frac{A}{\pi}\left(\sin\Omega t+\frac{1}{2}\sin 2\Omega t+\frac{1}{3}\sin 3\Omega t+\cdots\right)$$

$$f_3(t)=\frac{A}{\pi}+\frac{A}{2}\sin\Omega t-\frac{2A}{\pi}\left(\frac{1}{1\times 3}\cos\Omega t+\frac{1}{3\times 5}\cos 4\Omega t+\frac{1}{5\times 7}\cos 6\Omega t+\cdots\right)$$

反过来，又可以利用正弦波的叠加，合成原信号。图 3-4 所示为 $A=1$，$\Omega=1\text{rad/s}$ 时合成的锯齿波，只取到二次谐波，即 $f_2(t)=1/2-\sin t/\pi-\sin 2t/(2\pi)$。

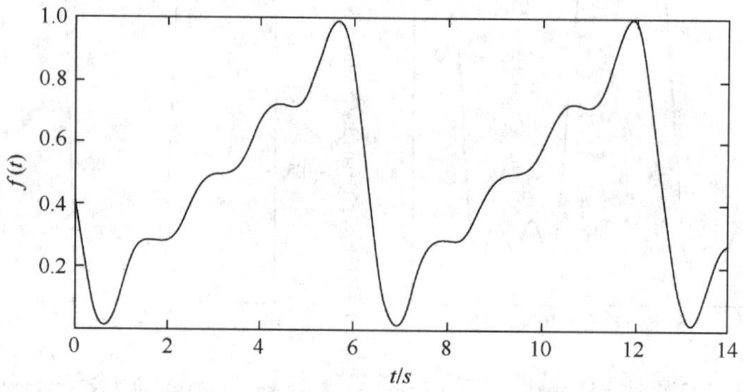

图 3-4　锯齿波的合成（忽略 2 次以上的谐波）

应该指出，傅里叶级数是一个无穷收敛级数，理论上有无穷多项，任意周期信号展开为傅里叶级数时需要无穷多项才能逼近原函数。但由于它具有收敛性，随着谐波次数增大，其振幅越来越小，谐波次数足够高的项一般可忽略不计。因此在实际应用中，在误差允许的范围内，通常采用有限项级数代替无限项级数来近似表示原函数。

2. 虚指数函数形式的傅里叶级数

$$f(t)=\sum_{n=-\infty}^{\infty}F_n \mathrm{e}^{\mathrm{j}n\Omega t} \tag{3-7}$$

式中，傅里叶系数 F_n 可由式（3-8）计算：

$$F_n=\frac{1}{T}\int_0^T f(t)\mathrm{e}^{-\mathrm{j}n\Omega t}\mathrm{d}t,\quad n=0,\pm 1,\pm 2,\cdots \tag{3-8}$$

F_n 通常是复数，可以写成 $F_n=|F_n|\mathrm{e}^{\mathrm{j}\varphi_n}$。利用欧拉公式，可得 F_n 与三角函数形式傅里叶系数的关系如下：

$$F_0 = a_0 = A_0$$

$$\begin{aligned} F_n &= \frac{1}{T}\int_0^T f(t)\mathrm{e}^{-\mathrm{j}n\Omega t}\mathrm{d}t \\ &= \frac{1}{T}\int_0^T f(t)\cos(n\Omega t)\mathrm{d}t - \mathrm{j}\frac{1}{T}\int_0^T f(t)\sin(n\Omega t)\mathrm{d}t \\ &= \frac{1}{2}(a_n - \mathrm{j}b_n),\quad n = 1,2,\cdots \end{aligned}$$

$$\begin{aligned} F_{-n} &= \frac{1}{T}\int_0^T f(t)\mathrm{e}^{\mathrm{j}n\Omega t}\mathrm{d}t \\ &= \frac{1}{T}\int_0^T f(t)\cos(n\Omega t)\mathrm{d}t + \mathrm{j}\frac{1}{T}\int_0^T f(t)\sin(n\Omega t)\mathrm{d}t \\ &= \frac{1}{2}(a_n + \mathrm{j}b_n),\quad n = 1,2,\cdots \end{aligned}$$

$$|F_n| = |F_{-n}| = \frac{1}{2}A_n = \frac{1}{2}\sqrt{a_n^2 + b_n^2},\quad n = 1,2,\cdots$$

$$\varphi_n = -\varphi_{-n} = -\arctan(b_n/a_n),\quad n = 1,2,\cdots$$

式（3-7）表明，任何满足狄利克雷条件的周期信号可以分解为许多不同频率的虚指数信号（频率分量）之和，各分量的频率均为基频的整数倍，它们具有各自的复数幅度 F_n，F_n 是 $n\Omega$ 的函数。

在式（3-7）中，n=0 对应的项 F_0 是一个常数，它表示信号 $f(t)$ 中的直流分量。n=+1 和 n=–1 对应两项 $F_1\mathrm{e}^{\mathrm{j}\Omega t}$、$F_{-1}\mathrm{e}^{-\mathrm{j}\Omega t}$ 频率都为 Ω，$F_1\mathrm{e}^{\mathrm{j}\Omega t} + F_{-1}\mathrm{e}^{-\mathrm{j}\Omega t}$ 构成 $f(t)$ 的基波分量；n=+2 和 n=–2 对应的频率都为 2Ω，$F_2\mathrm{e}^{\mathrm{j}2\Omega t} + F_{-2}\mathrm{e}^{-\mathrm{j}2\Omega t}$ 构成 $f(t)$ 的二次谐波分量；依次类推，n=+N 和 n=–N 对应的两项之和构成 $f(t)$ 的 N 次谐波分量。

需要注意的是，周期性信号的三角形式傅里叶级数和虚指数形式傅里叶级数只是同一信号的两种不同表示形式。前者为实数形式的傅里叶级数，将周期信号表示为直流分量和一系列谐波分量之和；后者为复数形式的傅里叶级数，将周期信号分解为直流分量和一系列虚指数信号之和。傅里叶级数的指数形式仅仅是一种数学表示形式，其实质与三角形式是完全一致的。在指数形式傅里叶级数中，当 n 取负数时会出现负频率，这是由于在将傅里叶级数写成指数形式时，N 次谐波分量从数学的观点自然被分成了 $n=\pm N$ 两项。负频率的出现完全是数学运算的结果，没有任何实际物理意义，只有把相应的正负频率分量成对地合并起来，才构成实际的谐波分量。

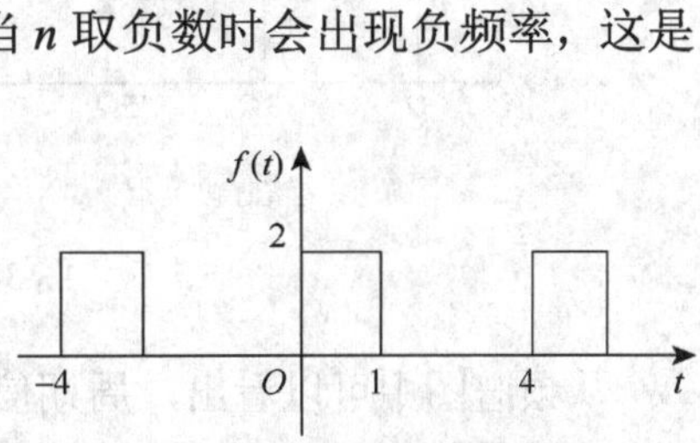

图 3-5　例 3-2 图

例 3-2　周期矩形脉冲信号如图 3-5 所示，求其指数形式的傅里叶级数。

解　根据题意，矩形脉冲的周期 $T=4$，角频率 $\Omega = \dfrac{2\pi}{T} = \dfrac{\pi}{2}$，其傅里叶系数为

$$F_n = \frac{1}{T}\int_0^T f(t)\mathrm{e}^{-\mathrm{j}n\Omega t}\mathrm{d}t = \frac{1}{4}\int_0^1 2\mathrm{e}^{-\mathrm{j}\frac{n\pi}{2}t}\mathrm{d}t = -\frac{1}{\mathrm{j}n\pi}(\mathrm{e}^{-\mathrm{j}\frac{n\pi}{2}} - 1)$$

$$= \frac{1}{\mathrm{j}n\pi}\mathrm{e}^{-\mathrm{j}\frac{n\pi}{4}}(\mathrm{e}^{\mathrm{j}\frac{n\pi}{4}} - \mathrm{e}^{-\mathrm{j}\frac{n\pi}{4}}) = \frac{2}{n\pi}\mathrm{e}^{-\mathrm{j}\frac{n\pi}{4}}\sin\frac{n\pi}{4}$$

所以 $f(t)$ 的指数形式傅里叶级数展开式为

$$f(t) = \sum_{n=-\infty}^{\infty}\left(\frac{2}{n\pi}\mathrm{e}^{-\mathrm{j}\frac{n\pi}{4}}\sin\frac{n\pi}{4}\right)\mathrm{e}^{\mathrm{j}\frac{n\pi}{4}t}$$

3.1.2 周期信号的频谱

式（3-4）和式（3-7）表明，任何满足狄利克雷条件的周期信号都可以分解成许多具有基频整数倍频率的频率分量（harmonically related components）的线性组合（linear combination）。而各频率分量的幅度和相位都是 $n\Omega$ 的函数，即是频率的函数。它们随频率的变化关系称为周期信号的频谱（spectrum），幅度随频率的变化关系称为幅度频谱（简称幅度谱）（magnitude spectrum），相位称为相位频谱（简称相位谱）（phase spectrum）。由于傅里叶级数展开具有唯一性，不同的信号具有不同的频谱，因此周期信号可由其频谱唯一确定和描述，频谱即为信号在频域的表达方式。

将幅度谱或相位谱用二维坐标上的图形加以表示，就得到周期信号的频谱图。周期信号的频谱有两种形式，由三角形式傅里叶级数得到的频谱称为单边频谱（single-sided spectrum），由指数形式傅里叶级数得到的频谱称为双边频谱（double-sided spectrum）。

根据式（3-4），将周期信号的三角形式傅里叶级数中的各次谐波分量的幅度 A_n 及相位 ϕ_n 随 $n\Omega$ 的变化关系表示成图形，即可得到周期信号的单边频谱，如图 3-6 所示。由例 3-1 可知，这里的 n 只取零和正整数，因此这种频谱只存在于频率轴的零频率和正频率一边，所以称为单边频谱。

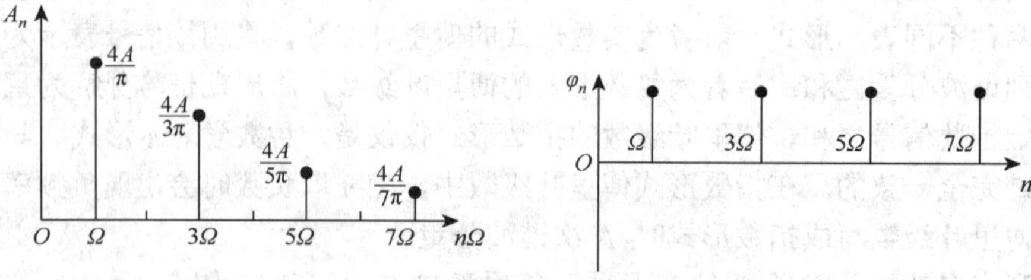

(a) 幅度谱　　(b) 相位谱

图 3-6　周期信号的频谱图举例

从频谱图中可以看出，周期信号的频谱是由若干离散的线构成的，每条线代表某一频率分量的幅度或相位，称为谱线（spectral line）。连接各谱线顶点的曲线称为包络线（envelope），它反映各分量的幅度或相位随频率的变化情况。从频谱图中可清楚而直观地看出，各频率分量的幅度或相位的相对大小，因此频谱图能够直观地反映各频率分量随频率的分布情况，即信号的频率结构特征，具有重要的实际物理意义。信号的频谱在工程实际中得到了广泛应用，可以通过频谱仪对信号的频谱进行观察和分析。

在周期信号的指数形式傅里叶级数表达式（3-7）中，傅里叶系数 F_n 一般为复数，可表示为$F_n=|F_n|\mathrm{e}^{\mathrm{j}\phi_n}$。$|F_n|$随频率的变化关系即为幅度谱，$\phi_n$ 随频率变化的关系即为相位谱。由于这里 n 的取值范围是$0,\pm1,\pm2,\cdots$，因此这种频谱在频率轴的正频率一边和负频率一边均有谱线，所以称为双边频谱。任意实信号的幅度谱是偶函数，而相位谱是奇函数。

例 3-3　求图 3-7（a）所示的周期矩形脉冲信号的单边频谱。

解　周期矩形脉冲信号的三角形式傅里叶系数为

$$a_0=\frac{2}{T}\int_{-T/4}^{T/4}U_m\mathrm{d}t=U_m$$

$$\begin{aligned}a_n&=\frac{2}{T}\int_{-T/4}^{T/4}U_m\cos n\Omega t\mathrm{d}t=\frac{2U_m}{n\Omega T}\sin n\Omega t\Big|_{-T/4}^{T/4}\\&=\frac{U_m}{n\pi}\left[\sin n\frac{\pi}{2}-\sin\left(-n\frac{\pi}{2}\right)\right],\quad n=1,2,\cdots\end{aligned}$$

$$b_n=0,\quad n=1,2,\cdots$$

对应的傅里叶级数展开式为

$$\begin{aligned}f(t)&=\frac{a_0}{2}+\sum_{n=1}^{\infty}a_n\cos n\Omega t=\frac{U_m}{2}+\frac{2U_m}{\pi}\cos\Omega t-\frac{2U_m}{3\pi}\cos3\Omega t+\frac{2U_m}{5\pi}\cos5\Omega t+\cdots\\&=\frac{U_m}{2}+\frac{2U_m}{\pi}\sin(\Omega t+\frac{\pi}{2})+\frac{2U_m}{3\pi}\sin(3\Omega t-\frac{\pi}{2})+\frac{2U_m}{5\pi}\sin(5\Omega t+\frac{\pi}{2})+\cdots\end{aligned}$$

根据上式可画出周期矩形脉冲的单边幅度谱和相位谱，分别如图 3-7（b）、（c）所示。

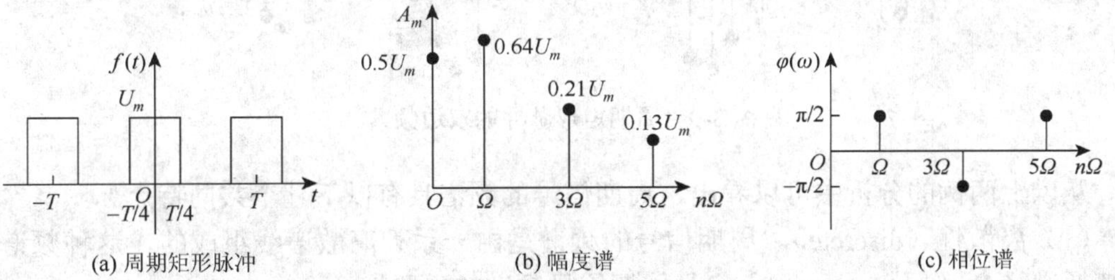

图 3-7　周期矩形脉冲的单边频谱

例 3-4　求图 3-8 所示的周期矩形脉冲信号的双边频谱。

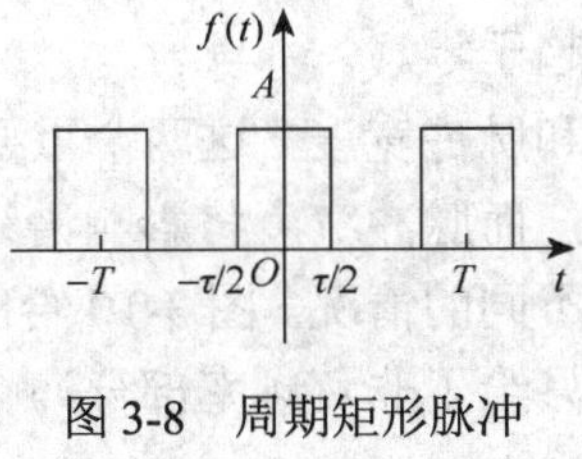

图 3-8　周期矩形脉冲

解　周期矩形脉冲信号的指数形式傅里叶系数为

$$F_n=\frac{1}{T}\int_{-\frac{T}{2}}^{\frac{T}{2}}f(t)\mathrm{e}^{-\mathrm{j}n\Omega t}\mathrm{d}t=\frac{1}{T}\int_{-\frac{\tau}{2}}^{\frac{\tau}{2}}A\mathrm{e}^{-\mathrm{j}n\Omega t}\mathrm{d}t$$

$$=\frac{A}{T}\frac{1}{-\mathrm{j}n\Omega}\left(\mathrm{e}^{-\mathrm{j}n\Omega\frac{\tau}{2}}-\mathrm{e}^{\mathrm{j}n\Omega\frac{\tau}{2}}\right)=\frac{2A}{n\Omega T}\sin\left(\frac{n\Omega\tau}{2}\right)=\frac{A\tau}{T}\frac{\sin\left(\frac{n\Omega\tau}{2}\right)}{\left(\frac{n\Omega\tau}{2}\right)}=\frac{A\tau}{T}\mathrm{Sa}\left(\frac{n\Omega\tau}{2}\right)$$

对应的傅里叶级数展开式为

$$f(t)=\frac{A\tau}{T}\sum_{n=-\infty}^{\infty}\mathrm{Sa}\left(\frac{n\Omega\tau}{2}\right)\mathrm{e}^{\mathrm{j}n\Omega t} \tag{3-9}$$

由于 F_n 为实数，它的正、负就表示了其相位，因此可以把幅度谱和相位谱结合在一张图上，即周期矩形脉冲的双边频谱，如图 3-9 所示。当 $F_n>0$ 时，$\phi_n=0$；当 $F_n<0$ 时，$\phi_n=\pm\pi$。可见，频谱的包络线服从抽样函数的分布规律，其幅度呈衰减振荡趋势且在 $n\Omega=\pm 2k\pi/\tau\,(k=1,2,\cdots)$ 处出现周期性的零点。

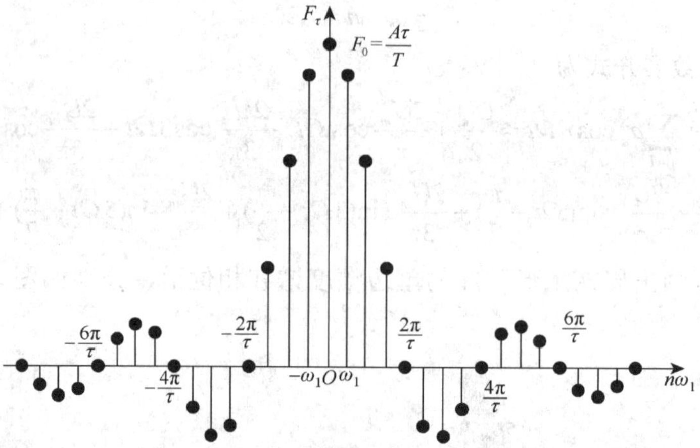

图 3-9　周期矩形脉冲的双边频谱

从以上两例的分析中可以看出，周期信号的频谱具有以下几个共同特点。

（1）离散性（discrete）。周期信号的频谱是由一系列离散谱线组成的，这种频谱称为离散谱（discrete spectrum），它是周期信号频谱的重要特征。

（2）谐波性（harmonically related）。周期信号的谱线只出现在基频整数倍的频率位置上，相邻谱线之间的间距为基频 Ω。

（3）收敛性（convergent）。实际工程中遇到的绝大多数周期信号，其谱线的幅度随频率的增加而不断衰减，并最终趋于零。

下面讨论周期信号的周期 T 和脉冲宽度 τ 这两个重要参数对其频谱的影响。概括地讲，周期将影响谱线的疏密程度，而脉冲宽度将影响谱线的包络。

先观察周期相同而脉冲宽度不同的情况。图 3-10 给出了 $\tau=T/4$，$\tau=T/8$，$\tau=T/16$ 时周期矩形脉冲的幅度谱（这里只给了非负频率部分）。由图可见，当周期 T 保持不变，而脉冲宽度τ减小时，相邻谱线之间的间距不变，而谱线的包络形状将会展宽。具体地说，谱线包络的第一零点处的频率变大，频谱幅度的收敛速度变慢，高频分量增多，而同时每条谱线的幅度将会整体等比例减小。

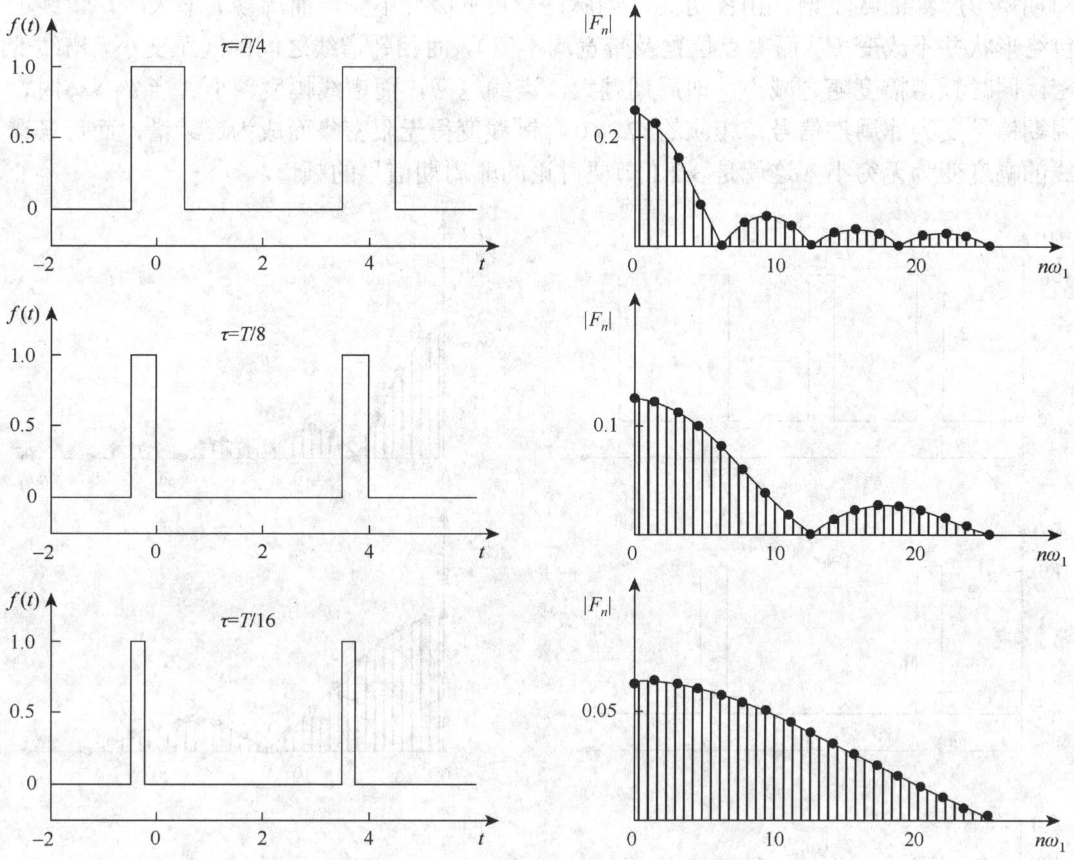

图 3-10　不同脉冲宽度的周期矩形脉冲的频谱

从上述周期信号的频谱图中还可以看出，其频谱通常包含无穷多条谱线，即它所包含的频率分量分布在无穷宽的频率范围内。通常将信号频谱所占据的频率范围称为信号的频带宽度，简称带宽（bandwidth）。严格意义上讲，任何持续时间有限的信号其带宽都是无穷大。但由于实际信号的频谱都具有收敛性，随着频率增大，其幅度越来越小，因此在误差允许的范围内，频率足够高的频率分量可忽略不计。对于周期矩形脉冲来说，由于其绝大部分功率集中在第一零点以内，所以忽略掉第一零点以外的频率分量，可认为其带宽近似为第一零点的宽度，即

$$B_\omega = \frac{2\pi}{\tau} \tag{3-10}$$

或

$$B_f = \frac{1}{\tau} \tag{3-11}$$

由此可见，信号的带宽与其持续时间成反比，信号持续时间越长，其带宽越窄；反

之，信号持续时间越短，其带宽越宽。这个结论的物理意义很容易理解：信号持续时间越短，说明其变化越剧烈，相应的其高频分量就越多，因此带宽越宽。

再考虑脉冲宽度相同而周期不同的情况。图 3-11 给出了 $T=4\tau$，$T=8\tau$，$T=16\tau$ 时周期矩形脉冲的幅度谱。由图可见，当脉冲宽度 τ 保持不变，而周期 T 增大时，谱线的包络形状并不改变（从而零点位置及带宽均不变），而相邻谱线之间的间距变小，谱线变密，同时频谱幅度随之减小。即周期越大，谱线越密，而谱线幅度越小。当 $T\to\infty$ 时，周期信号变为非周期信号，相应的 $\Omega\to 0$，谱线变得无限密集而成为连续谱，而每条谱线的幅度变为无穷小，这就是 3.2.1 节要讨论的非周期信号的频谱。

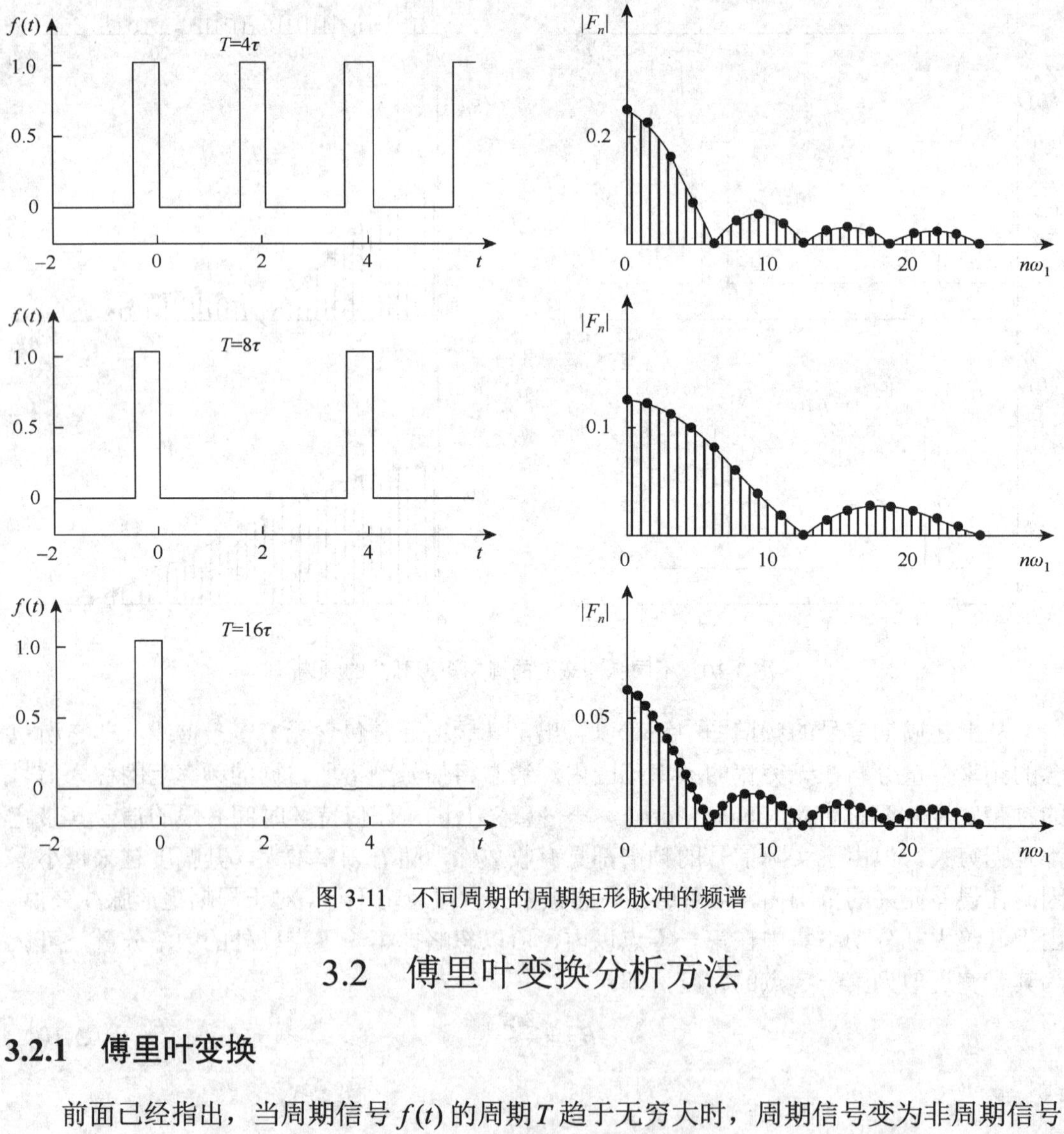

图 3-11　不同周期的周期矩形脉冲的频谱

3.2　傅里叶变换分析方法

3.2.1　傅里叶变换

前面已经指出，当周期信号 $f(t)$ 的周期 T 趋于无穷大时，周期信号变为非周期信号（non-periodic signal），相邻谱线之间的间距 Ω 趋于无穷小，从而离散谱将变为连续谱（continuous spectrum），同时各谱线的幅度趋于无穷小，但这些无穷小的谱线之间仍然保持一定的相对大小关系，只不过此时用谱系数（spectral coefficients）F_n 已经无法表示出来。因此对于非周期信号来说，已经不能再用 F_n 来表示其频谱，必须引入一个新的量，这就是频谱密度（spectral density）函数 $F(\mathrm{j}\omega)$，其定义如下：

$$F(\mathrm{j}\omega)=\lim_{\Omega\to 0}\frac{2\pi F_n}{\Omega}=\lim_{T\to\infty}F_nT \tag{3-12}$$

式中，$F(\mathrm{j}\omega)$ 表示单位频带上的频谱，因此称为 $f(t)$ 的频谱密度函数（简称频谱函数），它的自变量 ω 取连续的频率值。相应的，$f(t)$ 称为 $F(\mathrm{j}\omega)$ 的原函数。可以看出，$F(\mathrm{j}\omega)$ 仍然是频率的函数，同样描述了信号的各频率分量随频率的变化和分布情况。而且当 $T\to\infty$ 时，虽然 $F_n\to 0$，但同时 $\Omega\to 0$，那么 $F(\mathrm{j}\omega)$ 仍可望趋于有限值，因此可以用来表示非周期信号的频谱。

下面将由周期信号的傅里叶级数推导出非周期信号的傅里叶变换。我们已知周期信号 $f(t)$ 可以展开成傅里叶级数，即

$$f(t)=\sum_{n=-\infty}^{\infty}F_n\mathrm{e}^{\mathrm{j}n\Omega t}$$

式中，傅里叶系数为

$$F_n=\frac{1}{T}\int_{-\frac{T}{2}}^{\frac{T}{2}}f(t)\mathrm{e}^{-\mathrm{j}n\Omega t}\mathrm{d}t$$

当 $T\to\infty$ 时，$\Omega\to 0$，故 Ω 可用 $\mathrm{d}\omega$ 表示，而 $n\Omega$ 变为连续变量 ω，同时 $T=\frac{2\pi}{\Omega}\to\frac{2\pi}{\mathrm{d}\omega}$，$\sum_{n=-\infty}^{\infty}\to\int_{-\infty}^{\infty}$，则以上两式分别变为

$$F(\mathrm{j}\omega)=\lim_{T\to\infty}F_nT=\int_{-\infty}^{\infty}f(t)\mathrm{e}^{-\mathrm{j}\omega t}\mathrm{d}t \tag{3-13}$$

$$f(t)=\frac{1}{2\pi}\int_{-\infty}^{\infty}F(\mathrm{j}\omega)\mathrm{e}^{\mathrm{j}\omega t}\mathrm{d}\omega \tag{3-14}$$

式(3-13)称为信号 $f(t)$ 的傅里叶变换(Fourier transform)或傅里叶积分(Fourier integral)，记为 $F(\mathrm{j}\omega)=\mathcal{F}[f(t)]$；式(3-14)称为函数 $F(\mathrm{j}\omega)$ 的傅里叶逆变换或反变换(inverse Fourier transform)，记为 $f(t)=\mathcal{F}^{-1}[F(\mathrm{j}\omega)]$。式（3-13）和式（3-14）构成一对傅里叶变换对，记为 $f(t)\leftrightarrow F(\mathrm{j}\omega)$。

频谱函数 $F(\mathrm{j}\omega)$ 一般为 ω 的复函数，可写为

$$F(\mathrm{j}\omega)=|F(\mathrm{j}\omega)|\mathrm{e}^{\mathrm{j}\varphi(\omega)}$$

式中，$|F(\mathrm{j}\omega)|$ 表示 $f(t)$ 的各个频率分量的相对大小；$\varphi(\omega)$ 表示 $f(t)$ 的各个频率分量的相位关系，它们均为 ω 的函数。与周期信号类似，将 $|F(\mathrm{j}\omega)|$ 和 $\varphi(\omega)$ 随 ω 的变化关系分别称为非周期信号 $f(t)$ 的幅度谱和相位谱。任意实信号的幅度谱是偶函数，而相位谱是奇函数。

应当指出，类似于周期信号傅里叶级数存在的狄利克雷条件，非周期信号 $f(t)$ 的傅里叶变换存在的条件为

$$\int_{-\infty}^{\infty}|f(t)|\mathrm{d}t<\infty \tag{3-15}$$

即 $f(t)$ 满足绝对可积条件。但需要注意的是，这仅是充分条件，而不是必要条件。也就

是说，凡是满足绝对可积条件的信号的傅里叶变换必然存在，但借助冲激函数等广义函数的概念，可以使某些不满足绝对可积条件的信号也存在傅里叶变换，从而使傅里叶变换的适用范围得到一定程度的扩展。

3.2.2 典型信号的频谱

1. 矩形脉冲信号（门函数）(rectangular pulse signal)

宽度为τ、幅度为 1 的矩形脉冲信号（也称门函数）用符号$G_\tau(t)$表示，其表达式为

$$G_\tau(t)=\begin{cases}1, & |t|<\tau/2\\ 0, & |t|>\tau/2\end{cases}$$

直接利用傅里叶变换的定义式可求得它的频谱函数为

$$F(\mathrm{j}\omega)=\int_{-\infty}^{\infty}G_\tau(t)\mathrm{e}^{-\mathrm{j}\omega t}\mathrm{d}t=\int_{-\frac{\tau}{2}}^{\frac{\tau}{2}}1\cdot\mathrm{e}^{-\mathrm{j}\omega t}\mathrm{d}t=\frac{\mathrm{e}^{-\mathrm{j}\frac{\omega\tau}{2}}-\mathrm{e}^{\mathrm{j}\frac{\omega\tau}{2}}}{-\mathrm{j}\omega}=\frac{2\sin\left(\frac{\omega\tau}{2}\right)}{\omega}=\tau\mathrm{Sa}\left(\frac{\omega\tau}{2}\right)$$

即

$$G_\tau(t)\leftrightarrow\tau\mathrm{Sa}\left(\frac{\omega\tau}{2}\right)\tag{3-16}$$

矩形脉冲信号及其频谱如图 3-12 所示。

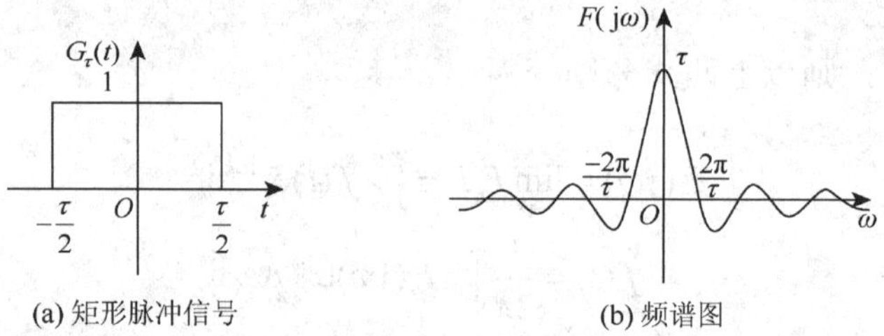

图 3-12　矩形脉冲信号及其频谱

与周期矩形脉冲类似，同样可认为矩形脉冲信号的带宽近似为抽样函数第一零点的宽度，即

$$B_f=\frac{1}{\tau}$$

2. 单边指数信号（single-sided exponential signal）

单边指数信号可表示为无时限指数信号与单位阶跃信号的乘积：$f(t)=\mathrm{e}^{-\alpha t}u(t)$。其中，$\alpha>0$。其频谱函数为

$$F(\mathrm{j}\omega)=\int_{-\infty}^{\infty}\mathrm{e}^{-\alpha t}u(t)\mathrm{e}^{-\mathrm{j}\omega t}\mathrm{d}t=\int_{0}^{\infty}\mathrm{e}^{-\alpha t}\mathrm{e}^{-\mathrm{j}\omega t}\mathrm{d}t=\frac{1}{\alpha+\mathrm{j}\omega}$$

即

$$\mathrm{e}^{-\alpha t}u(t)\leftrightarrow\frac{1}{\alpha+\mathrm{j}\omega},\quad \alpha>0\tag{3-17}$$

幅度谱为

$$|F(\mathrm{j}\omega)| = \frac{1}{\sqrt{\alpha^2+\omega^2}}$$

相位谱为

$$\phi(\omega) = -\arctan\frac{\omega}{\alpha}$$

单边指数信号及其幅度谱、相位谱如图 3-13 所示。

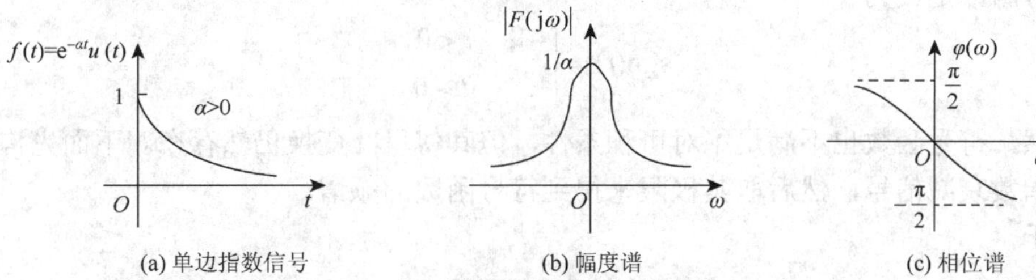

图 3-13　单边指数信号及其频谱

3. 单位冲激信号（unit impulse signal）$\delta(t)$

利用冲激信号 $\delta(t)$ 的抽样特性，由傅里叶变换的定义式可求得其频谱为

$$F(\mathrm{j}\omega) = \int_{-\infty}^{\infty}\delta(t)\mathrm{e}^{-\mathrm{j}\omega t}\mathrm{d}t = 1$$

即

$$\delta(t) \leftrightarrow 1 \tag{3-18}$$

图 3-14 给出了冲激信号 $\delta(t)$ 及其频谱。可见，冲激信号的频谱等于常数 1，即在 $-\infty<\omega<\infty$ 整个频率区间是均匀分布的，这种频谱称为均匀谱或白色谱（white spectrum），其带宽为无穷大。

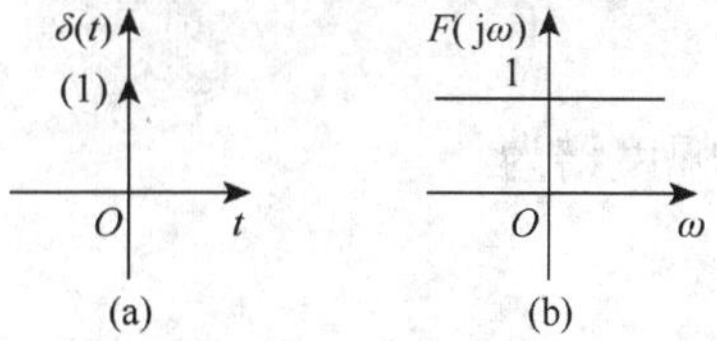

图 3-14　冲激信号及其频谱

4. 直流信号（constant signal）

设直流信号为 $f(t)=1\ (-\infty<t<\infty)$。显然，直流信号不满足绝对可积条件，但其傅里叶变换仍然存在。考虑图 3-12（a）所示的宽度为 τ、幅度为 1 的矩形脉冲信号 $G_\tau(t)$。可以看出，当其宽度 $\tau\to\infty$ 时，其极限即为直流信号。因此有

$$F(\mathrm{j}\omega) = \lim_{\tau\to\infty}\mathscr{F}[G_\tau(t)] = \lim_{\tau\to\infty}\tau\mathrm{Sa}\left(\frac{\omega\tau}{2}\right)$$

由冲激函数的定义可知

$$\delta(\omega) = \lim_{k\to\infty}\frac{k}{\pi}\mathrm{Sa}(k\omega)$$

所以有

$$F(\mathrm{j}\omega) = 2\pi\delta(\omega)$$

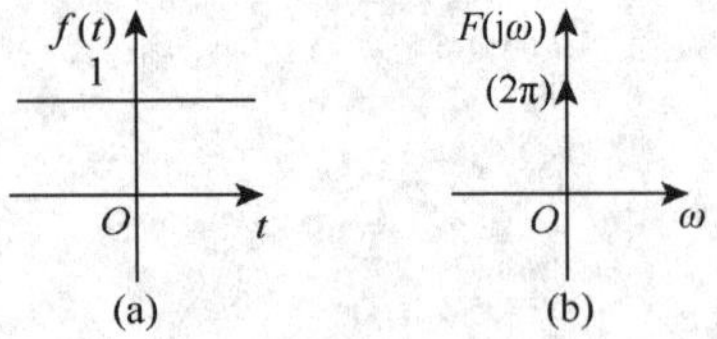

图 3-15　直流信号及其频谱

即

$$1 \leftrightarrow 2\pi\delta(\omega) \tag{3-19}$$

图 3-15 给出了直流信号 $f(t)=1$（$-\infty<t<\infty$）及其频谱。可见，直流信号的频谱仅在 $\omega=0$ 处有一个冲激，即只含有直流分量。

5. 符号函数（sign function）sgn(t)

符号函数定义为

$$\mathrm{sgn}(t)=\begin{cases}-1, & t<0\\ 1, & t>0\end{cases}$$

显然，符号函数也不满足绝对可积条件，但其傅里叶变换仍然存在。下面先构造一个双边指数衰减信号，然后取其极限来得到符号函数的频谱。

由于

$$\mathrm{sgn}(t)=\lim_{\sigma\to 0}\mathrm{sgn}(t)\mathrm{e}^{-\sigma|t|}$$

而

$$\mathscr{F}\left[\mathrm{sgn}(t)\mathrm{e}^{-\sigma|t|}\right]=\int_{-\infty}^{0}(-1)\mathrm{e}^{\sigma t}\mathrm{e}^{-\mathrm{j}\omega t}\mathrm{d}t+\int_{0}^{\infty}\mathrm{e}^{-\sigma t}\mathrm{e}^{-\mathrm{j}\omega t}\mathrm{d}t=\frac{-1}{\sigma-\mathrm{j}\omega}+\frac{1}{\sigma+\mathrm{j}\omega}$$

故符号函数的频谱为

$$F(\mathrm{j}\omega)=\lim_{\sigma\to 0}\left(\frac{-1}{\sigma-\mathrm{j}\omega}+\frac{1}{\sigma+\mathrm{j}\omega}\right)=\frac{2}{\mathrm{j}\omega}$$

即

$$\mathrm{sgn}(t)\leftrightarrow\frac{2}{\mathrm{j}\omega} \tag{3-20}$$

幅度谱为

$$|F(\mathrm{j}\omega)|=\frac{2}{|\omega|}=\frac{2\,\mathrm{sgn}(\omega)}{\omega}$$

相位谱为

$$\varphi(\omega)=\begin{cases}\pi/2, & \omega<0\\ -\pi/2, & \omega>0\end{cases}=-\frac{\pi}{2}\mathrm{sgn}(\omega)$$

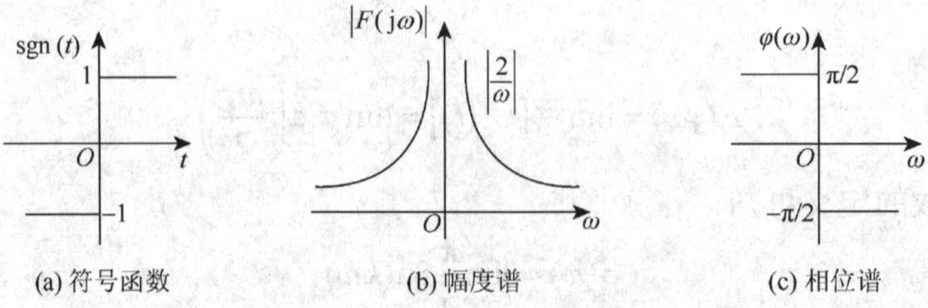

图 3-16　符号函数及其频谱

符号函数及其幅度谱、相位谱如图 3-16 所示。

6. 单位阶跃信号（unit-step signal）$u(t)$

利用单位阶跃信号与符号函数之间的关系：

$$u(t)=\frac{1}{2}+\frac{1}{2}\text{sgn}(t)$$

可得单位阶跃信号的频谱为

$$F(\text{j}\omega)=\frac{1}{2}\mathscr{F}[1]+\frac{1}{2}\mathscr{F}\left[\text{sgn}(t)\right]=\pi\delta(\omega)+\frac{1}{\text{j}\omega}$$

即

$$u(t)\leftrightarrow\pi\delta(\omega)+\frac{1}{\text{j}\omega} \tag{3-21}$$

单位阶跃信号及其幅度谱、相位谱如图 3-17 所示。

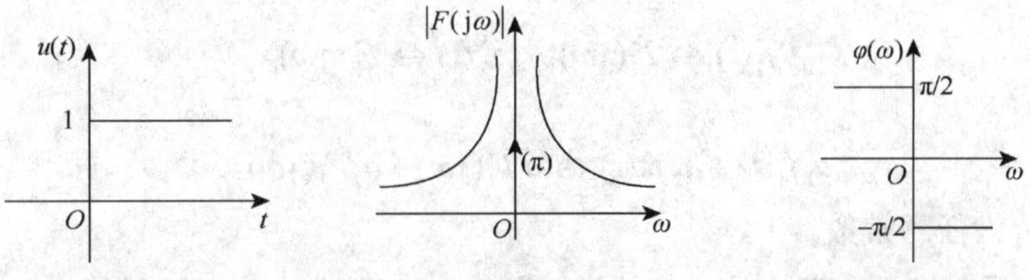

(a) 阶跃信号　(b) 幅度谱　(c) 相位谱

图 3-17　阶跃信号及其频谱

7. 虚指数信号（imaginary exponential signal）

设虚指数信号为 $f(t)=\text{e}^{\text{j}\omega_0 t}(-\infty<t<\infty)$，则其频谱函数为

$$F(\text{j}\omega)=\int_{-\infty}^{\infty}\text{e}^{\text{j}\omega_0 t}\text{e}^{-\text{j}\omega t}\text{d}t=2\pi\delta(\omega-\omega_0)$$

即

$$\text{e}^{\text{j}\omega_0 t}\leftrightarrow 2\pi\delta(\omega-\omega_0) \tag{3-22}$$

可见，虚指数信号的频谱只在 $\omega=\omega_0$ 处有一个冲激，表明其只含有频率为 ω_0 的一个频率分量。因此，虚指数信号又称单频信号，它实际上也是频域的基本信号。另外，由于虚指数信号不是实信号，因此其频谱不满足奇偶对称关系。

8. 正弦型信号（sinusoids）

正弦型信号包括正弦信号和余弦信号，利用欧拉公式和式（3-22），可得其频谱分别为

$$\sin(\omega_0 t)=\frac{1}{2j}(\text{e}^{\text{j}\omega_0 t}-\text{e}^{-\text{j}\omega_0 t})\leftrightarrow \text{j}\pi\left[\delta(\omega+\omega_0)-\delta(\omega-\omega_0)\right] \tag{3-23}$$

$$\cos(\omega_0 t)=\frac{1}{2}(\text{e}^{\text{j}\omega_0 t}+\text{e}^{-\text{j}\omega_0 t})\leftrightarrow \pi\left[\delta(\omega+\omega_0)+\delta(\omega-\omega_0)\right] \tag{3-24}$$

可见，正弦型信号的频谱由出现在 $\omega = \pm\omega_0$ 处的成对的冲激构成，正弦信号的频谱呈奇对称，而余弦信号的频谱呈偶对称。因此正弦型信号也只含有频率为 ω_0 的一个频率分量，也是单频信号。

3.3　傅里叶变换的性质

傅里叶变换建立起了信号的时域表达和频域表达的桥梁，而傅里叶变换具有一一对应关系，因此时域与频域之间必然存在确定的内在联系。傅里叶变换的性质（properties）可以揭示这种内在联系，即在一个域进行某种运算或变换，相应地在另一个域发生等效的变化。利用这些性质，一方面可以简化傅里叶变换的计算且物理概念清楚，另一方面为我们在频域分析和处理信号提供了新的途径。

1. 线性

若

$$f_1(t) \leftrightarrow F_1(\mathrm{j}\omega), \quad f_2(t) \leftrightarrow F_2(\mathrm{j}\omega)$$

则

$$a_1 f_1(t) + a_2 f_2(t) \leftrightarrow a_1 F_1(\mathrm{j}\omega) + a_2 F_2(\mathrm{j}\omega) \tag{3-25}$$

式中，a_1、a_2 为任意常数。

该性质表明：傅里叶变换是一种线性（linearity）积分变换，满足线性运算的均匀性和叠加性。

例 3-5　求信号 $f(t) = (2 - \mathrm{e}^{-t})u(t)$ 的频谱。

解　由于

$$u(t) \leftrightarrow \pi\delta(\omega) + \frac{1}{\mathrm{j}\omega}, \qquad \mathrm{e}^{-t}u(t) \leftrightarrow \frac{1}{1+\mathrm{j}\omega}$$

根据线性性质，可得 $f(t)$ 的频谱为

$$F(\mathrm{j}\omega) = 2\left[\pi\delta(\omega) + \frac{1}{\mathrm{j}\omega}\right] - \frac{1}{1+\mathrm{j}\omega}$$

2. 对偶性

若

$$f(t) \leftrightarrow F(\mathrm{j}\omega)$$

则

$$F(\mathrm{j}t) \leftrightarrow 2\pi f(-\omega) \tag{3-26}$$

特别地，若 $f(t)$ 为偶函数，则有

$$F(\mathrm{j}t) \leftrightarrow 2\pi f(\omega)$$

该性质表明：与 $f(t)$ 的频谱 $F(\mathrm{j}\omega)$ 具有相同形状的时间信号 $F(\mathrm{j}t)$，其频谱形状与 $f(t)$ 的波形之间具有确定的关系，由 $2\pi f(-\omega)$ 给出，反映了傅里叶变换与其逆变换之间

客观存在的一种对称互易关系。从傅里叶变换与其逆变换的定义式中也可以看出，它们的差别就是幅度相差 2π 且被积函数的指数上差一个负号，导致其必然满足这种对偶关系。利用对偶性（duality）可以很方便地求出已知变换对所对应的对偶变换对。例如，已知冲激信号的频谱为常数，那么根据对偶性，常数（直流）的频谱必然为冲激函数，跟前面得到的结果一致。

例 3-6　求抽样函数 $\mathrm{Sa}(t)=\dfrac{\sin t}{t}$ 的频谱。

解　直接利用定义式求 $\mathrm{Sa}(t)$ 的频谱是非常烦琐的，但利用对偶性可以很方便地求出其频谱。我们知道门函数的频谱为抽样函数，那么抽样函数的频谱必然为门函数。

已知

$$G_\tau(t)\leftrightarrow \tau\mathrm{Sa}\left(\frac{\omega\tau}{2}\right)$$

由于门函数是偶函数，因此将上式中的 t 换成 ω，ω 换成 t，再乘上系数 2π，得

$$\tau\mathrm{Sa}\left(\frac{t\tau}{2}\right)\leftrightarrow 2\pi G_\tau(\omega)$$

令 $\tau=2$，可得 $\mathrm{Sa}(t)$ 的频谱为

$$\mathrm{Sa}(t)\leftrightarrow \pi G_2(\omega)$$

即 $\mathrm{Sa}(t)$ 的频谱是一个幅度为 π、宽度为 2 的门函数。

3. 共轭对称性

一般情况下，信号 $f(t)$ 的频谱 $F(\mathrm{j}\omega)$ 为复函数，可用模和相位表示，也可用实部和虚部表示，即

$$F(\mathrm{j}\omega)=|F(\mathrm{j}\omega)|\mathrm{e}^{\mathrm{j}\phi(\omega)}=R(\omega)+\mathrm{j}X(\omega)$$

式中

$$\begin{aligned}|F(\mathrm{j}\omega)|&=\sqrt{R^2(\omega)+X^2(\omega)}\\ \phi(\omega)&=\arctan(X(\omega)/R(\omega))\end{aligned}\tag{3-27}$$

若 $f(t)$ 为实信号（实际中的信号均为实信号），则 $R(\omega)$、$X(\omega)$、$|F(\mathrm{j}\omega)|$、$\phi(\omega)$ 满足一定的奇偶对称性。

由于

$$F(\mathrm{j}\omega)=\int_{-\infty}^{\infty}f(t)\mathrm{e}^{-\mathrm{j}\omega t}\mathrm{d}t=\int_{-\infty}^{\infty}f(t)\cos(\omega t)\mathrm{d}t-\mathrm{j}\int_{-\infty}^{\infty}f(t)\sin(\omega t)\mathrm{d}t$$

显然

$$\begin{aligned}R(\omega)&=\int_{-\infty}^{\infty}f(t)\cos(\omega t)\mathrm{d}t\\ X(\omega)&=-\int_{-\infty}^{\infty}f(t)\sin(\omega t)\mathrm{d}t\end{aligned}\tag{3-28}$$

故 $R(\omega)$ 为偶函数，$X(\omega)$ 为奇函数，即满足 $R(\omega)=R(-\omega)$，$X(\omega)=-X(-\omega)$。再利用式（3-27）可证得 $|F(\mathrm{j}\omega)|$ 为偶函数，$\phi(\omega)$ 为奇函数，即任意实信号的幅度谱为偶函数，相位谱为奇函数。而对于 $F(\mathrm{j}\omega)$ 显然有 $F(-\mathrm{j}\omega)=F^*(\mathrm{j}\omega)$，称为共轭对称性（conjugate symmetry)。我们可以检查前面已求得的各种典型信号的频谱均满足这种对称性。

若 $f(t)$ 为实偶函数，即 $f(t)=f(-t)$，式（3-28）变为

$$R(\omega)=2\int_0^{\infty}f(t)\cos(\omega t)\mathrm{d}t$$
$$X(\omega)=0$$

若 $f(t)$ 为实奇函数，即 $f(t)=-f(-t)$，式（3-28）变为

$$R(\omega)=0$$
$$X(\omega)=-2\mathrm{j}\int_0^{\infty}f(t)\sin(\omega t)\mathrm{d}t$$

上述两式表明：实偶函数的频谱为实偶函数，实奇函数的频谱为虚奇函数。

4. 尺度变换性质

若

$$f(t)\leftrightarrow F(\mathrm{j}\omega)$$

则

$$f(at)\leftrightarrow\frac{1}{|a|}F\left(\mathrm{j}\frac{\omega}{a}\right) \tag{3-29}$$

式中，a 为不等于零的任意实数。

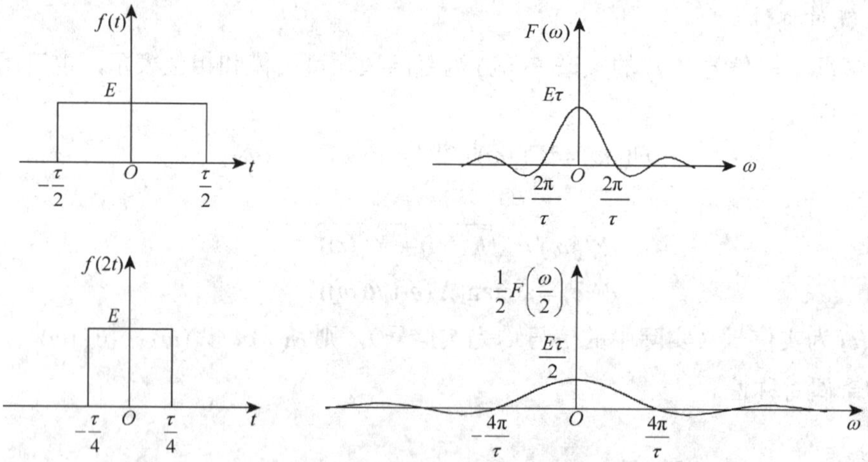

图 3-18　两种不同宽度的矩形脉冲及其频谱比较

该性质表明：信号在一个域中压缩，等效于在另一个域中扩展，且在两个域中展缩的倍数是一致的。若 $|a|>1$，则信号时域压缩 $|a|$ 倍，频谱扩展 $|a|$ 倍；若 $0<|a|<1$，则信号时域扩展 $1/|a|$ 倍，频域压缩 $1/|a|$ 倍；对于 $a=-1$ 的情况，则说明信号在时域中反褶（time reversal）等效于在频域中其频谱也反褶（frequency reversal）。上述结论的物理意义是：若信号时域压缩 $|a|$ 倍，则其随时间的变化加快 $|a|$ 倍，因此它所包含的频率分量增加 $|a|$ 倍，即频谱扩展 $|a|$ 倍。为了说明尺度变换性质，图 3-18 给出了两个不同宽度的矩形脉

冲及其频谱。

由尺度变换性质（time and frequency scaling）可知，信号在时域中的宽度（脉冲宽度）与其在频域中的宽度（带宽）成反比。在通信系统中，若要通过缩短通信时间来提高通信速度，就要提高每秒传送的脉冲数，为此必须压缩信号脉冲宽度。这样做必然会使信号的带宽增加，这就要求系统的通频带也要相应加宽，以满足信号传输的质量要求。可见，通信速度和占用带宽是一对矛盾，要提高通信速度，通常需要以增加带宽为代价。

5. 时移性质

若

$$f(t) \leftrightarrow F(\mathrm{j}\omega)$$

则

$$f(t-t_0) = \mathrm{e}^{-\mathrm{j}\omega t_0}\mathrm{F}(\mathrm{j}\omega) \tag{3-30}$$

式中，t_0 为任意实数。

时移后的信号频谱也可写为

$$\mathrm{e}^{-\mathrm{j}\omega t_0}F(\mathrm{j}\omega) = |F(\mathrm{j}\omega)|\mathrm{e}^{\mathrm{j}\phi(\omega)}\mathrm{e}^{-\mathrm{j}\omega t_0} = |F(\mathrm{j}\omega)|\mathrm{e}^{\mathrm{j}[\phi(\omega)-\omega t_0]}$$

时移（time shifting）性质表明：$f(t)$ 在时域中沿时间轴平移 t_0，等效于其频谱在频域中乘上虚指数因子 $\mathrm{e}^{-\mathrm{j}\omega t_0}$。可以看出，信号时移后，其幅度谱保持不变，而相位谱产生与频率成正比的线性附加变化 $-\omega t_0$。

例 3-7　求图 3-19（a）所示信号的频谱。

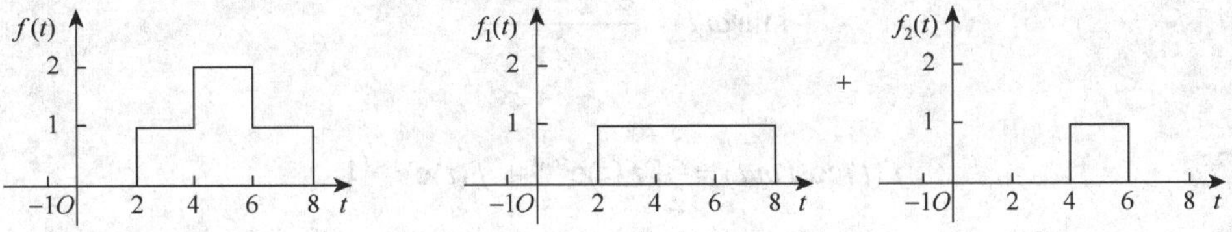

(a) 信号波形图　　(b) 将信号分解

图 3-19　例 3-7 图

解　将 $f(t)$ 分解为 $f_1(t)$ 与 $f_2(t)$ 的叠加，如图 3-19（b）所示，则

$$f_1(t) = G_6(t-5)\text{，}\quad f_2(t) = G_2(t-5)$$

由于

$$G_6(t) \leftrightarrow 6\mathrm{Sa}(3\omega)\text{，}\quad G_2(t) \leftrightarrow 2\mathrm{Sa}(\omega)$$

由时移性质可知

$$G_6(t-5) \leftrightarrow 6\mathrm{Sa}(3\omega)\mathrm{e}^{-\mathrm{j}5\omega}\text{，}\quad G_2(t-5) \leftrightarrow 2\mathrm{Sa}(\omega)\mathrm{e}^{-\mathrm{j}5\omega}$$

故

$$F(\mathrm{j}\omega) = [6\mathrm{Sa}(3\omega) + 2\mathrm{Sa}(\omega)]\mathrm{e}^{-\mathrm{j}5\omega}$$

例 3-8　已知 $f(t) \leftrightarrow F(\mathrm{j}\omega)$，求 $f(at-b)$ 的频谱。

解　由尺度变换性质，有

$$f(at) \leftrightarrow \frac{1}{|a|}F\left(\mathrm{j}\frac{\omega}{a}\right)$$

再利用时移性质，得

$$f(at-b)=f\left[a\left(t-\frac{b}{a}\right)\right] \leftrightarrow \frac{1}{|a|}\mathrm{e}^{-\mathrm{j}\omega\frac{b}{a}}F\left(\mathrm{j}\frac{\omega}{a}\right)$$

6. 频移性质

若

$$f(t) \leftrightarrow F(\mathrm{j}\omega)$$

则

$$f(t)\mathrm{e}^{\mathrm{j}\omega_0 t} \leftrightarrow F(\mathrm{j}(\omega-\omega_0)) \tag{3-31}$$

式中，ω_0 为任意实数。

频移（frequency shifting）性质表明：$f(t)$ 的频谱 $F(\mathrm{j}\omega)$ 在频域中沿频率轴平移 ω_0，等效于 $f(t)$ 在时域中乘上虚指数因子 $\mathrm{e}^{\mathrm{j}\omega_0 t}$。利用频移性质可以实现信号频谱的搬移，在通信系统中得到广泛应用，如调制解调、变频、混频等。其实现是通过将信号 $f(t)$ 在时域中与载波信号 $\cos(\omega_0 t)$ 或 $\sin(\omega_0 t)$ 相乘来完成的。

例 3-9 已知 $f(t) \leftrightarrow F(\mathrm{j}\omega)$，求信号 $f(t)\cos(\omega_0 t)$、$f(t)\sin(\omega_0 t)$ 的频谱。

解 根据欧拉公式，有

$$\cos(\omega_0 t)=\frac{\mathrm{e}^{\mathrm{j}\omega_0 t}+\mathrm{e}^{-\mathrm{j}\omega_0 t}}{2}$$

$$\sin(\omega_0 t)=\frac{\mathrm{e}^{\mathrm{j}\omega_0 t}-\mathrm{e}^{-\mathrm{j}\omega_0 t}}{2\mathrm{j}}$$

因此

$$f(t)\cos(\omega_0 t)=\frac{1}{2}[f(t)\mathrm{e}^{\mathrm{j}\omega_0 t}+f(t)\mathrm{e}^{-\mathrm{j}\omega_0 t}]$$

$$f(t)\sin(\omega_0 t)=\frac{1}{2\mathrm{j}}[f(t)\mathrm{e}^{\mathrm{j}\omega_0 t}-f(t)\mathrm{e}^{-\mathrm{j}\omega_0 t}]$$

根据频移性质，有

$$f(t)\cos(\omega_0 t) \leftrightarrow \frac{1}{2}F(\mathrm{j}(\omega-\omega_0))+\frac{1}{2}F(\mathrm{j}(\omega+\omega_0)) \tag{3-32}$$

$$f(t)\sin(\omega_0 t) \leftrightarrow \frac{1}{2\mathrm{j}}F(\mathrm{j}(\omega-\omega_0))-\frac{1}{2\mathrm{j}}F(\mathrm{j}(\omega+\omega_0)) \tag{3-33}$$

为了直观观察频谱搬移过程，图 3-20 和图 3-21 给出了两个具体例子。图 3-20 中，图 3-20（a）为 $f(t)=(\cos t+2)/2$ 的时域波形图，图 3-20（c）为 $f(t)\cos(10t)$ 的时域波形图，图 3-20（b）、（d）为它们对应的频谱图。图 3-21 中，图 3-21（a）为门函数 $G_\tau(t)=u(t+1)-u(t-1)$ 的时域波形图，图 3-21（c）为 $G_\tau(t)\cos(10t)$ 的时域波形图，图 3-21（b）、（d）为它们对应的频谱图。可以看出，将信号 $f(t)$ 在时域中乘以 $\cos(\omega_0 t)$，等效于

将 $f(t)$ 的频谱 $F(\mathrm{j}\omega)$ 一分为二，沿频率轴向左和向右分别平移 ω_0，而频谱形状并不发生变化。

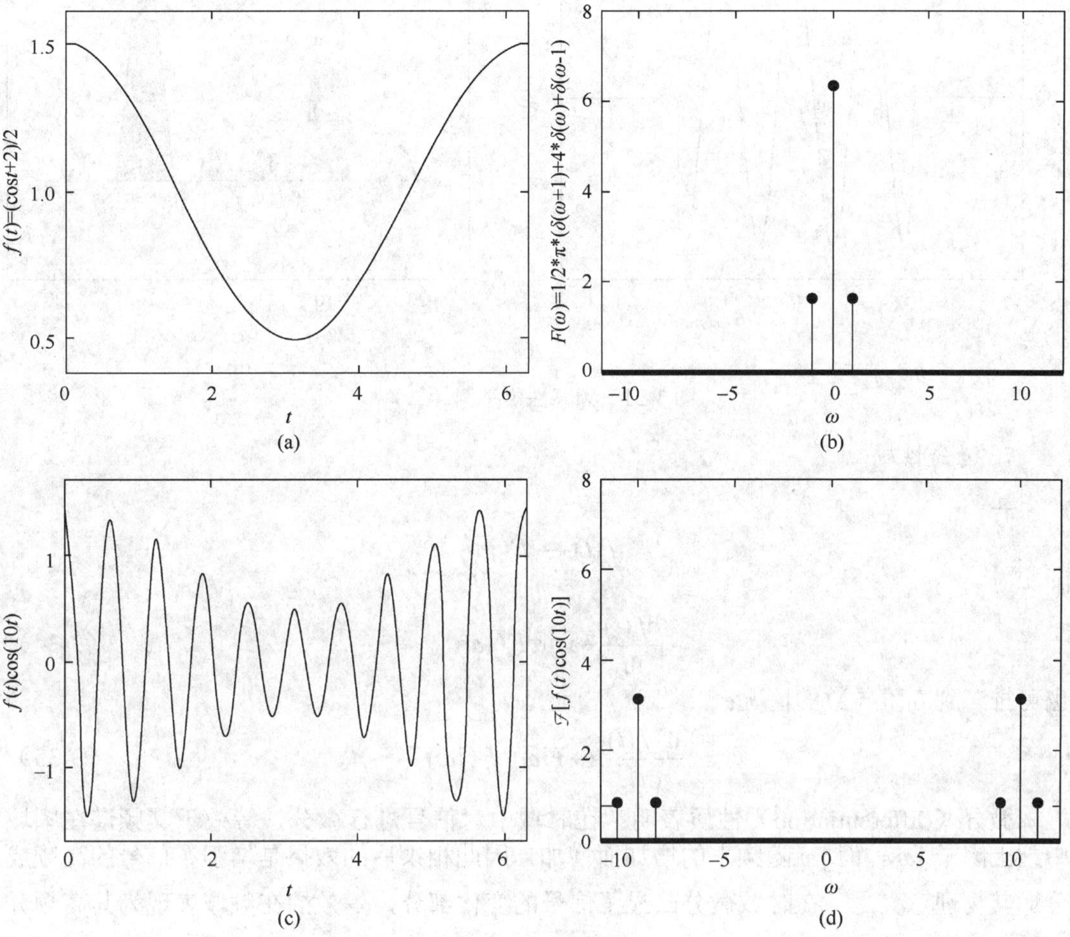

图 3-20　频移性质举例（一）

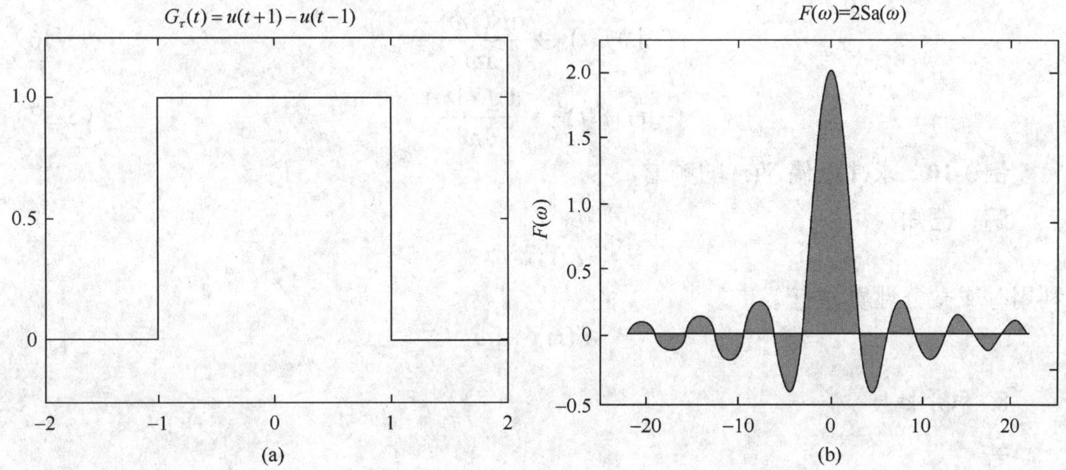

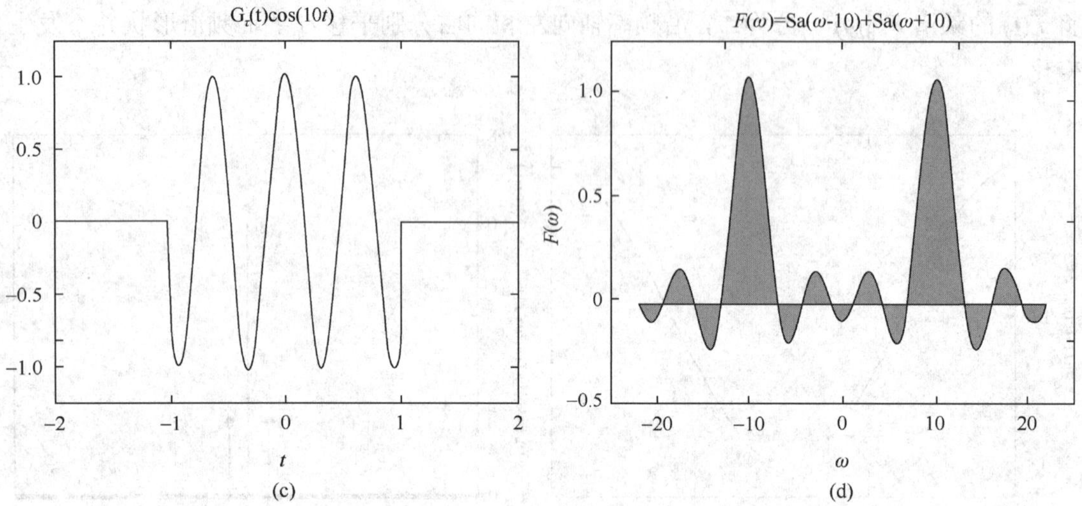

图 3-21　频移性质举例（二）

7. 微分性质

若

$$f(t) \leftrightarrow F(\mathrm{j}\omega)$$

则

$$\frac{\mathrm{d}f(t)}{\mathrm{d}t} \leftrightarrow \mathrm{j}\omega F(\mathrm{j}\omega) \tag{3-34}$$

也可推广到高阶导数的情况：

$$\frac{\mathrm{d}^n f(t)}{\mathrm{d}t^n} \leftrightarrow (\mathrm{j}\omega)^n F(\mathrm{j}\omega) \tag{3-35}$$

微分（differentiation）性质表明：在时域中对信号进行微分，等效于其频谱在频域中乘上因子 $\mathrm{j}\omega$，而 $\mathrm{j}\omega$ 随频率的增加而增加，因此相乘后的效果是增强了信号的高频成分。其物理意义是：在时域微分凸显了信号的变化部分，等效的在频域表现为其高频分量增强。

同理，有频域微分性质如下：

$$(-\mathrm{j}t)f(t) \leftrightarrow \frac{\mathrm{d}F(\mathrm{j}\omega)}{\mathrm{d}\omega} \tag{3-36}$$

$$(-\mathrm{j}t)^n f(t) \leftrightarrow \frac{\mathrm{d}^n F(\mathrm{j}\omega)}{\mathrm{d}\omega^n} \tag{3-37}$$

例 3-10　求冲激偶 $\delta'(t)$ 的频谱。

解　已知

$$\delta(t) \leftrightarrow 1$$

利用时域微分性质，有

$$\delta'(t) \leftrightarrow \mathrm{j}\omega$$

8. 积分性质

若

$$f(t) \leftrightarrow F(\mathrm{j}\omega)$$

则

$$\int_{-\infty}^{t} f(\tau)\mathrm{d}\tau \leftrightarrow \frac{1}{\mathrm{j}\omega}F(\mathrm{j}\omega) + \pi F(0)\delta(\omega) \tag{3-38}$$

若 $F(0)=0$，式（3-38）简化为

$$\int_{-\infty}^{t} f(\tau)\mathrm{d}\tau \leftrightarrow \frac{1}{\mathrm{j}\omega}F(\mathrm{j}\omega) \tag{3-39}$$

积分（integration）性质表明：在时域中对信号进行积分，等效于其频谱在频域中乘上因子 $1/\mathrm{j}\omega$，而 $1/\mathrm{j}\omega$ 随频率的增加而减小，因此相乘后的效果削弱了信号的高频成分。其物理意义是：在时域微分使信号变得平滑，等效的在频域表现为其高频分量削弱。

例 3-11　求图 3-22（a）所示截平斜变信号的频谱。

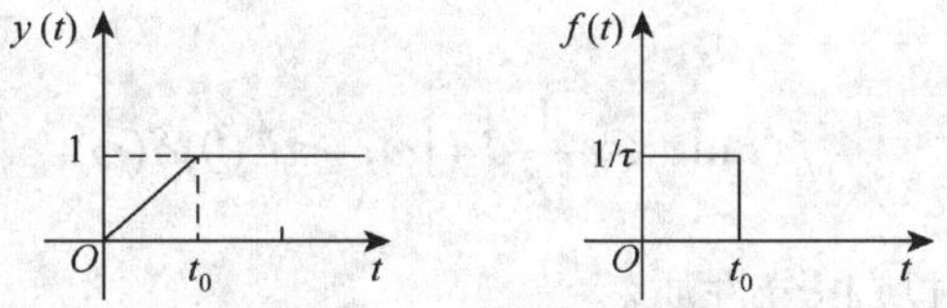

(a) 截平斜变信号　　(b) 矩形脉冲信号

图 3-22　例 3-11 图

解　截平斜变信号 $y(t)$ 可看做图 3-22（b）所示矩形脉冲信号 $f(t)$ 的积分，即

$$y(t) = \int_{-\infty}^{t} f(\tau)\mathrm{d}\tau$$

根据矩形脉冲的频谱及时移性质，可得 $f(t)$ 的频谱 $F(\mathrm{j}\omega)$ 为

$$F(\mathrm{j}\omega) = \mathrm{Sa}\left(\frac{\omega t_0}{2}\right)\mathrm{e}^{-\mathrm{j}\omega t_0/2}$$

注意到 $F(0)=1\neq 0$，利用时域积分性质可得

$$Y(\mathrm{j}\omega) = \frac{1}{\mathrm{j}\omega}F(\mathrm{j}\omega) + \pi F(0)\delta(\omega) = \frac{1}{\mathrm{j}\omega}\mathrm{Sa}\left(\frac{\omega t_0}{2}\right)\mathrm{e}^{-\mathrm{j}\omega t_0/2} + \pi\delta(\omega)$$

9. 卷积性质

1）时域卷积定理

若

$$f_1(t) \leftrightarrow F_1(\mathrm{j}\omega)，\quad f_2(t) \leftrightarrow F_2(\mathrm{j}\omega)$$

则

$$f_1(t) * f_2(t) \leftrightarrow F_1(\mathrm{j}\omega)F_2(\mathrm{j}\omega) \tag{3-40}$$

时域卷积定理表明：两个信号在时域中进行卷积运算，等效于它们的频谱在频域中进行相乘运算。时域卷积定理在信号与系统的分析、综合和处理中应用十分广泛，其最

典型的应用就是在频域求解系统响应。由于在时域求解系统响应的方法是卷积，而时域卷积定理可以将时域中复杂的卷积运算转换成频域中简单的乘积运算，从而大大简化了系统响应的求解。

例 3-12　已知 $f(t)$ 的频谱为 $F(\mathrm{j}\omega)$，求 $y(t)=\int_{-\infty}^{t} f(\tau)\mathrm{d}\tau$ 的频谱 $Y(\mathrm{j}\omega)$。

解　由于

$$y(t)=\int_{-\infty}^{t} f(\tau)\mathrm{d}\tau = f(t)*u(t)$$

又已知

$$u(t)\leftrightarrow \frac{1}{\mathrm{j}\omega}+\pi\delta(\omega)$$

利用时域卷积定理，有

$$Y(\mathrm{j}\omega)=F(\mathrm{j}\omega)\left[\frac{1}{\mathrm{j}\omega}+\pi\delta(\omega)\right]=\frac{1}{\mathrm{j}\omega}F(\mathrm{j}\omega)+\pi F(0)\delta(\omega)$$

即

$$\int_{-\infty}^{t} f(\tau)\mathrm{d}\tau \leftrightarrow \frac{1}{\mathrm{j}\omega}F(\mathrm{j}\omega)+\pi F(0)\delta(\omega)$$

上式即为傅里叶变换的时域积分性质。

2）频域卷积定理

若

$$f_1(t)\leftrightarrow F_1(\mathrm{j}\omega),\quad f_2(t)\leftrightarrow F_2(\mathrm{j}\omega)$$

则

$$f_1(t)f_2(t)\leftrightarrow \frac{1}{2\pi}F_1(\mathrm{j}\omega)*F_2(\mathrm{j}\omega) \tag{3-41}$$

频域卷积定理表明：两个信号在时域中进行相乘运算，等效于它们的频谱在频域中进行卷积运算。频域卷积定理与时域卷积定理形成对偶关系，这由傅里叶变换的对偶性所决定。

频域卷积定理的典型应用是通信系统中的调制与解调。前面提到利用傅里叶变换的频移性质可以实现调制，实际上利用频域卷积定理很容易推导出频移性质：

$$f(t)\mathrm{e}^{\mathrm{j}\omega_0 t}\leftrightarrow \frac{1}{2\pi}F(\mathrm{j}\omega)*2\pi\delta(\omega-\omega_0)=F(\mathrm{j}(\omega-\omega_0))$$

因此调制也可以看做频域卷积定理的直接应用。实际调制是将信号 $f(t)$ 在时域中与载波 $\cos(\omega_0 t)$ 相乘，利用频域卷积定理可得到其频谱：

$$f(t)\cos\omega_0 t\leftrightarrow \frac{1}{2\pi}F(\mathrm{j}\omega)*[\pi\delta(\omega-\omega_0)+\pi\delta(\omega+\omega_0)]=\frac{1}{2}F(\mathrm{j}(\omega-\omega_0))+\frac{1}{2}F(\mathrm{j}(\omega+\omega_0))$$

与前面利用频移性质得到的结果一致。

以上介绍了傅里叶变换的九个基本性质，为便于查找，现将傅里叶变换的主要性质列于表 3-1 中。

表 3-1　傅里叶变换的基本性质

性质	时域 $f(t)$	频域 $F(\mathrm{j}\omega)$	时域频域对应关系
线性	$a_1f_1(t)+a_2f_2(t)$	$a_1F_1(\mathrm{j}\omega)+a_2F_2(\mathrm{j}\omega)$	均匀性、叠加性
对偶性	$F(\mathrm{j}t)$	$2\pi f(-\omega)$	时频对称互易
尺度变换	$f(at)$	$\frac{1}{\lvert a\rvert}F\left(\mathrm{j}\frac{\omega}{a}\right)$	压缩扩展
	$f(-t)$	$F(-\mathrm{j}\omega)$	反褶
时移	$f(t-t_0)$	$F(\mathrm{j}\omega)\mathrm{e}^{-\mathrm{j}\omega t_0}$	时移与相移
频移	$f(t)\mathrm{e}^{\mathrm{j}\omega_0 t}$ $f(t)\cos\omega_0 t$ $f(t)\sin\omega_0 t$	$F(\mathrm{j}(\omega-\omega_0))$ $\frac{1}{2}F(\mathrm{j}(\omega+\omega_0))+\frac{1}{2}F(\mathrm{j}(\omega-\omega_0))$ $\frac{1}{2}\mathrm{j}F(\mathrm{j}(\omega+\omega_0))-\frac{1}{2}\mathrm{j}F(\mathrm{j}(\omega-\omega_0))$	调制与频移
时域微分	$\frac{\mathrm{d}f(t)}{\mathrm{d}t}$ $\frac{\mathrm{d}^n}{\mathrm{d}t^n}f(t)$	$\mathrm{j}\omega F(\mathrm{j}\omega)$ $(\mathrm{j}\omega)^n F(\mathrm{j}\omega)$	
频域微分	$-\mathrm{j}tf(t)$ $(-\mathrm{j}t)^n f(t)$	$\frac{\mathrm{d}F(\mathrm{j}\omega)}{\mathrm{d}\omega}$ $\frac{\mathrm{d}^n F(\mathrm{j}\omega)}{\mathrm{d}\omega^n}$	
时域积分	$\int_{-\infty}^{t} f(\tau)\mathrm{d}\tau$	$\pi F(0)\delta(\omega)+\frac{1}{\mathrm{j}\omega}F(\mathrm{j}\omega)$	
时域卷积	$f_1(t)*f_2(t)$	$F_1(\mathrm{j}\omega)F_2(\mathrm{j}\omega)$	卷积与相乘
频域卷积	$f_1(t)f_2(t)$	$\frac{1}{2\pi}F_1(\mathrm{j}\omega)*F_2(\mathrm{j}\omega)$	

3.4　傅里叶变换在通信系统中应用分析

通信系统是傅里叶变换应用的传统领域，现代通信系统的发展处处伴随着傅里叶变换方法的精心运用。作为前面几节内容的应用和深入，本节主要介绍傅里叶变换在通信系统中的典型应用——无失真传输、滤波、调制和抽样。

3.4.1　LTI 系统的频域分析

我们知道，LTI 系统在时域的输入输出关系为：其零状态响应 $y(t)$ 等于输入信号 $f(t)$ 与系统的冲激响应（impulse response） $h(t)$ 相卷积（convolution），即

$$y(t)=f(t)*h(t)$$

令

$$f(t)\leftrightarrow F(\mathrm{j}\omega)$$
$$h(t)\leftrightarrow H(\mathrm{j}\omega)$$

$$y(t) \leftrightarrow Y(\mathrm{j}\omega)$$

由时域卷积定理，有

$$Y(\mathrm{j}\omega) = H(\mathrm{j}\omega)F(\mathrm{j}\omega) \tag{3-42}$$

式中，$H(\mathrm{j}\omega)$ 称为系统的频率特性（frequency characteristics）或频率响应（frequency response），与系统有一一对应关系，可以看做系统的频域表达（frequency-domain representation），它是系统的时域表达 $h(t)$ 的傅里叶变换。$H(\mathrm{j}\omega)$ 通常为复函数，可表示为 $H(\mathrm{j}\omega) = |H(\mathrm{j}\omega)|\mathrm{e}^{\mathrm{j}\varphi(\omega)}$，其中，$|H(\mathrm{j}\omega)|$ 称为幅频特性（magnitude-frequency characteristic），$\phi(\omega)$ 称为相频特性（phase-frequency characteristic）。$H(\mathrm{j}\omega)$ 可从两方面定义：一是冲激响应 $h(t)$ 的傅里叶变换，即

$$H(\mathrm{j}\omega) = \mathscr{F}[h(t)]$$

二是零状态响应的频谱与激励信号的频谱的比值，即

$$H(\mathrm{j}\omega) = \frac{Y(\mathrm{j}\omega)}{F(\mathrm{j}\omega)} \tag{3-43}$$

式（3-42）建立了系统在频域的输入输出关系，它的物理意义是：系统改变了激励信号的频谱，将频谱为 $F(\mathrm{j}\omega)$ 的激励信号改造为了频谱为 $H(\mathrm{j}\omega)F(\mathrm{j}\omega)$ 的响应信号。系统的功能是对激励信号各频率分量进行加权和相移（phase shift），某些频率分量增强而某些频率分量削弱并产生不同的相移，而加权和相移的规律完全由系统的频率响应 $H(\mathrm{j}\omega)$ 所决定。

利用系统在频域的输入输出关系及系统频率响应 $H(\mathrm{j}\omega)$ 的概念，可以在频域对系统响应进行分析。由于系统在时域的输入输出关系是复杂的卷积运算，而在频域的输入输出关系是简单的相乘运算，因此在频域分析系统响应可使计算大大简化。

例 3-13 RC 低通网络如图 3-23（a）所示，在输入端 $V_i(t)$ 加入矩形脉冲如图 3-23（b）所示，利用系统频率响应求电容器两端的输出电压 $V_0(t)$。

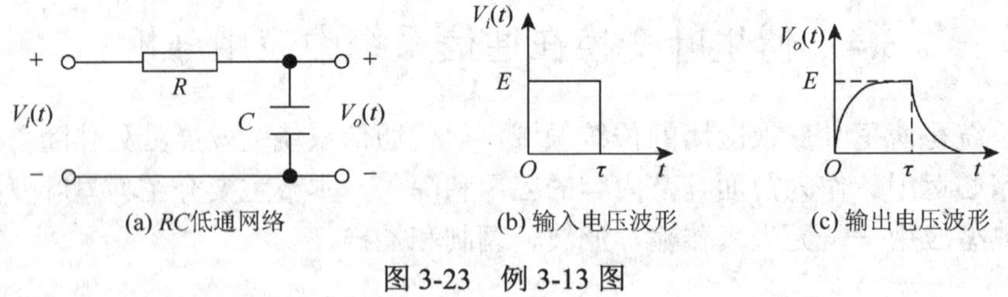

(a) RC低通网络 (b) 输入电压波形 (c) 输出电压波形

图 3-23 例 3-13 图

解 根据网络拓扑结构，可直接求得系统频率响应为

$$H(\mathrm{j}\omega) = \frac{1/(\mathrm{j}\omega C)}{R + 1/(\mathrm{j}\omega C)} = \frac{\alpha}{\alpha + \mathrm{j}\omega}$$

式中，$\alpha = 1/(RC)$。

激励信号 $v_i(t)$ 的傅里叶变换为

$$V_I(\mathrm{j}\omega) = \frac{E}{\mathrm{j}\omega}(1 - \mathrm{e}^{-\mathrm{j}\omega\tau}) = E\tau\frac{\sin(\omega\tau/2)}{\omega\tau/2}\mathrm{e}^{-\mathrm{j}\omega\tau/2}$$

则响应 $v_o(t)$ 的傅里叶变换为

$$V_o(\mathrm{j}\omega)=H(\mathrm{j}\omega)V_i(\mathrm{j}\omega)=\frac{\alpha}{\alpha+\mathrm{j}\omega}\frac{E\tau\sin(\omega\tau/2)}{\omega\tau/2}\mathrm{e}^{-\mathrm{j}\omega\tau/2}$$

为便于通过逆变换求得 $v_o(t)$，将 $V_o(\mathrm{j}\omega)$ 改写为

$$V_o(\mathrm{j}\omega)=\frac{\alpha}{\alpha+\mathrm{j}\omega}\frac{E}{\mathrm{j}\omega}(1-\mathrm{e}^{-\mathrm{j}\omega\tau})=\frac{E}{\mathrm{j}\omega}(1-\mathrm{e}^{-\mathrm{j}\omega\tau})-\frac{E}{\alpha+\mathrm{j}\omega}(1-\mathrm{e}^{-\mathrm{j}\omega\tau})$$

求 $V_o(j\omega)$ 的傅里叶逆变换便可得到 $v_o(t)$：

$$\begin{aligned}v_o(t)&=E\left[u(t)-u(t-\tau)\right]-E\left[\mathrm{e}^{-\alpha t}u(t)-\mathrm{e}^{-\alpha(t-\tau)}u(t-\tau)\right]\\&=E(1-\mathrm{e}^{-\alpha t})u(t)-E(1-\mathrm{e}^{-\alpha(t-\tau)})u(t-\tau)\end{aligned}$$

据此画出输出响应 $v_o(t)$ 的波形如图 3-23（c）所示。

3.4.2　无失真传输

一般情况下，系统的响应波形与激励波形相比会发生一定的变化，这种变化称为信号的失真（distortion）。失真分为线性失真（linear distortion）与非线性失真（nonlinear distortion），它们的区别在于线性失真不会产生新的频率分量而非线性失真可能产生新的频率分量。信号通过线性系统产生的失真为线性失真，它包括两个方面的失真：一是系统对信号中各频率分量幅度产生不同程度的衰减，使响应各频率分量的相对幅度产生变化，称为幅度失真（magnitude distortion）；二是系统对各频率分量产生的相移与频率不成正比，使响应的各频率分量之间产生相对时延，称为相位失真（phase distortion）。幅度失真由系统的幅频响应引起，而相位失真由系统的相频响应引起，它们都会使信号波形发生变化。

在实际应用中，有时需要利用失真而有时则需要尽量避免失真。在进行信号处理时，需要有意识地利用系统进行信号波形变换，这时必然产生失真，例如，信号通过滤波器滤去或削弱信号中不需要的成分；而在进行信号传输时，要求接收端的信号与发射端的信号一致，这时就要尽量避免失真。使信号尽可能不失真地传输是通信系统设计中的一个重要问题。下面讨论无失真传输（distortionless transmission）系统应该具有怎样的时域和频域特性。

从时域看，信号的无失真传输要求信号经过系统后，输出信号与输入信号相比，只有幅度大小和出现时间先后不同，而波形形状不变，如图 3-24 所示。

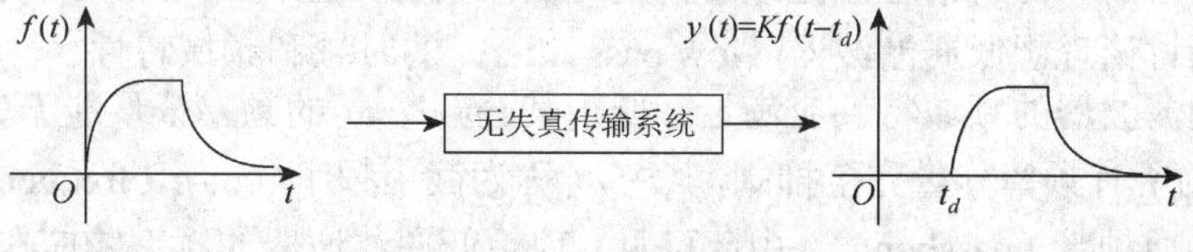

图 3-24　无失真传输

设输入信号为 f（t），经过无失真传输后，输出信号应为

$$y(t)=Kf(t-t_d) \tag{3-44}$$

即输出信号的幅度是输入信号的 K 倍，而且比输入信号延时了 t_d。这就是无失真传输系统应具有的时域特性。

设 $f(t) \leftrightarrow F(\mathrm{j}\omega)$，$y(t) \leftrightarrow Y(\mathrm{j}\omega)$，利用傅里叶变换的时移特性，有

$$Y(\mathrm{j}\omega) = K\mathrm{e}^{-\mathrm{j}\omega t_d} F(\mathrm{j}\omega)$$

可得无失真传输系统的频率响应为

$$H(\mathrm{j}\omega) = \frac{Y(\mathrm{j}\omega)}{F(\mathrm{j}\omega)} = K\mathrm{e}^{-\mathrm{j}\omega t_d} \tag{3-45}$$

其幅频响应和相频响应分别为

$$\begin{aligned} |H(\mathrm{j}\omega)| &= K \\ \phi(\omega) &= -\omega t_d \end{aligned} \tag{3-46}$$

式（3-46）表明，无失真传输系统的频域特性应满足两个条件：一是系统的幅频响应在整个频率范围 $(-\infty,\infty)$ 内应为常数，即通频带无限宽；二是系统的相频响应是一条通过原点的直线，在整个频率范围内与 ω 成正比，如图 3-25 所示。

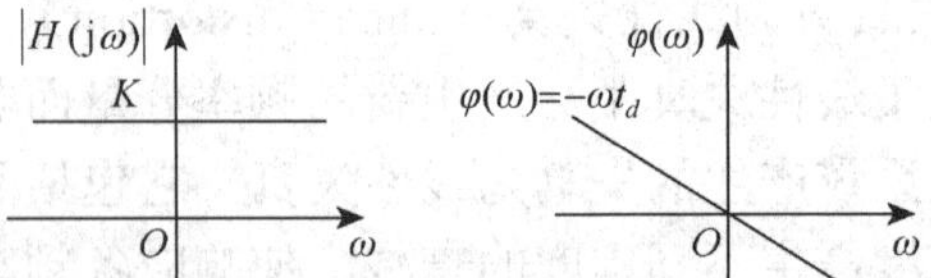

图 3-25　无失真传输系统的幅度和相位特性

对无失真系统的频率响应 $H(\mathrm{j}\omega)$ 进行傅里叶逆变换，可得其冲激响应为

$$h(t) = K\delta(t - t_d) \tag{3-47}$$

该结果表明：无失真传输系统的冲激响应仍然是冲激信号，只是其大小发生了变化并且具有一定的时延，说明信号没有发生失真，这和无失真传输的要求一致。

3.4.3　理想低通滤波器

滤波（filtering）是实际中最常使用的一种信号处理方法，能实现滤波功能的系统称为滤波器（filter），其作用是让信号的某些频率分量通过，而使其他频率分量受到抑制。根据允许通过的频率分量的范围不同，滤波器可分为低通滤波器、高通滤波器、带通滤波器和带阻滤波器。而所谓理想滤波器就是将滤波器的某些特性理想化而定义的理想系统模型。下面讨论理想低通滤波器（low pass filter）的时域和频域特性。

理想低通滤波器的频域特性应满足：低于某一频率 ω_c 的频率分量能无失真地通过，而将高于 ω_c 的所有频率分量完全抑制，其中 ω_c 称为截止频率（cut-off frequency），小于 ω_c 的频率范围为通频带（passband）。由此可见，理想低通滤波器的频率响应在低于 ω_c 时应满足无失真传输条件，而在高于 ω_c 时应为零，即

$$H(\mathrm{j}\omega) = \begin{cases} \mathrm{e}^{-\mathrm{j}\omega t_d}, & |\omega| < \omega_c \\ 0, & |\omega| > \omega_c \end{cases} \tag{3-48}$$

其幅频响应和相频响应分别为

$$|H(\mathrm{j}\omega)|=\begin{cases}1, & |\omega|<\omega_c\\ 0, & |\omega|>\omega_c\end{cases}\qquad\text{（3-49）}$$

$$\varphi(\omega)=-\omega t_d$$

图 3.26 给出了理想低通滤波器的幅频、相频响应，可见其幅频响应具有矩形形状，而相频响应是过原点的直线。由于理想低通滤波器的通频带宽度是有限值，当输入信号的带宽小于通频带宽度时，信号的所有频率分量都能无失真地通过系统，此时理想低通滤波器相当于一个无失真传输系统；而当输入信号的带宽大于通频带宽度时，并不是所有频率分量都能无失真地通过系统，其部分高频分量会受到抑制，因此会产生失真。

对理想低通滤波器的频率响应 $H(\mathrm{j}\omega)$ 进行傅里叶逆变换，可得其冲激响应为

$$h(t)=\mathscr{F}^{-1}[H(\mathrm{j}\omega)]=\frac{1}{2\pi}\int_{-\infty}^{\infty}H(\mathrm{j}\omega)\mathrm{e}^{\mathrm{j}\omega t}\mathrm{d}\omega$$

$$=\frac{1}{2\pi}\int_{-\omega_c}^{\omega_c}\mathrm{e}^{-\mathrm{j}\omega t_d}\mathrm{e}^{\mathrm{j}\omega t}\mathrm{d}\omega=\frac{\omega_c}{\pi}\frac{\sin(\omega_c(t-t_d))}{\omega_c(t-t_d)}$$

即

$$h(t)=\frac{\omega_c}{\pi}\mathrm{Sa}(\omega_c(t-t_d))\qquad\text{（3-50）}$$

其波形如图 3-27 所示。

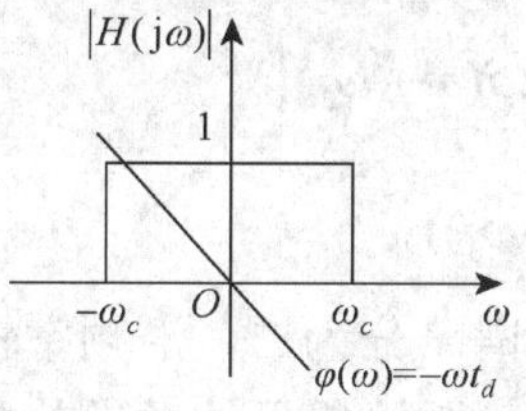

图 3-26　理想低通滤波器的频率特性

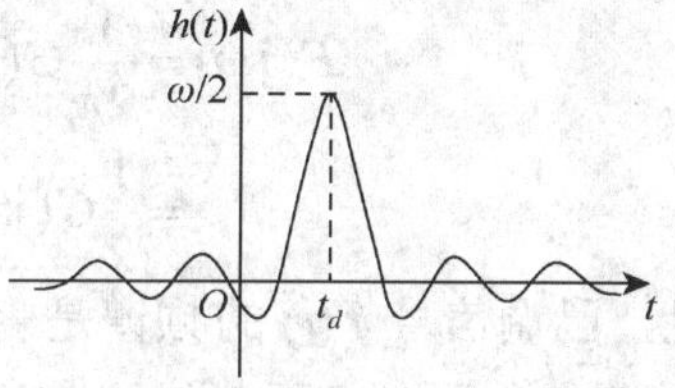

图 3-27　理想低通滤波器的冲激响应

从图 3-27 中可以看出如下。

（1）在 $t=0$ 时 $\delta(t)$ 作用于系统，而在 $t=t_d$ 时刻系统响应达到最大值 $h(t_d)=\omega_c/\pi$，这表明系统对信号有 t_d 时间的延时。

（2）由于激励 $\delta(t)$ 的带宽为无穷大，大于低通滤波器的通频带宽度，因此通过低通滤波器后产生了明显的失真。由于其部分高频分量被低通滤波器所抑制，所以响应 $h(t)$ 与激励 $\delta(t)$ 相比变得平滑了许多，宽度也展宽了许多。

（3）当 $t<0$ 时，$h(t)\neq 0$，即响应在激励加入之前就出现了，这表明理想低通滤波器是一个非因果系统，它在物理上是无法实现的。然而研究理想滤波器却是必要的和有实际意义的，因为实际滤波器的分析和设计需要以理想滤波器理论作为指导，从而设计出物理上可实现的实际滤波器去尽量逼近理想滤波器的特性。

3.4.4　调制与解调

在通信系统中，发射端待传输的原始信号往往不能在连接发射端和接收端的通信信

道（channel）中直接传输，必须先通过一定的变换使其成为适合于信道传输的信号。其原因主要有以下两个方面。第一，在无线通信系统中，信号是通过电磁波的形式传输的。由电磁波理论可知，要有效地发射和接收无线信号，所需的天线尺寸是和信号频率成反比的。由于语音信号的频谱集中在低频段，其所需的天线尺寸要在几十公里以上，是不可能实现的。因此必须先将其频谱从低频段搬移到所需的较高频段。第二，如果要在同一个信道中同时传输多路信号以提高信道利用率，而所有的信号又都位于相同频段，那么它们就会混在一起，接收端将无法区分这些信号。这时，如果把各路信号的频谱搬移到互不重叠的不同频段，那么它们之间就可以区分，不会相互干扰。这就是所谓的频分复用（frequency division multiplexing，FDM）技术。由此可见，在传输信号之前往往需要对其进行频谱搬移，这就是调制（modulation）所要完成的任务。

幅度调制（amplitude modulation）是最简单的一种调制方式，它是通过将原始信号 $g(t)$ 在时域中与信号 $\cos(\omega_0 t)$ 相乘来完成的，如图 3-28 所示。其中，$g(t)$ 称为调制信号（modulating signal），$\cos(\omega_0 t)$ 称为载波（carrier），ω_0 称为载频（carrier frequency），调制之后的信号 $f(t)$ 称为已调信号（modulated signal）。已调信号可表示为

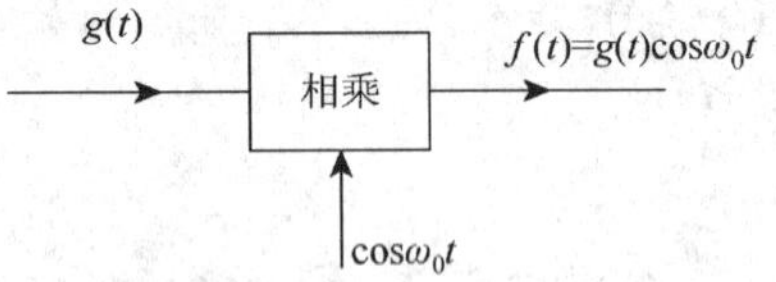

图 3-28　调制原理框图

$$f(t) = g(t)\cos\omega_0 t \tag{3-51}$$

根据频域卷积定理，容易求出已调信号的频谱为

$$\begin{aligned} F(\mathrm{j}\omega) &= \frac{1}{2\pi} G(\mathrm{j}\omega) * \left[\pi\delta(\omega-\omega_0) + \pi\delta(\omega+\omega_0)\right] \\ &= \frac{1}{2} G(\mathrm{j}(\omega-\omega_0)) + \frac{1}{2} G(\mathrm{j}(\omega+\omega_0)) \end{aligned} \tag{3-52}$$

可见，已调信号 $f(t)$ 的频谱是将调制信号 $g(t)$ 的频谱一分为二，沿频率轴向左和向右分别平移 ω_0 得到的，而频谱形状并不发生变化。这样，原始信号的频谱就从低频段搬移到了载频 ω_0 附近，达到了调制的目的，如图 3-29 所示。

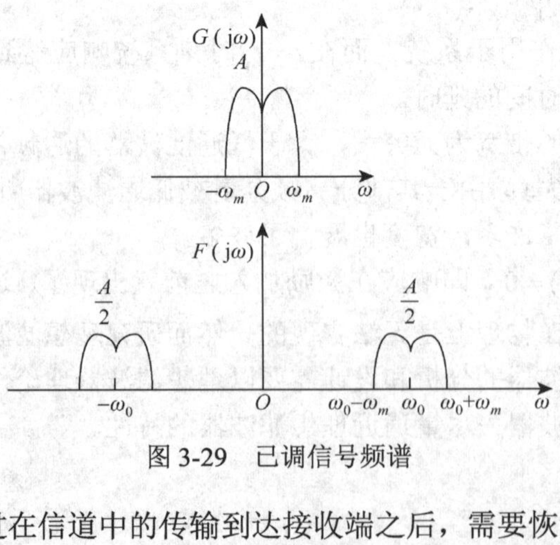

图 3-29　已调信号频谱

已调信号 $f(t)$ 通过在信道中的传输到达接收端之后，需要恢复出原始信号 $g(t)$，这个过程称为解调（demodulation），是调制的逆过程。图 3-30 给出了实现解调的一种原理

框图，称为相干解调（coherent demodulation），其中信号 $\cos\omega_0 t$ 是接收端产生的本地载波（local carrier），它必须与发射端的载波同频同相。

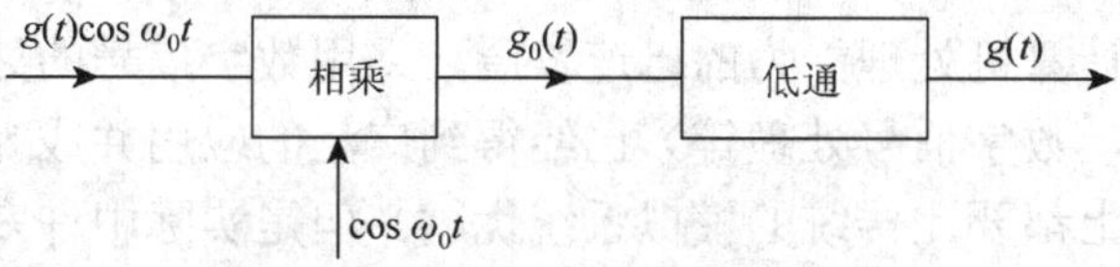

图 3-30 相干解调原理框图

$f(t)$ 与 $\cos\omega_0 t$ 相乘后得到

$$\begin{aligned} g_0(t) &= (g(t)\cos\omega_0 t)\cos\omega_0 t \\ &= g(t)\cos^2(\omega_0 t) \\ &= \frac{1}{2}g(t) + \frac{1}{2}g(t)\cos(2\omega_0 t) \end{aligned} \tag{3-53}$$

其频谱为

$$G_0(\mathrm{j}\omega) = \frac{1}{2}G(\mathrm{j}\omega) + \frac{1}{4}G(\mathrm{j}(\omega - 2\omega_0)) + \frac{1}{4}G(\mathrm{j}(\omega + 2\omega_0)) \tag{3-54}$$

相当于把已调信号的频谱再次进行搬移。相乘后的信号 $g_0(t)$ 由两部分构成，一部分是需要恢复的调制信号 $g(t)$，另一部分是将 $g(t)$ 的频谱搬移到 $2\omega_0$ 附近的结果。这时只需再用一个低通滤波器将 $2\omega_0$ 附近的频率分量滤除掉，即可取出 $g(t)$，完成解调，如图 3-31 所示。

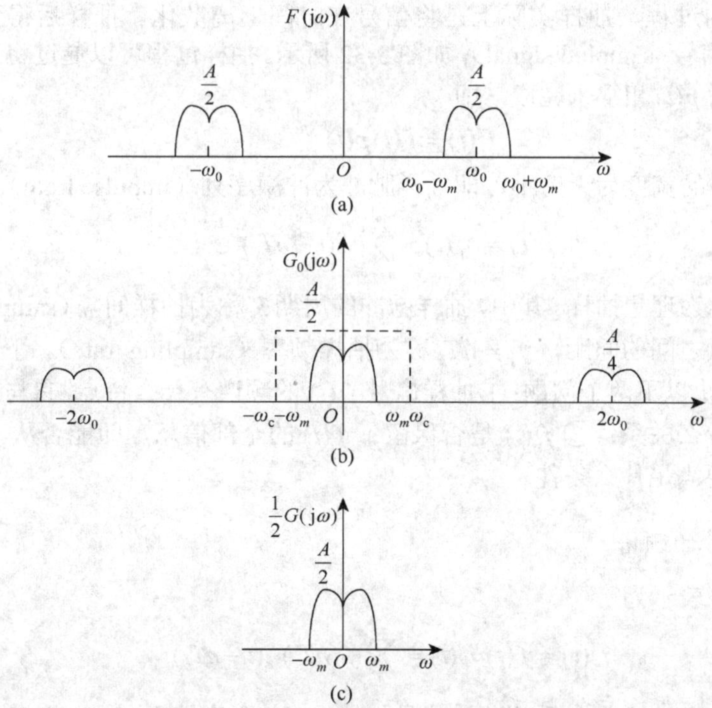

图 3-31 相干解调频谱

3.4.5　抽样

随着数字技术与计算机处理能力的迅速发展，采用数字信号的处理和传输系统（如数字通信、数字电视、数字信号处理等）已经得到广泛的应用并成为未来的发展趋势，数字系统在很多性能上都要比传统的模拟系统优越。但是实际中许多需要处理和传输的原始信号都是模拟信号（如语音信号），必须先将它们转换成数字信号之后才能通过数字系统处理和传输。模拟信号数字化的过程通常包括抽样、量化和编码三个步骤，而抽样则是数字化的第一步，它在连续信号与离散信号之间架起了一座桥梁。

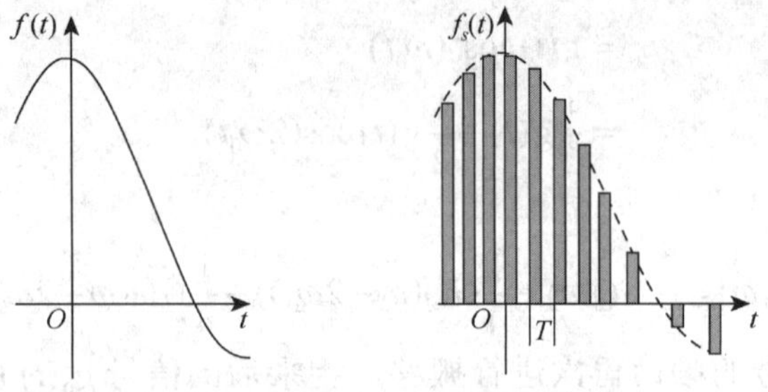

图 3-32　抽样的基本原理

所谓抽样（sampling），就是利用周期抽样脉冲序列 $p(t)$ 从连续信号 $f(t)$ 中抽取一系列的离散样值的过程，抽样实际上是将信号在时间上离散化。抽样后得到的离散信号 $f_s(t)$ 称为抽样信号（sampled signal），如图 3-32 所示。抽样过程可以通过将连续信号 $f(t)$ 与抽样脉冲序列 $p(t)$ 相乘来完成，即

$$f_s(t)=f(t)p(t) \tag{3-55}$$

若抽样脉冲的宽度为无穷小，即抽样脉冲为冲激序列（impulse train）：

$$p(t)=\delta_T(t)=\sum_{n=-\infty}^{\infty}\delta(t-nT_s) \tag{3-56}$$

这种抽样称为理想抽样。其中，抽样脉冲的周期 T_s 称为抽样间隔（sampling interval），即相邻两个样点之间的间距，$f_s=1/T_s$ 称为抽样频率（sampling rate）。下面主要讨论理想抽样，需要解决以下两个问题：①抽样信号 $f_s(t)$ 的频谱有什么特点，它与连续信号 $f(t)$ 的频谱之间有什么关系；② $f_s(t)$ 是否保留了 $f(t)$ 的全部信息，即能否从 $f_s(t)$ 无失真地恢复 $f(t)$，需要满足什么条件。

1. 抽样信号的频谱

理想抽样可表示为

$$f_s(t)=f(t)\delta_T(t)=\sum_{n=-\infty}^{\infty}f(nT_s)\delta(t-nT_s) \tag{3-57}$$

可见，抽样信号 $f_s(t)$ 也是一系列冲激信号的组合，其强度等于在 $t=nT_s$ 时刻对 $f(t)$ 抽样

得到的样值，如图 3-33（a）所示。

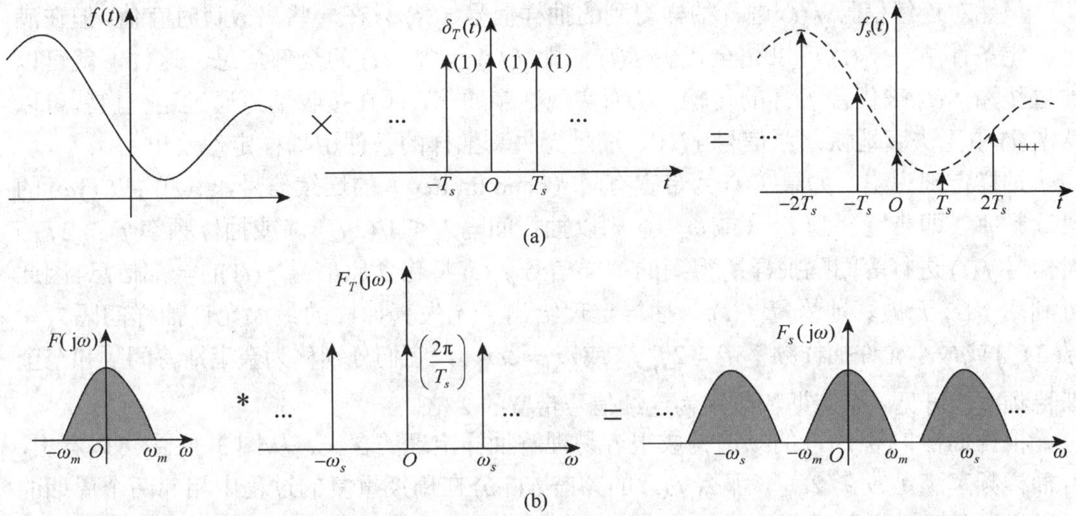

图 3-33　理想抽样的时域和频域分析

下面先求冲激序列 $\delta_T(t)$ 的频谱。由于 $\delta_T(t)$ 是周期信号，因此可将它展开成傅里叶级数为

$$\delta_T(t)=\sum_{n=-\infty}^{\infty}F_n\mathrm{e}^{\mathrm{j}n\omega_s t}$$

式中，$\omega_s=2\pi/T_s$，而其傅里叶系数为

$$F_n=\frac{1}{T_s}\int_{-\frac{T_s}{2}}^{\frac{T_s}{2}}\delta_T(t)\mathrm{e}^{-\mathrm{j}n\omega_s t}\mathrm{d}t=\frac{1}{T_s}\int_{-\frac{T_s}{2}}^{\frac{T_s}{2}}\delta(t)\mathrm{e}^{-\mathrm{j}n\omega_s t}\mathrm{d}t=\frac{1}{T_s},\quad n=0,\pm1,\pm2,\cdots$$

因此有

$$\delta_T(t)=\frac{1}{T_s}\sum_{n=-\infty}^{\infty}\mathrm{e}^{\mathrm{j}n\omega_s t}$$

对上式进行傅里叶变换，即可得到 $\delta_T(t)$ 的频谱为

$$F_T(\mathrm{j}\omega)=\frac{1}{T_s}\sum_{n=-\infty}^{\infty}\mathscr{F}[\mathrm{e}^{\mathrm{j}n\omega_s t}]=\frac{1}{T_s}\sum_{n=-\infty}^{\infty}2\pi\delta(\omega-n\omega_s)=\omega_s\delta_{\omega_s}(\omega)\tag{3-58}$$

可见冲激序列的频谱仍为冲激序列。

根据频域卷积定理，可得 $f_s(t)$ 的频谱为

$$F_s(\mathrm{j}\omega)=\frac{1}{2\pi}\Big[F(\mathrm{j}\omega)*\omega_s\sum_{n=-\infty}^{\infty}\delta(\omega-n\omega_s)\Big]=\frac{1}{T_s}\sum_{n=-\infty}^{\infty}F(\mathrm{j}(\omega-n\omega_s))\tag{3-59}$$

由此可见，抽样信号的频谱 $F_s(\mathrm{j}\omega)$ 是原连续信号的频谱 $F(\mathrm{j}\omega)$ 以抽样频率 ω_s 为间隔周期性重复而得到的，而在重复的过程中 $F(\mathrm{j}\omega)$ 的形状不会发生变化，如图 3-33（b）所示。这个时域与频域的对应关系可以表述为：时域离散化和频域周期化。而反过来也是成立的，前面已经知道，周期信号的频谱是离散谱，即时域周期化和频域离散化。

2. 抽样定理（sampling theorem）

虽然对连续信号 $f(t)$ 进行抽样得到的抽样信号 $f_s(t)$ 只在一些离散瞬时有值，但在满足一定条件下，$f_s(t)$ 可以完全代表 $f(t)$，即 $f_s(t)$ 包含 $f(t)$ 的全部信息。这样，就可以通过传输 $f_s(t)$ 来代替 $f(t)$ 的传输，从而实现数字通信，而在接收端再通过逆变换就可以从 $f_s(t)$ 中无失真地恢复原信号 $f(t)$。满足无失真抽样的条件由抽样定理给出。

抽样定理说明：如果 $f(t)$ 为带宽有限（band limited）的连续信号，其频谱 $F(\mathrm{j}\omega)$ 的最高频率（即带宽）为 f_m（或 ω_m），则以抽样间隔 $T_s \leqslant 1/(2f_m)$（或抽样频率 $f_s \geqslant 2f_m$）对信号 $f(t)$ 进行等间隔抽样所得到的抽样信号 $f_s(t)$ 将包含原信号 $f(t)$ 的全部信息，因此可利用 $f_s(t)$ 无失真地恢复 $f(t)$。抽样定理给出了无失真抽样的最大允许抽样间隔 $T_s = 1/(2f_m)$ 或最小允许抽样频率 $f_s = 2f_m$（或 $\omega_s = 2\omega_m$），它们分别称为奈奎斯特间隔和奈奎斯特频率。可见，奈奎斯特频率为连续信号带宽的 2 倍。

根据抽样信号 $f_s(t)$ 的频谱构成很容易理解抽样定理的含义。从图 3-33 中可以看出，若抽样频率满足 $\omega_s \geqslant 2\omega_m$，那么 $f(t)$ 的频谱 $F(\mathrm{j}\omega)$ 在周期重复的过程中相邻两个周期的频谱之间就不会出现重叠（overlap），这意味着 $F_s(\mathrm{j}\omega)$ 中含有 $F(\mathrm{j}\omega)$ 不失真的全部信息。此时，用一个截止频率 $\omega_c = \omega_m$ 的理想低通滤波器取出 $F_s(\mathrm{j}\omega)$ 中的一个周期，就可以还原出 $F(\mathrm{j}\omega)$ 的频谱，从而也就相当于从 $f_s(t)$ 中恢复出了原信号 $f(t)$，如图 3-34 所示。但是如果抽样频率小于奈奎斯特频率（称为欠抽样（undersampling）），$F(\mathrm{j}\omega)$ 在周期重复的过程中就会出现重叠，从而产生失真，这个现象称为频谱混叠（spectrum aliasing）。

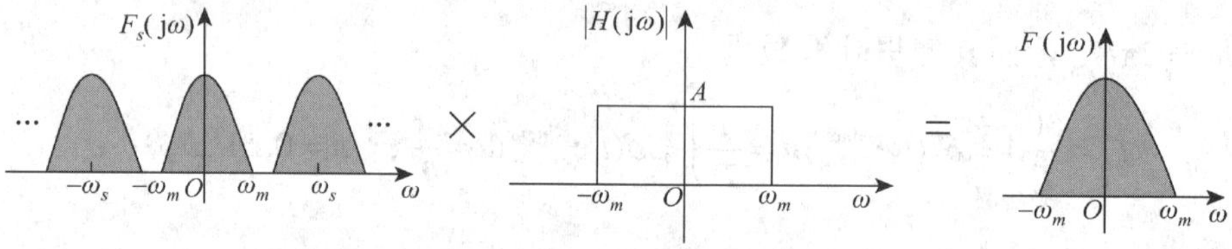

图 3-34　抽样信号的恢复

抽样定理的物理意义也是非常明确的：若连续信号的带宽越大，说明其变化越快，这时实现无失真抽样所需的抽样频率也要越大，才能使抽样速度能跟得上连续信号的变化速度。

科学家之路

傅里叶（Joseph Fourier）

Jean Baptiste Joseph Fourier (21 March 1768～16 May 1830) was a French mathematician and physicist born in Auxerre and best known for initiating the investigation of Fourier series and their applications to problems of heat transfer and vibrations. The Fourier transform and Fourier's Law are also named in his honour. Fourier is also generally credited with the discovery of the greenhouse effect.

Fourier was born at Auxerre (now in the Yonne département of France) , the son of a tailor. He was orphaned at age nine. Fourier was recommended to the Bishop of Auxerre, and through this introduction, he was educated by the Benvenistes of the Convent of St. Mark. The commissions in the scientific corps of the army were reserved for those of good birth, and being thus ineligible, he accepted a military lectureship on mathematics. He took a prominent part in his own district in promoting the French Revolution, serving on the local Revolutionary Committee. He was imprisoned briefly during the Terror but in 1795 was appointed to the École Normale Supérieure, and subsequently succeeded Joseph-Louis Lagrange at the École Polytechnique.

Fourier went with Napoleon Bonaparte on his Egyptian expedition in 1798, and was made governor of Lower Egypt and secretary of the Institut d'Égypte. Cut off from France by the English fleet, he organized the workshops on which the French army had to rely for their munitions of war. He also contributed several mathematical papers to the Egyptian Institute (also called the Cairo Institute) which Napoleon founded at Cairo, with a view of weakening English influence in the East. After the British victories and the capitulation of the French under General Menou in 1801, Fourier returned to France.

In 1801, Napoleon appointed Fourier Prefect (Governor) of the Department of Isère in Grenoble, where he oversaw road construction and other projects. However, Fourier had previously returned home from the Napoleon expedition to Egypt to resume his academic post as professor at École Polytechnique when Napoleon decided otherwise in his remark:

... the Prefect of the Department of Isère having recently died, I would like to express my confidence in citizen Fourier by appointing him to this place.

Hence being faithful to Napoleon, he took the office of Prefect. It was while at Grenoble that he began to experiment on the propagation of heat. He presented his paper on the Propagation of Heat in Solid Bodies to the Paris Institute on December 21, 1807. He also contributed to the monumental Description de l'Égypte.

Fourier moved to England in 1816. Later he returned to France, and in 1822 succeeded Jean Baptiste Joseph Delambre as Permanent Secretary of the French Academy of Sciences. In 1830, he was elected a foreign member of the Royal Swedish Academy of Sciences.

In 1830, his diminished health began to take its toll:

Fourier had already experienced, in Egypt and Grenoble, some attacks of aneurism of the heart. At Paris, it was impossible to be mistaken with respect to the primary cause of the frequent suffocations which he experienced. A fall, however, which he sustained on the 4th of May 1830, while descending a flight of stairs, aggravated the malady to an extent beyond what could have been ever feared.

Shortly after this event, he died in his bed on 16 May 1830.

Fourier was buried in the Père Lachaise Cemetery in Paris, a tomb decorated with an Egyptian motif to reflect his position as secretary of the Cairo Institute, and his collation of Description de l'Égypte. His name is one of the 72 names inscribed on the Eiffel Tower.

（摘自 Wikipedia）

频域（Frequency domain）

In electronics, control systems engineering, and statistics, the frequency domain refers to the analysis of mathematical functions or signals with respect to frequency, rather than time. Put simply, a time-domain graph shows how a signal changes over time, whereas a frequency-domain graph shows how much of the signal lies within each given frequency band over a range of frequencies. A frequency-domain representation can also include information on the phase shift that must be applied to each sinusoid in order to be able to recombine the frequency components to recover the original time signal.

A given function or signal can be converted between the time and frequency domains with a pair of mathematical operators called a transform. An example is the Fourier transform, which converts the time function into a sum of sine waves of different frequencies, each of which represents a frequency component. The 'spectrum' of frequency components is the frequency domain representation of the signal. The inverse Fourier transform converts the frequency domain function back to a time function. A spectrum analyzer is the tool commonly used to visualize real-world signals in the frequency domain.

Some specialized signal processing techniques use transforms that result in a joint time-frequency domain, with the instantaneous frequency being a key link between the time domain and the frequency domain.

Magnitude and phase

In using the Laplace, Z-, or Fourier transforms, a signal is described by a complex function of frequency: the component of the signal at any given frequency is given by a complex number. The magnitude of the number is the amplitude of that component, and the angle is the relative phase of the wave. For example, using the Fourier transform a sound wave, such as human speech, can be broken down into its component tones of different frequencies, each represented by a sine wave of a different amplitude and phase. The response of a system, as a function of frequency, can also be described by a complex function. In many applications, phase information is not important. By discarding the phase information it is possible to simplify the information in a frequency domain representation to generate a frequency spectrum or spectral density. A spectrum analyzer is a device that displays the spectrum, while the time domain frequency can be seen on an oscilloscope.

The power spectral density is a frequency-domain description that can be applied to a large class of signals that are neither periodic nor square-integrable; to have a power spectral density, a signal needs only to be the output of a wide-sense stationary random process.

Different frequency domains

Although the "frequency domain" is spoken of in the singular, there are a number of different mathematical transforms which are used to analyze time functions and are referred to as "frequency domain" methods. These are the most common transforms, and the fields in which they are used:

- Fourier series – repetitive signals, oscillating systems
- Fourier transform – nonrepetitive signals, transients
- Laplace transform – electronic circuits and control systems
- Z transform – discrete signals, digital signal processing
- Wavelet transform - image analysis, data compression

More generally, one can speak of the transform domain with respect to any transform. The above transforms can be interpreted as capturing some form of frequency, and hence the transform domain is referred to as a frequency domain.

Discrete frequency domain

The Fourier transform of a periodic signal only has energy at a base frequency and its harmonics. Another way of saying this is that a periodic signal can be analyzed using a discrete frequency domain. Dually, a discrete-time signal gives rise to a periodic frequency spectrum. Combining these two, if we start with a time signal which is both discrete and periodic, we get a frequency spectrum which is both periodic and discrete. This is the usual context for a discrete Fourier transform.

History of term

The use of the terms "frequency domain" and "time domain" arose in communication engineering in the 1950s and early 1960s, with "frequency domain" appearing in 1953. See time domain: origin of term for details.

3.5 本章小结

1. 傅里叶级数

三角形式：

$$f(t)=\frac{a_0}{2}+\sum_{n=1}^{\infty}(a_n\cos n\Omega t+b_n\sin n\Omega t)$$
$$=\frac{A_0}{2}+\sum_{n=1}^{\infty}A_n\cos(n\Omega t+\varphi_n)$$

$$\begin{cases} a_0=\dfrac{2}{T}\displaystyle\int_0^T f(t)\mathrm{d}t \\ a_n=\dfrac{2}{T}\displaystyle\int_0^T f(t)\cos n\Omega t\mathrm{d}t, \quad n=1,2,\cdots \\ b_n=\dfrac{2}{T}\displaystyle\int_0^T f(t)\sin n\Omega t\mathrm{d}t, \quad n=1,2,\cdots \end{cases}$$

$$\begin{cases} A_0=a_0 \\ A_n=\sqrt{a_n^2+b_n^2}, \quad n=1,2,\cdots \\ \varphi_n=\arctan(b_n/a_n), \quad n=1,2,\cdots \end{cases}$$

指数形式：

$$f(t)=\sum_{n=-\infty}^{\infty}F_n\mathrm{e}^{\mathrm{j}n\Omega t}$$

$$F_n=\frac{1}{T}\int_0^T f(t)\mathrm{e}^{-\mathrm{j}n\Omega t}\mathrm{d}t, \quad n=0,\pm1,\pm2,\cdots$$

2. 傅里叶变换

正变换：

$$F(\mathrm{j}\omega)=\int_{-\infty}^{\infty}f(t)\mathrm{e}^{-\mathrm{j}\omega t}\mathrm{d}t$$

逆变换：

$$f(t)=\frac{1}{2\pi}\int_{-\infty}^{\infty}F(\mathrm{j}\omega)\mathrm{e}^{\mathrm{j}\omega t}\mathrm{d}\omega$$

矩形脉冲：

$$G_\tau(t)\leftrightarrow\tau\mathrm{Sa}\left(\frac{\omega\tau}{2}\right)$$

单边指数信号：

$$e^{-\alpha t}u(t) \leftrightarrow \frac{1}{\alpha + j\omega}, \quad \alpha > 0$$

冲激信号：

$$\delta(t) \leftrightarrow 1$$

直流：

$$1 \leftrightarrow 2\pi\delta(\omega)$$

符号函数：

$$\operatorname{sgn}(t) \leftrightarrow \frac{2}{j\omega}$$

阶跃信号：

$$u(t) \leftrightarrow \pi\delta(\omega) + \frac{1}{j\omega}$$

虚指数信号：

$$e^{j\omega_0 t} \leftrightarrow 2\pi\delta(\omega - \omega_0)$$

正弦：

$$\sin(\omega_0 t) = \frac{1}{2j}(e^{j\omega_0 t} - e^{-j\omega_0 t}) \leftrightarrow j\pi[\delta(\omega + \omega_0) - \delta(\omega - \omega_0)]$$

余弦：

$$\cos(\omega_0 t) = \frac{1}{2}(e^{j\omega_0 t} + e^{-j\omega_0 t}) \leftrightarrow \pi[\delta(\omega + \omega_0) + \delta(\omega - \omega_0)]$$

3. 傅里叶变换的性质

线性：$a_1 f_1(t) + a_2 f_2(t) \leftrightarrow a_1 F_1(j\omega) + a_2 F_2(j\omega)$

对偶性：$F(jt) \leftrightarrow 2\pi f(-\omega)$

共轭对称性：$F(j\omega) = F^*(-j\omega)$

尺度变换性质：$f(at) \leftrightarrow \frac{1}{|a|}F\left(j\frac{\omega}{a}\right)$

时移性质：$f(t - t_0) = e^{-j\omega t_0}F(j\omega)$

频移性质：$f(t)e^{j\omega_0 t} \leftrightarrow F(j(\omega - \omega_0))$

微分性质：$\frac{df(t)}{dt} \leftrightarrow j\omega F(j\omega)$，$(-jt)f(t) \leftrightarrow \frac{dF(j\omega)}{d\omega}$

积分性质：$\int_{-\infty}^{t} f(\tau)d\tau \leftrightarrow \frac{1}{j\omega}F(j\omega) + \pi F(0)\delta(\omega)$

卷积性质：$f_1(t) * f_2(t) \leftrightarrow F_1(j\omega)F_2(j\omega)$，$f_1(t)f_2(t) \leftrightarrow \frac{1}{2\pi}F_1(j\omega) * F_2(j\omega)$

4. 频域分析

系统响应的频域求解：

$$Y(j\omega) = H(j\omega)F(j\omega)$$

系统的频率特性（频率响应）：

$$H(j\omega)=\mathcal{F}[h(t)]$$

$$H(j\omega)=\frac{Y(j\omega)}{F(j\omega)}$$

习　题

基本习题

3-1　求下列周期信号的频谱。

（1）$f(t)=\cos^2 2t$；　　（2）$f(t)=\sin 2t+\cos 4t$。

3-2　已知周期信号 $f(t)$ 的频谱如图 3-35 所示，写出该周期信号的数学表达式。

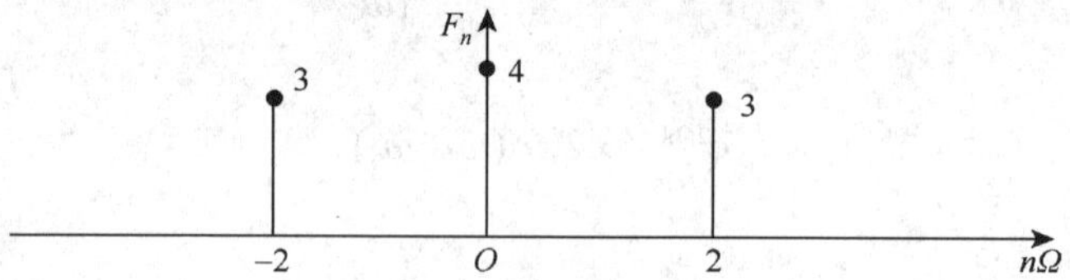

图 3-35　习题 3-2 图

3-3　设周期矩形脉冲信号的脉冲宽度 $\tau=1\text{ms}$，该信号的带宽为多少？若 τ 压缩为 0.2ms，其带宽又为多少？

3-4　已知图 3-36（a）所示信号 $f_1(t)$ 的傅里叶变换为 $F_1(j\omega)$，求图 3-36（b）所示信号 $f_2(t)$ 的傅里叶变换 $F_2(j\omega)$。

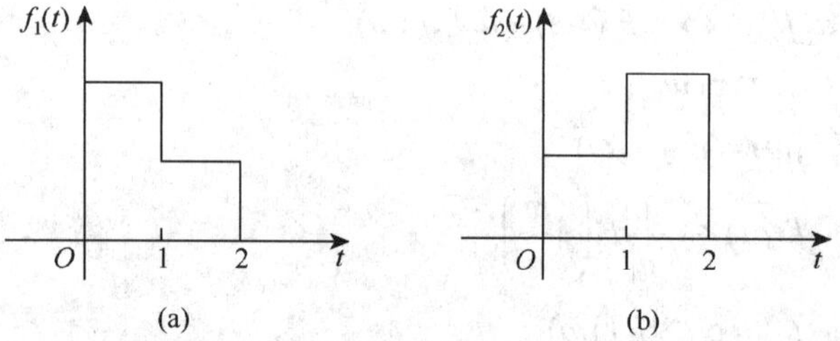

(a)　　(b)

图 3-36　习题 3-4 图

3-5　已知信号 $f(t)$ 的频谱为 $F(j\omega)$，求下列信号的频谱。

（1）$f(3-2t)$；　　（2）$e^{j2t}f(5t)$；

（3）$(t-2)f(t)$；　　（4）$(1-t)f(1-t)$；

（5）$tf'(t)$；　　（6）$f(t)\delta(t-3)$。

3-6　已知信号 $f(t)$ 的波形如图 3-37 所示，求其傅里叶变换 $F(j\omega)$。

3-7　求指数衰减单边正弦信号 $f(t)=e^{-\alpha t}\sin(\omega_0 t)u(t)$ 的频谱 $F(j\omega)$。

3-8　若 $f(t)$ 的频谱 $F(j\omega)$ 如图 3-38 所示，试画出 $f_1(t)=f(t)\cos\omega_0 t$，$f_2(t)=f(t)e^{j\omega_0 t}$ 和 $f_3(t)=f(t)\cos\omega_1 t$ 的频谱。

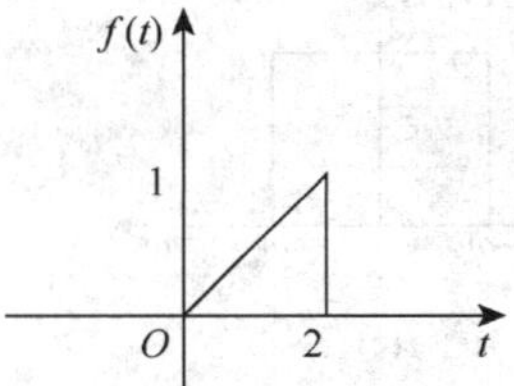

图 3-37　习题 3-6 图

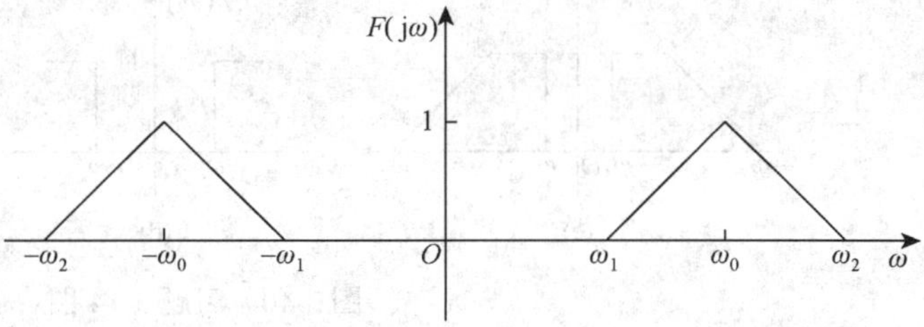

图 3-38　习题 3-8 图

3-9　设有信号

$$f_1(t)=\begin{cases}2, & 0\leqslant t\leqslant 4\\ 0, & 其他\end{cases}$$

求信号 $f_2(t)=f_1(t)\cos(50t)$ 的频谱。

3-10　设系统的频率特性为 $H(\mathrm{j}\omega)=\dfrac{3}{\mathrm{j}\omega+2}$，求系统的冲激响应 $h(t)$。

3-11　某 LTI 系统的频率响应为 $H(\mathrm{j}\omega)=|H(\mathrm{j}\omega)|\mathrm{e}^{\mathrm{j}\phi(\omega)}$，试分析当激励信号为正弦信号 $f(t)=\cos(\omega_0 t+\theta)$ 时，系统输出的零状态响应 $y(t)$ 有何特点。

3-12　设系统的频率响应 $H(\mathrm{j}\omega)=1/(\mathrm{j}\omega+1)$，激励信号 $f(t)=\sin t+\sin 3t$，试求响应 $y(t)$，并讨论传输引起的失真。

3-13　已知某系统的框图如图 3-39（a）所示，其中，$f_1(t)=\cos t$，$f_2(t)=\cos 3t$，频率响应 $H(\omega)$ 如图 3-39（b）所示，求系统响应 $r(t)$。

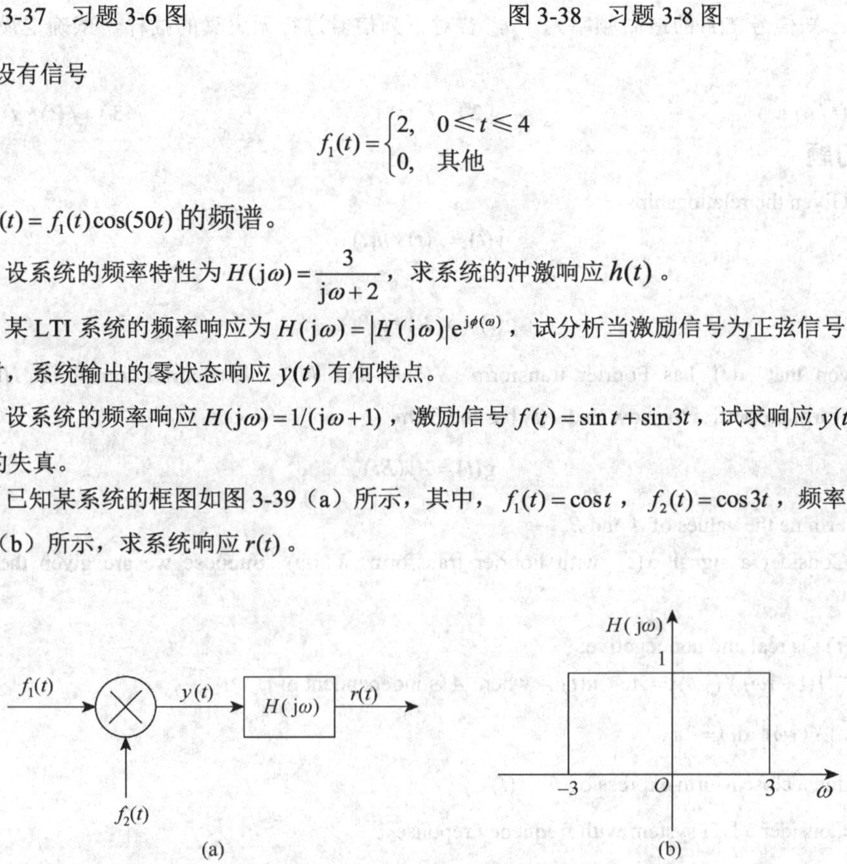

图 3-39　习题 3-13 图

3-14　图 3-40（a）、（b）分别给出了单边带通信中的调制和解调系统。已知输入信号 $f(t)$ 的频谱 $F(\mathrm{j}\omega)$ 和系统频率特性 $H_1(\mathrm{j}\omega)$、$H_2(\mathrm{j}\omega)$ 分别如图 3-40（c）～（e）所示。试画出输出信号 $x(t)$、$y(t)$ 的频谱（其中，$\omega_1=10\text{rad/s}$，$\omega_2=20\text{rad/s}$，$\omega_c=50\text{rad/s}$）。

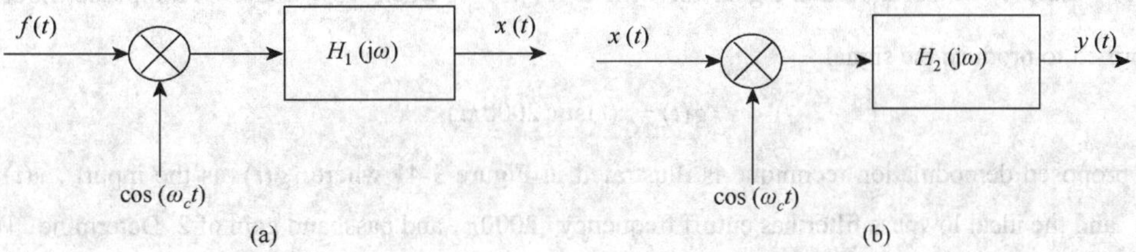

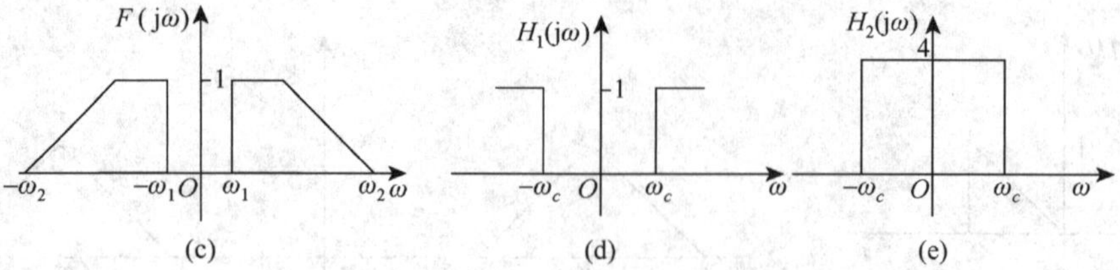

图 3-40　习题 3-14 图

3-15　已知信号 $f(t)$ 的最高频率为 f_m，若对下列信号进行无失真的抽样，试确定最大抽样间隔 $T_{\max}$。

（1）$f(t/4)$；　（2）$f^2(t)$；　（3）$f(t)*f(t)$。

扩展习题

3-16　Given the relationships

$$y(t)=x(t)*h(t)$$

and

$$g(t)=x(3t)*h(3t)$$

and given that $x(t)$ has Fourier transform $X(\mathrm{j}\omega)$ and $h(t)$ has Fourier transform $H(\mathrm{j}\omega)$，use Fourier transform properties to show that $g(t)$ has the form

$$g(t)=Ay(Bt)$$

and determine the values of A and B.

3-17　Consider a signal $x(t)$ with Fourier transform $X(\mathrm{j}\omega)$. Suppose we are given the following facts:

（1）$x(t)$ is real and nonnegative;

（2）$\mathscr{F}^{-1}\left[(1+\mathrm{j}\omega)X(\mathrm{j}\omega)\right]=A\mathrm{e}^{-2t}u(t)$，where A is independent of t;

（3）$\int_{-\infty}^{\infty}\left|X(\mathrm{j}\omega)\right|^2\mathrm{d}\omega=2\pi$.

Determine a closed-form expression for $x(t)$.

3-18　Consider a LTI system with frequency reponse

$$H(\mathrm{j}\omega)=\frac{1}{\mathrm{j}\omega+3}$$

For a particular input $x(t)$ this system is observed to produce the output

$$y(t)=\mathrm{e}^{-3t}u(t)-\mathrm{e}^{-4t}u(t)$$

Determine $x(t)$.

3-19　Let $x(t)$ be a real-valued signal for which $X(\mathrm{j}\omega)=0$ when $|\omega|>2000\pi$. Amplitude modulation is performed to produce the signal

$$g(t)=x(t)\sin(2000\pi t)$$

A proposed demodulation technique is illustrated in Figure 3-41 where $g(t)$ is the input，$y(t)$ is the output，and the ideal lowpass filter has cutoff frequency 2000π and passband gain of 2. Determine $y(t)$.

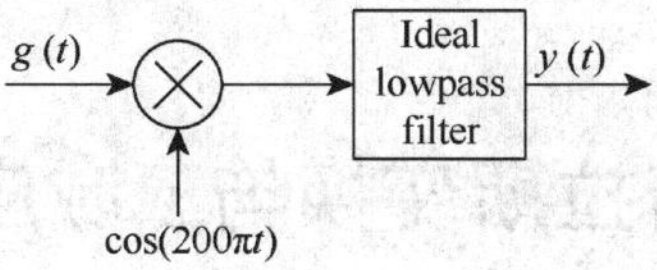

Figure 3-41　Figure for Problem 3-19

3-20　In the system shown in Figure 3-42，two signals，$x_1(t)$ and $x_2(t)$，are multiplied together，and the product $w(t)$ is sampled by a periodic impulse train. $x_1(t)$ is band limited to ω_1， and $x_2(t)$ is band limited to ω_2. Determine the maximum sampling interval T such that $w(t)$ is recoverable from $w_s(t)$ by an ideal lowpass filter.

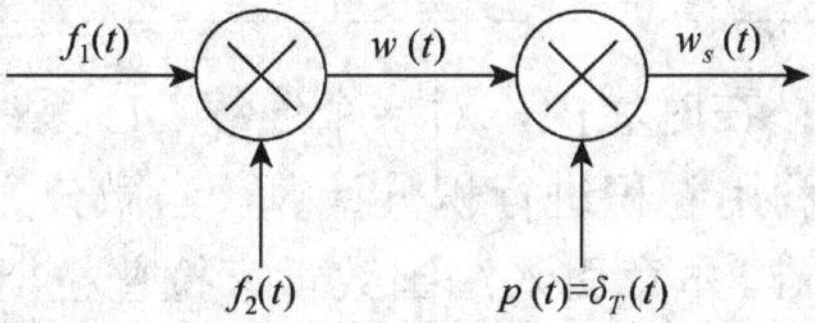

Figure 3-42　Figure for Problem 3-20

第4章　拉普拉斯变换与 s 域应用分析方法

教学目标

通过对本章的学习，了解拉普拉斯变换及其收敛域的概念，理解拉普拉斯变换与傅里叶变换的关系，掌握拉普拉斯正、逆变换。熟练掌握拉普拉斯变换的主要性质和常用信号的拉普拉斯变换，熟练掌握电路元件的复频域模型和系统响应的复频域求解法，深刻理解系统函数零、极点对系统频率特性及稳定性的影响，理解全通函数与最小相移函数的零、极点分布关系。

通过第2章的学习可知：在时域内，对一个连续 LTI 系统响应进行求解时，一般需要进行微分方程求解，或者利用卷积进行积分计算。当微分方程的阶次较高（≥3）时，微分方程的求解就变得很困难。本章引入法国数学家拉普拉斯提出的拉普拉斯变换，将 t 域内的微分方程转换为复频域 $s=\sigma+\mathrm{j}\omega$（$\sigma$、$\omega$ 均为实数）的代数方程，不但简化了微分方程的求解过程，也将卷积的积分计算转换成了代数乘法计算。并且通过电路的 s 域模型可以简化微分方程的建立过程。同时，利用系统函数 $H(s)$ 的零、极点分布可以直观分析系统的稳定性和输出波形。

拉普拉斯变换可以看做傅里叶变换的推广，傅里叶变换可以看做拉普拉斯变换的特例。拉普拉斯变换的收敛条件比傅里叶变换宽松，适用范围更广。因此本章首先从傅里叶变换引出拉普拉斯变换（简称拉氏变换），并对拉普拉斯变换的性质、应用进行详细的讨论。

4.1　拉普拉斯变换的定义

4.1.1　从傅里叶变换到拉普拉斯变换

对于连续时间信号 $f(t)$，可以利用傅里叶变换对其进行频域分析：

$$F(\mathrm{j}\omega)=\int_{-\infty}^{\infty} f(t)\mathrm{e}^{-\mathrm{j}\omega t}\mathrm{d}t \tag{4-1}$$

然而，并不是任意信号都存在傅里叶变换，只有信号 $f(t)$ 满足绝对可积才存在傅里叶变换。而某些常用信号（如单位阶跃信号 $u(t)$），可能因不满足绝对可积的条件，其频谱函数不能直接利用傅里叶变换的定义求出。

为保证信号满足绝对可积的条件，不妨将信号 $f(t)$ 乘以指数衰减因子 $\mathrm{e}^{-\sigma t}$（σ 为实数）后再进行傅里叶变换，即

$$F_1(\omega)=\int_{-\infty}^{\infty}(f(t)\mathrm{e}^{-\sigma t})\mathrm{e}^{-\mathrm{j}\omega t}\mathrm{d}t=\int_{-\infty}^{\infty} f(t)\mathrm{e}^{-(\sigma+\mathrm{j}\omega)t}\mathrm{d}t \tag{4-2}$$

式（4-2）中，只要选择适当的 σ 值即可使积分收敛。令 $\sigma+\mathrm{j}\omega=s$，则式（4-2）可表示为

$$F(s)=\int_{-\infty}^{\infty}f(t)\mathrm{e}^{-st}\mathrm{d}t \tag{4-3}$$

利用傅里叶逆变换求得

$$f(t)\mathrm{e}^{-\sigma t}=\mathscr{F}^{-1}\left[F_1(\omega)\right]=\frac{1}{2\pi}\int_{-\infty}^{\infty}F_1(\omega)\mathrm{e}^{\mathrm{j}\omega t}\mathrm{d}\omega \tag{4-4}$$

将等式两端同乘以 $\mathrm{e}^{\sigma t}$ 有

$$f(t)=\frac{1}{2\pi}\int_{-\infty}^{\infty}F_1(\omega)\mathrm{e}^{\mathrm{j}\omega t}\mathrm{d}\omega\cdot\mathrm{e}^{\sigma t}=\frac{1}{2\pi}\int_{-\infty}^{\infty}F_1(\omega)\mathrm{e}^{(\sigma+\mathrm{j}\omega)t}\mathrm{d}\omega \tag{4-5}$$

已知 $\sigma+\mathrm{j}\omega=s$，则 $\mathrm{d}\omega=\dfrac{\mathrm{d}s}{\mathrm{j}}$，将其代入式（4-5）有

$$f(t)=\frac{1}{2\pi\mathrm{j}}\int_{\sigma-\mathrm{j}\infty}^{\sigma+\mathrm{j}\infty}F(s)\mathrm{e}^{st}\mathrm{d}s \tag{4-6}$$

式（4-3）与式（4-6）称为双边拉普拉斯变换（bilateral Laplace transform）对。式中复变函数 $F(s)$ 称为 $f(t)$ 的双边拉普拉斯变换（或象函数），时间函数 $f(t)$ 称为 $F(s)$ 的双边拉普拉斯逆变换（或原函数）。记为 $F(s)=\mathscr{L}\left[f(t)\right]$，$f(t)=\mathscr{L}^{-1}\left[F(s)\right]$。

考虑到实际应用中的信号多为因果信号，假设信号起始时刻为 $t=0$，则拉普拉斯变换可表示为

$$F(s)=\int_{0}^{\infty}f(t)\mathrm{e}^{-st}\mathrm{d}t \tag{4-7}$$

式（4-7）称为单边拉普拉斯变换（unilateral Laplace transform）。考虑到 $f(t)$ 中可能包含 $\delta(t)$、$\delta'(t)$ 等冲激成分，式（4-7）中积分下限取 0_-，即 $F(s)=\int_{0_-}^{\infty}f(t)\mathrm{e}^{-st}\mathrm{d}t$，方便分析系统或信号的初始状态。单边拉普拉斯变换运算简便，用途广泛，也是研究双边拉普拉斯变换的基础。一般将单边拉普拉斯变换简称为拉普拉斯变换，**实际应用中**，如不作特别声明，一般指单边拉普拉斯变换。

4.1.2　收敛域的概念

对于任意信号 $f(t)$ 存在拉普拉斯变换，必须选择合适的衰减因子 $\mathrm{e}^{-\sigma t}$。从式（4-3）可见，信号 $f(t)$ 的拉普拉斯变换 $F(s)$ 存在的充分条件是积分中的被积函数绝对可积，即

$$\int_{-\infty}^{\infty}\left|f(t)\mathrm{e}^{-st}\right|\mathrm{d}t<\infty$$

由于 $s=\sigma+\mathrm{j}\omega$，推出

$$\int_{-\infty}^{\infty}\left|f(t)\mathrm{e}^{-(\sigma+\mathrm{j}\omega)t}\right|\mathrm{d}t<\infty=\int_{-\infty}^{\infty}\left|f(t)\mathrm{e}^{-\sigma t}\right|\mathrm{d}t<\infty$$

上式成立的条件为 $\lim\limits_{t\to\infty}|f(t)|\mathrm{e}^{-\sigma t}=0$，能够满足成立条件 σ 的取值范围被定义为拉普拉斯变换的收敛域（region of convergence，ROC）。如果将 $s=\sigma+\mathrm{j}\omega$ 用坐标平面图表示，如图 4-1 所示。其中，α 称为收敛坐标，整个 s 平面被收敛轴分为两个区域：一个是收敛区域；另一个是非收敛区域。例如，$f(t)=\mathrm{e}^{\alpha t}$，要使 $\lim\limits_{t\to\infty}|f(t)|\mathrm{e}^{-\sigma t}=0$ 成立，σ 必须大于 α，记为

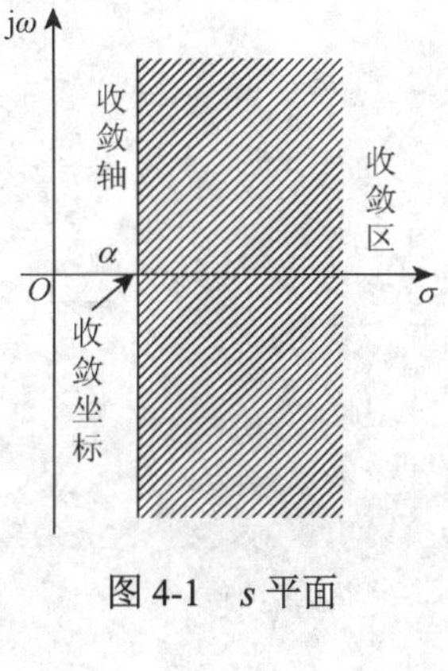

图 4-1　s 平面

ROC：$\sigma>\alpha$ 。

对于不同的信号，其收敛域可能互不相同，根据收敛域的区域分布特点，大致可分为因果信号、反因果信号、双边信号三种情形，下面分别举例说明。

例 4-1　求信号 $f(t)=\mathrm{e}^{-\alpha t}u(t)$ 的双边拉普拉斯变换及其 ROC。

解　根据定义有

$$F(s)=\int_{-\infty}^{\infty}\mathrm{e}^{-\alpha t}\mathrm{e}^{-st}\mathrm{d}t=\int_{0}^{\infty}\mathrm{e}^{-(\alpha+s)t}\mathrm{d}t$$

根据收敛域的定义，上式积分存在的条件应该为

$$\lim_{t\to\infty}|\mathrm{e}^{-\alpha t}|\mathrm{e}^{-\sigma t}=0\Rightarrow\lim_{t\to\infty}\mathrm{e}^{-(\alpha+\sigma)t}=0$$

因此，当 $t\to\infty$ 时，仅当 $\alpha+\sigma>0$，极限成立，即 ROC: $\sigma>-\alpha$，如图 4-2（b）所示。

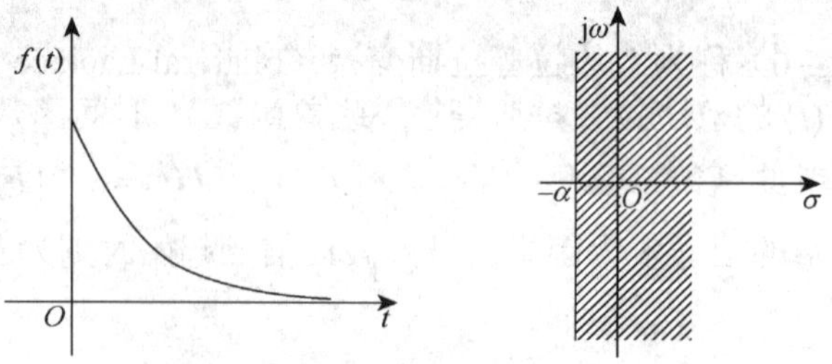

(a) 时域信号　　(b) 收敛域

图 4-2　例 4-1 图

$$F(s)=\frac{1}{s+\alpha},\quad \mathrm{ROC}:\sigma>-\alpha$$

例 4-2　求信号 $f(t)=\mathrm{e}^{-\beta t}u(-t)$ 的双边拉普拉斯变换及其 ROC。

解　根据定义有

$$F(s)=\int_{-\infty}^{\infty}\mathrm{e}^{-\beta t}\mathrm{e}^{-st}\mathrm{d}t=\int_{-\infty}^{0}\mathrm{e}^{-(\beta+s)t}\mathrm{d}t$$

上式积分存在的条件为 $\lim\limits_{t\to-\infty}\mathrm{e}^{-(\beta+\sigma)t}=0$，仅当 $\beta+\sigma<0$，极限成立，即 ROC: $\sigma<-\beta$，如图 4-3（b）所示。

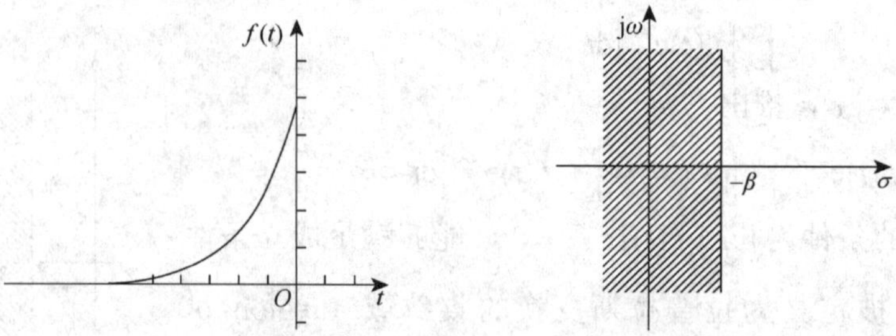

(a) 时域信号　　(b) 收敛域

图 4-3　例 4-2 图

$$F(s)=-\frac{1}{s+\beta},\quad \mathrm{ROC}:\sigma<-\beta$$

例 4-3　求信号 $f(t)=\mathrm{e}^{-\alpha t}u(t)+\mathrm{e}^{-\beta t}u(-t)$ 的拉普拉斯变换及其 ROC。

解　由于信号 $f(t)=\begin{cases}\mathrm{e}^{-\beta t}, & t<0\\ \mathrm{e}^{-\alpha t}, & t>0\end{cases}$，则其双边拉普拉斯变换为

$$F(s)=\int_{-\infty}^{\infty}f(t)\mathrm{e}^{-st}\mathrm{d}t=\int_{-\infty}^{0}\mathrm{e}^{-(\beta+s)t}\mathrm{d}t+\int_{0}^{\infty}\mathrm{e}^{-(\alpha+s)t}\mathrm{d}t$$

当 $\alpha+\sigma>0$，即 $\sigma>-\alpha$ 时，$\lim\limits_{t\to\infty}\mathrm{e}^{-(\alpha+s)t}=0$；当 $\beta+\sigma<0$，即 $\sigma<-\beta$ 时，$\lim\limits_{t\to-\infty}\mathrm{e}^{-(\beta+s)t}=0$，所以收敛域为ROC: $-\alpha<\sigma<-\beta$，如图 4-4（b）所示。其中，$\alpha>\beta$，否则将不存在收敛域使得信号存在拉普拉斯变换。

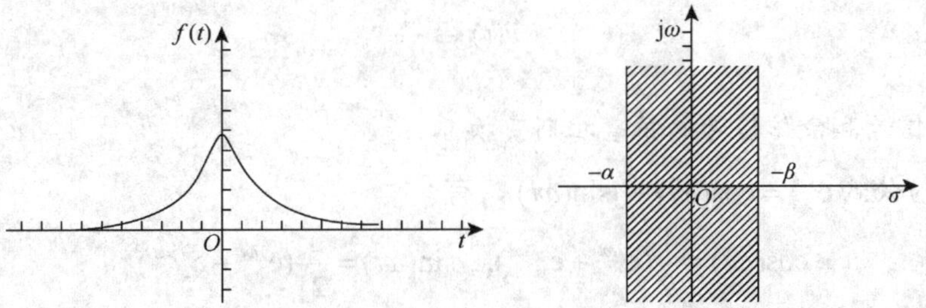

(a) 时域信号　　(b) 收敛域

图 4-4　例 4-3 图

$$F(s)=\frac{1}{s+\alpha}-\frac{1}{(s+\beta)},\quad \mathrm{ROC}:-\beta>\sigma>-\alpha$$

分析表明，因果信号的拉普拉斯变换收敛域为 s 平面中收敛轴的右半平面，反因果信号的双边拉普拉斯变换收敛域为 s 平面中收敛轴的左半平面，双边信号的双边拉普拉斯变换收敛域为 s 平面某两个收敛轴之间的带状区域。工程上常见的因果信号其拉普拉斯变换总是存在的，且收敛域总在 $\sigma>\sigma_0$ 的区域，因此以后不再一一注明收敛域。

4.1.3　常用函数的拉普拉斯变换

掌握常用函数的拉普拉斯变换，对信号与系统的分析十分重要。

1. 单位冲激信号 $\delta(t)$

单位冲激信号 $\delta(t)$ 的拉普拉斯变换为

$$\mathscr{L}[\delta(t)]=\int_{0-}^{\infty}\delta(t)\mathrm{e}^{-st}\mathrm{d}t=\int_{0-}^{0+}\delta(t)\mathrm{d}t=1$$

$$\delta(t)\leftrightarrow 1 \tag{4-8}$$

2. 单位阶跃信号 $u(t)$

单位阶跃信号 $u(t)$ 的拉普拉斯变换为

$$\mathscr{L}[u(t)]=\int_{0-}^{\infty}u(t)\mathrm{e}^{-st}\mathrm{d}t=\int_{0}^{\infty}\mathrm{e}^{-st}\mathrm{d}t=\frac{1}{-s}\mathrm{e}^{-st}\Big|_{0}^{\infty}=\frac{1}{s}$$

$$u(t) \leftrightarrow \frac{1}{s} \tag{4-9}$$

3. 单位斜坡信号 $r(t)$

单位斜坡信号定义为

$$r(t) = tu(t)$$

其拉普拉斯变换为

$$\mathscr{L}[r(t)] = \int_{0-}^{\infty} r(t)\mathrm{e}^{-st}\mathrm{d}t = \int_{0}^{\infty} t\mathrm{e}^{-st}\mathrm{d}t = -\frac{t}{s}\mathrm{e}^{-st}\bigg|_{0}^{\infty} + \int_{0}^{\infty}\frac{1}{s}\mathrm{e}^{-st}\mathrm{d}t = \frac{1}{s^2}$$

$$r(t) \leftrightarrow \frac{1}{s^2} \tag{4-10}$$

4. 正弦信号和余弦信号的拉普拉斯变换

根据欧拉公式 $\mathrm{e}^{\mathrm{j}\omega t} = \cos(\omega t) + \mathrm{j}\sin(\omega t)$，有

$$\cos(\omega t) = \frac{1}{2}(\mathrm{e}^{\mathrm{j}\omega t} + \mathrm{e}^{-\mathrm{j}\omega t}),\quad \sin(\omega t) = \frac{1}{2\mathrm{j}}(\mathrm{e}^{\mathrm{j}\omega t} - \mathrm{e}^{-\mathrm{j}\omega t})$$

余弦函数 $\cos(\omega t)$ 的拉普拉斯变换为

$$\mathscr{L}[\cos(\omega t)] = \int_{0-}^{\infty}\cos(\omega t)\mathrm{e}^{-st}\mathrm{d}t = \frac{1}{2}\int_{0}^{\infty}(\mathrm{e}^{\mathrm{j}\omega t} + \mathrm{e}^{-\mathrm{j}\omega t})\mathrm{e}^{-st}\mathrm{d}t$$
$$= \frac{1}{2}\left(\frac{1}{s-\mathrm{j}\omega} + \frac{1}{s+\mathrm{j}\omega}\right) = \frac{s}{s^2+\omega^2}$$

$$\cos(\omega t) \leftrightarrow \frac{s}{s^2+\omega^2} \tag{4-11}$$

同理可证

$$\sin(\omega t) \leftrightarrow \frac{\omega}{s^2+\omega^2} \tag{4-12}$$

上述信号常称为典型信号或基本信号，其他常用函数的拉普拉斯变换一般可由基本信号的拉普拉斯变换及拉普拉斯变换的性质求得。常见信号的拉普拉斯变换列于表 4-4 中。

4.2　拉普拉斯变换的基本性质

拉普拉斯变换的性质起着时域与复频域之间的桥梁作用。拉普拉斯变换的性质与傅里叶变换的性质有很多相似点，可以类比学习。

1. 线性性质

若

$$f_1(t) \leftrightarrow F_1(s),\quad f_2(t) \leftrightarrow F_2(s)$$

则对于任意常数 a_1、a_2，有

$$a_1 f_1(t) + a_2 f_2(t) \leftrightarrow a_1 F_1(s) + a_2 F_2(s) \tag{4-13}$$

例 4-4　设有信号 $f(t)=\delta(t)+e^{-3t}$，求其拉氏变换 $F(s)$。

解　查表 4-4 可知

$$\delta(t)\leftrightarrow 1,\quad \mathrm{e}^{-3t}\leftrightarrow\frac{1}{s+3}$$

故由线性性质有

$$F(s)=1+\frac{1}{s+3}$$

2. 尺度变换性质

若 $f(t)\leftrightarrow F(s)$，则对于任意**正实数** a，有

$$f(\alpha t)\leftrightarrow\frac{1}{a}F\left(\frac{s}{a}\right)\tag{4-14}$$

3. 时域平移性质

若 $f(t)\leftrightarrow F(s)$，则对于任意**正实数** t_0，有

$$f(t-t_0)u(t-t_0)\leftrightarrow F(s)\mathrm{e}^{-st_0}\tag{4-15}$$

例 4-5　已知信号 $f(t)$ 的波形图如图 4-5 所示，求其拉氏变换 $F(s)$。

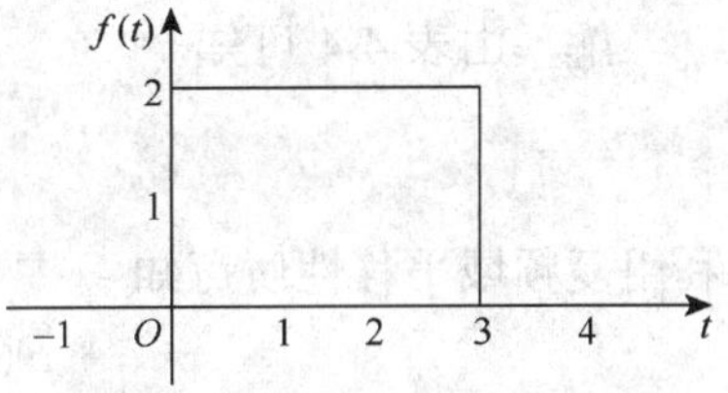

图 4-5　例 4-5 图

解　信号 $f(t)$ 的表达式为

$$f(t)=2[u(t)-u(t-3)]$$

因为

$$u(t)\leftrightarrow\frac{1}{s}$$

根据延时性质有

$$u(t-t_0)\leftrightarrow\frac{1}{s}\mathrm{e}^{-t_0 s}$$

所以

$$F(s)=\frac{2}{s}(1-\mathrm{e}^{-3s})$$

例 4-6　已知信号 $f(t)=t$，$t_0>0$，试求 $f(t)u(t), f(t-t_0)u(t-t_0), f(t)u(t-t_0)$ 对应的拉氏变换。

解　由表 4-4 可知

$$f(t)u(t)\leftrightarrow\frac{1}{s^2}$$

利用拉普拉斯变换的时移特性：

$$f(t-t_0)u(t-t_0)\leftrightarrow F(s)\mathrm{e}^{-t_0 s}=\frac{1}{s^2}\mathrm{e}^{-t_0 s}$$

因为

$$f(t)u(t-t_0)=tu(t-t_0)=(t-t_0)u(t-t_0)+t_0u(t-t_0)$$

所以

$$F(s)=\frac{1}{s^2}\mathrm{e}^{-t_0 s}+t_0\frac{1}{s}\mathrm{e}^{-t_0 s}$$

注意：在应用拉普拉斯变换的时移特性时，一定要注意信号的起始时刻。

4. 复频域平移性质

若 $f(t)\leftrightarrow F(s)$，且 s_0 为实数或复数，则有

$$f(t)\mathrm{e}^{\pm s_0 t}\leftrightarrow F(s\mp s_0) \tag{4-16}$$

例 4-7 求衰减的正弦函数 $\mathrm{e}^{-\alpha t}\sin(\omega_0 t)$ 和衰减的余弦函数 $\mathrm{e}^{-\alpha t}\cos(\omega_0 t)$ 的拉氏变换。

解 由表 4-4 可知

$$\sin(\omega_0 t)\leftrightarrow\frac{\omega_0}{s^2+\omega_0^2}，\ \cos(\omega_0 t)\leftrightarrow\frac{s}{s^2+\omega_0^2}$$

所以

$$\mathrm{e}^{-\alpha t}\sin(\omega_0 t)\leftrightarrow\frac{\omega_0}{(s+\alpha)^2+\omega_0^2}，\ \mathrm{e}^{-\alpha t}\cos(\omega_0 t)\leftrightarrow\frac{s+\alpha}{(s+\alpha)^2+\omega_0^2}$$

例 4-8 已知 $F(s)=\dfrac{1}{(s+3)^2}$，求其原函数 $f(t)$。

解 由表 4-4 可知

$$F_1(s)=\frac{1}{s^2}\leftrightarrow f_1(t)=t$$

利用复频域平移性质可知

$$F(s)=F_1(s+3)\leftrightarrow f_1(t)\mathrm{e}^{-3t}=t\mathrm{e}^{-3t}$$

5. 时域微分性质

若 $f(t)\leftrightarrow F(s)$，则

$$f'(t)\leftrightarrow sF(s)-f(0_-)$$

$$f^{(n)}(t)\leftrightarrow s^nF(s)-s^{n-1}f(0_-)-s^{n-2}f'(0_-)-\cdots-f^{(n-1)}(0_-) \tag{4-17}$$

如果 $f(t)$ 为因果信号，则 $f(0_-)$、$f'(0_-)$、…、$f^{(n-1)}(0_-)$ 均为零，有

$$f'(t)\leftrightarrow sF(s) \tag{4-18}$$

$$f^{(n)}(t)\leftrightarrow s^nF(s) \tag{4-19}$$

这个特性是一个非常重要的特性，利用此特性就可以将微分方程转换成代数方程，求出响应的拉普拉斯变换，再利用其逆变换求出对应时域响应，具体内容将在 4.4 节详细介绍。

6. 时域积分性质

若 $f(t)\leftrightarrow F(s)$，则

$$\int_{-\infty}^{t}f(\tau)\mathrm{d}\tau\leftrightarrow\frac{F(s)}{s}+\frac{f^{(-1)}(0_-)}{s} \tag{4-20}$$

若 $f(t)$ 为因果信号，则

$$\int_{0-}^{t} f(\tau)\mathrm{d}\tau \leftrightarrow \frac{F(s)}{s} \tag{4-21}$$

例4-9　已知信号 $f(t)$ 如图 4-6（a）所示，求其对应的拉普拉斯变换。

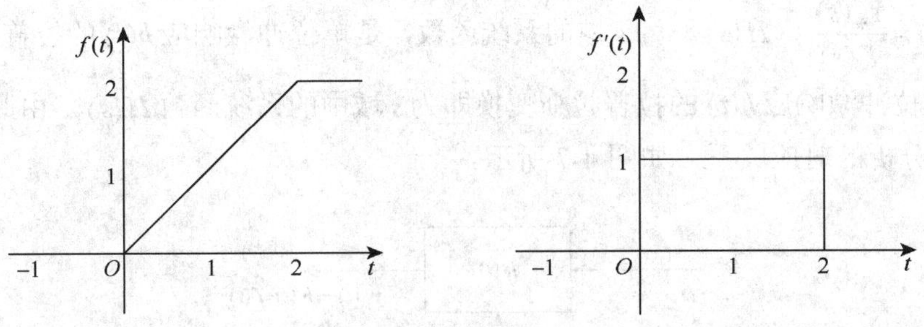

(a) 时域信号　　(b) 微分信号

图 4-6　例 4-9 图

解　对信号先进行微分，$f'(t)$ 如图 4-6（b）所示。

$$f'(t) = u(t) - u(t-2)$$

对应的拉普拉斯变换为

$$\frac{1}{s}(1-\mathrm{e}^{-2s})$$

利用积分特性有

$$f(t) \leftrightarrow \frac{1}{s^2}(1-\mathrm{e}^{-2s})$$

7. 卷积性质

若 $f_1(t) \leftrightarrow F_1(s)$，$f_2(t) \leftrightarrow F_2(s)$，则有如下。

时域卷积定理

$$f_1(t) * f_2(t) \leftrightarrow F_1(s)F_2(s) \tag{4-22}$$

时域卷积定理给我们提供了计算时域卷积的新方法。当遇到难解的时域卷积时，将时域卷积运算转换为两个信号拉普拉斯变换的乘积，然后再利用拉普拉斯逆变换求得时域卷积的结果。

例 4-10　已知一个 LTI 系统的激励信号 $f(t) = \mathrm{e}^{-2t}$，单位冲激响应信号 $h(t) = \mathrm{e}^{-t}$ 计算系统的零状态响应 $y_{zs}(t)$。

解　已知零状态响应为 $y_{zs}(t) = f(t) * h(t)$，即

$$y_{zs}(t) = \mathrm{e}^{-2t} * \mathrm{e}^{-t}, \quad t \geqslant 0$$

对上式两端求拉氏变换得

$$Y_{zs}(s) = \frac{1}{s+2}\frac{1}{s+1} = \frac{1}{s+1} - \frac{1}{s+2}$$

查表 4-4 可知

$$y_{zs}(t) = (\mathrm{e}^{-t} - \mathrm{e}^{-2t})u(t)$$

卷积定理的重要应用之一是用于系统分析。因为 LTI 系统的零状态响应为 $y_{zs}(t)=f(t)*h(t)$，等式两端取拉普拉斯变换，即

$$Y_{zs}(s)=F(s)H(s) \tag{4-23}$$

式中，$H(s)=\dfrac{Y_{zs}(s)}{F(s)}$，$H(s)$ 称为 s 域的系统函数，是单位冲激响应 $h(t)$ 的拉普拉斯变换。

系统单位冲激响应 $h(t)$ 的拉普拉斯变换即为 s 域中的系统函数 $H(s)$。由此可得时域分析和 s 域分析的对应关系，如图 4-7 所示。

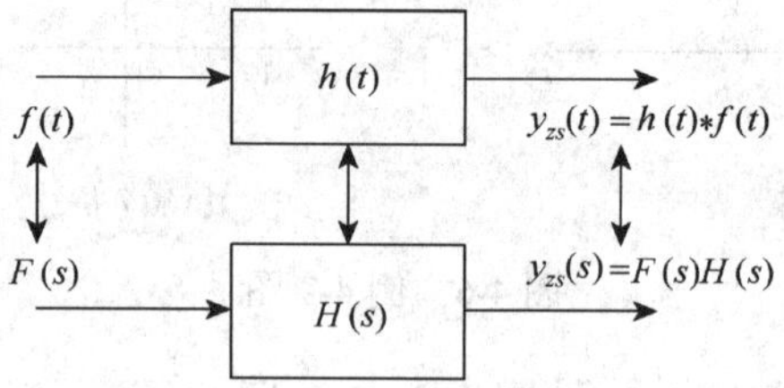

图 4-7　系统时域分析与 s 域分析的关系

系统的阶跃响应也可以由 s 域求得。在第 2 章连续信号的时域分析中我们知道：阶跃响应与单位冲激响应的关系为

$$g(t)=\int_{0_-}^{t} h(t)\mathrm{d}t$$

利用拉氏变换的积分性质：

$$G(s)=\frac{1}{s}H(s) \tag{4-24}$$

所以阶跃响应 $g(t)$ 为

$$g(t)=\mathscr{L}^{-1}\left[\frac{1}{s}H(s)\right] \tag{4-25}$$

8. 复频域微分性质

若 $f(t)\leftrightarrow F(s)$，则

$$(-t)f(t)\leftrightarrow\frac{\mathrm{d}F(s)}{\mathrm{d}s} \tag{4-26}$$

推广至

$$(-t)^n f(t)\leftrightarrow\frac{\mathrm{d}^n F(s)}{\mathrm{d}s^n} \tag{4-27}$$

例 4-11　求式 $\dfrac{2}{(s+a)^3}$ 对应的原函数。

解　已知基本信号 $f(t)=\mathrm{e}^{-at}$ 的拉氏变换为

$$F(s)=\frac{1}{s+a}$$

同时

$$\frac{2}{(s+a)^3}=\left[\frac{1}{s+a}\right]''=\frac{\mathrm{d}^2F(s)}{\mathrm{d}s^2}$$

由复频域微分性质可知

$$(-t)^2 f(t)\leftrightarrow\frac{\mathrm{d}^2F(s)}{\mathrm{d}s^2}$$

所以

$$\frac{2}{(s+a)^3}\leftrightarrow t^2\mathrm{e}^{-at}u(t)$$

9. 复频域积分性质

若 $f(t)\leftrightarrow F(s)$，则

$$\frac{f(t)}{t}\leftrightarrow\int_s^{\infty}F(s)\mathrm{d}s$$

10. 初值定理与终值定理

1）初值定理

若因果信号 $f(t)$ 中不包含 $\delta(t),\delta'(t),\cdots$ 冲激成分，且 $f(t)\leftrightarrow F(s)$，即 $F(s)$ 为真分式，则

$$f(0_+)=\lim_{s\to\infty}sF(s) \tag{4-29}$$

在需要确定系统初始条件时，可以利用此性质从 s 域进行计算。

2）终值定理

若因果信号 $f(t)$ 在 $t\to\infty$ 时的极限存在，即 $\lim\limits_{t\to\infty}f(t)=f(\infty)$，且 $f(t)\leftrightarrow F(s)$，收敛域包含虚轴，则

$$f(\infty)=\lim_{s\to 0}sF(s) \tag{4-30}$$

在利用拉普拉斯变换分析控制系统的误差特性时，可以用终值定理求解系统的稳定性误差，详见 4.6 节。拉普拉斯变换性质列于表 4-5 中，供查阅。

4.3　拉普拉斯逆变换的求解方法

利用拉普拉斯变换可以将复杂的时域求解进行简化，但是拉氏域的解还需要回到时域，这就是拉普拉斯逆变换。

求解拉普拉斯逆变换的方法有查表法、部分分式分解法和留数法。其中，部分分式分解法最为常用；查表法最为简便，但应用范围有限，只适用于一些简单变换式；留数法要用到复变函数积分的知识，比较复杂，用得相对较少。所以本节重点介绍如何应用部分分式法求解拉普拉斯逆变换。

由于象函数 $F(s)$ 常具有有理分式的形式，即它可以表示为两个实系数的 s 多项式之比：

$$F(s)=\frac{N(s)}{D(s)}=\frac{b_m s^m+b_{m-1}s^{m-1}+\cdots+b_1 s+b_0}{a_n s^n+a_{n-1}s^{n-1}+\cdots a_1 s+a_0} \tag{4-31}$$

式中，m 和 n 为正整数，若 $m<n$，$F(s)$ 为有理真分式。这样的象函数可以用部分分式分解法（或称分解定理）将其表示为许多简单分式之和的形式。

为便于分解，将 $D(s)$ 写为以下形式：

$$D(s)=a_n(s-p_1)(s-p_2)\cdots(s-p_n) \tag{4-32}$$

式中 $p_1,p_2,\cdots,p_n$ 为 $D(s)=0$ 方程式的根。下面根据 $D(s)=0$ 的根的不同，分情况讨论。

1. 单实根

（1）对于 $m<n$ 的情况，$F(s)$ 可以展开成下列简单的部分分式之和：

$$F(s)=\frac{K_1}{s-p_1}+\frac{K_2}{s-p_2}+\cdots+\frac{K_n}{s-p_n}=\sum_{i=1}^{n}\frac{K_i}{s-p_i} \tag{4-33}$$

式中，$K_1,K_2,\cdots,K_n$ 为待定系数。

查表 4-4 可知

$$\frac{K_i}{s-p_i}\leftrightarrow K_i\mathrm{e}^{p_it}u(t),\quad i=1,2,\cdots,n \tag{4-34}$$

所以原函数为

$$f(t)=(K_1\mathrm{e}^{p_1t}+K_2\mathrm{e}^{p_2t}+\cdots+K_n\mathrm{e}^{p_nt})u(t) \tag{4-35}$$

可见，部分分式分解法中关键点是各系数 $K_1,K_2,\cdots,K_n$ 的求取。对于任意系数 K_i 的求解，首先将式（4-15）乘以系数 K_i 对应的分母 $s-p_i$，再令 $s=p_i$，即

$$K_i=[(s-p_i)F(s)]|_{s=p_i} \tag{4-36}$$

例 4-12 求 $F(s)=\dfrac{s+4}{s^3+3s^2+2s}$ 对应的原函数 $f(t)$。

解 令 $D(s)=s^3+3s^2+2s=0$，即 $s(s+2)(s+1)=0$；$D(s)=0$ 有三个单实根：$p_1=-2$，$p_2=-1$，$p_3=0$，所以

$$F(s)=\frac{K_1}{s+2}+\frac{K_2}{s+1}+\frac{K_3}{s}$$

根据式（4-18）分别求取 K_1、K_2 和 K_3：

$$K_1=(s+2)F(s)|_{s=-2}=\left.\frac{s+4}{s(s+1)}\right|_{s=-2}=1$$

$$K_2=(s+1)F(s)|_{s=-1}=\left.\frac{s+4}{s(s+2)}\right|_{s=-1}=-3$$

$$K_3=(s)F(s)|_{s=0}=\left.\frac{s+4}{(s+1)(s+2)}\right|_{s=0}=2$$

所以

$$F(s)=\frac{1}{s+2}+\frac{-3}{s+1}+\frac{2}{s}$$

最后由式（4-17）得

$$f(t)=(2-3\mathrm{e}^{-t}+\mathrm{e}^{-2t})u(t)$$

（2）若 $m \geqslant n$，则需要先利用长除法将假分式 $F(s)$ 分成 s 的多项式和有理真分式之和的形式，即 $F(s)=\dfrac{N(s)}{D(s)}=B_{m-n}s^{m-n}+B_{m-n-1}s^{m-n-1}+\cdots+B_1 s+B_0+\dfrac{N_0(s)}{D(s)}$。其中，$\dfrac{N_0(s)}{D(s)}$ 的求解过程与上述描述的过程相同；s 的多项式对应于 $\delta(t)$ 及其各阶微分。

例 4-13 已知函数 $F(s)=\dfrac{s^3+5s^2+9s+7}{(s+1)(s+2)}$，求原函数 $f(t)$。

解 用长除法化将 $F(s)$ 为

$$F(s)=s+2+\frac{s+3}{(s+1)(s+2)}=s+2+F_1(s)$$

$F_1(s)$ 可按上述部分分式展开法分解：

$$F_1(s)=\frac{s+3}{(s+1)(s+2)}=\frac{K_1}{s+1}+\frac{K_2}{s+2}=\frac{2}{s+1}+\frac{-1}{s+2}$$

$$\begin{array}{r}
s+2 \\
s^2+3s+2\overline{\big)\,s^3+5s^2+9s+7} \\
\underline{s^3+3s^2+2s} \\
2s^2+7s+7 \\
\underline{2s^2+6s+4} \\
s+3
\end{array}$$

所以

$$F(s)=s+2+\frac{2}{s+1}+\frac{-1}{s+2}$$

故

$$f(t)=\delta'(t)+2\delta(t)+2\mathrm{e}^{-t}-\mathrm{e}^{-2t},\quad t\geqslant 0$$

2. 共轭复根

由于 $D(s)$ 是 s 的实系数多项式，若 $D(s)=0$ 出现复数根，则必然是共轭成对的。设 $D(s)=0$ 中含有一对共轭复根 $p_1=a+\mathrm{j}\omega,\ p_2=a-\mathrm{j}\omega$，则 $F(s)$ 的展开式中必然包含如下两项：$\dfrac{K_1}{s-(a+\mathrm{j}\omega)}+\dfrac{K_2}{s-(a-\mathrm{j}\omega)}$。对于系数 K_1、K_2 的求解可以利用式（4-18）；也可以利用共轭的特点简化运算。下面以例 4-14 说明。

例 4-14 求函数 $F(s)=\dfrac{s+2}{s^2+2s+2}$ 的原函数 $f(t)$。

解

方法一：部分分式分解法

$D(s)=s^2+2s+2=0$ 有共轭复根

$$p_{1,2}=-1\pm\mathrm{j}$$

$F(s)$ 可按部分分式展开法分解为

$$F(s)=\frac{s+2}{(s-p_1)(s-p_2)}=\frac{K_1}{(s-p_1)}+\frac{K_2}{(s-p_2)}=\frac{K_1}{s+1-\mathrm{j}}+\frac{K_2}{s+1+\mathrm{j}}$$

由式（4-18）可求得系数为

$$K_1=(s-p_1)F(s)|_{s=-1+\mathrm{j}}=\frac{s+2}{s-(-1-\mathrm{j})}|_{s=-1+\mathrm{j}}=\frac{1}{2}-\frac{\mathrm{j}}{2}=A+\mathrm{j}B$$

$$K_2=(s-p_2)F(s)|_{s=-1-\mathrm{j}}=\frac{s+2}{s-(-1+\mathrm{j})}|_{s=-1-\mathrm{j}}=\frac{1}{2}+\frac{\mathrm{j}}{2}=A-\mathrm{j}B$$

最后由式（4-17）得

$$f(t)=K_1\mathrm{e}^{p_1t}+K_2\mathrm{e}^{p_2t}=\left(\frac{1}{2}-\mathrm{j}\frac{1}{2}\right)\mathrm{e}^{(-1+\mathrm{j})t}+\left(\frac{1}{2}+\mathrm{j}\frac{1}{2}\right)\mathrm{e}^{(-1-\mathrm{j})t}$$

$$=\frac{1}{2}\mathrm{e}^{-t}[\mathrm{e}^{\mathrm{j}t}+\mathrm{e}^{-\mathrm{j}t}]-\mathrm{j}\frac{1}{2}[\mathrm{e}^{\mathrm{j}t}-\mathrm{e}^{-\mathrm{j}t}]\mathrm{e}^{-t}=\mathrm{e}^{-t}(\cos t+\sin t)u(t)$$

结论：$D(s)$ 有共轭复根 $p_{1,2}=\alpha\pm\mathrm{j}\omega$ 时，其对应的系数 K_1、K_2 也满足共轭关系 $K_1=K_2^*=A+\mathrm{j}B$；原函数 $f(t)=K_1\mathrm{e}^{p_1t}+K_2\mathrm{e}^{p_2t}=2\mathrm{e}^{-at}(A\cos\omega t-B\sin\omega t)\quad(t\geqslant 0)$。

方法二：配方法

$$F(s)=\frac{s+1+1}{(s+1)^2+1}=\frac{s+1}{(s+1)^2+1}+\frac{1}{(s+1)^2+1}=\frac{s+a}{(s+a)^2+\omega^2}+\frac{\omega}{(s+a)^2+\omega^2}$$

查表 4-4 可知

$$\frac{\omega}{(s+a)^2+\omega^2}\leftrightarrow \mathrm{e}^{-at}\sin\omega t,\quad \frac{s+a}{(s+a)^2+\omega^2}\leftrightarrow \mathrm{e}^{-at}\cos\omega t$$

所以

$$f(t)=\mathrm{e}^{-t}(\sin t+\cos t)u(t)$$

3. $D(s)=0$ 有重根

首先考虑函数 $F(s)$ 的分解：

$$F(s)=\frac{N(s)}{D(s)}=\frac{N(s)}{(s-p_1)^k D_1(s)} \tag{4-37}$$

式中，在 $s=p_1$ 处分母多项式 $D(s)$ 有 k 重根。$D_1(s)$ 为分母多项式 $D(s)$ 中与 p_1 无关的其他部分。将 $F(s)$ 可展开为

$$F(s)=\frac{K_{11}}{(s-p_1)^k}+\frac{K_{12}}{(s-p_1)^{k-1}}+\cdots+\frac{K_{1k}}{(s-p_1)}+\frac{N_1(s)}{D_1(s)} \tag{4-38}$$

式中，$\dfrac{N_1(s)}{D_1(s)}$ 可按单实根的方式求其原函数。

任意系数 K_{1i} 的求解：

$$K_{1i}=\frac{1}{(i-1)!}\left\{\frac{\mathrm{d}^{i-1}}{\mathrm{d}s^{i-1}}\left[(s-p_1)^k F(s)\right]_{s=p_1}\right\},\quad i=1,2,\cdots,k \tag{4-39}$$

重根部分的拉普拉斯逆变换为

$$\frac{K}{(k-1)!}t^{k-1}\mathrm{e}^{p_it}\leftrightarrow\frac{K}{(s-p_i)^k} \tag{4-40}$$

例 4-15 求函数 $F(s)=\dfrac{1}{s(s+1)^3}$ 的原函数 $f(t)$。

解

$$F(s)=\frac{1}{s(s+1)^3}=\frac{K_{11}}{(s+1)^3}+\frac{K_{12}}{(s+1)^2}+\frac{K_{13}}{(s+1)}+\frac{K_2}{s}$$

其系数 K_{11} 可按式（4-21）求解：

$$K_{11}=\left[(s-p_1)^3F(s)\right]_{s=p_1}=\left[\frac{1}{s}\right]_{s=-1}=-1$$

$$K_{12}=\frac{\mathrm{d}}{\mathrm{d}s}\left[(s+1)^3F(s)\right]_{s=-1}=\frac{\mathrm{d}}{\mathrm{d}s}\left[\frac{1}{s}\right]_{s=-1}=-1$$

$$K_{13}=\frac{\mathrm{d}^2}{\mathrm{d}s^2}\left[(s+1)^3F(s)\right]_{s=-1}=\frac{\mathrm{d}^2}{\mathrm{d}s^2}\left[\frac{1}{s}\right]_{s=-1}=-2$$

系数 K_2 可按式（4-18）求解：

$$K_2=\left[sF(s)\right]_{s=0}=1$$

所以

$$F(s)=\frac{-1}{(s+1)^3}+\frac{-1}{(s+1)^2}+\frac{-2}{s+1}+\frac{1}{s}$$

所以 $F_1(s)$ 对应的原函数为

$$f(t)=\left(1-2\mathrm{e}^{-t}-t\mathrm{e}^{-t}-\frac{1}{2}t^2\mathrm{e}^{-t}\right)u(t)$$

4.4　连续 LTI 系统的 s 域分析

当利用时域分析法求解 LTI 系统的线性微分方程时，要分别求出系统的零输入响应和零状态响应，然后相加才得到系统的全响应。那么，用拉普拉斯变换求解系统全响应会有哪些优势呢？

当用拉普拉斯变换分析法求解常系数线性微分方程时，其优势如下：

（1）拉普拉斯变换分析法能将时域中的微分方程变换为复频域中的代数方程，使求解简化；

（2）微分方程的初始条件可以利用拉普拉斯变换的微分特性自动地包含到系统全响应中，从而可一举求得微分方程的全响应；

（3）用拉普拉斯变换分析电路系统时，不必列写系统的微分方程，而直接利用电路的 s 域模型列写其电路方程，就可以解得全响应的象函数 $Y(s)$，再利用拉普拉斯逆变换得到全响应的时间函数 $y(t)$。

4.4.1　微分方程的 s 域分析

设 LTI 系统的激励为 $f(t)$，响应为 $y(t)$，则描述 n 阶系统的微分方程的一般形式可写为

$$\begin{aligned} &a_n y^{(n)}(t)+a_{n-1}y^{(n-1)}(t)+\cdots+a_1 y'(t)+a_0 y(t) \\ &=b_m f^{(m)}(t)+b_{m-1}f^{(m-1)}(t)+\cdots+b_1 f'(t)+b_0 f(t) \end{aligned} \tag{4-41}$$

式中，系数 $a_i(i=0,1,\cdots,n)$、$b_j(j=0,1,\cdots,m)$ 均为实数，设系统的初始条件为 $\{y(0_-)$，$y^{(1)}(0_-)$，…，$y^{(n-1)}(0_-)\}$；激励 $f(t)$ 为有始信号，即 $f(0_-)=f^{(1)}(0_-)=\cdots=f^{(m-1)}(0_-)=0$。

设

$$y(t)\leftrightarrow Y(s),\quad f(t)\leftrightarrow F(s)$$

则

$$y^{(n)}(t)\leftrightarrow s^n Y(s)-\sum_{i=0}^{n-1}s^{n-1-i}y^{(i)}(0_-),\quad f^{(m)}(t)\leftrightarrow s^m F(s)$$

对式（4-23）两边同时进行拉普拉斯变换，微分方程变为线性方程，整理出 $Y(s)$ 在 s 域内的表达式后，对其求拉普拉斯逆变换就会得到对应的时域响应 $y(t)$。现以具体例子说明微分方程的 s 域求解过程。

例 4-16　已知系统方程 $y''(t)+4y'(t)+3y(t)=2f''(t)-4f'(t)-f(t)$ 求当外加激励 $f(t)=\mathrm{e}^{-2t}u(t)$，初始状态 $y(0_-)=-2$ 和 $y'(0_-)=1$ 时，系统的零输入响应 $y_{zi}(t)$、零状态响应 $y_{zs}(t)$ 和全响应 $y(t)$。

解　对微分方程等式两端取拉普拉斯变换得

$$\left[s^2Y(s)-sy(0_-)-y'(0_-)\right]+4\left[sY(s)-y(0_-)\right]+3Y(s)=2s^2F(s)-4sF(s)-F(s)$$

整理得

$$[s^2+4s+3]Y(s)-\left[(s+4)y(0_-)+y'(0_-)\right]=[2s^2-4s-1]F(s)$$

令 $A(s)=s^2+4s+3$，$B(s)=2s^2-4s-1$，$C(s)=(s+4)y(0_-)+y'(0_-)$，则

$$Y(s)=\frac{B(s)}{A(s)}F(s)+\frac{C(s)}{A(s)}\Rightarrow H(s)=\frac{B(s)}{A(s)}$$

式中，$\dfrac{B(s)}{A(s)}F(s)$ 对应于零状态响应的拉普拉斯变换 $Y_{zs}(s)$；$\dfrac{C(s)}{A(s)}$ 对应于零输入响应的拉普拉斯变换 $Y_{zi}(s)$；$H(s)$ 称为系统函数，将在 4.5 节详细讲解。

代入初始状态 $y(0_-)=-2$ 和 $y'(0_-)=1$ 有

$$Y_{zi}(s)=\frac{-2(s+4)+1}{s^2+4s+3}=\frac{-2s-7}{s^2+4s+3}=\frac{K_1}{s+3}+\frac{K_2}{s+1}$$

利用式（4-18）解得

$$K_1=0.5,\quad K_2=-2.5$$

所以

$$y_{zi}(t)=(0.5\mathrm{e}^{-3t}-2.5\mathrm{e}^{-t})u(t)$$

激励信号 $f(t)=\mathrm{e}^{-2t}u(t)$ 的拉普拉斯变换为 $F(s)=\dfrac{1}{s+2}$，代入有

$$Y_{zs}(s)=\frac{2s^2-4s-1}{s^2+4s+3}F(s)=\frac{2s^2-4s-1}{s^2+4s+3}\frac{1}{s+2}=\frac{K_1}{s+3}+\frac{K_2}{s+1}+\frac{K_3}{s+2}$$

利用式（4-18）解得

$$K_1 = 14.5,\quad K_2 = 3.5,\quad K_3 = -15$$

所以

$$y_{zs}(t) = (14.5\mathrm{e}^{-3t} + 3.5\mathrm{e}^{-t} - 15\mathrm{e}^{-2t})u(t)$$

则系统的全响应为

$$y(t) = y_{zs}(t) + y_{zi}(t) = (15\mathrm{e}^{-3t} + \mathrm{e}^{-t} - 15\mathrm{e}^{-2t})u(t)$$

小结：由本例可见，用拉普拉斯变换法求解微分方程时，系统的初始状态已自动地包含在 s 域的代数方程中，可由其逆变换一举获得电路的全响应，故拉普拉斯变换法比直接在时域内求解要简便。

4.4.2　电路的 s 域模型

对于具体的电路，则可先写出系统的微分方程，再进行拉普拉斯变换；或画出电路的 s 域模型后直接列出电路的 s 域代数方程，得到系统响应的拉普拉斯变换，最后进行拉普拉斯逆变换。

利用电路的 s 域模型求解电路响应时，利用预先导出的电路复频域模型（电路的 s 域模型）直接列写复频域方程，从而求得所需响应的象函数，省略掉列写时域微分方程并求拉普拉斯变换的过程。

以下分别导出电路基本元件的 s 域模型。

1. 电阻元件

根据电路知识已知 $u(t) = Ri(t)$，等式两边同时取其拉普拉斯变换，得到复频域（s 域）中电压-电流的象函数关系为

$$V(s) = RI(s) \text{或} I(s) = \frac{V(s)}{R} \tag{4-42}$$

由此得出电阻元件 R 的 s 域模型如图 4-8（a）和图 4-9（a）所示。

2. 电容元件

电容 C 上的时域电压-电流关系为

$$i_C(t) = C\frac{\mathrm{d}u_C(t)}{\mathrm{d}t}$$

等式两边同时取其拉普拉斯变换，利用微分、积分性质得

$$V_C(s) = \frac{1}{Cs}I_C(s) + \frac{u_C(0_-)}{s} \text{或} I_C(s) = CsV_C(s) - Cu_C(0_-) \tag{4-43}$$

对应于电容元件 C 的 s 域串联模型如图 4-8（b）所示，对应于电容元件 C 的 s 域并联模型如图 4-9（b）所示。初始电压 $u_C(0_-)$ 反映了电容 C 上初始储能情况。

3. 电感元件

电感 L 上的时域电压-电流关系为

$$v_L(t) = L\frac{\mathrm{d}i_L(t)}{\mathrm{d}t}$$

等式两边同时取其拉普拉斯变换，利用微分、积分性质，得

$$V_L(s)=LsI_L(s)-Li_L(0_-)\text{ 或 }I_L(s)=\frac{1}{sL}V(s)+\frac{i_L(0_-)}{s} \tag{4-44}$$

对应于电感元件 L 的 s 域串联模型如图 4-8（c）所示，对应于电感元件 L 的 s 域并联模型如图 4-9（c）所示。初始电流 $i_L(0_-)$ 同样反映了 L 中的初始储能情况。

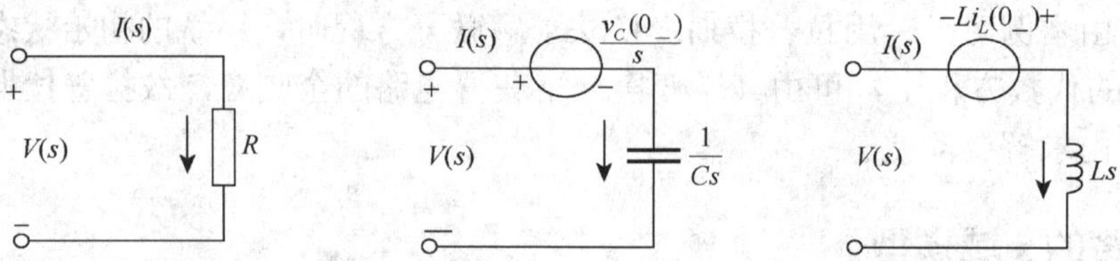

(a)电阻　　(b)电容　　(c)电感

图 4-8　串联模型

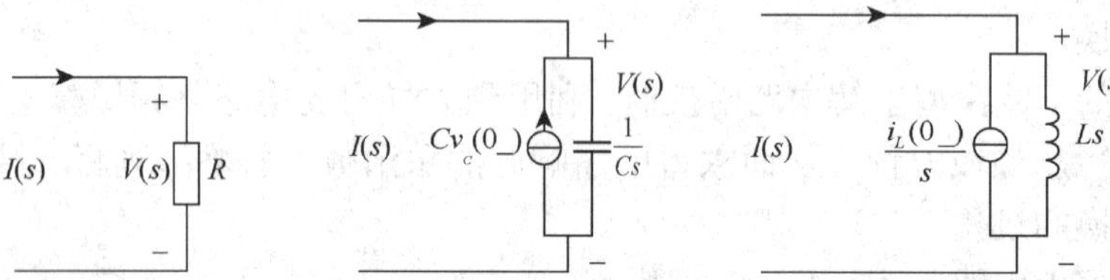

(a) 电阻　　(b) 电容　　(c) 电感

图 4-9　并联模型

4. *s* 域中的电路定律

在 s 域中分析电路，仍然离不开基尔霍夫定律。用拉普拉斯变换法分析电路时，只要将每个元件用其 s 域模型替代，再将激励源的时间函数用其拉普拉斯变换表示，就可作出整个电路的 s 域模型。然后应用所学的线性电路的各种分析方法和定理（如节点法、网孔法、叠加定理、戴维南定理等）求解 s 域电路模型，得到待求响应的拉氏函数，最后通过拉普拉斯逆变换获得响应的时域解。下面通过例题具体讲解如何利用拉普拉斯变换进行 s 域的电路分析。

例 4-17　*RLC* 串联电路如图 4-10（a）所示，已知电容的初值为 $u_C(0\_)=2\text{V}$，电感的初值为 $i_L(0\_)=2\text{A}$。要求：

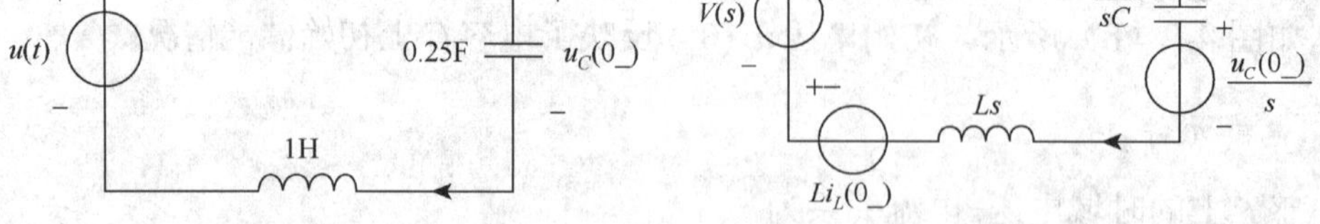

(a) 时域电路　　(b) *s*域电路

图 4-10　例 4-17 图

（1）画出 s 域等效电路；
（2）写出 $I(s)$的表达式；
（3）写出 $i(t)$的表达式。

解　先作电路的 s 域模型如图 4-10（b）所示。

利用电路知识可得

$$V(s)+Li_L(0_-)-\frac{u_C(0_-)}{s}=I(s)\left(R+\frac{1}{sC}+Ls\right)$$

代入参数整理

$$2-\frac{1}{s}=I(s)\left(5+\frac{4}{s}+s\right)\Rightarrow I(s)=\frac{2s-1}{s^2+5s+4}$$

利用部分分式分解法

$$I(s)=\frac{2s-1}{s^2+5s+4}=\frac{K_1}{s+4}+\frac{K_2}{s+1}$$

利用式（4-36）求得

$$K_1=\left[(s+4)I(s)\right]_{s=-4}=3\,,\quad K_2=-1$$

对 $I(s)$ 进行拉普拉斯逆变换

$$i(t)=(3\mathrm{e}^{-4t}-\mathrm{e}^{-t})u(t)$$

4.5　复频域的系统函数

一个 LTI 系统的系统特性可以利用时域 t 内的单位冲激响应 $h(t)$ 描述，也可以用频域（傅里叶变换域）内的频率响应 $H(\mathrm{j}\omega)$ 描述，同时也可以用 s 域中的系统函数 $H(s)$ 描述。那么，s 域中的系统函数 $H(s)$ 将从哪些方面反映一个 LTI 系统的输入输出特性呢？

4.5.1　系统函数及其零、极点

1. 系统函数 $H(s)$

对一个 LTI 系统，设激励信号为 $f(t)$，则其与零状态响应 $y_{zs}(t)$之间的关系可由 n 阶常系数线性微分方程描述，即

$$\begin{aligned}&a_n y_{zs}^{(n)}(t)+a_{n-1}y_{zs}^{(n-1)}(t)+\cdots+a_1 y_{zs}^{(1)}(t)+a_0 y_{zs}(t)\\&=b_m f^{(m)}(t)+b_{m-1}f^{(m-1)}(t)+\cdots+b_1 f^{(1)}(t)+b_0 f(t)\end{aligned}\tag{4-45}$$

对式（4-45）两边进行拉普拉斯变换，根据微分性质，可得

$$(a_n s^n+a_{n-1}s^{n-1}+\cdots+a_1 s+a_0)Y_{ZS}(s)=(b_m s^m+b_{m-1}s^{m-1}+\cdots+b_1 s+b_0)F(s)$$

系统函数 $H(s)$ 定义为系统零状态响应的象函数与输入信号的象函数之比，即

$$H(s)=\frac{Y_{zs}(s)}{F(s)}=\frac{b_m s^m+b_{m-1}s^{m-1}+\cdots+b_1 s+b_0}{a_n s^n+a_{n-1}s^{n-1}+\cdots+a_1 s+a_0}\tag{4-46}$$

从式（4-46）中可以看出，系统函数与激励信号和响应信号的形式无关，仅决定于

系统本身的结构和参数。系统函数在系统分析与综合中占有重要的地位。

引入系统函数 $H(s)$ 的概念后，系统零状态响应就可通过卷积定理和系统函数 $H(s)$ 求得。当系统函数为 $H(s)$，输入激励信号为 $f(t)$，则系统的零状态响应为

$$Y_{zs}(s)=F(s)H(s)\leftrightarrow y_{zs}(t)=f(t)*h(t) \tag{4-47}$$

例 4-18　已知某 LTI 系统，当其激励信号为 $f(t)=\mathrm{e}^{-2t}u(t)$ 时，零状态响应 $y(t)=(\mathrm{e}^{-t}-\mathrm{e}^{-3t})u(t)$。求：

（1）该系统的系统函数 $H(s)$；

（2）若激励信号为 $f(t)=\mathrm{e}^{-2t}u(t)$ 时，求系统的零状态响应。

解　（1）对于一个 LTI 系统有

$$y_{zs}(t)=f(t)*h(t)$$

对上式两端进行拉普拉斯变换：

$$Y_{zs}(s)=F(s)H(s)\Rightarrow H(s)=\frac{Y_{zs}(s)}{F(s)}$$

$$H(s)=\frac{\dfrac{1}{s+1}-\dfrac{1}{s+3}}{\dfrac{1}{s+2}}=\frac{2(s+2)}{s^2+4s+3}=\frac{K_1}{s+1}+\frac{K_2}{s+3}$$

根据式（4-36）求得

$$K_1=1,\quad K_2=1$$

$$H(s)=\frac{2s+4}{s^2+4s+3}=\frac{1}{s+1}+\frac{1}{s+3}$$

求上式的拉普拉斯逆变换得该系统的单位冲激响应：

$$h(t)=(\mathrm{e}^{-t}+\mathrm{e}^{-3t})u(t)$$

（2）当输入信号为 $f(t)=\mathrm{e}^{-2t}u(t)$ 时，零状态响应的计算有两种方法。

方法一：由（1）求得冲激响应，利用卷积可得

$$y_{zs}(t)=f(t)*h(t)=e^{-2t}u(t)*(\mathrm{e}^{-t}+\mathrm{e}^{-3t})u(t)=(\mathrm{e}^{-t}-\mathrm{e}^{-3t})u(t)$$

方法二：根据时域卷积定理，有

$$y_{zs}(t)=f(t)*h(t)\leftrightarrow y_{zs}(s)=F(s)H(s)$$

而

$$H(s)=\frac{1}{s+1}+\frac{1}{s+3},\quad f(t)=e^{-2t}u(t)\leftrightarrow F(s)=\frac{1}{s+2}$$

所以

$$Y_{zs}(s)=F(s)H(s)=\frac{1}{s+2}\left(\frac{1}{s+1}+\frac{1}{s+3}\right)=\frac{K_1}{s+1}+\frac{K_2}{s+2}+\frac{K_3}{s+3}$$

根据式（4-36）求得

$$K_1=1,K_2=0,K_3=-1$$

求 $Y_{zs}(s)$ 的拉普拉斯逆变换得

$$y_{zs}(t)=\mathscr{L}^{-1}[F(s)H(s)]=(\mathrm{e}^{-t}-\mathrm{e}^{-3t})u(t)$$

例 4-19　已知某 LTI 系统的微分方程为 $y''(t)+5y'(t)+4y(t)=f(t)$，试求该系统的系统函数 $H(s)$ 及系统的单位冲激响应 $h(t)$。

解　对微分方程的等式两端同时进行零状态下的拉普拉斯变换：

$$s^2Y_{zs}(s)+5sY_{zs}(s)+4Y_{zs}(s)=F(s)$$

由系统函数定义有

$$H(s)=\frac{Y_{zs}(s)}{F(s)}=\frac{1}{s^2+5s+4}=\frac{1}{3}\left(\frac{1}{s+1}-\frac{1}{s+4}\right)$$

对 $H(s)$ 进行拉普拉斯逆变换

$$h(t)=\frac{1}{3}(\mathrm{e}^{-t}-\mathrm{e}^{-4t})$$

2. 系统的 s 域框图

对于连续的时间系统，描述系统的运算模型主要有加法器、放大器、乘法器、积分器，根据各组成模型间的运算关系可列出系统的微分方程；对应到 s 域中，模型关系如表 4-1 所示。根据各组成模型间的运算关系可以给出描述代数方程，进而求出系统的系统函数，再利用系统函数对系统进行 s 域分析、运算。

表 4-1　系统框图组成部件

部件	时域模型	s 域模型
乘法器	$y(t)=kf(t)$	$Y(s)=kF(s)$
加法器	$y(t)=f_1(t)\pm f_2(t)$	$Y(s)=F_1(s)\pm F_2(s)$
积分器（零状态）	$y(t)=\int_0^t f(\tau)\mathrm{d}\tau$	$Y(s)=\frac{F(s)}{s}$

例 4-20　某一 LTI 系统的时域框图如图 4-11（a）所示，求其系统函数 $H(s)$。当激励信号 $f(t)=\mathrm{e}^{-2t}u(t)$ 时，求该系统的零状态响应 $y_{zs}(t)$

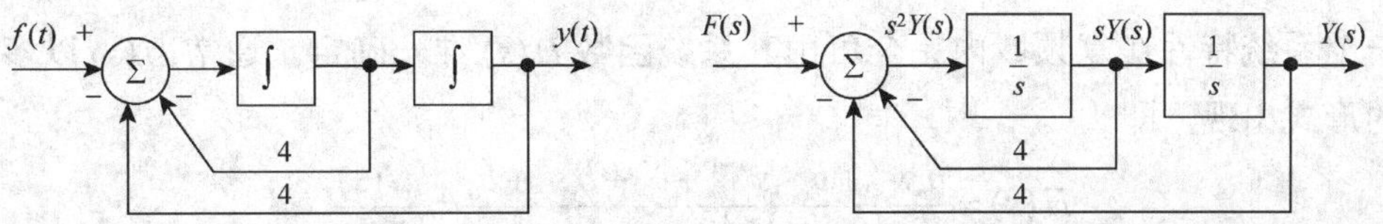

(a) 时域框图　　(b) s域框图

图 4-11　例 4-20 图

解　系统 s 域框图如图 4-11（b）所示。

根据 s 域系统框图有

$$s^2Y(s)=F(s)-4sY(s)-4Y(s)$$

整理得

$$(s^2+4s+4)Y(s)=F(s)\Rightarrow H(s)=\frac{Y(s)}{F(s)}=\frac{1}{(s+2)^2}$$

激励信号的拉普拉斯变换为

$$F(s)=\frac{1}{s+2}$$

则

$$Y_{zs}(s)=H(s)F(s)=\frac{1}{(s+2)^2}\frac{1}{s+2}=\frac{1}{(s+2)^3}$$

根据表 4-4 及拉普拉斯变换的性质有

$$y_{zs}(t)=\left(\frac{1}{2}t^2\mathrm{e}^{-2t}\right)u(t)$$

例 4-21　由几个子系统构成的复合系统如图 4-12 所示，已知 $h_1(t)=\delta(t-1)$，$h_2(t)=u(t-1)$，试求复合系统的冲激响应 $h(t)$。

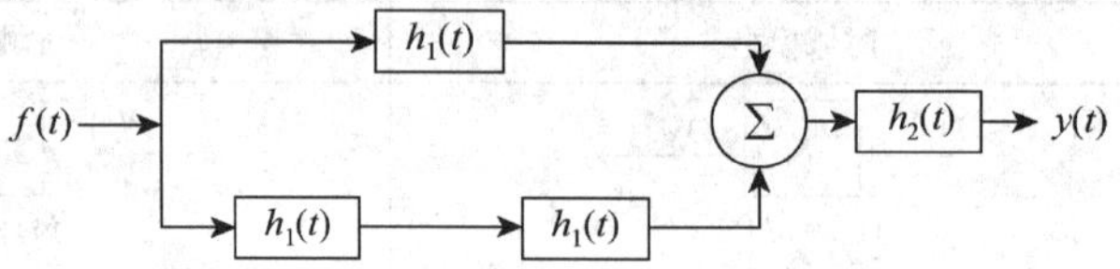

图 4-12　例 4-21 图

解　系统 $h_1(t)$ 首先在下支路形成了串联系统，串联后的系统函数为 $h_1(t)*h_1(t)$；然后再与上支路形成并联关系，并联后的系统函数为 $h_1(t)+h_1(t)*h_1(t)$；最后与 $h_2(t)$ 系统进行串联有 $h_2(t)*\left[h_1(t)+h_1(t)*h_1(t)\right]$。所以

$$\begin{aligned}h(t)&=h_2(t)*\left[h_1(t)+h_1(t)*h_1(t)\right]\\&=u(t-1)*\left[\delta(t-1)+\delta(t-1)*\delta(t-1)\right]\\&=u(t-1)*\left[\delta(t-1)+\delta(t-2)\right]\\&=u(t-2)+u(t-3)\end{aligned}$$

3. 系统函数的零、极点

一个系统特性在复频域内完全可由其系统函数 $H(s)$ 唯一确定。通常 $H(s)$ 以多项式之比的形式出现，即

$$H(s)=\frac{b_ms^m+b_{m-1}s^{m-1}+\cdots+b_1s\ +b_0}{a_ns^n+a_{n-1}s^{n-1}+\cdots+a_1s\ +a_0}=\frac{N(s)}{D(s)}$$

式中，$H(s)$ 的分母多项式 $D(s)=0$ 的根称为系统函数的极点（pole），用 $p_i(i\in[1,n])$ 表示；而 $H(s)$ 的分子多项式 $N(s)=0$ 的根称为系统函数的零点（zero），用 $z_j(j\in[1,m])$ 表示。

利用系统函数的零、极点，又可以把 $H(s)$ 的分子、分母改写为线性因子的乘积如下：

$$H(s)=H_0\frac{(s-z_1)(s-z_2)\cdots(s-z_m)}{(s-p_1)(s-p_2)\cdots(s-p_n)}=H_0\frac{\prod_{j=1}^{m}(s-z_j)}{\prod_{i=1}^{n}(s-p_i)} \tag{4-48}$$

式中，$H_0=\dfrac{b_m}{a_n}$ 为一常数。如果 $H(s)$ 的零点 z_j、极点 p_i 和常系数 H_0 已知，则系统函数就完全确定，其中零、极点对系统特性起着主要作用。

若把 $H(s)$ 的零、极点一一标示在 s 平面上，则称为系统函数的零、极点图。其中，零点用“○”表示，极点为“×”表示。若为 n 重零点或极点，可在图中适当位置标注以（n）。

例 4-22　已知系统函数 $H(s)=\dfrac{s^2(s+6)}{[(s+3)^2+25](s+1.5)}$，求系统的零、极点图。

解　系统函数为

$$H(s)=\frac{s^2(s+6)}{(s+3+\mathrm{j}5)(s+3-\mathrm{j}5)(s+1.5)}$$

该系统函数的零点有

$$z_1=-6,\quad z_2=0^{(2)}\ （在零点存在二重零点）$$

极点有

$$p_1=-3-\mathrm{j}5,\quad p_2=-3+\mathrm{j}5,\quad p_3=-1.5$$

则此系统的零、极点图如图 4-13 所示。

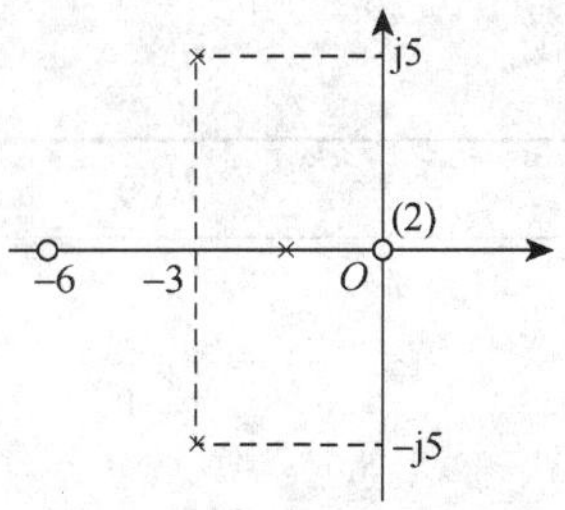

图 4-13　零、极点图

研究系统函数的零、极点有两方面的意义：①从系统函数的极点分布可以了解系统的固有频率，进而了解系统冲激响应的模式，也就是说，可以知道系统的冲激响应是增幅振荡型、衰减振荡型、等幅振荡型，还是几者的组合，从而可以了解系统的响应特性及系统是否稳定；②从系统的零、极点分布可以求得系统的频率响应特性，从而可以分析系统的正弦稳态响应特性。系统的时域、频域特性都集中地以其系统函数或系统函数的零、极点分布表现出来。

4.5.2　系统函数 $H(s)$ 与系统时域特性

系统函数 $H(s)$ 反映系统的输入输出特性，系统函数 $H(s)$ 的极点决定系统单位冲激响应 $h(t)$ 的形态。对于系统函数中的单极点 p_i，其单位冲激响应 $h(t)$ 中的对应部分为 $K_i\mathrm{e}^{p_i t}$（K_i 为常系数）。根据 p_i 的取值的不同，可分为以下几种情况进行讨论。

（1）$p_i=\alpha$（α 为实数）：$H(s)=\dfrac{K_i}{s-\alpha}$。对应于时域响应信号为 $K_i\mathrm{e}^{\alpha t}u(t)$。如表 4-2 所示。

①当 $\alpha>0$ 时，响应信号为指数增长信号；

②当 $\alpha<0$ 时，响应信号为指数衰减信号；

③当 $\alpha=0$ 时，响应为阶跃信号 $K_i u(t)$。

表 4-2　极点分布与时域波形关系表（一）

$H(s)$	s 平面的极点图	t 平面的波形图
$\alpha>0$	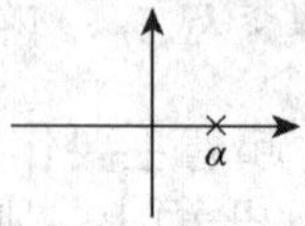	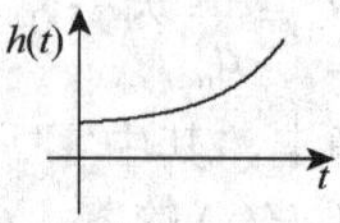
$\alpha<0$	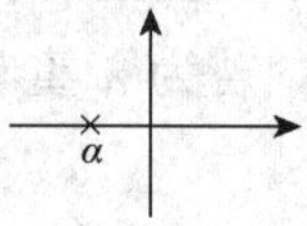	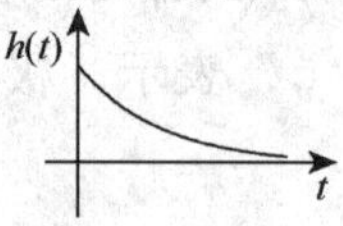
$\alpha=0$	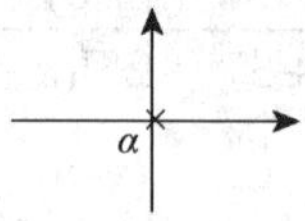	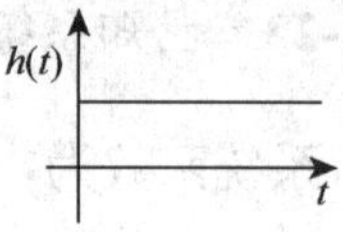

（2）$p_i=\alpha\pm \mathrm{j}\omega_0$：$H(s)=\dfrac{K_i}{(s-\alpha)^2+\omega_0^2}$。对应于时域响应信号为 $K_i(\mathrm{e}^{\alpha t}\mathrm{e}^{\pm \mathrm{j}\omega_0 t})u(t)$。如表 4-3 所示。

（1）当 $\alpha>0$ 时，响应信号为增幅振荡信号；

（2）当 $\alpha<0$ 为负数时，响应信号为减幅振荡信号；

（3）当 $\alpha=0$ 时，响应信号为等幅振荡信号 $K_i\mathrm{e}^{\pm \mathrm{j}\omega_0 t}u(t)$。

表 4-3　极点分布与时域波形关系表（二）

$H(s)$	s 平面的极点图	t 平面的波形图
$\alpha>0$	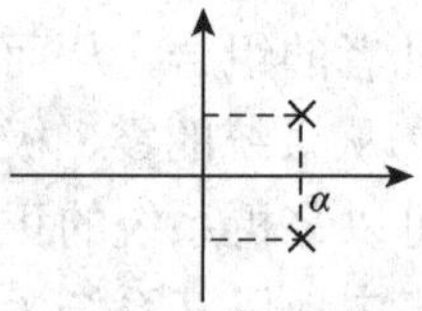	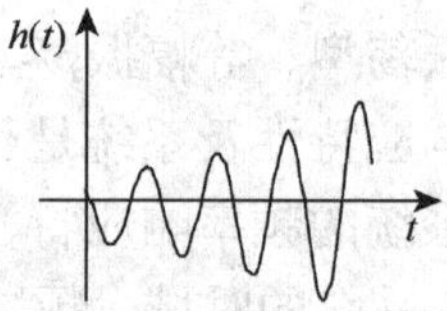
$\alpha<0$	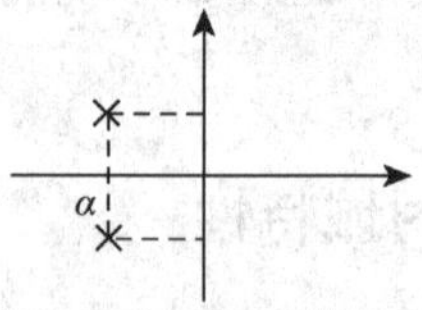	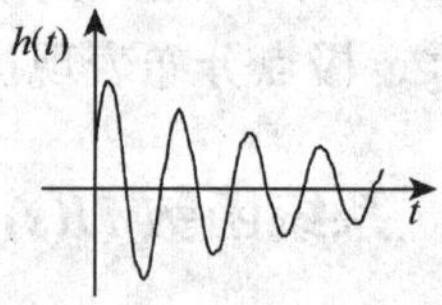
$\alpha=0$	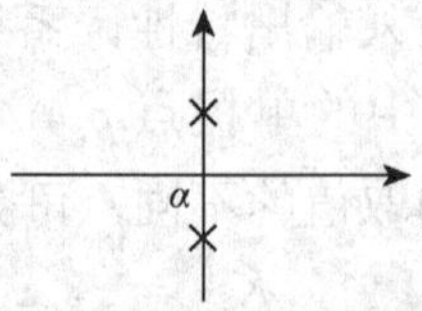	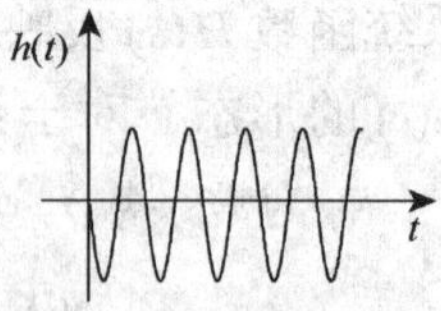

表 4-2 给出了系统函数 $H(s)$ 中包含单极点时对应的时域响应情况，对于重极点，除

含有单极点的情形外，还含有与 t 的幂次相乘的部分。表 4-3 给出了系统函数 $H(s)$ 中包含共轭极点时对应的时域响应情况，当共轭极点的实部小于零（即极点位于左半开平面）时，时域响应的幅值呈衰减趋势，当共轭极点的实部大于或等于零（即极点位于右半开平面或虚轴上）时，时域响应的幅值呈增长趋势。

4.5.3　系统函数 $H(s)$ 与系统频域特性

系统函数的零、极点分解形式如式（4-27）所示。对于连续因果系统，当系统函数的极点均位于 s 平面的左半开平面时，系统函数在虚轴 $\mathrm{j}\omega$ 上收敛，系统的频率响应函数为

$$H(\mathrm{j}\omega)=H(s)|_{s=\mathrm{j}\omega}=H_0\frac{\prod_{j=1}^{m}(\mathrm{j}\omega-z_j)}{\prod_{i=1}^{n}(\mathrm{j}\omega-p_i)} \tag{4-49}$$

系统的频率响应包括幅频响应和相频响应，如果用 $|H(\mathrm{j}\omega)|$ 表示系统的幅频响应，用 $\varphi(\omega)$ 表示系统的相频响应，则系统的频率响应可写为

$$H(\mathrm{j}\omega)=|H(\mathrm{j}\omega)|\mathrm{e}^{\mathrm{j}\varphi(\omega)} \tag{4-50}$$

在 s 平面中，任意一个复数可用一个起始于原点的向量表示，任意两个复数的差可用对应向量的差向量表示。对于系统频率响应函数中任意零点 z_j 和任意极点 p_i，其对应的差向量如图 4-14 所示。

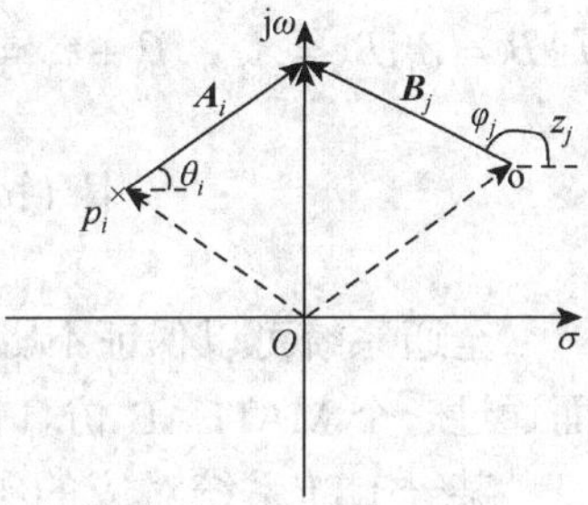

图 4-14　零、极点向量图

若令

$$\begin{aligned}\boldsymbol{A}_i&=\mathrm{j}\omega-p_i=|\mathrm{j}\omega-p_i|\mathrm{e}^{\mathrm{j}\angle(\mathrm{j}\omega-p_i)}=A_i\mathrm{e}^{\mathrm{j}\theta_i}\\\boldsymbol{B}_j&=\mathrm{j}\omega-z_j=|\mathrm{j}\omega-z_j|\mathrm{e}^{\mathrm{j}\angle(\mathrm{j}\omega-z_j)}=B_j\mathrm{e}^{\mathrm{j}\varphi_j}\end{aligned} \tag{4-51}$$

响应可表示为

$$H(\mathrm{j}\omega)=H_0\frac{\prod_{j=1}^{m}B_j\mathrm{e}^{\mathrm{j}\varphi_j}}{\prod_{i=1}^{n}A_i\mathrm{e}^{\mathrm{j}\theta_i}} \tag{4-52}$$

系统的幅频响应可表示为

$$|H(\mathrm{j}\omega)|=|H_0|\frac{\prod_{j=1}^{m}B_j}{\prod_{i=1}^{n}A_i} \tag{4-53}$$

当 $H_0>0$ 时，系统的相频响应可表示为

$$\varphi(\omega)=\sum_{j=1}^{m}\varphi_j-\sum_{i=1}^{n}\theta_i \tag{4-54}$$

当 $H_0<0$ 时，系统的相频响应可表示为

$$\varphi(\omega)=\pi+\sum_{j=1}^{m}\varphi_j-\sum_{i=1}^{n}\theta_i \tag{4-55}$$

1. 全通系统

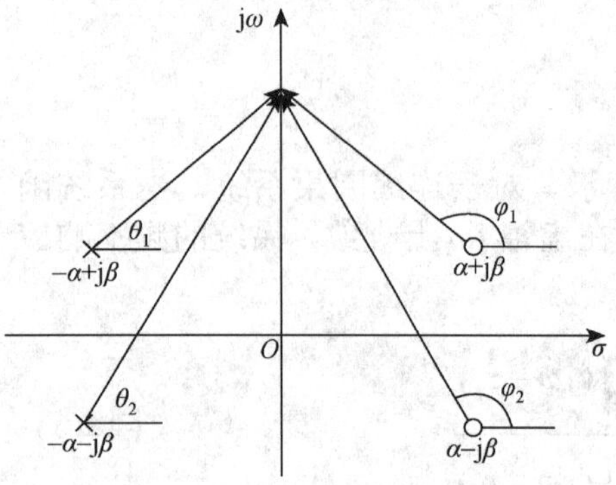

图 4-15　零、极点关于虚轴 jω 对称的系统

当系统所有的零点与极点为一一镜像（图 4-15），即关于 jω 轴对称，且所有极点位于 s 平面的左半开平面，所有零点位于 s 平面的右半开平面时，系统的幅频响应为一常数 H_0，这类系统称为全通系统，对应系统函数称为全通函数。

假设全通系统的零点为 $z_{1,2}=\alpha\pm \mathrm{j}\beta$，则对应的极点为 $p_{1,2}=-\alpha\pm \mathrm{j}\beta$，即系统函数为

$$H(\mathrm{j}\omega)=H_0\frac{(\mathrm{j}\omega-z_1)(\mathrm{j}\omega-z_2)}{(\mathrm{j}\omega-p_1)(\mathrm{j}\omega-p_2)}$$

令

$$\mathrm{j}\omega-z_1=-\alpha-\mathrm{j}(\omega-\beta)=B_1\mathrm{e}^{\mathrm{j}\varphi_1},\quad \mathrm{j}\omega-z_2=-\alpha-\mathrm{j}(\omega+\beta)=B_2\mathrm{e}^{\mathrm{j}\varphi_2}$$
$$\mathrm{j}\omega-p_1=\alpha-\mathrm{j}(\omega-\beta)=A_1\mathrm{e}^{\mathrm{j}\theta_1},\quad \mathrm{j}\omega-z_2=\alpha-\mathrm{j}(\omega+\beta)=A_2\mathrm{e}^{\mathrm{j}\theta_2}$$

则 $B_1=A_1,B_2=A_2$，$\theta_1+\varphi_1=\pi,\theta_2+\varphi_2=\pi$，代入 $H(\mathrm{j}\omega)$ 有

$$|H(\mathrm{j}\omega)|=|H_0|,\varphi(\omega)=\begin{cases}2(\varphi_2+\varphi_1-\pi), & H_0>0\\ 2(\pi-\varphi_2+\varphi_1), & H_0<0\end{cases}$$

全通系统可以保证不影响待传送信号的幅度频谱特性，只改变信号的相位频谱。下面通过一个 MATLAB 仿真说明全通系统的特性。

某一 LTI 系统对应的零、极点（图 4-16）为一一镜像关系，即全通系统，其频率响应如图 4-17 所示。当输入信号 $x(t)=\sin 2t$（图 4-18（a））时，对应的输出信号 $y(t)$（图 4-18（b））的幅频特性没有发生改变，但是相频发生了改变。

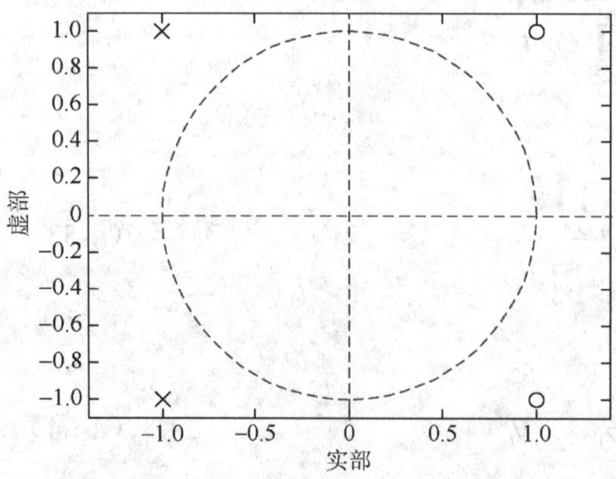

图 4-16　零、极点图

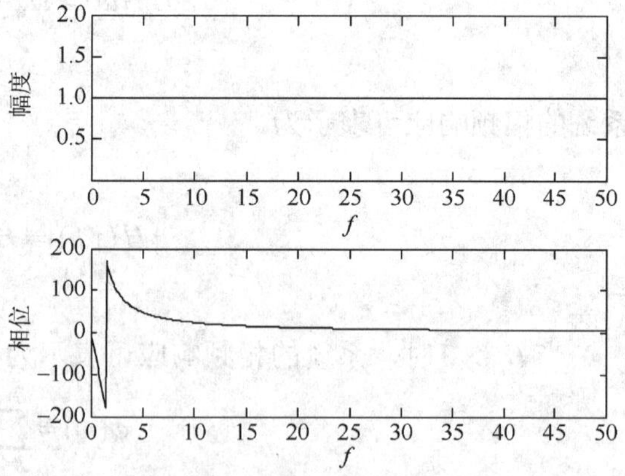

图 4-17　幅度谱和相位谱

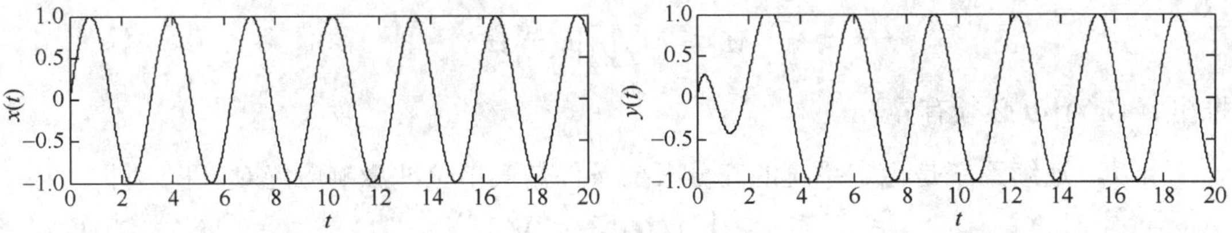

(a) 输入信号　(b) 输出信号

图 4-18　全通系统

2. 最小相移系统

对于幅频响应$|H(\mathrm{j}\omega)|$相同的系统，当系统的所有零点位于 s 平面的左半平面时，系统相移 $\varphi(\omega)$ 是最小的，这类系统称为最小相移系统，对应的系统函数 $H(s)$ 称为最小相移函数。最小相移系统与非最小相移系统的零、极点区别如图 4-19 所示。

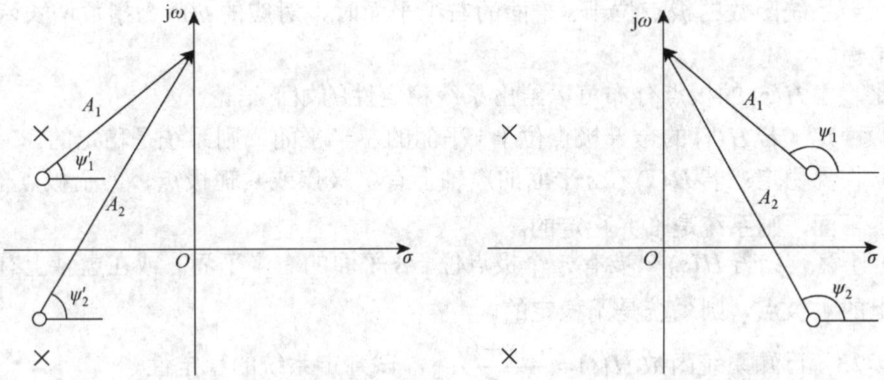

(a) 最小相移系统　(b) 非最小相移系统

图 4-19　最小相移系统与非最小相移系统

4.5.4　LTI 系统的稳定性

1. 系统稳定性的定义

一个系统，如果对任意的有界输入，其零状态响应也是有界的，则称其为有界输入有界输出（bounded input bounded output，BIBO）稳定系统。

对所有输入的激励信号 $f(t)$ 满足$|f(t)| \leqslant M_f$，其零状态响应 $y_{zs}(t)$ 满足$|y_{zs}(t)| \leqslant M_r$，则系统是稳定的（$M_f$、$M_r$ 为有界常数）。

根据定义有

$$y_{zs}(t) = f(t) * h(t) = \int_{-\infty}^{\infty} h(\tau) f(t-\tau) \mathrm{d}\tau$$

代入系统稳定的条件：

$$|y_{zs}(t)| \leqslant \int_{-\infty}^{\infty} |h(\tau)||f(t-\tau)| \mathrm{d}\tau$$

即

$$M_r \leqslant M_f \int_{-\infty}^{\infty} |h(\tau)| \mathrm{d}\tau$$

推出 $\int_{-\infty}^{\infty} |h(t)| \mathrm{d}t$ 必须有界。

所以，连续系统是稳定系统的充分必要条件是其单位冲激响应绝对可积，即

$$\int_{-\infty}^{\infty} |h(t)| \mathrm{d}t \leqslant M \tag{4-56}$$

2. 系统稳定性的判断

从表 4-2 和表 4-3 中可以得到：

（1）当系统函数的极点位于 s 平面的左半平面时，对应的 $h(t)$ 为指数衰减函数或衰减振荡函数；

（2）当系统函数的极点位于 s 平面的虚轴上时，对应的 $h(t)$ 为阶跃函数或等幅振荡函数；

（3）当系统函数的极点位于 s 平面的右半平面时，对应的 $h(t)$ 为指数增长函数或增幅振荡函数。

因此，由 $H(s)$ 的极点分布可以给出系统稳定性的如下结论。

（1）稳定：若 $H(s)$ 的全部极点位于 s 平面的左半平面，则系统是稳定的。

（2）临界稳定：若 $H(s)$ 在 s 平面的虚轴上有单极点或共轭极点，其余极点全在 s 平面的左半平面，则系统是临界稳定的。

（3）不稳定：若 $H(s)$ 只要有一个极点位于 s 平面的右半平面，或在虚轴上有二阶或二阶以上的重极点，则系统是不稳定的。

例 4-23　已知系统函数 $H(s)=\dfrac{s+6}{s^2-5s-6}$，试判定系统的稳定性。

解　令 $D(s)=s^2-5s-6=0$，推出对应极点为

$$p_1=-1,\quad p_2=6$$

根据系统稳定的条件为所有极点位于 s 平面的左半平面，而此系统有一个极点 $p_2=6$ 位于 s 平面的右半平面，因此系统不稳定。

例 4-24　利用系统函数分析例 2-1 RLC 串联电路稳定性。

解　对图 2-1 中电路原件进行 s 域模型转换，如图 4-20 所示。

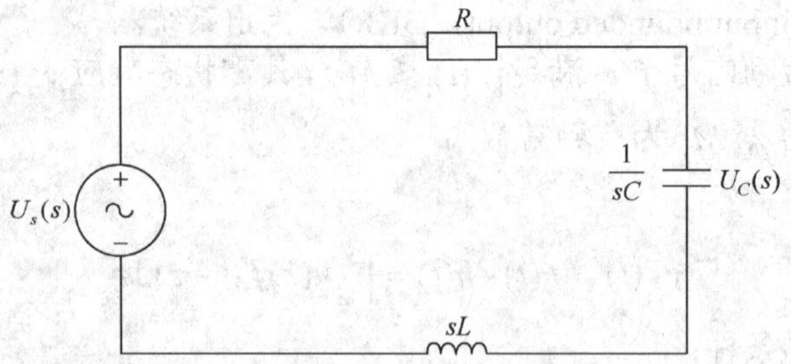

图 4-20　例 4-24 图

根据分压原理：

$$U_C(s)=\frac{\dfrac{1}{sC}}{R+sL+\dfrac{1}{sC}}U_s(s)=\frac{1}{s^2LC+sRC+1}U_s(s)$$

推出

$$H(s)=\frac{U_C(s)}{U_s(s)}=\frac{1}{s^2LC+sRC+1}$$

系统函数的极点有

$$P_{1,2}=-\frac{R}{2L}\pm\sqrt{\left(\frac{R}{2L}\right)^2-\left(\frac{1}{\sqrt{LC}}\right)^2}$$

令

$$\alpha=\frac{R}{2L},\quad \omega_0=\frac{1}{\sqrt{LC}}$$

则

$$P_{1,2}=-\alpha\pm\sqrt{\alpha^2-\omega_0^2}$$

根据系统函数的稳定性分析可知：

当$\alpha=0$时，即$R=0$，则$P_{1,2}=\pm \mathrm{j}\omega_0$，极点位于虚轴，所以系统此时处于临界状态；否则极点P_1、P_2总是会落在左半平面，系统处于稳定状态。

3. 利用拉普拉斯变换分析控制系统

在经典控制理论中，对控制系统的分析和综合都是建立在拉普拉斯变换的基础上。在控制理论中引入拉普拉斯变换的一个主要优势，就是可采用传递函数代替常系数微分方程来描述系统的特性。这就为采用直观、简便的图解方法来确定控制系统的整个特性，分析控制系统的运动过程，以及调整控制系统提供了可能性。

一般反馈系统模型如图 4-21 所示。

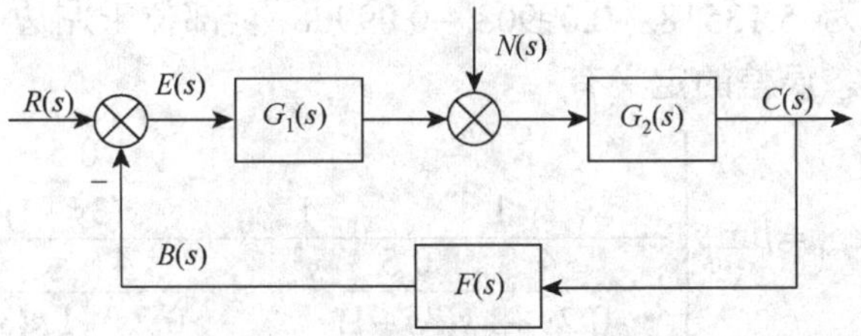

图 4-21　一般反馈控制系统模型

其中，$R(s)$为系统的输入信号，被控量的期望值；$B(s)$为反馈信号，被控量的实际值；$E(s)$为误差量，$E(s)=R(s)-B(s)$或者$e(t)=r(t)-b(t)$；$N(s)$为扰动量，作用于被控过程并引起被控参数变化的其他各种因素；$F(s)=1$为单位反馈系统。

系统传递函数函数定义为：系统在零初始状态下，系统输出响应的拉普拉斯变换与输入信号拉普拉斯变换之比，记为

$$G(s)=\frac{C(s)}{R(s)}$$

系统稳态误差简称稳差，是控制系统精度的一种度量，通常反映的是控制系统的稳态性能，是控制系统准确性的直接反映，同时也是控制系统的一项重要性能指标；它表示了系统跟踪输入信号或抑制干扰信号的能力。

根据作用在系统的输入信号不同，稳差可以分为给定稳差e_{ssr}和扰动稳差e_{ssn}。e_{ssr}是系统只受到给定的系统输入信号作用时的稳差；e_{ssn}是系统只受到扰动输入信号作用时的稳差。即

$$e_{ss}=e_{ssr}+e_{ssn}=\lim_{s\to 0}s\left(\frac{1}{1+G_1(s)G_2(s)F(s)}R(s)-\frac{G_2(s)}{1+G_1(s)G_2(s)F(s)}N(s)\right)$$

例 4-25 某单位反馈系统的结构图如图 4-22 所示，已知$r(t)=tu(t)$，$n(t)=-3u(t)$，求该系统的总稳差。

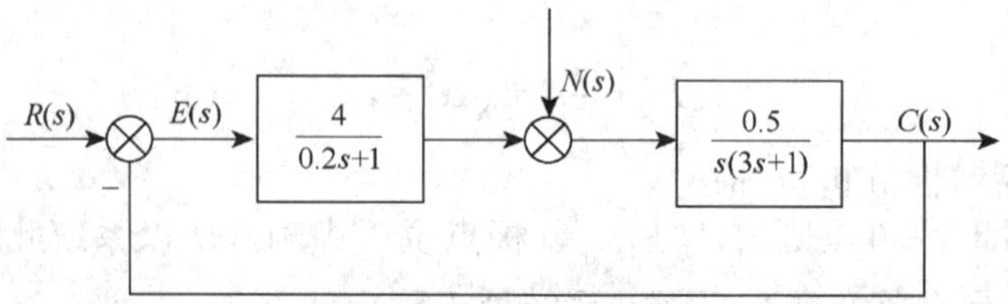

图 4-22 例 4-25 图

解 根据系统传递函数的定义，系统的闭环传递函数：

$$H_{CR}=\frac{1}{1+\frac{4}{0.2s+1}\frac{0.5}{s\left(3s+1\right)}}=\frac{0.6s^3+3.2s^2+s}{0.6s^3+3.2s^2+s+2}$$

利用 MATLAB 软件中的[r, p, k]=residuez（num, den）函数进行零极点计算。其中，num=[0.6, 3.2, 1]；den=[0.6, 3.2, 1, 2]。

计算出极点分别为−5.13518, −0.09908, −0.09908；全部位于左边平面，所以系统稳定。

根据系统总的稳态误差的定义有

$$e_{ss}=e_{ssr}+e_{ssn}=\lim_{s\to 0}s\left[\frac{1}{1+\frac{4}{0.2s+1}\frac{0.5}{s(3s+1)}}\frac{1}{s^2}-\frac{\frac{0.5}{s(3s+1)}}{1+\frac{4}{0.2s+1}\frac{0.5}{s(3s+1)}}\frac{-3}{s}\right]$$
$$=0.5+0.75=1.25$$

4.6 拉普拉斯变换与傅里叶变换的关系

因果信号的单边拉普拉斯变换与双边拉普拉斯变换相同。根据从傅里叶变换到拉普拉斯变换的描述，可将双边拉普拉斯变换看做傅里叶变换的推广，即将信号$f(t)$乘以系数$e^{-\sigma t}$后进行傅里叶变换便可得$f(t)$的拉普拉斯变换$F(s)$，其中，$s=\sigma+j\omega$；虽然信

号 $f(t)$ 的傅里叶变换可能不存在，但拉普拉斯变换一般总是存在的，当信号 $f(t)$ 的拉普拉斯变换的收敛域包含 s 平面虚轴 $\mathrm{j}\omega$ 时，可将傅里叶变换看做拉普拉斯变换在 $s=\mathrm{j}\omega$ 时的特例，可由信号 $f(t)$ 的拉普拉斯变换直接求出其傅里叶变换。

对于因果信号 $f(t)$，在从拉普拉斯变换到傅里叶变换时，根据拉普拉斯变换收敛域 $\mathrm{Re}(s)\geqslant\sigma_0$ 中 σ_0 的取值可分为三种情况。

（1）当 $\sigma_0<0$ 时，$f(t)$ 的拉普拉斯变换的收敛域包含 s 平面虚轴 $\mathrm{j}\omega$，其傅里叶变换为

$$F(\mathrm{j}\omega)=F(s)\big|_{s=\mathrm{j}\omega} \tag{4-57}$$

（2）当 $\sigma_0=0$ 时，$f(t)$ 的傅里叶变换存在，但不能由式（4-36）直接求取。信号 $f(t)$ 的拉普拉斯变换的收敛域为 $\mathrm{Re}(s)\geqslant 0$，说明 $F(s)$ 在 s 平面的虚轴上有极点，即有虚根。

当 $F(s)$ 有 N 个单虚根时，$F(s)$ 可分解为

$$F(s)=F_z(s)+\sum_{i=1}^{N}\frac{K_i}{s-\mathrm{j}\omega_i} \tag{4-58}$$

式中，$F_z(s)$ 是位于 s 平面的左半平面的极点对应的部分。

对式（4-58）求其拉普拉斯逆变换：

$$f(t)=f_z(t)+\sum_{i=1}^{N}K_i\mathrm{e}^{\mathrm{j}\omega_i t}u(t) \tag{4-59}$$

对式（4-59）两端求傅里叶变换：

$$\begin{aligned}F(\mathrm{j}\omega)&=F_z(\mathrm{j}\omega)+\sum_{i=1}^{N}K_i\left[\pi\delta(\omega-\omega_i)+\frac{1}{\mathrm{j}\omega-\mathrm{j}\omega_i}\right]\\&=F_z(\mathrm{j}\omega)+\sum_{i=1}^{N}\frac{K_i}{\mathrm{j}\omega-\mathrm{j}\omega_i}+\sum_{i=1}^{N}K_i\pi\delta(\omega-\omega_i)\end{aligned}$$

式中，$F_z(\mathrm{j}\omega)+\sum\limits_{i=1}^{N}\dfrac{K_i}{\mathrm{j}\omega-\mathrm{j}\omega_i}=F(s)|_{s=\mathrm{j}\omega}$，所以当 $F(s)$ 有 N 个单虚根时，有

$$F(\mathrm{j}\omega)=F(s)|_{s=\mathrm{j}\omega}+\sum_{i=1}^{N}K_i\pi\delta(\omega-\omega_i) \tag{4-60}$$

当 $F(s)$ 有 r 重虚根时，$F(s)$ 可分解为

$$F(s)=F_z(s)+\frac{K_{11}}{(s-\mathrm{j}\omega_1)^r}+\frac{K_{12}}{(s-\mathrm{j}\omega_1)^{r-1}}+\cdots+\frac{K_{1r}}{(s-\mathrm{j}\omega_1)} \tag{4-61}$$

同理可推出式（4-61）相对应的傅里叶变换为

$$\begin{aligned}F(\mathrm{j}\omega)=F(s)|_{s=\mathrm{j}\omega}&+\frac{K_{11}\pi(\mathrm{j})^{r-1}}{(r-1)!}\delta^{(r-1)}(\omega-\omega_1)+\\&\frac{K_{12}\pi(\mathrm{j})^{r-2}}{(r-2)!}\delta^{(r-2)}(\omega-\omega_1)+\cdots+K_{1r}\pi\delta(\omega-\omega_1)\end{aligned} \tag{4-62}$$

（3）当 $\sigma_0>0$ 时，$f(t)$ 的傅里叶变换不存在。

例 4-26 已知 $\sin(\omega_0 t)u(t)$ 的象函数为 $F(s)=\dfrac{\omega_0}{s^2+\omega_0^2}$，求其傅里叶变换。

解 将 $F(s)$ 展开为部分分式，为

$$F(s)=\frac{\frac{1}{2\mathrm{j}}}{s-\mathrm{j}\omega_0}+\frac{-\frac{1}{2\mathrm{j}}}{s+\mathrm{j}\omega_0}$$

由式（4-39）得其对应的傅里叶变换为

$$F(\mathrm{j}\omega)=F(s)|_{s=\mathrm{j}\omega}+\sum_{i=1}^{N}K_i\pi\delta(\omega-\omega_i)=\frac{\omega_0}{\omega_0^2-\omega^2}+\frac{\pi}{2\mathrm{j}}\delta(\omega+\omega_0)+\frac{\pi}{2\mathrm{j}}\delta(\omega-\omega_0)$$

科学家之路

拉普拉斯（Pierre-Simon Laplace）

Pierre-Simon Laplace (1749～1827) proved the stability of the solar system. In analysis Laplace introduced the potential function and Laplace coefficients. He also put the theory of mathematical probability on a sound footing.

The Laplace transform is a widely used integral transform with many applications in physics and engineering. Denoted $\mathcal{L}[f(t)]$, it is a linear operator of a function $f(t)$ with a real argument t ($t\geqslant 0$) that transforms it to a function $F(s)$ with a complex argument s.

$$F(s)=\mathcal{L}[f(t)]=\int_0^{\infty}\mathrm{e}^{-st}f(t)\mathrm{d}t$$

The parameter s is a complex number: $s=\sigma+\mathrm{j}\omega$ with real numbers σ and ω.

The Laplace transform is related to the Fourier transform, but whereas the Fourier transform expresses a function or signal as a series of modes of vibration (frequencies) , the Laplace transform resolves a function into its moments. Like the Fourier transform, the Laplace transform is used for solving differential and integral equations. In physics and engineering it is used for analysis of linear time-invariant systems such as electrical circuits, harmonic oscillators, optical devices, and mechanical systems. In such analyses, the Laplace transform is often interpreted as a transformation from the time-domain, in which inputs and outputs are functions of time, to the frequency-domain, where the same inputs and outputs are functions of complex angular frequency, in radians per unit time. Given a simple mathematical or functional description of an input or output to a system, the Laplace transform provides an alternative functional description that often simplifies the process of analyzing the behavior of the system, or in synthesizing a new system based on a set of specifications.

History of automatic Control

Automatic control is the application of control theory for regulation of processes without direct human intervention. In the simplest type of an automatic control loop, a controller compares a measured value of a process with a desired set value, and processes the resulting error signal to change some input to the process, in such a way that the process stays at its set point despite disturbances. This closed-loop control is an application of negative feedback to a system. The mathematical basis of control theory was begun in the 18th century, and advanced rapidly in the 20th.

Designing a system with features of automatic control generally requires the feeding of electrical or mechanical energy to enhance the dynamic features of an otherwise sluggish or variant, even errant system. The control is applied by regulating the energy feed.

It was a preoccupation of the Greeks and Arabs (in the period between about 300 BC and about 1200 AD) to keep accurate track of time. In about 270 BC the Greek Ctesibius invented a float regulator for a water clock, a device not unlike the ball and cock in a modern flush toilet. The invention of the mechanical clock in the 14th century made the water clock and its feedback control system obsolete. The float regulator does not appear again until its use in the Industrial Revolution.

Industrial Revolution in Europe

Thomas Newcomen invented the steam engine in 1713, and this date marks the accepted beginning of the Industrial Revolution; however, its roots can be traced back into the 17th century. The introduction of prime movers, or self-driven machines advanced grain mills, furnaces, boilers, and the steam engine created a new requirement for automatic control systems including temperature regulators (invented in 1624 (see Cornelius Drebbel)), pressure regulators (1681), float regulators (1700) and speed control devices. The design of feedback control systems up through the Industrial Revolution was by trial-and-error, together with a great deal of engineering intuition. Thus, it was more of an art than a science. In the mid-19th century mathematics was first used to analyze the stability of feedback control systems. Since mathematics is the formal language of automatic control theory, we could call the period before this time the prehistory of control theory.

First and Second World Wars

The First and Second World Wars saw major advancements in the field of mass communication and signal processing. Other key advances in automatic controls include differential equations, stability theory and system theory (1938), frequency domain analysis (1940), ship control (1950), and stochastic analysis (1941).

Space/computer age

With the advent of the space age in 1957, controls design, particularly in the United States, turned away from the frequency-domain techniques of classical control theory and backed into the differential equation techniques of the late 19th century, which were couched in the time domain. The modern era saw time-domain design for nonlinear systems (1961), navigation (1960), optimal control and estimation theory (1962), nonlinear control theory (1969), digital control and filtering theory (1974), and the personal computer (1983).

4.7 本章小结

拉普拉斯变换是傅里叶变换的推广，在 LTI 系统分析中特别有用，它可以将微分方程变为代数方程，且可方便地考虑系统的初始状态，这对分析系统互联、系统结构、用系统函数表征系统、分析系统特性等具有重要意义。

1. 单边拉普拉斯变换

$$F(s)=\int_{0_-}^{\infty} f(t)\mathrm{e}^{-st}\mathrm{d}t$$

2. 常用函数的拉普拉斯变换

在利用拉普拉斯变换进行电路、系统分析时，常常需要对函数进行拉普拉斯变换或拉普拉斯逆变换，表 4-4 给出了一些常用函数的拉普拉斯变换，在今后很多计算中可以直接查询使用，无须利用定义进行求解。

表 4-4　常用函数的单边拉普拉斯变换

$f(t)$	$F(s)$	$f(t)$	$F(s)$
$\delta(t)$	1	$t\mathrm{e}^{-\alpha t}$	$\dfrac{1}{(s+\alpha)^2}$
$u(t)$	$\dfrac{1}{s}$	$\sin(\omega t)$	$\dfrac{\omega}{s^2+\omega^2}$

续表

$f(t)$	$F(s)$	$f(t)$	$F(s)$
t	$\frac{1}{s^2}$	$\cos(\omega t)$	$\frac{s}{s^2+\omega^2}$
t^n	$\frac{n!}{s^{n+1}}$	$e^{-\alpha t}\sin(\omega t)$	$\frac{\omega}{(s+\alpha)^2+\omega^2}$
$e^{-\alpha t}$	$\frac{1}{s+\alpha}$	$e^{-\alpha t}\cos(\omega t)$	$\frac{s+\alpha}{(s+\alpha)^2+\omega^2}$

3. 拉普拉斯变换的主要性质

表 4-5 给出拉普拉斯变换的基本性质，掌握好这些性质，对于一些复杂信号的拉普拉斯变换或逆变换的求解会相对比较简单。

表 4-5　拉普拉斯变换的性质

名称	时域	复频域
线性特性	$a_1 f_1(t)+a_2 f_2(t)$	$a_1F_1(s)+a_2F_2(s)$
尺度变换	$f(at)(a>0)$	$\frac{1}{a}F\left(\frac{s}{a}\right)$
延时特性	$f(t-t_0)u(t-t_0)$	$F(s)e^{-st_0}$
频移特性	$f(t)e^{\pm s_0 t}$	$F(s\mp s_0)$
时域微分	$f'(t)$ $f^{(n)}(t)$	$sF(s)-f(0_-)$ $s^nF(s)-\sum_{m=0}^{n-1}s^{n-m-1}f^{(m)}(0_-)$
时域积分	$\int_{0_-}^{t}f(\tau)d\tau$	$\frac{1}{s}F(s)$
时域卷积定理	$f_1(t)*f_2(t)$	$F_1(s)F_2(s)$
频域卷积定理	$f_1(t)f_2(t)$	$\frac{1}{2\pi j}F_1(s)*F_2(s)$
频域微分	$(-t)^n f(t)$	$\frac{d^nF(s)}{ds^n}$
频域积分	$\frac{f(t)}{t}$	$\int_s^{\infty}F(s)ds$
初值定理	若 $\lim_{s\to\infty}sF(s)$ 存在，则 $f(0_+)=\lim_{t\to 0+}f(t)=\lim_{s\to\infty}sF(s)$	
终值定理	若 $\lim_{t\to\infty}f(t)$ 存在，则 $f(\infty)=\lim_{t\to\infty}f(t)=\lim_{s\to 0}sF(s)$	

4. 拉普拉斯逆变换

部分分式分解法将函数 $F(s)$ 分解为一系列基本部分的和，再根据基本信号的拉普拉斯变换对以及拉普拉斯变换性质求出各部分的拉普拉斯逆变换。

（1）n个单实根：

$$F(s)=\frac{K_1}{s-p_1}+\frac{K_2}{s-p_2}+\cdots+\frac{K_n}{s-p_n}=\sum_{i=1}^{n}\frac{K_i}{s-p_i}$$

系数：

$$K_i=[(s-p_i)F(s)]\big|_{s=p_i}$$

利用 $\dfrac{K_i}{s-p_i}\leftrightarrow K_i\mathrm{e}^{p_it}$ 得到

$$f(t)=\sum_{i=1}^{n}K_i\mathrm{e}^{p_it}$$

（2）k 重根：

$$F(s)=\frac{N(s)}{D(s)}=\frac{N(s)}{(s-p_1)^k D_1(s)}$$

将 k 重根展开：

$$F(s)=\frac{K_{11}}{(s-p_1)^k}+\frac{K_{12}}{(s-p_1)^{k-1}}+\cdots+\frac{K_{1k}}{(s-p_1)}+\frac{N_1(s)}{D_1(s)}$$

系数：

$$K_{1i}=\frac{1}{(i-1)!}\left\{\frac{\mathrm{d}^{i-1}}{\mathrm{d}s^{i-1}}\left[(s-p_1)^k F(s)\right]_{s=p_1}\right\},\quad i=1,2,\cdots,k$$

再利用

$$\frac{K}{(s-p_i)^k}\leftrightarrow\frac{K}{(k-1)!}t^{k-1}\mathrm{e}^{p_it}$$

5. 电路的 s 域分析

利用电路基本元器件 R、L、C 的 s 域模型可以直接对电路进行线性分析，并且能够将初始条件包含在电路分析中，将大大简化时域电路的分析过程。

6. s 域系统函数

系统函数：

$$H(s)=\frac{Y_{zs}(s)}{F(s)}=\frac{b_ms^m+b_{m-1}s^{m-1}+\cdots+b_1s+b_0}{a_ns^n+a_{n-1}s^{n-1}+\cdots+a_1s+a_0}=\frac{N(s)}{D(s)}$$

$$H(s)=H_0\frac{(s-z_1)(s-z_2)\cdots(s-z_m)}{(s-p_1)(s-p_2)\cdots(s-p_n)}=H_0\frac{\prod\limits_{j=1}^{m}(s-z_j)}{\prod\limits_{i=1}^{n}(s-p_i)}$$

式中，零点 z_j 用“○”表示，极点 p_i 用“×”表示。若为 n 重零点或极点，可在图中适当位置标注以（n）。若把 $H(s)$ 的零、极点一一标示在 s 平面上，则称为系统函数的零、极点图。

7. 系统稳定性

一个系统，如果对任意的有界输入，其零状态响应也是有界的，则将其称为有界输入有界输出稳定系统。

由 $H(s)$ 的极点分布判断系统的稳定性。

（1）稳定：若 $H(s)$ 的全部极点位于 s 的左半开平面，则系统是稳定的。

（2）临界稳定：若 $H(s)$ 的虚轴上有 $s=0$ 的单极点或共轭单极点，其余极点全在 s 的左半开平面，则系统是临界稳定的。

（3）不稳定：$H(s)$ 只要有一个极点位于 s 的右半开平面，或在虚轴上有二阶或二阶以上的重极点，则系统是不稳定的。

习　题

基本习题

4-1　求下列函数的拉普拉斯变换。

（1）$e^{-2t}+2$；　（2）$\delta(t)+e^{-t}$；　（3）$e^{-t}\cos t$；

（4）$\sin t+2\cos t$；　（5）$1-e^{-t}$；　（6）$e^{-t}\sin 2t$；

（7）$\delta(t)+\delta'(t)$；　（8）$(t+1)u(t)$。

4-2　试求图 4-23 所示信号的拉普拉斯变换。

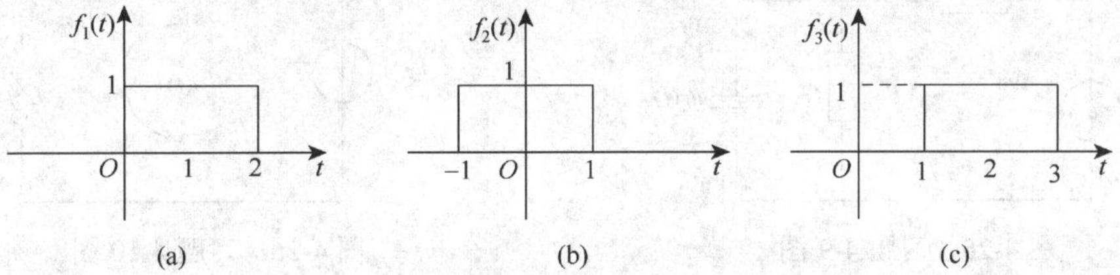

图 4-23　习题 4-2 图

4-3　求下列函数的拉普拉斯反变换。

（1）$\dfrac{2}{s+2}$；　（2）$\dfrac{1}{s(s+1)}$；　（3）$\dfrac{2s+3}{s^2+4s+3}$；

（4）$\dfrac{s^2+2}{s^2+1}$；　（5）$\dfrac{e^{-s}}{s(s+1)}$；　（6）$\dfrac{1}{(s+3)^2}$。

4-4　已知某系统的系统函数为 $H(s)=\dfrac{s}{s^2-4}$，若输入信号为 $f(t)=e^{-t}u(t)$，输出信号为 $y(t)$，$y(0_-)=1$，$y'(0_-)=1$，$y'(t)$ 为 $y(t)$ 的一阶导数。求：

（1）该系统零输入响应 $y_{zi}(t)$，零状态响应 $y_{zs}(t)$；

（2）该系统的全响应 $y(t)$。

4-5　已知某线性系统的微分方程为 $y''(t)+3y'(t)+2y(t)=f'(t)+4f(t)$，当 $y(0_-)=1$，$y'(0_-)=1$，$f(t)=\mathrm{e}^{-t}u(t)$，求系统的零输入响应 $y_{zi}(t)$、零状态响应 $y_{zs}(t)$ 和全响应 $y(t)$。

4-6　设某 LTI 系统的方程为 $y''(t)+4y'(t)+3y(t)=f'(t)+2f(t)$，试求该系统的单位阶跃响应 $g(t)$ 和单位冲激响应 $h(t)$。

4-7　某 LTI 系统，当输入 $f(t)=\mathrm{e}^{-t}u(t)$ 时其零状态响应 $y(t)=(\mathrm{e}^{-t}-2\mathrm{e}^{-2t}+3\mathrm{e}^{-3t})u(t)$，求该系统的单位阶跃响应 $g(t)$。

4-8　图 4-24 系统中子系统函数 $h_1(t)=\delta(t-1)$，$h_2(t)=u(t)-u(t-2)$，试求：

（1）系统的整体系统函数 $H(s)$；

（2）当 $f(t)=\mathrm{e}^{-2t}u(t)$ 时，系统的响应 $y(t)$。

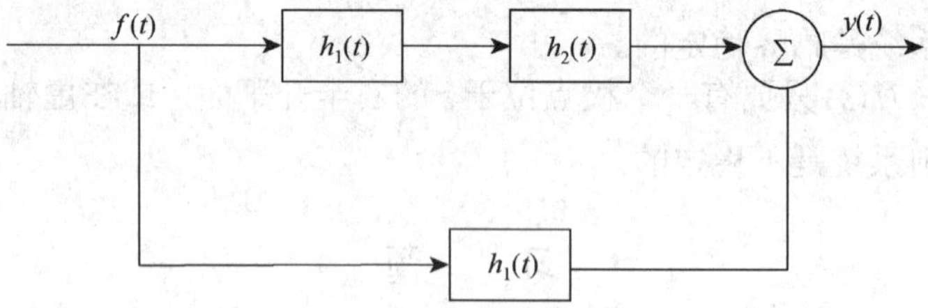

图 4-24　习题 4-8 图

4-9　如图 4-25 所示，设 $C=1\text{F}, R_1=8\Omega, R_2=8\Omega$。试求该系统的系统函数 $H(s)$。

4-10　已知 RLC 串联电路如图 4-26 所示。其中，$R=2\Omega$，$L=1\text{H}$，$C=0.2\text{F}$，$l_L(0_-)=1\text{A}$，$u_C(0_-)=1\text{V}$，输入信号 $u_s(t)=tu(t)$，试画出该系统的复频域模型图并计算出电流 $i(t)$。

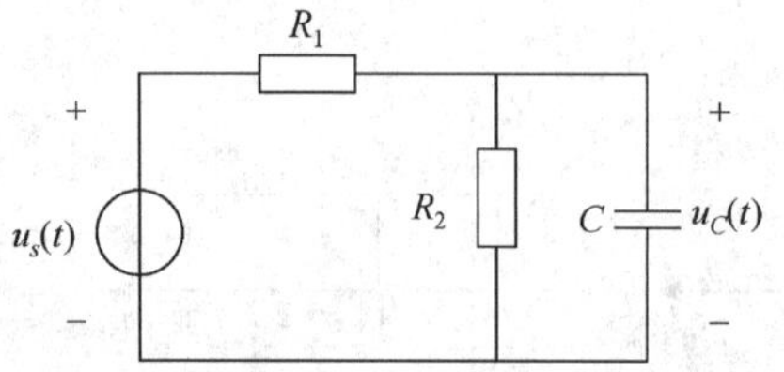

图 4-25　习题 4-9 图

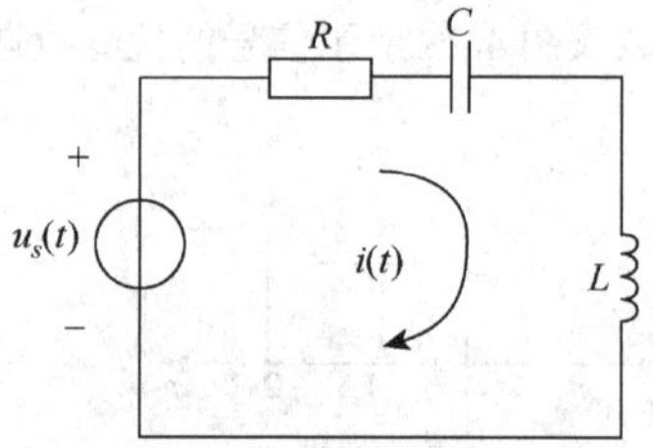

图 4-26　习题 4-10 图

4-11　系统框图如图 4-27 所示，试求：

（1）求系统的系统函数 $H(s)$；

（2）求系统的单位冲激响应 $h(t)$；

（3）写出描述系统输入输出关系的微分方程；

（4）画出零、极点图，判断系统是否稳定；

（5）当输入 $f(t)=2\mathrm{e}^{-3t}u(t)$，求系统的零状态响应 $y(t)$。

4-12　求下列系统函数的频率响应。

（1）$\dfrac{16}{(s+1)(s+8)}$；　　（2）$\dfrac{10(s+4)}{(s+1)(s+10)}$；

（3）$\dfrac{10}{s(s+6)}$；　　（4）$\dfrac{10}{(s+1)(s^2+4s+16)}$。

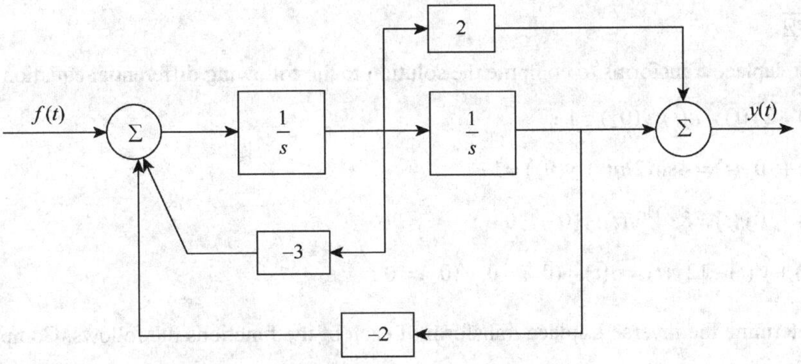

图 4-27　习题 4-11 图

4-13　试画出系统函数的零、极点图。

（1）$H(s)=\dfrac{s(s+2)}{s^2+4s+3}$；　　（2）$H(s)=\dfrac{s^2+2}{s(s^2+s+1)}$。

4-14　某系统函数的零、极点分布图如图 4-28 所示，且 $H_0=2$，试写出 $H(s)$ 的表达式，并判断系统的稳定性。

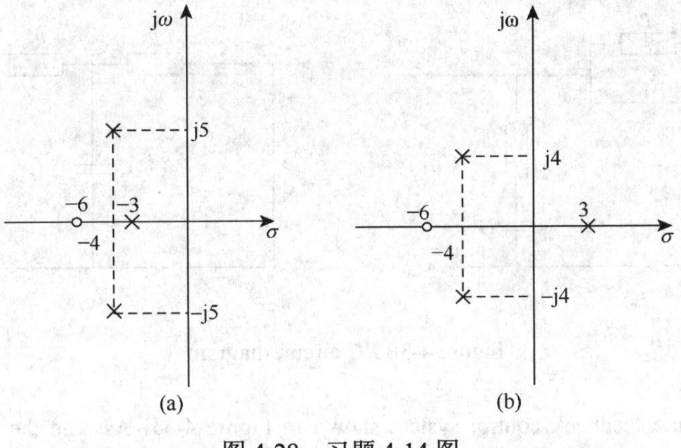

图 4-28　习题 4-14 图

4-15　已知系统的微分方程 $y''(t)+y'(t)+6y(t)=f'(t)$，试求系统函数 $H(s)$，并判断系统是否稳定。

4-16　某系统的系统框图如图 4-29 所示，试求系统函数 $H(s)$ 和使系统稳定的 K 值。

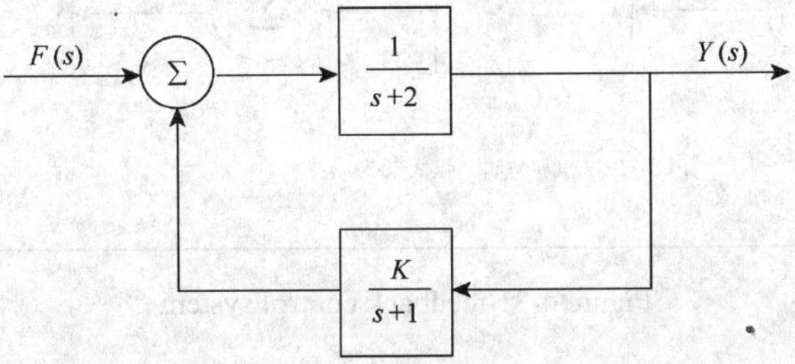

图 4-29　习题 4-16 图

扩展习题

4-17　Use laplace transforms to compute the solution to the following differential equation:

（1） $y'(t)+2y(t)=u(t), y(0_-)=1$；

（2） $y'(t)+10y(t)=4\sin 2tu(t), y(0_-)=1$；

（3） $y'(t)+10y(t)=8e^{-10t}u(t), y(0_-)=0$；

（4） $y''(t)+y'(t)-12y(t)=u(t), y(0_-)=0, y'(0_-)=0$.

4-18　Determine the inverse Laplace transform of each of the functions the follows. Compute the partial fraction expansion analytically for each case. You may use the Matlab command residue to check your answers.

（1） $F(s)=\dfrac{s+2}{s^2+7s+12}$；　（2） $F(s)=\dfrac{s+1}{s^3+5s^2+7s}$；

（3） $F(s)=\dfrac{s+e^{-s}}{s^2+s+1}$；　（4） $F(s)=\dfrac{s}{s+1}+\dfrac{se^{-s}+e^{-2s}}{s^2+2s+1}$.

4-19　Using the s-domain representation，compute the transfer function of the RC circuits show in Figure 4-30.

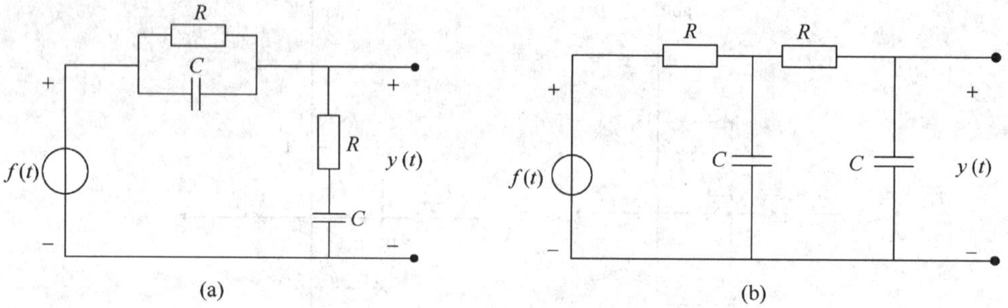

Figure 4-30 *RC* circuit diagram

4-20　Consider the feedback control system shown in Figure 4-31. Assume the initial conditions are zero.

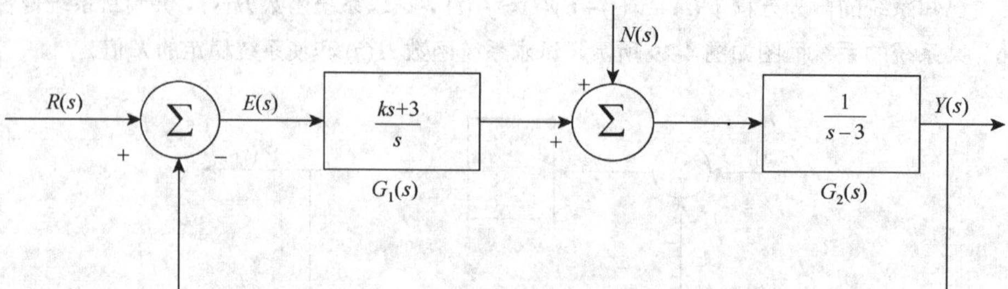

Figure 4-31 feedback control system

（1）derive an expression for $E(s)$ in term of $N(s)$ and $R(s)$，where $E(s)$ is the Laplace transform of the error signal $e(t)=r(t)-y(t)$;

（2）suppose that $r(u)=u(t)$ and $n(t)=0$ for all t. determine all real values of K so that $e(t)\to 0$ as $t\to\infty$;

（3）suppose that $r(u)=u(t)$ and $n(t)=u(t)$ for all t. determine all real values of K so that $e(t)\to 0$ as $t\to\infty$.

4-21　For the following linear time-invariant continuous-time systems, determine if the system is stable, marginally stable, or unstable:

（1）$H(s)=\dfrac{s+1}{s^2+5s+6}$;　　（2）$H(s)=\dfrac{3s^3-2s+6}{s^3+s^2+s+1}$;

（3）$H(s)=\dfrac{2s+3}{s^2+2s-12}$;　　（4）$H(s)=\dfrac{s^2(2s+1)}{(s^2+1)(s^2+5s+6)}$.

第 5 章　z 变换与 z 域应用分析方法

教学目标

通过本章的学习，要求掌握 z 变换的定义、收敛域及基本性质；掌握逆 z 变换的定义及其求解；掌握离散时间系统的系统函数及其零、极点分析；了解 z 变换与拉普拉斯变换、傅里叶变换的关系。

连续时间信号与系统有拉普拉斯变换，与之对应，离散时间信号与系统有 z 变换。z 变换在离散时间序列和离散时间系统中具有着重要应用，极大地简化了离散时间信号和系统的求解和分析。

本章是在离散时间信号和系统时域分析方法的基础上，讨论 z 变换的定义、收敛域、基本性质、逆 z 变换的定义及其求解、离散系统的 z 域分析方法，系统函数及其零、极点分析等。

5.1　离散时间信号及系统简介

离散时间信号是指时间变量离散化的信号，通过对连续时间信号抽样得到。通过抽样，连续时间信号 $x(t)$ 变为 $x(nT)$，n 为整数，T 为抽样周期，$x(nT)$ 往往直接表示为 $x(n)$。$x(n)$ 为实数或复数的数字序列，常用的离散时间信号如下。

1. 单位脉冲序列

单位脉冲序列定义为

$$\delta(n)=\begin{cases}1, & n=0\\ 0, & n\neq 0\end{cases} \tag{5-1}$$

单位脉冲序列也称为单位采样序列或单位冲激序列，如图 5-1 所示。

2. 矩形序形

矩形序列（图 5-2）定义为

$$R_N(n)=\begin{cases}1, & 0\leqslant n\leqslant N-1\\ 0, & 其他\end{cases} \tag{5-2}$$

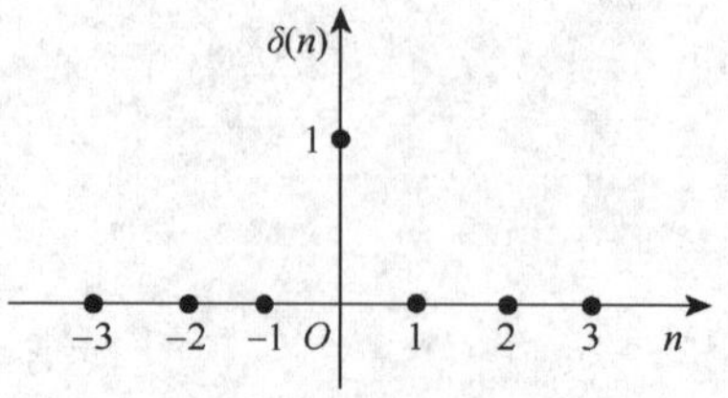

图 5-1　单位脉冲序列

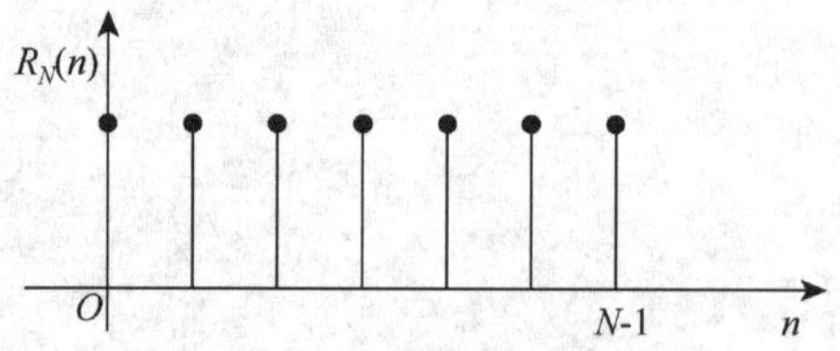

图 5-2　长度为 N 的矩形序列

3. 单位阶跃序列

单位阶跃序列（图 5-3）定义为

$$u(n)=\begin{cases}1, & n\geqslant 0\\ 0, & n<0\end{cases} \tag{5-3}$$

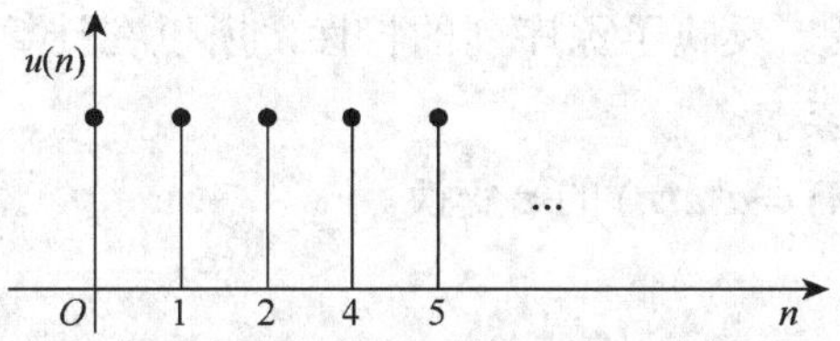

图 5-3　单位阶跃序列

4. 正弦序列

正弦序列（图 5-4）定义为

$$x(n)=\sin(\omega n) \tag{5-4}$$

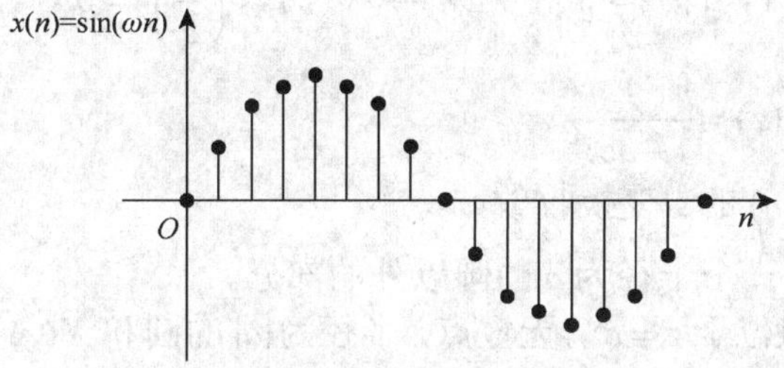

图 5-4　正弦序列

5.2　z 变换

z 变换将离散时间系统差分方程变换为代数方程，使分析较为简便，求解大大简化。由于在此变换域方法中使用的独立变量是复变量 z，故称为 z 变换。

5.2.1　z 变换的定义

定义：对于离散序列 $x(n)$

$$X(z)=\sum_{n=-\infty}^{+\infty}x(n)z^{-n} \tag{5-5}$$

为 $x(n)$ 的 z 变换，其中变量 z 为复数变量，位于复平面上。

z 变换也可表示为 $X(z)=\mathscr{Z}[x(n)]$。

是否所有复平面上的点都对式（5-5）成立呢？答案是否定的。因为 z 平面上某些点将使式（5-5）不能收敛，如当 $n>0$、z 取 0 时。所以，对于序列的 z 变换，必须同时考虑使 $X(z)$ 收敛的 z 值的集合，即 z 变换收敛域（region of convergency，ROC）。z 变换收敛域的定义为：使序列 $x(n)$ 的 z 变换 $X(z)$ 收敛的所有 z 平面上点的集合。

z 变换在 z 平面上的收敛域通常为一个环形区域 $R_- <|z|< R_+$，其中环的内半径 R_- 可以小到零，环的外半径 R_+ 可以大到无穷。

对于 $X(z)$，其零、极点反映了原序列的特性，所以在计算出 $X(z)$ 后，需关注其收敛域与零、极点位置的关系。

例 5-1　计算序列 $x(n)=a^n u(n)$ 的 z 变换。

解　根据定义：

$$X(z)=\sum_{n=-\infty}^{+\infty}x(n)z^{-n}=\sum_{n=0}^{+\infty}a^n z^{-n}=\sum_{n=0}^{+\infty}\left(\frac{a}{z}\right)^n=\lim_{n\to+\infty}\frac{1-\left(\dfrac{a}{z}\right)^n}{1-\dfrac{a}{z}}$$

式中，$X(z)$ 是一个等比数列求和，要对其求和，即要求 $X(z)$ 收敛。

此时必须满足 $\left|\dfrac{a}{z}\right|<1$，即 $|z|>|a|$，在 $n\to+\infty$ 时，$\left(\dfrac{a}{z}\right)^n=0$。

即在 $|z|>|a|$ 时，$X(z)=\dfrac{1}{1-az^{-1}}$。

$|z|>|a|$ 即为序列 $x(n)$ 的 z 变换收敛域。

在复平面上，这是一个半径为 $|a|$ 的圆以外的部分。

此时，$X(z)$ 的极点位于 $z=a$，无零点，半径为 $|a|$ 的圆和 $X(z)$ 的收敛域如图 5-5（a）所示。

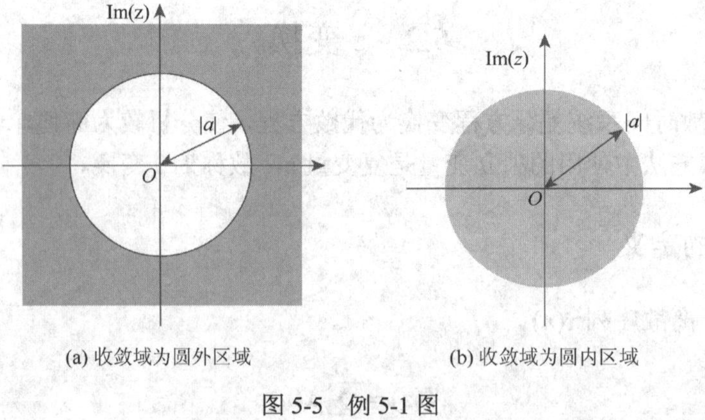

(a) 收敛域为圆外区域　　(b) 收敛域为圆内区域

图 5-5　例 5-1 图

例 5-2　计算序列 $x(n)=-a^n u(-n-1)$ 的 z 变换。

解　根据定义：

$$X(z)=\sum_{n=-\infty}^{+\infty}x(n)z^{-n}=\sum_{n=-\infty}^{-1}-a^{n}z^{-n}=\sum_{n=-\infty}^{-1}-\left(\frac{a}{z}\right)^{n}=-\sum_{n=1}^{+\infty}\left(\frac{z}{a}\right)^{n}=-\lim_{n\to+\infty}\left(\frac{z}{a}\right)\frac{1-\left(\frac{z}{a}\right)^{n}}{1-\frac{z}{a}}$$

式中，$X(z)$ 是一个等比数列求和。

要对其求和，必须满足 $\left|\frac{z}{a}\right|<1$，即 $|z|<|a|$，在 $n\to+\infty$ 时，$\left(\frac{z}{a}\right)^{n}=0$。

即在 $|z|<|a|$ 时，$X(z)=-a^{-1}z\frac{1}{1-a^{-1}z}=\frac{1}{1-az^{-1}}$。

$|z|<|a|$ 即为序列 $x(n)$ 的 z 变换收敛域。

在复平面上，这是一个半径为 $|a|$ 的圆以内的部分。

此时，$X(z)$ 的极点位于 $z=a$，无零点，半径为 $|a|$ 的圆和 $X(z)$ 的收敛域如图 5-5（b）所示。

从例 5-1 和例 5-2 可以看出，两个不同序列可能有相同的 z 变换表达式，但收敛域不同。

收敛域的边界与 $H(z)$ 的极点有关，这两个例子中，极点的绝对值为收敛域半径。

5.2.2　典型序列的 z 变换

1. 单位抽样序列 $\delta(n)$

$$\delta(n)=\begin{cases}1, & n=0\\ 0, & n\neq 0\end{cases}$$

如图 5-6（a）所示。根据定义：

$$\mathscr{Z}\left[\delta(n)\right]=\sum_{n=-\infty}^{\infty}\delta(n)z^{-n}=\delta(0)=1 \tag{5-6}$$

由式（5-6）可知，收敛域为整个 z 平面，如图 5-6（b）所示。

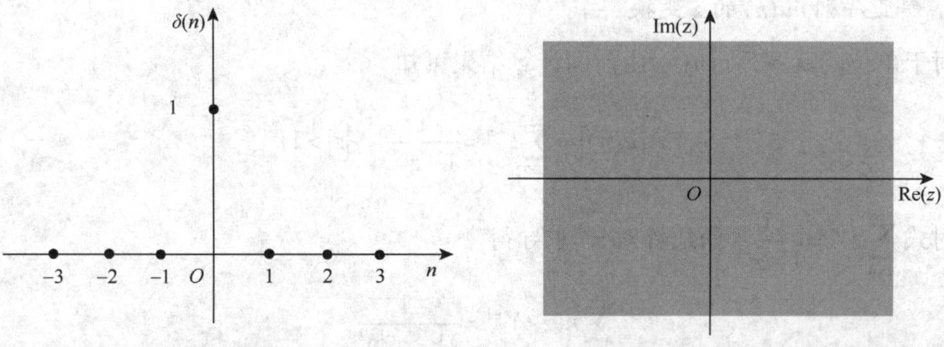

(a) 单位抽样序列　　(b) 单位抽样序列z变换的收敛域

图 5-6　单位抽样序列及其 z 变换收敛域

2. 单位阶跃序列 $u(n)$

$$u(n)=\begin{cases}1, & n\geqslant 0\\ 0, & n<0\end{cases}$$

如图 5-7（a）所示。根据定义：

$$\mathscr{Z}\left[u(n)\right]=\sum_{n=-\infty}^{\infty}u(n)z^{-n}=\sum_{n=0}^{\infty}z^{-n}=\lim_{n\to+\infty}\frac{1-z^{-n}}{1-z^{-1}}$$

只有在$\left|z^{-1}\right|<1$即$|z|>1$时，$\lim\limits_{n\to+\infty}\dfrac{1-z^{-n}}{1-z}=\dfrac{1}{1-z^{-1}}=\dfrac{z}{z-1}$，$|z|>1$即为收敛域，如图 5-7（b）所示。

所以

$$\mathscr{Z}\left[u(n)\right]=\sum_{n=-\infty}^{\infty}u(n)z^{-n}=\sum_{n=0}^{\infty}z^{-n}=\frac{1}{1-z^{-1}}=\frac{z}{z-1},\quad |z|>1 \tag{5-7}$$

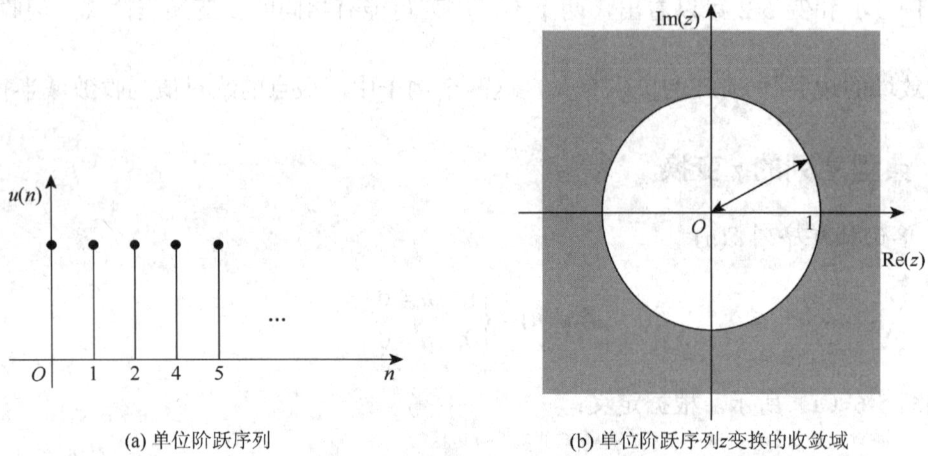

图 5-7　单位阶跃序列及其 z 变换收敛域

此时，$X(z)$ 的极点位于 $z=1$，零点位于 $z=0$，其收敛域和极点如图 5-7（b）所示。

3. 斜变序列 $nu(n)$ 的 z 变换

对于单位阶跃序列 $u(n)$，由前面计算结果可知

$$\mathscr{Z}\left[u(n)\right]=\sum_{n=0}^{\infty}z^{-n}=\frac{1}{1-z^{-1}},\quad |z|>1$$

对式 $\sum\limits_{n=0}^{\infty}z^{-n}=\dfrac{1}{1-z^{-1}}$ 两边针对 z^{-1} 求导得

$$\sum_{n=0}^{\infty}n(z^{-1})^{n-1}=\frac{1}{(1-z^{-1})^2}$$

两边同时乘以 z^{-1}，可得

$$\sum_{n=0}^{+\infty} nz^{-n} = \frac{z}{(1-z^{-1})^2} = \sum_{n=-\infty}^{+\infty} nu(n)z^{-n} = \mathscr{Z}\left[nu(n)\right], \quad |z|>1 \tag{5-8}$$

即

$$\mathscr{Z}\left[nu(n)\right] = \frac{z}{(1-z^{-1})^2}, \quad |z|>1 \tag{5-9}$$

4. 正（余）弦序列的 z 变换

余弦序列 $x(n)=\cos(\omega_0 n)u(n)$：

$$\cos(\omega_0 n) = \frac{e^{j\omega_0 n}+e^{-j\omega_0 n}}{2} \tag{5-10}$$

则根据指数序列的上述结果，可得其 z 变换为

$$\begin{aligned} X(z) &= \mathscr{Z}\left[\cos(\omega_0 n)u(n)\right] \\ &= \frac{1}{2}\left(\frac{z}{z-e^{j\omega_0 n}}+\frac{z}{z-e^{-j\omega_0 n}}\right) \\ &= \frac{z(z-\cos\omega_0)}{z^2-2z\cos\omega_0+1}, \quad |z|>1 \end{aligned} \tag{5-11}$$

同理，可得序列 $x(n)=\sin(\omega_0 n)u(n)$ 的 z 变换为

$$\begin{aligned} X(z) &= \mathscr{Z}\left[\sin(\omega_0 n)u(n)\right] \\ &= \frac{1}{2j}\left(\frac{z}{z-e^{j\omega_0 n}}-\frac{z}{z-e^{-j\omega_0 n}}\right) \\ &= \frac{z\sin\omega_0}{z^2-2z\cos\omega_0+1}, \quad |z|>1 \end{aligned} \tag{5-12}$$

5. 矩形脉冲序列 $R_N(n)$ 的 z 变换

$$R_N(n) = \begin{cases} 1, & 0 \leqslant n < N-1 \\ 0, & 其他 \end{cases}$$

$$\mathscr{Z}\left[R_N(n)\right] = \sum_{n=0}^{N-1} z^{-n} = \frac{1-z^{-N}}{1-z^{-1}}, \quad 0<|z|\leqslant\infty \tag{5-13}$$

5.2.3　序列的形式与 z 变换收敛域之间的关系

1. *右边序列*

右边序列接续是指在 $n<n_1$ 时 $x(n)=0$ 的序列，也称为有始无终的序列。如果 $n_1=0$，则序列为因果序列。

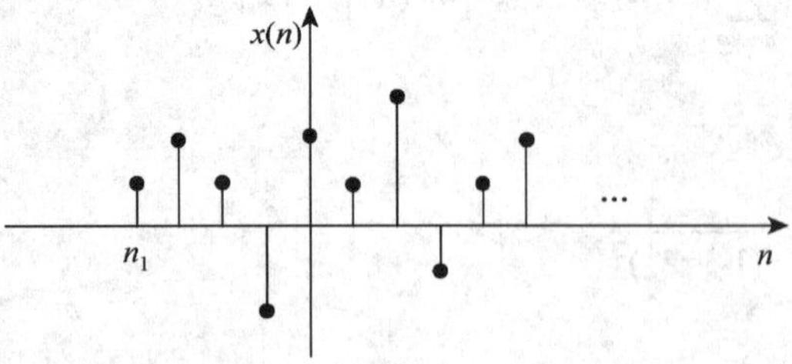

(a) 右边序列

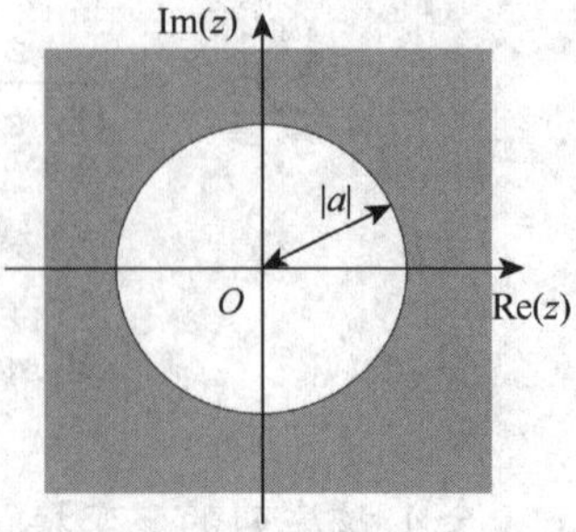

(b) 右边序列的收敛域

图 5-8　右边序列及其收敛域

根据定义，其 z 变换为

$$X(z)=\sum_{n=n_1}^{+\infty}x(n)z^{-n}$$

右边序列的收敛域为：

（a）当 $n_1 \geqslant 0$ 时，收敛域为 $R_{x1}<|z|\leqslant\infty$；

（b）当 $n_1<0$ 时，收敛域为 $R_{x1}<|z|<\infty$。

2. *左边序列*

左边序列 $x(n)$ 是指在 $n>n_2$ 时 $x(n)=0$ 的序列，也称为无始有终的序列。其中在 $n_2=-1$ 时，序列为反因果序列。

根据定义，其 z 变换为

$$X(z)=\sum_{n=-\infty}^{n_2}x(n)z^{-n}$$

左边序列的收敛域为：

（a）当 $n_2>0$ 时，收敛域为 $0<|z|<R_{x2}$；

（b）当 $n_2\leqslant 0$ 时，收敛域为 $0\leqslant|z|<R_{x2}$。

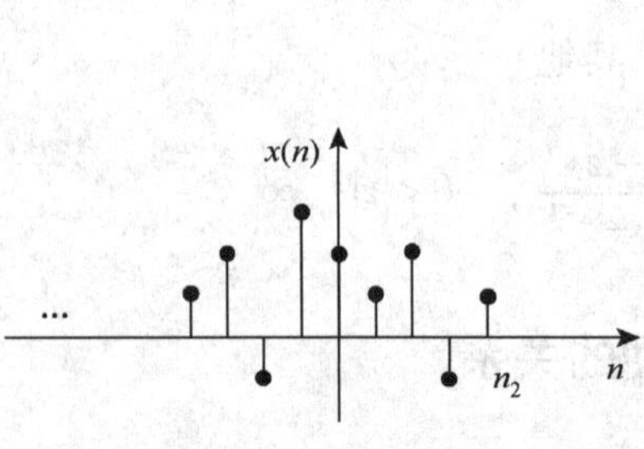

(a) 左边序列

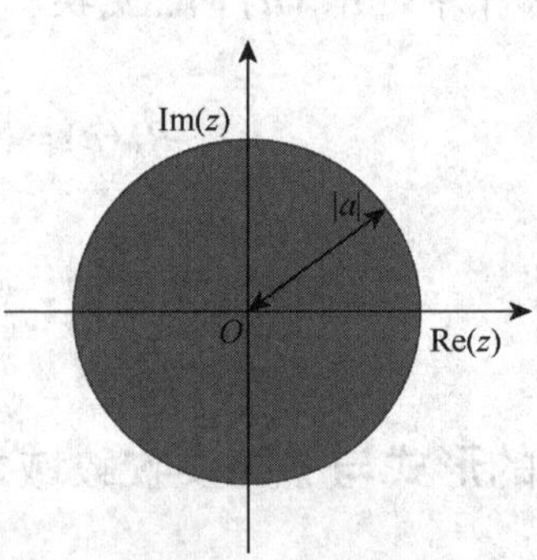

(b) 左边序列的收敛域

图 5-9　左边序列及其收敛域

3. *双边序列*

如果序列在整个区间 $(-\infty,+\infty)$ 都有定义，且都有非零值，则序列称为双边序列。

双边序列可以看做左边序列和右边序列的组合。

根据定义：双边序列 $x(n)$ 的 z 变换为

$$X(z)=\sum_{n=-\infty}^{\infty}x(n)z^{-n}=\sum_{n=0}^{\infty}x(n)z^{-n}+\sum_{n=-\infty}^{-1}x(n)z^{-n} \tag{5-14}$$

令 $X_1(z)=\sum_{n=0}^{\infty}x(n)z^{-n}$ ，则

$$X_2(z)=\sum_{n=-\infty}^{-1}x(n)z^{-n}$$

则原式

$$X(z)=X_1(z)+X_2(z)$$

根据左边序列和右边序列收敛域的情况可知，$X(z)$ 的收敛域具有左边序列收敛域和右边序列收敛域的特征。如果左边序列的收敛域为 $R_{x1}<|z|\leqslant\infty$，右边序列的收敛域为 $0\leqslant|z|<R_{x2}$。

当两个收敛域具有公共区域时，即 $R_{x1}<R_{x2}$ 时，双边 z 变换收敛域为 $R_{x1}<|z|<R_{x2}$。反之，如果 $R_{x1}\geqslant R_{x2}$，左边序列和右边序列没有公共部分，即不存在公共的收敛域，此时双边序列的 z 变换不存在。

例 5-3　如图 5-10 所示，计算双边指数序列 $x(n)=a^{|n|}$ 的 z 变换，其中 a 为实数，且 $0<|a|<1$。

解　根据 z 变换定义，将序列分解成左边序列和右边序列分别求 z 变换：

$$X(z)=\sum_{n=-\infty}^{\infty}x(n)z^{-n}=\sum_{n=0}^{\infty}a^nz^{-n}+\sum_{n=-\infty}^{-1}a^{-n}z^{-n} \tag{5-15}$$

其中右边序列的 z 变换表达式和收敛域为

$$X_1(z)=\sum_{n=0}^{\infty}a^nz^{-n}=\frac{1}{1-az^{-1}},\quad |z|>|a|$$

左边序列的 z 变换表达式和收敛域为

$$X_2(z)=\sum_{n=-\infty}^{-1}a^{-n}z^{-n}=\frac{az}{1-az},\quad |z|<1/|a|$$

为了保证左边序列和右边序列的 z 变换有公共的收敛域，必须满足 $|a|<1/|a|$。此时

$$X(z)=X_1(z)+X_2(z)=\frac{1}{1-az^{-1}}+\frac{1}{1-az}=\frac{(1-a^2)z}{(z-a)(1-az)}$$

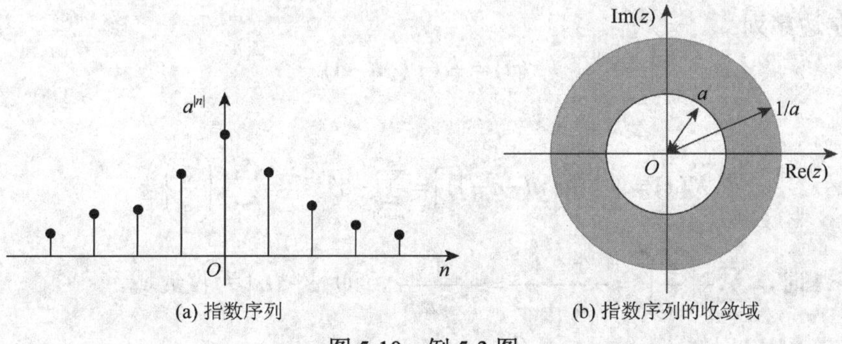

图 5-10　例 5-3 图

收敛域为

$$|a|<|z|<1/|a|$$

当$|a|>1$时，此时的序列分解为左半序列和右半序列，此时左半序列收敛域$|z|<1/|a|$和右半序列收敛域$|z|>|a|$没有公共区间，故此时序列$x(n)=a^{|n|}$的z变换不存在，此时的序列的时域信号如图 5-11 所示。

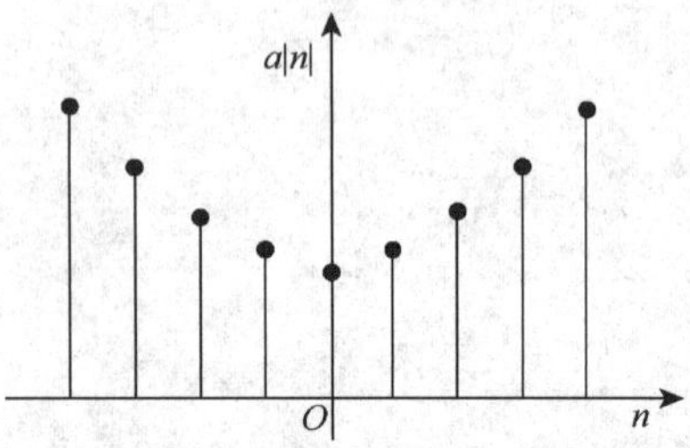

图 5-11　z变换无收敛域的序列

对于无限长序列，其z变换的极点与收敛域有如下结论：

（1）序列z变换的收敛域是以极点为边界的；

（2）右边序列z变换的收敛域，是其有限个极点的最大模为半径的圆以外区域（不包括圆周）；

（3）左边序列z变换的收敛域，是其有限个极点的最小模为半径的圆以内区域（不包括圆周）；

（4）双边序列z变换的收敛域，是其左边序列收敛域和右边序列收敛域的公共部分，为圆环区域（不包括形成环形区域的两个圆周）。

在前面的例题中，例 5-1 的序列是右边序列，例 5-2 的序列是左边序列，可将它们合并为双边序列$x(n)=\begin{cases}a^n, & n\geqslant 0\\ -a^n, & n<0\end{cases}$（注意与例 5-4 的区别）。

（1）右边序列：

$$x(n)=a^n u(n)$$

根据定义：

$$X(x)=\mathscr{Z}\left[a^n u(n)\right]=\sum_{n=0}^{\infty}a^n z^{-n}=\sum_{n=0}^{\infty}\left(\frac{a}{z}\right)^n$$

只有在$\left|\frac{a}{z}\right|<1$时，$\sum_{n=0}^{\infty}\left(\frac{a}{z}\right)^n=\frac{1}{1-\frac{a}{z}}=\frac{1}{1-az^{-1}}$，故$\left|\frac{a}{z}\right|<1$，即$|z|>|a|$为收敛域。

所以

$$\mathscr{Z}\left[a^n u(n)\right]=\sum_{n=0}^{\infty}a^n z^{-n}=\sum_{n=0}^{\infty}\left(\frac{a}{z}\right)^n=\frac{1}{1-az^{-1}},\quad |z|>|a|$$

（2）左边序列：

$$x(n)=-a^n u(-n-1)$$

根据定义：

$$X(x)=\mathscr{Z}\left[-a^n u(-n-1)\right]=\sum_{n=-1}^{-\infty}-a^n z^{-n}=\sum_{n=1}^{\infty}-\left(\frac{z}{a}\right)^n$$

只有在$\left|\frac{z}{a}\right|<1$时，$\sum_{n=1}^{\infty}-\left(\frac{z}{a}\right)^n=-\frac{z}{a}\frac{1}{1-\frac{z}{a}}=\frac{1}{1-az^{-1}}$，即$|z|<|a|$为收敛域。

所以

$$\mathscr{Z}\left[-a^n u(-n-1)\right]=\sum_{n=-1}^{-\infty}-a^n z^{-n}=\sum_{n=1}^{+\infty}-\left(\frac{z}{a}\right)^n=\frac{1}{1-az^{-1}},\quad |z|<|a|$$

对左边序列和右边序列合并成的双边序列 $x(n)=\begin{cases}a^n, & n\geqslant 0\\ -a^n, & n<0\end{cases}$。

其 z 变换可由定义求解，$X(z)=\sum\limits_{n=-\infty}^{\infty}x(n)z^{-n}=\sum\limits_{n=0}^{\infty}x(n)z^{-n}+\sum\limits_{n=-\infty}^{-1}x(n)z^{-n}$，但对于收敛域而言，左边序列的收敛域和右边序列的收敛域分别为 $|z|<|a|$ 和 $|z|>|a|$，不存在公共收敛域，故双边序列 $x(n)=\begin{cases}a^n, & n\geqslant 0\\ -a^n, & n<0\end{cases}$ 的 z 变换不存在。

4. 有限长序列

前面讨论的都是无限长序列，现在讨论有限长序列的 z 变换。

有限长序列定义为

$$x(n)=\begin{cases}x(n), & n_1\leqslant n\leqslant n_2\\ 0, & 其他\end{cases}\tag{5-16}$$

如图 5-12 所示。

根据定义，其 z 变换为

$$X(z)=\sum_{n=n_1}^{n_2}x(n)z^{-n}$$

当 $n_1<n<n_2$ 时，若 $\left|x(n)z^{-n}\right|<\infty$，则 $X(z)$ 收敛。

由于 $x(n)$ 有界，则只需在 $n_1<n<n_2$ 时，如果 $\left|z^{-n}\right|<\infty$，则 $X(z)$ 收敛。

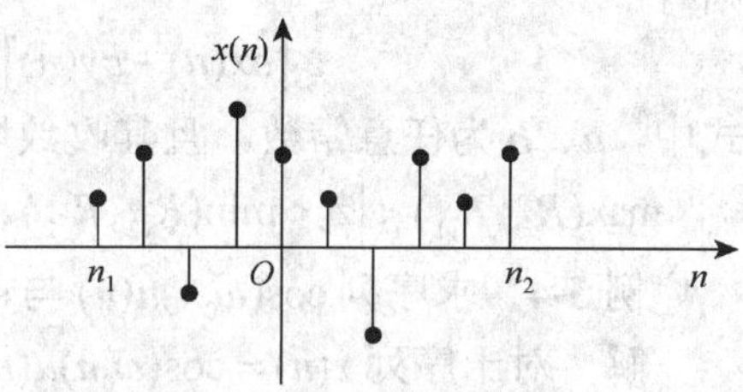

图 5-12　有限长序列

故有限长序列的收敛域分为三种情况：

（1）当 $n_1<0, n_2>0$ 时，收敛域为 $0<|z|<\infty$（$|z|=0,\infty$ 时不收敛）；

（2）当 $n_1<0, n_2\leqslant 0$ 时，收敛域为 $0\leqslant|z|<\infty$（$|z|=\infty$ 时不收敛）；

（3）当 $n_1\geqslant 0, n_2>0$ 时，收敛域为 $0<|z|\leqslant\infty$（$|z|=0$ 不收敛）。

5.2.4　一些常用序列 z 变换

为方便查找，罗列一些常用序列的 z 变换，如表 5-1 所示。

表 5-1　常用序列的 z 变换

序列	z 变换表达式	收敛域
$\delta(n)$	1	z 平面上所有点
$u(n)$	$\frac{1}{1-z^{-1}}$	$\|z\|>1$
$-u(-n-1)$	$\frac{1}{1-z^{-1}}$	$\|z\|<1$

续表

序列	z 变换表达式	收敛域
$\delta(n-m)$	z^{-m}	除 $\begin{cases} z=0, & m>0 \\ z\to\infty, & m<0 \end{cases}$ 之外的 z 平面上所有点
$a^n u(n)$	$\dfrac{1}{1-az^{-1}}$	$\|z\|>\|a\|$
$-a^n u(-n-1)$	$\dfrac{1}{1-az^{-1}}$	$\|z\|<\|a\|$

5.3　z 变换基本性质

1. 线性性质

z 变换是一种线性变换，因此满足线性性质，即表现为叠加性和均匀性。

若

$$\mathscr{Z}[x(n)]=X(z),\quad R_{x1}<|z|<R_{x2}$$
$$\mathscr{Z}[y(n)]=Y(z),\quad R_{y1}<|z|<R_{y2}$$

则有

$$\mathscr{Z}[ax(n)+by(n)]=aX(z)+bY(z),\quad R_1<|z|<R_2 \tag{5-17}$$

式中，a、b 为任意常数，且其收敛域 ROC 取 $X(z)$ 和 $Y(z)$ 的公共部分：

$$\max(R_{x1},R_{y1})<|z|<\min(R_{x2},R_{y2}),\quad R_1=\max(R_{x1},R_{y1}),\quad R_2=\min(R_{x2},R_{y2}) \tag{5-18}$$

例 5-4　求序列 $\cos(\omega_0 n)u(n)$ 与 $\sin(\omega_0 n)u(n)$ 的 z 变换。

解　对于序列 $x(n)=\cos(\omega_0 n)u(n)$，由于

$$\cos(\omega_0 n)=\frac{e^{j\omega_0 n}+e^{-j\omega_0 n}}{2} \tag{5-19}$$

则根据指数序列的 z 变换：

$$X(z)=\mathscr{Z}\left[e^{j\omega_0 n}u(n)\right]=\frac{z}{z-e^{j\omega_0}},\quad |z|>1$$
$$X(z)=\mathscr{Z}\left[e^{-j\omega_0 n}u(n)\right]=\frac{z}{z-e^{-j\omega_0}},\quad |z|>1$$

由 z 变换的线性性质，可得

$$\begin{aligned}X(z)=\mathscr{Z}[\cos(\omega_0 n)u(n)]&=\mathscr{Z}\left[\frac{e^{j\omega_0 n}+e^{-j\omega_0 n}}{2}\right]\\&=\mathscr{Z}\left[\frac{e^{j\omega_0 n}}{2}\right]+\mathscr{Z}\left[\frac{e^{-j\omega_0 n}}{2}\right]\\&=\frac{1}{2}\left(\frac{z}{z-e^{j\omega_0 n}}+\frac{z}{z-e^{-j\omega_0 n}}\right)=\frac{z(z-\cos\omega_0)}{z^2-2z\cos\omega_0+1},\quad |z|>1\end{aligned}$$

同理，可得序列 $x(n)=\sin(\omega_0 n)u(n)$ 的 z 变换为

$$X(z)=\mathscr{Z}\left[\sin(\omega_0 n)u(n)\right]=\frac{1}{2\mathrm{j}}\left(\frac{z}{z-\mathrm{e}^{\mathrm{j}\omega_0 n}}-\frac{z}{z-\mathrm{e}^{-\mathrm{j}\omega_0 n}}\right)$$

$$=\frac{z\sin\omega_0}{z^2-2z\cos\omega_0+1},\quad |z|>1$$

2. 序列的移位特性

序列的移位特性有时又称为延迟特性，它是分析离散时间系统的常用性质。

若序列 $x(n)$ 的 z 变换为

$$\mathscr{Z}\left[x(n)\right]=X(z)$$

则其左移或右移 m 个时间间隔单位后的 z 变换分别为

$$\mathscr{Z}\left[x(n+m)\right]=z^m X(z) \tag{5-20}$$

$$\mathscr{Z}\left[x(n-m)\right]=z^{-m} X(z) \tag{5-21}$$

例 5-5　求序列 $x[n]=u(n)-u(n-3)$ 的 z 变换。

解　因为

$$\mathscr{Z}[u(n)]=\frac{z}{z-1},\quad |z|>1$$

则有

$$\mathscr{Z}[u(n-3)]=z^{-3}\frac{z}{z-1}=\frac{z^{-2}}{z-1},\quad |z|>1$$

所以

$$\mathscr{Z}[x(n)]=\frac{z}{z-1}-\frac{z^{-2}}{z-1}=\frac{z-z^{-2}}{z-1},\quad |z|>0$$

注意：零点与极点相互抵消，导致收敛域扩大，从 $|z|>1$ 扩大到 $|z|>0$。

若 $x(n)$ 是双边序列，$\mathscr{Z}[x(n)u(n)]=X(z)$ 称为其单边 z 变换，此时若序列左移或右移 m 个时间单位，其单边 z 变换为

$$\mathscr{Z}[x(n+m)u(n)]=z^m\left[X(z)-\sum_{k=0}^{m-1}x(k)z^{-k}\right]$$

$$\mathscr{Z}[x(n-m)u(n)]=z^m\left[X(z)+\sum_{k=-m}^{-1}x(k)z^{-k}\right]$$

3. z 域尺度变换

设 $\mathscr{Z}\left[x(n)\right]=X(z)\left(R_{x1}<|z|<R_{x2}\right)$，则有

$$\mathscr{Z}[a^n x(n)]=X\left(\frac{z}{a}\right),\quad R_{x1}<\left|\frac{z}{a}\right|<R_{x2},\quad a\text{ 为非零常数} \tag{5-22}$$

式（5-22）表明，若将序列 $x(n)$ 乘以指数序列 a^n，则其 z 变换只要将 $x(n)$ 的 z 变换 $X(z)$ 中的每个 z 除以 a 即可。

例 5-6　已知 $\mathscr{Z}\left[u(n)\right]=\dfrac{z}{z-1}$，试求 $a^n u(n)$ 的 z 变换。

解　由于

$$\mathscr{Z}\left[u(n)\right]=\frac{z}{z-1}$$

则根据序列的指数加权特性，可得

$$\mathscr{Z}\left[a^n u(n)\right]=\frac{z/a}{z/a-1}=\frac{z}{z-a}$$

4. 序列的线性加权（z 域求导数）

设 $\mathscr{Z}\left[x(n)\right]=X(z)\quad\left(R_{x1}<|z|<R_{x2}\right)$，则有

$$\mathscr{Z}[nx(n)]=-z\frac{\mathrm{d}X(z)}{\mathrm{d}z},\quad R_{x1}<|z|<R_{x2} \tag{5-23}$$

证明

$$\frac{\mathrm{d}X(z)}{\mathrm{d}z}=\frac{\mathrm{d}}{\mathrm{d}z}\left[\sum_{n=-\infty}^{+\infty}x(n)z^{-n}\right]=\sum_{n=-\infty}^{+\infty}x(n)\frac{\mathrm{d}}{\mathrm{d}z}(z^{-n})=-z^{-1}\sum_{n=-\infty}^{+\infty}nx(n)z^{-n}=-z^{-1}\mathscr{Z}[nx(n)]$$

即

$$\mathscr{Z}[nx(n)]=-z\frac{\mathrm{d}X(z)}{\mathrm{d}z},\quad R_{x1}<|z|<R_{x2}$$

例 5-7　已知 $\mathscr{Z}\left[a^n u(n)\right]=\dfrac{z}{z-a}$，试求 $na^n u(n)$ 的 z 变换。

解　由于

$$\mathscr{Z}\left[a^n u(n)\right]=\frac{z}{z-a},\quad |z|>|a|$$

则根据序列的线性加权特性，可得

$$\mathscr{Z}\left[na^n u\left(n\right)\right]=-z\frac{\mathrm{d}\left(\dfrac{z}{z-a}\right)}{\mathrm{d}z}=\frac{za}{\left(z-a\right)^2},\quad |z|>|a|$$

5. 初值定理

若 $x(n)$ 为因果序列（即 $x(n)=0, n<0$），且已知

$$X(z)=\mathscr{Z}\left[x(n)\right]=\sum_{n=0}^{\infty}x(n)z^{-n}$$

则有

$$x(0)=\lim_{z\to\infty}X(z) \tag{5-24}$$

因为此时

$$X(z)=\sum_{n=0}^{+\infty}x(n)z^{-n}=x(0)+x(1)z^{-1}+x(2)z^{-2}+\cdots \tag{5-25}$$

$$\lim_{z\to+\infty}X(z)=\lim_{z\to+\infty}\sum_{n=0}^{+\infty}x(n)z^{-n}=x(0)$$

例 5-8　已知因果序列 $x(n)$ 的 z 变换为 $X(z)=\dfrac{z^2+2z}{z^3+0.5z^2-z+7}$，试求 $x(0)$。

解　根据上述初值定理有

$$x(0)=\lim_{z\to\infty}X(z)=0$$

6. 终值定理

若 $x(n)$ 为因果序列，且已知

$$X(z)=\mathscr{Z}[x(n)]=\sum_{n=0}^{\infty}x(n)z^{-n}$$

且 $X(z)$ 除在 $z=1$ 处可以有一阶极点外，其他极点都在 $|z|=1$ 的单位圆内，则

$$\lim_{n\to\infty}x(n)=\lim_{z\to1}[(z-1)X(z)] \tag{5-26}$$

7. 时域卷积定理

若已知

$$X(z)=\mathscr{Z}[x(n)],\quad R_{x-}<|z|<R_{x+}$$
$$H(z)=\mathscr{Z}[h(n)],\quad R_{h-}<|z|<R_{h+}$$

且

$$y(n)=x(n)*h(n)=\sum_{m=-\infty}^{\infty}x(m)h(n-m) \tag{5-27}$$

则有

$$Y(z)=\mathscr{Z}[x(n)*h(n)]=X(z)H(z) \tag{5-28}$$

即两序列在时间域中卷积的 z 变换等于在 z 域中两序列 z 变换的乘积。

注意：一般情况下，收敛域 ROC 应取二者的重叠部分，即

$$\max(R_{x-},R_{h-})<|z|<\min(R_{x+},R_{h+}) \tag{5-29}$$

但是，如果某些线性组合中某些零点与极点相抵消，则收敛域可能扩大。

例 5-9　已知离散时间系统的单位冲激响应为 $h(n)=b^nu(n)$，输入序列为 $x(n)=a^nu(n)$，试求系统的零状态响应 $y(n)=x(n)*h(n)$。

解　由于

$$X(z)=\frac{z}{z-a},\quad |z|>|a|$$
$$H(z)=\frac{z}{z-b},\quad |z|>|b|$$

根据卷积定理，零状态响应可变为

$$Y(z)=X(z)H(z)=\frac{z^2}{(z-a)(z-b)},\quad \text{ROC:}|z|>\max(a,b)$$

将上式展开为部分分式，可得

$$Y(z)=\frac{1}{a-b}\left(\frac{az}{z-a}-\frac{bz}{z-b}\right)$$

取 z 逆变换，得到

$$y(n)=\frac{1}{a-b}\left[aa^n u(n)-bb^n u(n)\right]=\frac{1}{a-b}(a^{n+1}-b^{n+1})u(n)$$

可见，在 z 域中求取零状态响应是非常方便的。

8. z 域卷积定理

若已知

$$X(z)=\mathscr{Z}[x(n)],\quad R_{x-}<|z|<R_{x+}$$
$$H(z)=\mathscr{Z}[h(n)],\quad R_{h-}<|z|<R_{h+}$$

且

$$y(n)=x(n)\cdot h(n)$$

则有

$$Y(z)=\mathscr{Z}[y(n)]=\frac{1}{2\pi\mathrm{j}}\oint_C X(v)H\left(\frac{z}{v}\right)v^{-1}\mathrm{d}v,\quad R_{x-}R_{h-}<|z|<R_{x+}R_{h+}\qquad(5\text{-}30(\mathrm{a}))$$

或

$$Y(z)=\mathscr{Z}[y(n)]=\frac{1}{2\pi\mathrm{j}}\oint_C X\left(\frac{z}{v}\right)H(v)v^{-1}\mathrm{d}v,\quad R_{x-}R_{h-}<|z|<R_{x+}R_{h+}\qquad(5\text{-}30(\mathrm{b}))$$

式中，C 是在变量 V 平面上，X（z/v）、H（v）公共收敛域内环原点的一条逆时针单封闭围线。

9. 时域反转定理

若已知

$$X(z)=\mathscr{Z}[x(n)],\quad R_{x-}<|z|<R_{x+}$$

则

$$X(z^{-1})=\mathscr{Z}[x(-n)],\quad \frac{1}{R_{x+}}<|z|<\frac{1}{R_{x-}}\qquad(5\text{-}31)$$

证明

$$\mathscr{Z}[x(-n)]=\sum_{n=-\infty}^{+\infty}x(-n)z^{-n}\xlongequal{令m=-n}\sum_{m-\infty}^{+\infty}x(m)(z^{-1})^m=X(z^{-1})$$

此时，收敛域为

$$\frac{1}{R_{x+}}<|z|<\frac{1}{R_{x-}}$$

例 5-10　求 $x(n)=u(-n)$ 的 z 变换。

解　已知 $\mathscr{Z}[u(n)]=\dfrac{1}{1-z^{-1}}$，收敛域为 $|z|>1$，则由反转定理得

$$\mathscr{Z}[u(-n)]=\frac{1}{1-z}$$

收敛域为 $|z|<1$。

5.4　z 逆变换

已知某序列的 z 变换 $X(z)$ 及其收敛域，求该序列 $x(n)$ 的变换称为 z 逆变换，常表示为 $x(n)=\mathscr{Z}^{-1}[X(z)]$。

若 $X(z)=\mathscr{Z}[x(n)]=\sum\limits_{n=-\infty}^{+\infty}x(n)z^{-n}$，收敛域为 $R_1<|z|<R_2$。由复变函数理论得

$$x(n)=\frac{1}{2\pi \mathrm{j}}\oint_C X(z)z^{n-1}\mathrm{d}z,\quad C\in(R_1,R_2) \tag{5-32}$$

式（5-32）称为 $X(z)$ 的逆（反）变换，围线 C 在 $X(z)$ 的收敛域内按逆时针方向绕原点的围线。z 变换对可以表示为

$$\begin{aligned} X(z)&=\mathscr{Z}\left[x(n)\right] \\ x(n)&=\mathscr{Z}^{-1}\left[X(z)\right] \end{aligned} \tag{5-33a}$$

或简记为

$$x(n)\leftrightarrow X(z) \tag{5-33b}$$

通常 $X(z)$ 为 z 的有理函数，所以可用较为简单的幂级数展开法或部分分式展开法求取原序列 $x(n)$，而不必进行复变函数的围线积分。

5.4.1　幂级数展开法（长除法）

由 z 变换的定义式可知，z 变换式一般是 z 的有理函数，可表示为

$$X(z)=\frac{N(z)}{D(z)}=\frac{b_0+b_1z+b_2z^2+\cdots+b_{r-1}z^{r-1}+b_rz^r}{a_0+a_1z+a_2z^2+\cdots+a_{k-1}z^{k-1}+a_kz^k} \tag{5-34}$$

直接用长除法进行 z 逆变换，可得

$$X(z)=\sum_{n=-\infty}^{+\infty}x(n)z^{-n}=\cdots+x(-2)z^2+x(-1)z^1+x(0)z^0+x(1)z^{-1}+x(2)z^{-2}+\cdots \tag{5-35}$$

由此可知，$X(z)$ 为 z^{-1} 的幂级数。当已知 $X(z)$ 时，可直接把 $X(z)$ 展开成幂级数，则级数的系数即为序列 $x(n)$。

例 5-11　已知象函数：

$$X(z)=\frac{z}{z^2-2z+1},\quad |z|>1$$

求原序列 $x(n)$。

解　由于收敛域在圆外，故为右边序列，且一定是 z^{-n} 的形式，因此采用 z 的降幂排列：

$$
\begin{array}{r@{}l}
 & z^{-1}+2z^{-2}+3z^{-3}+4z^{-4}+\cdots \\
\cline{2-2}
z^{2}-2z+1 \big) & z \\
 & \underline{z-2+z^{-1}} \\
 & \quad 2-z^{-1} \\
 & \quad \underline{2-4z^{-1}+2z^{-2}} \\
 & \qquad 3z^{-1}-2z^{-2} \\
 & \qquad \underline{3z^{-1}-6z^{-2}+3z^{-3}} \\
 & \qquad\quad 4z^{-2}-3z^{-3} \\
 & \qquad\quad \underline{4z^{-2}-8z^{-3}+4z^{-4}} \\
 & \qquad\qquad 5z^{-3}-4z^{-4}
\end{array}
$$

由于 $X(z)=x(0)z^{0}+x(1)z^{-1}+x(2)z^{-2}+\cdots$，因此原序列为

$$x(n)=\{\underset{\uparrow}{0},1,2,3,4,\cdots\},\quad n\geqslant 0$$

即

$$x(n)=nu(n)$$

5.4.2 部分分式展开法

部分分式展开法把 $X(z)$ 展开成常见部分分式之和，然后分别求各部分的逆变换，最后把各逆变换相加即可得到原序列 $x(n)$。

序列 z 变换结果的基本形式为

$$X(z)=\frac{\sum_{r=0}^{M}b_r z^{-r}}{\sum_{k=0}^{N}a_k} \tag{5-36}$$

可将 $X(z)$ 展成一些常用的部分分式之和：

$$X(z)=A_0+\sum_{m=1}^{N}\frac{A_m z}{z-z_m} \tag{5-37}$$

或

$$\frac{X(z)}{z}=\frac{A_0}{z}+\sum_{m=1}^{N}\frac{A_m}{z-z_m} \tag{5-38}$$

再分别求出各分式的 z 变换。

通常求 z 逆变换的步骤为：① 提出一个 z，使 $X(z)/z$ 为真分式；② 将 $X(z)/z$ 展开为部分分式；③ 对所得的每个分式乘以 z，即 $\frac{X(z)}{z}z$；④ 利用常见典型序列逆变换结果或查逆变换表格。

1. $X(z)$ 只含一阶极点

若 $z_1,z_2,\cdots,z_N$ 为 $X(z)$ 的 n 个一阶极点，则有

$$X(z)=A_0+\sum_{n=1}^{N}\frac{A_n z}{z-z_n}=A_0+\frac{A_1 z}{z-z_1}+\frac{A_2 z}{z-z_2}+\cdots+\frac{A_N z}{z-z_N} \tag{5-39}$$

式中：

（1）极点 z=0 的系数 $A_0 = \dfrac{b_0}{a_0}$；

（2）极点 $z = z_m$ 的系数 A_m 是 $\dfrac{X(z)}{z}$ 在 $z = z_m$ 处的留数，即

$$A_m = (z - z_m)\frac{X(z)}{z}\bigg|_{z=z_m} \tag{5-40}$$

例 5-12　已知 $X(z) = \dfrac{5z}{(z-1)(z-2)}$，且 ROC：$|z| > 2$，求原序列 $x(n)$。

解　由已知可得

$$\frac{X(z)}{z} = \frac{5}{(z-1)(z-2)} = \frac{A_1}{z-1} + \frac{A_2}{z-2}$$

根据上述系数求解方法

$$A_1 = (z-1)\frac{X(z)}{z}\bigg|_{z=1} = -5$$

$$A_2 = (z-2)\frac{X(z)}{z}\bigg|_{z=2} = 5$$

因此

$$\frac{X(z)}{z} = \frac{5}{(z-1)(z-2)} = \frac{-5}{z-1} + \frac{5}{z-2}$$

将 $X(z)/z$ 两边同时乘以 z，可得

$$X(z) = \frac{-5z}{z-1} + \frac{5z}{z-2}$$

$$X(z) = \frac{-5}{1-z^{-1}} + \frac{5}{1-2z^{-1}}$$

再根据 ROC：$|z| > 2$，查表得

$$x(n) = -5u(n) + 5 \cdot 2^n u(n) = 5(2^n - 1)u(n)$$

例 5-13　已知 $X(z) = \dfrac{z^2}{(z-1)(z-2)}$，且 ROC：$|z| > 2$，求原序列 $x(n)$。

解　由已知可得

$$\frac{X(z)}{z} = \frac{z}{(z-1)(z-2)} = \frac{A_1}{z-1} + \frac{A_2}{z-2}$$

根据上述系数求解方法

$$A_1 = (z-1)\frac{X(z)}{z}\bigg|_{z=1} = -1$$

$$A_2 = (z-2)\frac{X(z)}{z}\bigg|_{z=2} = 2$$

因此

$$\frac{X(z)}{z}=\frac{z}{(z-1)(z-2)}=\frac{-1}{z-1}+\frac{2}{z-2}$$

将 $X(z)/z$ 两边同时乘以 z，可得

$$X(z)=\frac{-z}{z-1}+\frac{2z}{z-2}$$

考虑 ROC：$|z|>2$，查表得到

$$x(n)=-u(n)+2\cdot 2^n u(n)=(2\cdot 2^n-1)u(n)$$

本题中若收敛域发生了变化，则得到的逆变换结果将不一样。对此分为三种情况加以讨论，如图 5-13 所示。

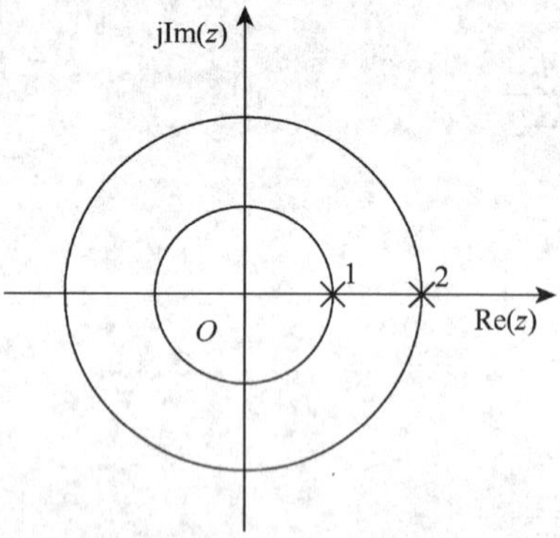

图 5-13　收敛域示意图

对于

$$X(z)=\frac{-z}{z-1}+\frac{2z}{z-2}$$

其极点为 $z_1=1$，$z_2=2$，则由前面得出结论，$X(z)$ 的收敛域是由其极点绝对值为半径的圆决定，则极点 $z_1=1$，$z_2=2$ 的绝对值为半径的圆将 z 平面分为三个区域。

（1）当收敛域为半径为 2 的圆以外的区域，即收敛域为 $|z|>2$ 时，$\frac{-1}{1-z^{-1}}$ 和 $\frac{2}{1-2z^{-1}}$ 两部分 z 逆变换的时域信号均为右边序列，即

$$x(n)=-u(n)+2\cdot 2^n u(n)$$

（2）当收敛域为半径为 1 的圆为外区域和半径为 2 的圆以内区域的公共区域时，即收敛域为 $1<|z|<2$ 时，$\frac{-1}{1-z^{-1}}$ 经过 z 逆变换的时域信号为右边序列，$\frac{2}{1-2z^{-1}}$ 经过 z 逆变换的时域信号为左边序列，即

$$x(n)=-u(n)-2\cdot 2^n u(-n-1)$$

（3）当收敛域为半径为 1 的圆为内的区域，即收敛域为 $|z|<1$ 时，$\frac{-1}{1-z^{-1}}$ 和 $\frac{2}{1-2z^{-1}}$ 两部分均为左边序列，即

$$x(n)=u(-n-1)-2\cdot 2^n u(-n-1)$$

2. $X(z)$ 含高阶极点（或重极点）

设 $X(z)$ 在 z_0 处有 s 阶极点，此外，有 n 个一阶极点 $z_i(i=1,2,\cdots,n)$，则有

$$\frac{X(z)}{z}=\frac{B(z)}{(z-z_0)^s(z-z_1)(z-z_2)\cdots(z-z_n)} \tag{5-41}$$

展开为部分分式，即

$$\frac{X(z)}{z}=\frac{K_{0s}}{(z-z_0)^s}+\cdots+\frac{K_{0j}}{(z-z_0)^j}+\cdots+\frac{K_{01}}{(z-z_0)}+\sum_{i=1}^{n}\frac{K_i}{z-z_i} \tag{5-42}$$

系数 $K_{0j}(j=1,2,\cdots,s)$、$K_i(i=1,2,\cdots,n)$ 确定如下：

$$K_{0j}=\frac{1}{(s-j)!}\left[\frac{\mathrm{d}^{s-j}}{\mathrm{d}z^{s-j}}(z-z_i)^s\frac{X(z)}{z}\right]_{z=z_0} \tag{5-43}$$

$$K_i=(z-z_i)\frac{X(z)}{z}\bigg|_{z=z_i}$$

因此有

$$X(z)=\sum_{j=1}^{s}K_{0j}\frac{z}{(z-z_0)^j}+\sum_{i=1}^{n}K_i\frac{z}{z-z_i} \tag{5-44}$$

例 5-14　已知 $X(z)=\dfrac{1}{(z-1)^2}\left(|z|>1\right)$，且 ROC：$|z|>1$，求原序列 $x(n)$。

解　根据

$$X(z)=\frac{1}{(z-1)^2}$$

可得

$$\frac{X(z)}{z}=\frac{1}{z(z-1)^2}=\frac{A_{11}}{z-1}+\frac{A_{12}}{(z-1)^2}+\frac{B}{z}$$

待定系数确定如下：

$$B=(z-0)\frac{X(z)}{z}=z\frac{1}{z(z-1)^2}\bigg|_{z=0}=1$$

$$A_{1j}=\frac{1}{(s-j)!}\left[\frac{\mathrm{d}^{s-j}}{\mathrm{d}z^{s-j}}(z-z_i)^s\frac{X(z)}{z}\right],\quad s=2;j=1,2$$

即

$$A_{11}=\frac{1}{(2-1)!}\left[\frac{\mathrm{d}}{\mathrm{d}z}(z-1)^2\frac{1}{z(z-1)^2}\right]\bigg|_{z=1}=-1,\quad j=1$$

$$A_{12}=\frac{1}{(2-2)!}\left[(z-1)^2\frac{1}{z(z-1)^2}\right]\bigg|_{z=1}=1,\quad j=2$$

所以

$$\frac{X(z)}{z}=\frac{-1}{z-1}+\frac{1}{(z-1)^2}+\frac{1}{z}$$

将 $X(z)/z$ 两边同时乘以 z，可得

$$X(z)=\frac{-z}{z-1}+\frac{z}{(z-1)^2}+1$$

考虑收敛域为 $|z|>1$ 求 z 逆变换，即得到

$$x(n)=-u(n)+nu(n)+\delta(n)$$

5.5　离散时间系统的系统函数

5.5.1　系统函数

正如连续时间系统的系统函数 $H(s)$一样，离散时间 LTI 系统的系统函数 $H(z)$也是反映系统特征的重要函数，在分析和研究离散时间系统中起着非常重要的作用。

假设线性时不变离散系统的输入激励信号为 $x(n)$，其零状态响应为 $y(n)$，则响应和激励信号的 z 变换之比定义为系统函数 $H(z)$：

$$H(z)=\frac{Y(z)}{X(z)} \tag{5-45}$$

通常，描述离散 LTI 系统的数学模型为线性常系数差分方程，其一般形式为

$$\sum_{k=0}^{N}a_k y(n-k)=\sum_{r=0}^{M}b_r x(n-r) \tag{5-46}$$

则对式（5-46）两边取 z 变换，可得

$$Y(z)\sum_{k=0}^{N}a_k z^{-k}=X(z)\sum_{r=0}^{M}b_r z^{-r} \tag{5-47}$$

因此，可得系统函数 $H(z)$ 为

$$H(z)=\frac{Y(z)}{X(z)}=\frac{\sum\limits_{r=0}^{M}b_r z^{-r}}{\sum\limits_{k=0}^{N}a_k z^{-k}} \tag{5-48}$$

由此可知，系统函数 $H(z)$仅与系统的差分方程系数、结构有关，而与系统的激励和响应无关，因此描述了系统的特性。

此外，系统函数 $H(z)$还与系统单位抽样响应 $h(n)$为一对 z 变换对，即

$$\mathscr{Z}\left[h(n)\right]=H(z)$$

$$h(n)=\mathscr{Z}^{-1}\left[H(z)\right]$$

根据时域卷积定理，可方便求出系统的零状态响应：

$$y_{zs}(n)=h(n)*x(n)\leftrightarrow Y(z)=H(z)X(z) \tag{5-49}$$

即零状态响应可计算为

$$y_{zs}(n)=\mathscr{Z}^{-1}\left[H(z)X(z)\right]$$

图 5-14 所示为离散系统时域分析与 z 域分析的对应关系。

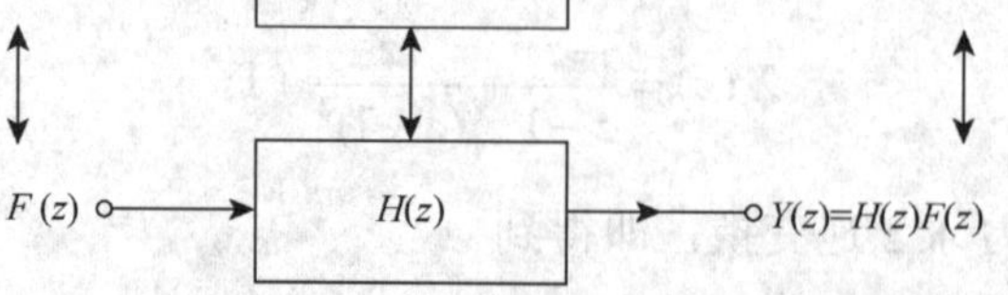

图 5-14　离散系统时域分析与 z 域分析的对应关系

例 5-15　已知离散时间系统的差分方程为

$$y(n)+3y(n-1)+2y(n-2)=x(n)+x(n-1)$$

且激励为 $x(n)=(-2)^n u(n)$，试求系统函数 $H(z)$ 和零状态响应 $y_{zs}(n)$。

解　在零状态条件下，对差分方程两边取单边 z 变换：

$$Y(z)+3z^{-1}Y(z)+2z^{-2}Y(z)=X(z)(1+z^{-1})$$

整理可得系统函数：

$$H(z)=\frac{Y(z)}{X(z)}=\frac{1+z^{-1}}{1+3z^{-1}+2z^{-2}}=\frac{z(z+1)}{(z+1)(z+2)}=\frac{z}{z+2}$$

相应地，系统的零状态响应为

$$Y(z)=H(z)X(z)=\frac{z}{z+2}\frac{z}{z+2}=\left(\frac{z}{z+2}\right)^2$$

即

$$y_{zs}(n)=(n+1)(-2)^n u(n)$$

5.5.2　系统函数零、极点分布对系统特性的影响

由于系统单位抽样响应 $h(n)$ 与系统函数 $H(z)$ 是一对 z 变换对，因此可以从系统函数 $H(z)$ 的零、极点分布情况来确定单位抽样响应 $h(n)$ 的特性。

1. 由 $H(z)$ 零、极点分布确定单位抽样响应 $h(n)$ 特性

根据系统函数 $H(z)$：

$$H(z)=\frac{\sum_{r=0}^{M}b_r z^{-r}}{\sum_{k=0}^{N}a_k z^{-k}}=G\frac{\prod_{r=1}^{M}(1-z_r z^{-1})}{\prod_{k=1}^{N}(1-p_k z^{-1})} \tag{5-50}$$

式中，z_r 为零点；p_k 为极点。假设无重根，则可展开为如下部分分式：

$$H(z)=\sum_{k=0}^{N}\frac{A_k z}{z-p_k}=A_0+\sum_{k=1}^{N}\frac{A_k z}{z-p_k} \tag{5-51}$$

因此，可得单位抽样响应为

$$h(n)=\mathscr{Z}^{-1}\left[A_0+\sum_{k=1}^{N}\frac{A_k z}{z-p_k}\right]=A_0\delta(n)+\sum_{k=1}^{N}A_k(p_k)^n u(n) \tag{5-52}$$

由此可知，系统函数 $H(z)$ 极点 p_k 决定了系统单位抽样响应 $h(n)$ 特性。由于极点 p_k 可以是不同的实数或共轭复数，因此系统单位抽样响应 $h(n)$ 的变换规律可能是指数衰落、上升，或为减幅、增幅、等幅振荡，如图 5-15 所示。此外，A_0, A_k 只是系数，与系统函数 $H(z)$ 的零、极点分布都有关。

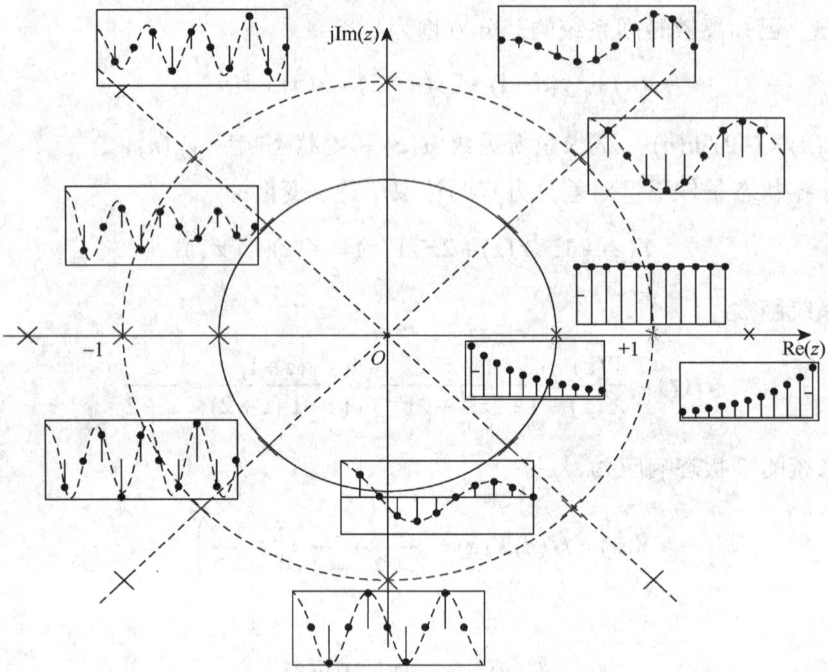

图 5-15　零、极点分布与单位抽样响应 $h(n)$ 的变换规律

由图 5-15 可得如下结论：

（1）若 $H(z)$ 极点为单位圆内的实数，则对应的 $h(n)$ 为指数衰减序列；

（2）若 $H(z)$ 极点为单位圆上的实数，则对应的 $h(n)$ 为阶跃序列；

（3）若 $H(z)$ 极点为单位圆外的实数，则对应的 $h(n)$ 为指数振幅序列；

（4）若 $H(z)$ 极点为单位圆内的共轭极点，则对应的 $h(n)$ 为正弦振荡衰减序列；

（5）若 $H(z)$ 极点为单位圆上的共轭极点，则对应的 $h(n)$ 为正弦振荡等幅序列；

（6）若 $H(z)$ 极点为单位圆外的共轭极点，则对应的 $h(n)$ 为正弦振荡增幅序列。

2. 离散时间系统的因果性与稳定性

离散系统的因果性是指系统的物理可实现性，强调某离散系统在某个时刻的输出只取决于此时刻和此时刻以前的输入，与此时刻以后的输入无关。即

$$y(n) = f[x(n), x(n-1), x(n-2), \cdots]$$

一个 LTI 系统为因果系统的充要条件是

$$h(n) = 0, \quad n < 0 \tag{5-53}$$

此时，$h(n)$ 是一个右边序列，其 z 变换收敛域为 $R_{x+} < |z| \leqslant \infty$，即因果系统 z 变换收敛域半径为 R_{x+} 的圆以外的区域，且必包括 $+\infty$。反之，某系统的单位脉冲响应 $h(n)$ 的 z 变换收敛域为 $R_{x+} < |z| \leqslant \infty$，则 $h(n)$ 必为一因果序列，满足 $h(n) = 0(n < 0)$。

离散系统稳定性定义为：若对任意有界的输入序列，其输出序列的值总是有界的，则此类系统称为稳定系统。

一个 LTI 系统为稳定系统的充要条件是

$$\sum_{n=0}^{\infty}\left|h(n)\right|<\infty \tag{5-54}$$

由 z 变换定义：

$$H(z)=\sum_{n=-\infty}^{+\infty}h(n)z^{-n}$$

由 z 变换收敛即为要求

$$\left|\sum_{n=-\infty}^{+\infty}h(n)z^{-n}\right|<\infty$$

当 $|z|=1$，即 z 位于 z 平面单位圆上时，有

$$\sum_{n=-\infty}^{\infty}\left|h(n)z^{-n}\right|=\sum_{n=-\infty}^{+\infty}|h(n)|<\infty$$

满足稳定系统的充要条件。

即如果系统函数的收敛域包括单位圆，则系统是稳定的。反之亦然。故对于因果稳定离散时间系统的单位脉冲响应，其 z 变换的收敛域包括 $R_{x+}<|z|\leqslant\infty$，其中 $R_{x+}<1$。

5.6　离散时间系统的频率响应特性

5.6.1　离散系统频响特性定义

离散时间系统的频率特性表示系统对不同频率的正弦输入序列产生了不同的加权后所对应的正弦稳态响应特性，这就是系统的频率响应特性。

稳定的因果离散系统如图 5-16 所示。

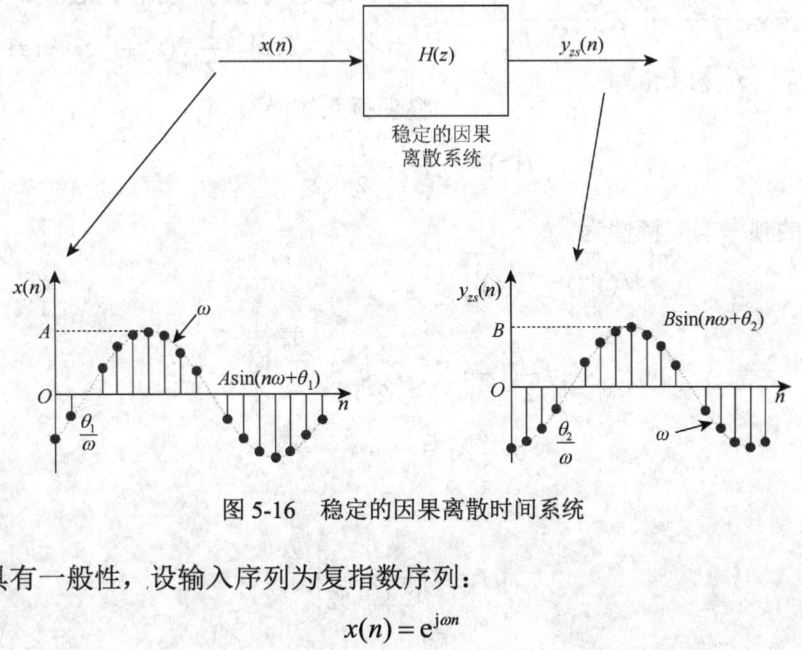

图 5-16　稳定的因果离散时间系统

为了具有一般性，设输入序列为复指数序列：

$$x(n)=e^{j\omega n} \tag{5-55}$$

若离散时间系统的单位抽样响应为$h(n)$，则系统的零状态响应为

$$\begin{aligned} y(n) &= h(n) * x(n) \\ &= \sum_{m=0}^{+\infty} h(m)x(n-m) = \sum_{m=0}^{+\infty} h(m)\mathrm{e}^{\mathrm{j}\omega(n-m)} \\ &= \mathrm{e}^{\mathrm{j}\omega n}\sum_{m=0}^{+\infty} h(m)\mathrm{e}^{-\mathrm{j}\omega m} \end{aligned} \tag{5-56}$$

由于

$$H(z) = \mathscr{Z}[h(n)] = \sum_{m=0}^{+\infty} h(n)z^{-m} \tag{5-57}$$

在单位圆上由于$z = \mathrm{e}^{\mathrm{j}\omega}$，因此

$$y(n) = \mathrm{e}^{\mathrm{j}\omega n} H(z)\Big|_{z=\mathrm{e}^{\mathrm{j}\omega}} = H(\mathrm{e}^{\mathrm{j}\omega})x(n) \tag{5-58}$$

由此可知，$H(\mathrm{e}^{\mathrm{j}\omega})$为输入序列的加权，体现了系统对信号的处理功能。且$H(\mathrm{e}^{\mathrm{j}\omega})$是系统函数$H(z)$在单位圆上的动态变化，取决于系统的特性。因此$H(\mathrm{e}^{\mathrm{j}\omega})$通常称为系统的频率响应特性。

$$H(\mathrm{e}^{\mathrm{j}\omega}) = H(z)\Big|_{z=\mathrm{e}^{\mathrm{j}\omega}} = \left|H(\mathrm{e}^{\mathrm{j}\omega})\right|\mathrm{e}^{\mathrm{j}\varphi(\omega)} \tag{5-59}$$

式中，$\left|H(\mathrm{e}^{\mathrm{j}\omega})\right| \sim \omega$为幅频特性，表示输出序列与输入序列的幅度之比；$\phi(\omega) \sim \omega$为相频特性，表示输出序列与输入序列之间的相移。

例 5-16　已知图 5-17 所示的离散时间系统，求该系统的频率响应特性。

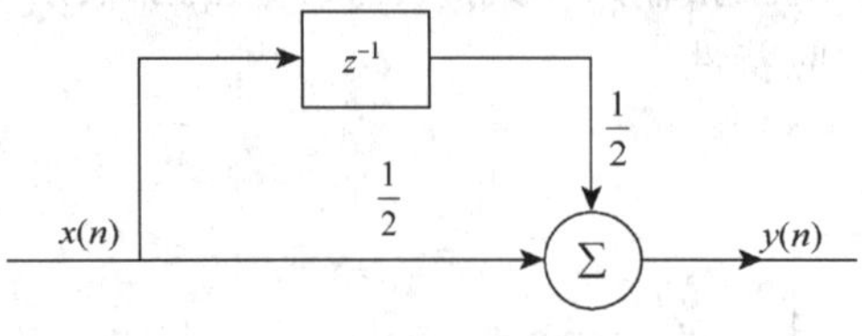

图 5-17　例 5-16 图

解　系统的差分方程为

$$y(n) = \frac{1}{2}x(n) + \frac{1}{2}x(n-1)$$

设系统是零状态的，方程两边取z变换：

$$Y(z) = \frac{1}{2}X(z) + \frac{1}{2}z^{-1}X(z)$$

整理得系统函数

$$H(z) = \frac{Y(z)}{X(z)} = \frac{1}{2} + \frac{1}{2}z^{-1}$$

因此，系统的频率响应特性为

$$\begin{aligned} H(\mathrm{e}^{\mathrm{j}\omega}) &= H(z)\Big|_{z=\mathrm{e}^{\mathrm{j}\omega}} \\ &= \frac{1}{2}(1+\mathrm{e}^{-\mathrm{j}\omega}) = \frac{1}{2}\mathrm{e}^{-\mathrm{j}\frac{\omega}{2}} \cdot \frac{\mathrm{e}^{\mathrm{j}\frac{\omega}{2}} + \mathrm{e}^{-\mathrm{j}\frac{\omega}{2}}}{2} \cdot 2 \\ &= \cos\frac{\omega}{2} \cdot \mathrm{e}^{-\mathrm{j}\frac{\omega}{2}} \end{aligned}$$

即幅频特性

$$\left|H(\mathrm{e}^{\mathrm{j}\omega})\right| = \left|\cos\frac{\omega}{2}\right|$$

相频特性

$$\varphi(\omega)=-\frac{\omega}{2}$$

其特性曲线如图 5-18 所示。

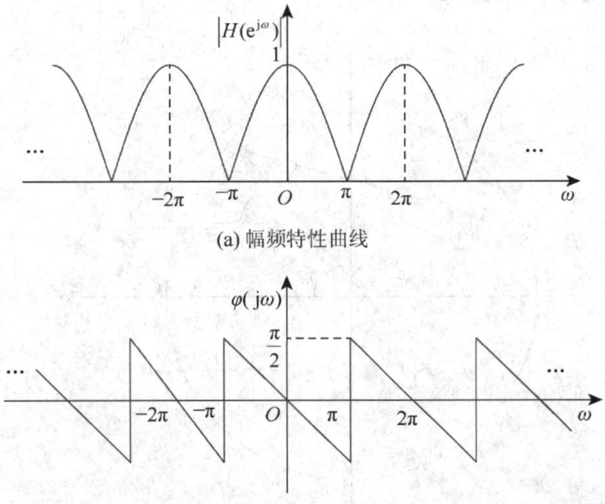

(a) 幅频特性曲线

(b) 相频特性曲线

图 5-18　幅频特性曲线和相频特性曲线

5.6.2　频响特性的几何确定方法

由系统函数的零、极点表达式：

$$H(z)=K\frac{\prod_{r=1}^{M}(1-z_r z^{-1})}{\prod_{k=1}^{N}(1-p_k z^{-1})}=Kz^{N-M}\frac{\prod_{r=1}^{M}(z-z_r)}{\prod_{k=1}^{N}(z-p_k)} \tag{5-60}$$

得系统的频响特性为

$$H(e^{j\omega})=Ke^{j(N-M)\omega}\frac{\prod_{r=1}^{M}(e^{j\omega}-z_r)}{\prod_{k=1}^{N}(e^{j\omega}-p_k)}=\left|H(e^{j\omega})\right|e^{j\arg(H(e^{j\omega}))} \tag{5-61}$$

令

$$\begin{aligned}e^{j\omega}-z_r&=A_r e^{j\psi_r}\\ e^{j\omega}-p_k&=B_k e^{j\theta_k}\end{aligned} \tag{5-62}$$

则幅频特性

$$\left|H(e^{j\omega})\right|=\frac{\prod_{r=1}^{M}A_r}{\prod_{k=1}^{N}B_k} \tag{5-63}$$

相频特性

$$\arg(H(e^{j\omega})) = \sum_{r=1}^{M}\psi_r - \sum_{k=1}^{N}\theta_k \tag{5-64}$$

其特性的几何分析示意图如图 5-19 所示。

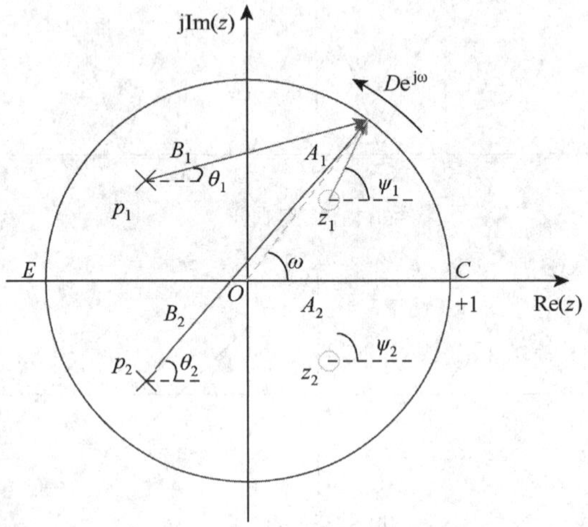

图 5-19　频响特性的几何分析示意图

由此可知如下。

（1）位于 z=0 处的零点或极点对幅度响应不产生作用，因此在 z=0 处加入或去除零、极点，不会使幅度响应发生变化，但会影响到相位响应。

（2）极点主要影响频响的峰值：①某极点 p_i 越靠近单位圆，B_i 越短，则频率响应特性在峰值附近越尖锐；②某极点 p_i 落在单位圆上，$B_i = 0$，则频率响应特性的峰值趋于无穷大。

（3）零点主要影响频响的谷值，作用与极点刚好相反。

5.7　离散时间系统的 z 域分析

描述离散时间系统的数学模型为差分方程，求解差分方程是分析离散时间系统的一个重要途径。通常求解离散 LTI 系统差分方程的方法有时域方法和 z 变换方法。

应用 z 变换的方法分析离散 LTI 系统差分方程时，是先将时间域的差分方程变换为 z 域的代数方程，然后结合 z 变换的基本性质等再进行 z 逆变换，系统的求解是非常方便的。这种方法称为 z 域分析。

z 变换方法步骤：

（1）对差分方程进行单边 z 变换，变差分方程为代数方程；

（2）应用卷积定理，可以将时域卷积变为 z 域相乘；

（3）由 z 变换方法求出响应 $Y(z)$；

（4）求 $Y(z)$ 的逆变换，得到 $y(n)$。其中，部分分式分解后将求解过程变为查表求 z 逆变换，此时，求解过程自动包含了初始状态（相对于 0_-）的条件。

例 5-17　已知系统的差分方程为

$$y(n)-0.9y(n-1)=0.05u(n)$$

若初始条件 $y(-1)=1$，求系统的完全响应。

解　方程两边同时取 z 变换：

$$Y(z)-0.9\left[z^{-1}Y(z)+y(-1)\right]=0.05\frac{z}{z-1}$$

整理得

$$Y(z)=\frac{0.05z^2}{(z-1)(z-0.9)}+\frac{0.9y(-1)z}{z-0.9}$$

代入初始条件 $y(-1)=1$ 有

$$\frac{Y(z)}{z}=\frac{A_1}{z-1}+\frac{A_2}{z-0.9}$$

确定系数 $A_1=0.5$，$A_2=0.45$，即

$$\frac{Y(z)}{z}=\frac{0.5}{z-1}+\frac{0.45}{z-0.9}$$

因此，系统全响应为

$$y(n)=0.5+0.45\times(0.9)^n,\quad n\geqslant 0$$

5.8　z 平面与 s 平面、z 变换与拉氏变换的关系

5.8.1　z 变换与拉氏变换的关系

设 $x_a(t)$ 为连续信号，$\hat{x}_a(t)$ 为其理想抽样信号，则有

$$\begin{aligned}\hat{X}_a(s)&=\mathscr{L}[\hat{x}_a(t)]=\int_{-\infty}^{\infty}\hat{x}_a(t)\mathrm{e}^{-st}\mathrm{d}t\\&=\int_{-\infty}^{\infty}\left[\sum_{n=-\infty}^{\infty}x_a(nT)\delta(t-nT)\right]\mathrm{e}^{-st}\mathrm{d}t\\&=\sum_{n=-\infty}^{\infty}\int_{-\infty}^{\infty}x_a(nT)\mathrm{e}^{-st}\delta(t-nT)\mathrm{d}t\\&=\sum_{n=-\infty}^{\infty}x_a(nT)\mathrm{e}^{-nTs}=\sum_{n=-\infty}^{\infty}x_a(nT)(\mathrm{e}^{sT})^{-n}\end{aligned}\tag{5-65}$$

因此

$$\hat{X}_a(s)=\mathscr{L}[\hat{x}_a(t)]=\sum_{n=-\infty}^{\infty}x_a(nT)(\mathrm{e}^{sT})^{-n}\tag{5-66}$$

序列 $x(n)$，其 z 变换为

$$X(z)=\sum_{n=-\infty}^{\infty}x(n)z^{-n}$$

考虑到 $x(n)=x_a(nT)$，显然，当 $z=\mathrm{e}^{sT}$ 时，序列 $x(n)$的 z 变换即等于理想抽样信号的拉氏变换：

$$X(z)\big|_{z=\mathrm{e}^{sT}}=X(\mathrm{e}^{sT})=\hat{X}_a(s) \tag{5-67}$$

反之

$$\hat{X}_a(s)\big|_{s=\frac{1}{T}\ln z}=X(z)$$

5.8.2　*z* 平面与 *s* 平面的映射关系

由式（5-67）可知

$$z=\mathrm{e}^{sT}$$

在 s 平面，用直角坐标表示，即 $s=\sigma+\mathrm{j}\Omega$，如图 5-20（a）所示。

而在 z 平面，用极坐标表示，即 $z=r\mathrm{e}^{\mathrm{j}\theta}$，如图 5-20（b）所示。

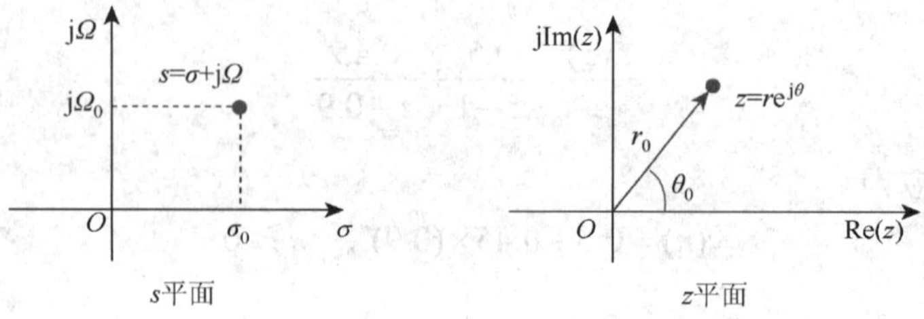

(a) *s*平面　(b) *z*平面

图 5-20　*s* 平面与 *z* 平面示意图

根据 $z=\mathrm{e}^{sT}$，且 $s=\sigma+\mathrm{j}\Omega$，$z=r\mathrm{e}^{\mathrm{j}\theta}$，可得

$$z=\mathrm{e}^{(\sigma+\mathrm{j}\Omega)T}=\mathrm{e}^{\sigma T}\cdot\mathrm{e}^{\mathrm{j}\Omega T} \tag{5-68}$$

因此，有

$$r=\mathrm{e}^{\sigma T}$$
$$\theta=\Omega T=2\pi\Omega/\Omega_s \tag{5-69}$$

也就是说，z 的模只与 s 的实部相对应，而 z 的相角则只与 s 虚部 Ω 相对应。

由此，可得如下对应关系：

（1）在 s 平面的原点，即 $\sigma=0,\Omega=0$，对应地，在 z 平面，有 $r=1,\theta=0$，即 $z=1$；

（2）z 平面与 s 平面的映射关系如表 5-2 所示。

表 5-2　*z* 平面与 *s* 平面的映射关系

s 平面	$\sigma<0$ 左半平面	$\sigma=0$ 虚轴	$\sigma>0$ 右半平面	平行于虚轴（实轴）的直线
z 平面	$r<1$ 单位圆内	$r=1$ 单位圆上	$r>1$ 单位圆外	圆

5.9　z 变换与傅里叶变换的关系

5.9.1　z 变换与离散时间傅里叶变换的关系

对复变量 z 用极坐标表示，即 $z = r\mathrm{e}^{\mathrm{j}\theta}$，则

$$X(z) = X(r\mathrm{e}^{\mathrm{j}\theta}) = \sum_{n=-\infty}^{+\infty} x(n)(r\mathrm{e}^{\mathrm{j}\theta})^{-n} = \sum_{n=-\infty}^{+\infty} [x(n)r^{-n}]\mathrm{e}^{-\mathrm{j}\omega n} \tag{5-70}$$

离散信号 $x(n)$ 的 z 变换就是 $x(n)$ 乘以实指数信号 r^{-n} 后的离散时间傅里叶变换（DTFT），即

$$\mathscr{Z}[x(n)] = \mathscr{F}[x(n)r^{-n}] \tag{5-71}$$

式中，r 为实数，适当选取 r 将使傅里叶变换不收敛的信号具有 z 变换。

如 $X(z)$在 $z = \mathrm{e}^{\mathrm{j}\omega}$（单位圆）处收敛，则有

$$X(z)\big|_{z=\mathrm{e}^{\mathrm{j}\omega}} = \sum_{n=-\infty}^{+\infty} x(n)z^{-n} = \sum_{n=-\infty}^{+\infty} x(n)\mathrm{e}^{-\mathrm{j}\omega n} \tag{5-72}$$

即 $\mathscr{F}[x(n)] = \mathscr{Z}[x(n)]\big|_{z=\mathrm{e}^{\mathrm{j}\omega}}$，即离散时间傅里叶变换就是在 z 平面中，在半径为 1 的单位圆上的 z 变换。

5.9.2　z 变换与离散傅里叶变换的关系

对于长度为 N 的离散时间信号 $x(n)$，有 z 变换：

$$X(z) = \sum_{n=0}^{N-1} x(n)z^{-n}$$

离散傅里叶变换（DFT）：

$$X(k) = \sum_{n=0}^{N-1} x(n)\mathrm{e}^{-\mathrm{j}2\pi kn/N},\quad k = 0,1,\cdots,N-1 \tag{5-73}$$

令 $z = \mathrm{e}^{\mathrm{j}2\pi k/N}$，则有

$$X(z)\big|_{z=\mathrm{e}^{\mathrm{j}2\pi k/N}} = \sum_{n=0}^{N-1} x(n)\mathrm{e}^{-\mathrm{j}2\pi kn/N} \tag{5-74}$$

即

$$X(k) = X(z)\big|_{z=\mathrm{e}^{\mathrm{j}2\pi kn/N}},\quad k = 0,1,\cdots,N-1 \tag{5-75}$$

即有限长序列的离散傅里叶变换可以看做它的 z 变换在单位圆上的均匀采样。

离散时间傅里叶变换 Discrete-time Fourier transform

In mathematics, the discrete-time Fourier transform (DTFT) is a form of Fourier analysis that is applicable to the uniformly-spaced samples of a continuous function. The term discrete-time refers to the fact that the transform operates on discrete data (samples) whose interval often has units of time. From only the samples, it produces a function of frequency that is a periodic summation of the continuous Fourier transform of the original continuous function. Under certain theoretical conditions, described by the sampling theorem, the original continuous function can be recovered perfectly from the DTFT and thus from the original discrete samples. The DTFT itself is a continuous function of frequency, but discrete samples of it can be readily calculated via the discrete Fourier transform (DFT) (see Sampling the DTFT), which is by far the most common method of modern Fourier analysis.

Both transforms are invertible. The inverse DTFT is the original sampled data sequence. The inverse DFT is a periodic summation of the original sequence. The fast Fourier transform (FFT) is an algorithm for computing one cycle of the DFT, and its inverse produces one cycle of the inverse DFT.

5.10 本章小结

1. 本章主要知识小结

（1）z 变换对的定义。

$$X(z)=\sum_{n=-\infty}^{+\infty}x(n)z^{-n}$$

$$x(n)=\frac{1}{2\pi\mathrm{j}}\oint_C X(z)z^{n-1}\mathrm{d}z$$

（2）z 变换的收敛域，特别是有限长序列、左边序列、右边序列、双边序列的收敛域的特点。

（3）z 变换的性质。

（4）z 变换的应用。

若已知描述某离散系统的差分方程和输入离散序列，计算其零状态响应：

（1）对差分方程取 z 变换，求出系统函数 $H(z)$；

（2）求取输入序列 $x(n)$ 的 z 变换 $X(z)$；

（3）取乘积 $Y(z)=X(z)H(z)$；

（4）取 $Y(z)$ 的逆变换得到零状态响应 $y(n)$。

2. 典型例题分析

某离散时间 LTI 系统 $H(z)$ 的零、极点分布如图 5-21 所示。

已知其单位抽样响应 $h(n)$ 初值为 $h(0_+)=1$，则求该系统的单位抽样响应 $h(n)$。

解　先求系统函数：

$$H(z)=A\frac{z^2+1}{(z-1)(z+1)}$$

由初值定理可知

$$h(0_+)=\lim_{z\to\infty}H(z)=\lim_{z\to\infty}A\frac{z^2+1}{(z-1)(z+1)}=1$$

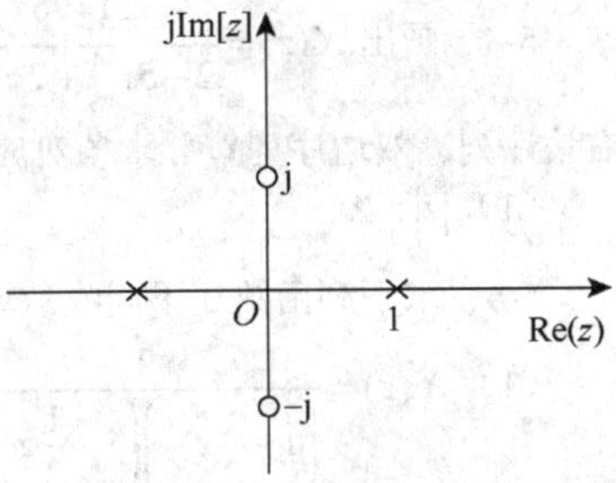

图 5-21　零、极点示意图

解得 A=1，代入 $H(z)=A\dfrac{z^2+1}{(z-1)(z+1)}$，得

$$H(z)=\frac{z^2+1}{(z-1)(z+1)}$$

再求该系统单位抽样响应 $h(n)$：

$$\frac{H(z)}{z}=\frac{z^2+1}{z(z-1)(z+1)}=\frac{-1}{z}+\frac{1}{z-1}+\frac{1}{z+1}$$

故得

$$H(z)=-1+\frac{z}{z-1}+\frac{z}{z+1}$$

所以

$$h(n)=-\delta(n)+u(n)+(-1)^n u(n)$$

习　　题

基本习题

5-1　根据定义求下列序列的 z 变换，画出零、极点图，并注明收敛域。

（1）$x(n)=2^{-n}u(n)$；

（2）$x(n)=-2^n u(-n-1)$；

（3）$x(n)=\left(\dfrac{1}{2}\right)^n[u(n)-u(n-3)]$；

（4）$x(n)=2^{-n}u(-n)$；

（5）$x(n)=-u(-n-1)$；

（6）$x(n)=\left[2^n+\left(\dfrac{1}{2}\right)^n\right]u(n)$；

（7）$x(n)=\delta(n)-\dfrac{1}{8}\delta(n-3)$；

（8）$x(n)=\cos\left(\dfrac{n\pi}{4}\right)u(n)$。

5-2　求下列 z 变换 $X(z)$ 的逆变换 $x(n)$。

（1）$X(z)=\dfrac{1}{1-az^{-1}}\ (|z|>|a|)$；

（2）$X(z)=\dfrac{1}{1-az^{-1}}\ (|z|<|a|)$；

（3）$X(z)=\dfrac{1}{1+\frac{1}{2}z^{-1}}\ \left(|z|>\dfrac{1}{2}\right)$；

（4）$X(z)=\dfrac{1-\frac{1}{2}z^{-1}}{1+\frac{3}{4}z^{-1}+\frac{1}{8}z^{-2}}\ \left(|z|>\dfrac{1}{2}\right)$；

（5）$X(z)=\dfrac{1-\frac{1}{3}z^{-1}}{1-\frac{1}{4}z^{-2}}\ \left(|z|>\dfrac{1}{2}\right)$。

5-3　画出 $X(z)=\dfrac{-3z^{-1}}{2-5z^{-1}+2z^{-2}}$ 的零、极点图，在下列三种收敛域情况下，哪种情况对应左边序列、右边序列、双边序列？并求各对应序列。

（1）$|z|>2$；　（2）$|z|<0.5$；　（3）$0.5<|z|<2$。

5-4　求下列函数在不同收敛域下的逆变换。

（1）$X(z)=\dfrac{1}{\left(1-\dfrac{1}{2}z^{-1}\right)\left(1-\dfrac{1}{3}z^{-1}\right)}$；　（2）$X(z)=\dfrac{z^{-1}}{1-\dfrac{5}{2}z^{-1}+\dfrac{3}{2}z^{-2}}$。

5-5　下列因果序列 $x(n)$ 的 z 变换 $X(z)$，求序列的初值 $x(0)$ 和终值 $x(\infty)$。

（1）$X(z)=\dfrac{1+z^{-1}+z^{-2}}{(1-2z^{-1})(1-z^{-1})}$；　（2）$X(z)=\dfrac{1}{\left(1-\dfrac{1}{2}z^{-1}\right)\left(1+\dfrac{1}{2}z^{-1}\right)}$。

5-6　已知系统：

$$H(z)=\frac{1}{\left(1-\dfrac{1}{2}z^{-1}\right)(1-2z^{-1})}$$

是稳定系统，求其时域序列表达式。

5-7　已知某离散时间 LTI 因果系统的零、极点图如图 5-22 所示（$z=0$ 为二阶零点），且系统单位取样响应满足条件 $h(0)=2$，求：

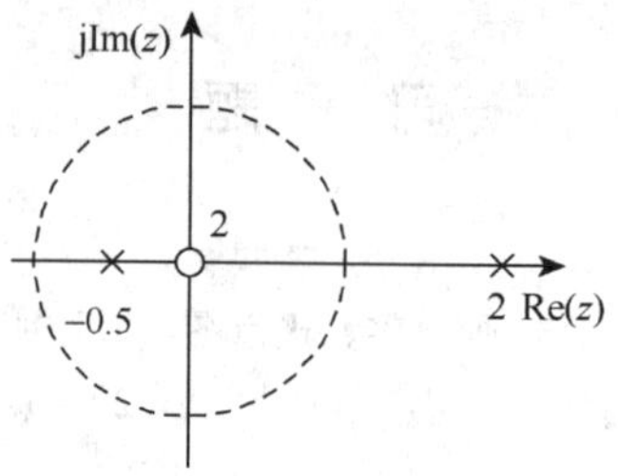

图 5-22　习题 5-7 图

（1）系统函数 $H(z)$；

（2）系统的单位抽样响应 $h(n)$。

5-8　已知线性因果系统用差分方程描述为

$$y(n)=0.9y(n-1)+x(n)+0.9x(n-1)$$

（1）求系统的系统函数 $H(z)$，画出系统函数 $H(z)$ 的零、极点图；

（2）求系统的单位脉冲响应 $h(n)$ 和频率响应 $H(e^{j\omega})$。

扩展习题

5-9　Consider the signal

$$x[n]=\left(\frac{1}{5}\right)^n u[n-3]$$

Evaluate the z-transform of this signal，and specify the corresponding region of convergence.

5-10　Let

$$x[n]=(-1)^n u[n]+\alpha^n u[-n-n_0]$$

Determine the constrains on complex number α and the integer n_0, given that the ROC of $X(z)$ is $1<|z|<2$.

5-11　Consider the signal

$$x[n]=\begin{cases}\left(\dfrac{1}{3}\right)^n\cos\left(\dfrac{\pi}{4}n\right), & n\leqslant 0\\ 0, & n>0\end{cases}$$

Determine the poles and ROC for $X(z)$.

5-12　Suppose that the algebraic expression for the z-transform of $x[n]$ is

$$X(z)=\frac{1-\dfrac{1}{4}z^{-2}}{\left(1+\dfrac{1}{4}z^{-2}\right)\left(1+\dfrac{5}{4}z^{-1}+\dfrac{3}{8}z^{-2}\right)}$$

How many different regions of convergence could correspond to $X(z)$?

5-13　Let $x[n]$ be a signal whose rational z-transform $X(z)$ contains a pole at $z=1/2$. Given that

$$x_1[n]=\left(\frac{1}{4}\right)^n x[n]$$

is absolutely summable and

$$x_2[n]=\left(\frac{1}{8}\right)^n x[n]$$

is not absolutely summable, determine whether $x[n]$ is left sided, right sided, or two sided.

第6章　典型应用实例与MATLAB辅助分析

教学目标

通过本章的学习，掌握MATLAB仿真工具，加深对信号与系统知识的理解。

本章通过借助 MATLAB 仿真工具，加深对信号与系统知识的理解，为后续课程的学习打下良好的基础。

6.1　基于MATLAB的信号与系统时域分析

利用 MATLAB 仿真工具加深对信号与系统的时域分析的理解，主要介绍信号的时域描述方法、信号的时域运算、系统的零状态响应——阶跃响应和冲激响应的求解以及系统的时域分析方法。

6.1.1　信号的时域分析

对信号进行时域分析，首先要将信号随时间变化的规律表示出来，MATLAB 强大的图形处理功能及符号运算功能，为我们的分析提供了方便。在 MATLAB 中通常用两种方法来表示信号，一种是向量法，一种是符号运算法。只要信号能用 MATLAB 语句表示出来，利用 MATLAB 的绘图命令就可方便地绘制出直观的信号波形。

MATLAB 中信号的向量描述法一般可以分为以下三个步骤。

（1）定义自变量的范围和取样间隔时间。连续时间信号的自变量用 t 表示，定义时间范围向量 $t=t_1:p:t_2$，t_1 为信号起始时间，t_2 为终止时间，p 为时间间隔。

离散时间信号的自变量用 k 表示，由于该信号的特点是只在离散时刻有取值，所以定义时间范围向量 $k=k_1:k_2$，k_1 为信号对应的起始时间序号，k_2 为信号对应的终止时间序号，默认的时间间隔为1。

（2）调用信号的函数表达式，求出所有自变量所对应的函数点的取值，得到函数值向量。

（3）调用 MATLAB 中绘图指令画出信号的波形图。连续信号用“plot”函数，离散信号用“stem”函数。

而对于信号的符号运算表示法，只适用于连续时间信号。基本的步骤有以下两步。

（1）写出信号的符号表达式，通过调用 sym 或 syms 命令来实现。

（2）调用 ezplot 命令绘制信号的波形。需要注意的是，ezplot 只能画出既存在于 Symbolic Math 工具箱中，又存在于总 MATLAB 工具箱中的函数。

下面通过具体的例子对信号的时域分析进行了解。

1. 连续时间信号的时域描述

MATLAB 软件提供了大量的产生基本信号的函数，如正弦信号、指数信号、矩形信号等。

（1）正弦信号（$f(t)=A\cos(\omega t+\phi)$ 或 $f(t)=A\sin(\omega t+\phi)$）。

MATLAB 的内部函数中有 sin 和 cos 函数，可以表示正弦信号。其调用形式为

```
f=A*cos(ω*t+phi)
f=A*sin(ω*t+phi)
```

例 6-1　画出取值为[−2, 2]之间的正弦信号 $f=2\sin\left(2\pi t+\dfrac{\pi}{4}\right)$ 的波形图。

方法一：向量法。

```
t=-2：0.001：2；
f=2*sin（2*pi*t+pi/4）；
plot（t，f）
```

方法二：符号运算表示法。

```
f=sym（'2*sin（2*pi*t+pi/4）'）；
ezplot（f，[-2，2]）
```

（2）实指数信号（$f(t)=Ce^{\alpha t}$）。

在 MATLAB 中 exp 用来表示指数信号中的 e，其调用形式为

```
f=C*exp(α*t)
```

例 6-2　画出取值为[−2,2]之间的衰减信号 $f=2e^{-1.5t}$ 的波形图。

方法一：向量法。

```
t=-2：0.001：2；
f=2*exp（-1.5*t）；
plot（t，f）
```

方法二：符号运算表示法。

```
f=sym（'2*exp（-1.5*t）'）；
ezplot（f，[-2，2]）
```

（3）抽样信号（$f(t)=\mathrm{Sa}(t)=\dfrac{\sin t}{t}$）。

MATLAB 中没有直接提供抽样信号的函数，提供的是 sinc 函数，其定义为

$$\mathrm{sinc}(t)=\frac{\sin(\pi t)}{\pi t}$$

用 sinc 函数表示抽样信号 $\mathrm{Sa}(t)$，调用形式为

```
f=sinc(t/pi)
```

例 6-3　画出取值为[−10,10]之间的抽样信号 $f=Sa(t)$ 的波形图。

```
t=-10：0.001：10；
f=sinc（t/pi）；
```

```
plot (t, f)
```

（4）门函数（ $f(t)=G_\tau(t)$ ）。

MATLAB 中提供函数 rectpuls 函数来表示矩形脉冲信号。rectpuls（t,width）可产生高度为 1、宽度为 width、关于 $t=0$ 对称的矩形脉冲信号。width 的默认值为 1。

用该函数产生门函数 $G_\tau(t)$ 的调用形式为

```
f=rectpuls(t, τ)
```

例 6-4 画出取值为[−3,3]之间的门函数 $f(t)=G_4(t)$ 的波形图。

```
t=-3: 0.001: 3;
f=rectpuls (t, 4) ;
plot (t, f)
```

（5）符号函数 $\left(f(t)=\text{sgn}(t)=\begin{cases}1, & t>0\\ -1, & t<0\end{cases}\right)$。

MATLAB 中提供函数 sign 函数来表示符号函数，其调用形式为

```
f=sign(t)
```

例 6-5 画出取值为[−3,3]之间的符号函数 $f(t)=\text{sgn}(t)$ 的波形图。

解

```
t=-3: 0.001: 3;
f=sign (t) ;
plot (t, f)
```

（6）阶跃信号($f(t)=u(t)$)。

MATLAB 中表示阶跃信号的方法很多。

方法一：函数 stepfun 可以生成单位阶跃序列，将时间间隙取足够小，可以近似得到阶跃信号。在 t_0 时刻发生跃变的阶跃信号调用形式如下：

```
f=stepfun (t, t0)
```

```
t=-3: 0.0001: 3;
f=stepfun (t, 0) ;
plot (t, f)
```

方法二：借助阶跃信号的定义，$u(t)=\frac{1}{2}+\frac{1}{2}\text{sgn}(t)$，所以可借助符号函数来实现：

```
t=-3: 0.0001: 3;
f=1/2+1/2*sign (t) ;
plot (t, f)
```

方法三：在 MATLAB 的 Symbolic Math Toolbox 中有单位阶跃函数 Heaviside。只要在工作目录 work 下创建 Heaviside 的 M 文件，函数 ezplot 可以实现其可视化：

```
function f=Heaviside (t)
f= (t>0) ;
```

保存时，以 Heaviside.m 为该 M 文件的文件名。以后就可以直接调用了。

```
f=sym ('Heaviside (t-1) ') ;
ezplot (f, [-1, 4])
```

这样就可以非常方便地应用阶跃信号表示其他信号。

例 6-6　画出函数 $f(t)=u(t)-u(t-2)$ 的波形图。

解
```
f=sym('Heaviside(t)-Heaviside(t-2)');
ezplot(f,[-1,4])
```

2. 离散时间信号的时域描述

离散信号 $f(k)$ 又称为序列，用 MATLAB 描述需要两个变量，一个表示 k 的取值范围，另一个表示离散序列的值。序列 $f(k)=\{1,-1,0,\underset{\underset{k=0}{\uparrow}}{3},2,1,0,1\}$，在 MATLAB 中表示为 $k=-3:4;f$=[1,–1,0,3,2,1,0,1]；其中，k 表示序列的取值范围，f 表示序列里的所有取值。由于计算机内存的限制，MATLAB 无法表示无限序列。对序列进行可视化，需要用的函数是“stem”。

例 6-7　画出指数序列 $f(k)=(0.2)^k$ 的波形图。

解
```
k=-3:5;
f=0.2.^k;
stem(k,f);
```

MATLAB 提供了一些函数可以产生一些特殊的序列：

函数 ones（1,N）可以产生序列长度为 N，数值全为 1 的序列；

函数 zeros（1,N）可以产生序列长度为 N，数值全为 0 的序列；

函数 randn（1,N）可以产生序列长度为 N 的正态随机分布的序列。

（1）单位阶跃序列（$f(k)=u(k)$）。

利用函数 stepfun 可以实现单位阶跃序列的描述，其调用形式为

```
f=stepfun(k,k0)
```

例 6-8　画出单位阶跃序列 $f(k)=\varepsilon(k-2)$ 的波形图。

方法一：借助 stepfun 函数。

```
k=-3:5;
f=stepfun(k,2);
stem(k,f);
```

方法二：根据定义，$u(k-2)=\begin{cases}0, & k<2\\ 1, & k\geqslant 2\end{cases}=\{\cdots,0,0,\underset{\underset{k=0}{\uparrow}}{0},0,1,1,1,\cdots\}$。

```
k=-3:5;
f=[zeros(1,5),ones(1,4)];
stem(k,f);
```

（2）单位序列（$f(k)=\delta(k)$）。

单位序列的定义 $\delta(k)=\begin{cases}0, & k\neq 0\\ 1, & k=0\end{cases}=\{\cdots,0,0,\underset{\underset{k=0}{\uparrow}}{1},0,0,0,0,\cdots\}$。

```
k=-3:5;
f=[zeros(1,3),1,zeros(1,5)];
```

```
stem (k, f);
```

3. 连续信号的时域运算

连续信号的时域运算包括相加、相乘、平移、反褶、尺度变换。

（1）信号相加与相乘。

MATLAB 中提供了算术运算符“+”和“.*”来实现信号的相加和相乘。要保证信号运算的正确性，需要保证这两信号的长度相同和取值时刻相同。其调用形式如下。

两信号相加：

```
f=f1+f2
```

两信号相乘：

```
f=f1.*f2
```

例 6-9 画出信号 $f(t)=\sin(3t)+\cos(2t)$，$f(t)=\sin(3t)\cdot\cos(2t)$ 的波形图。

解：

```
t=-3: 0.0001: 3;
f1=sin (3*t);
f2=cos (2*t);
f3=f1+f2;
f4=f1.*f2;
subplot (1, 2, 1), plot (t, f3);
subplot (1, 2, 2), plot (t, f4);
```

（2）信号平移、反褶和尺度变换。

信号的平移、反褶和尺度变换就是函数自变量 t 的运算。MATLAB 中提供的 subs 函数可实现其符号运算表示。

信号平移就是变量 $t-t_0$ 取代变量 t，调用形式为 subs（f，t，$t-t_0$）；

信号反褶就是变量$-t$ 取代变量 t，调用形式为 subs（f，t，$-t$）；

信号尺度变换就是变量 $a*t$ 取代变量 t，调用形式为 subs（f，t，$a*t$）；

例 6-10 画出信号 $f(t)=t[u(t)-u(t-2)]$ 的波形图，并求出 $f(t-2)$，$f(-t)$，$f(2t)$，$f(-2t+3)$ 的波形图。

解

```
f=sym ('t* (Heaviside (t) -Heaviside (t-2) ) ');
subplot (2, 3, 1), ezplot (f, [-1, 3]);
f1=subs (f, t, t-2);
subplot (2, 3, 2), ezplot (f1, [1, 5]);
f2=subs (f, t, -t);
subplot (2, 3, 3), ezplot (f2, [-3, 1]);
f3=subs (f, t, 2*t);
subplot (2, 3, 4), ezplot (f3, [-1, 3]);
f4=subs (f, t, -2*t+3);
subplot (2, 3, 5), ezplot (f1, [-3, 5]);
```

（3）信号的卷积。

用 MATLAB 实现连续信号 $f_1(t)$ 与 $f_2(t)$ 卷积的过程如下：

（1）将连续信号 $f_1(t)$ 与 $f_2(t)$ 以时间间隔 Δ 进行抽样，得到离散序列 $f_1(k\Delta)$ 和 $f_2(k\Delta)$；

（2）构造与 $f_1(k\Delta)$ 和 $f_2(k\Delta)$ 相对应的时间向量 k_1 和 k_2；

（3）调用 conv()函数计算卷积积分 $f(t)$ 的近似向量 $f(n\Delta)$；

（4）构造 $f(n\Delta)$ 对应的时间向量 k。

下面即为利用 MATLAB 实现连续时间卷积的通用函数 sconv()，该程序在计算出卷积积分的数值近似的同时，还绘出 $f(t)$ 的时域波形图。需要注意的是，程序中是如何构造 $f(t)$ 的对应时间向量 k 的？另外，程序在绘制 $f(t)$ 波形图时采用的是 plot 命令而不是 stem 命令。

```
function  [f, k]=sconv (f1, f2, k1, k2, p)
%计算连续信号卷积积分 f (t) =f1 (t) *f2 (t)
% f: 卷积积分 f (t) 对应的非零样值向量
% k: f (t) 的对应时间向量
% f1: f1 (t) 非零样值向量
% f2: f2 (t) 的非零样值向量
% k1: f1 (t) 的对应时间向量
% k2: f2 (t) 的对应时间向量
% p: 取样时间间隔
f=conv (f1, f2);                              %计算序列 f1 与 f2 的卷积和 f
f=f*p;
k0=k1 (1) +k2 (1);                            %计算序列 f 非零样值的起点位置
k3=length (f1) +length (f2) -2;  %计算卷积和 f 的非零样值的宽度
k=k0: p: k3*p;                         %确定卷积和 f 非零样值的时间向量
subplot (2, 2, 1)
plot (k1, f1)                          %在子图 1 绘 f1 (t) 时域波形图
title ('f1 (t) ')
xlabel ('t')
ylabel ('f1 (t) ')
subplot (2, 2, 2)
plot (k2, f2)                          %在子图 2 绘 f2 (t) 时波形图
title ('f2 (t) ')
xlabel ('t')
ylabel ('f2 (t) ')
subplot (2, 2, 3)
plot (k, f);                           %画卷积 f (t) 的时域波形
h=get (gca, 'position');
h (3) =2.5*h (3);
```

```
set (gca, 'position', h)        %将第三个子图的横坐标范围扩为原来的 2.5 倍
title ('f (t) =f1 (t) *f2 (t) ')
xlabel ('t')
ylabel ('f (t) ')
```

例 6-11　已知两连续时间信号如图 6-1 所示，试用 MATLAB 求 $f(t)=f_1(t)*f_2(t)$，并绘出 $f(t)$ 的时域波形图（设定取样时间间隔为 p）。

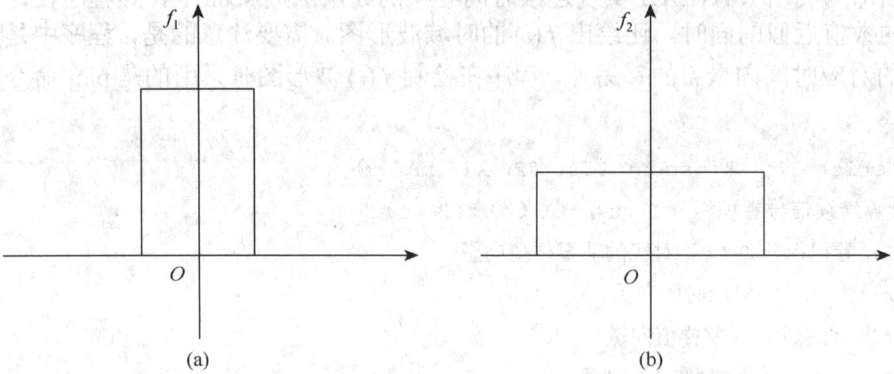

图 6-1　例 6-11 图

解
```
p=0.1;
k1=-1: p: 1
f1=2*ones (1, length (k1))
k2=-2: p: 2
f2=ones (1, length (k2))
[f, k]=sconv (f1, f2, k1, k2, p)
```

4. 离散信号的时域运算

离散信号的相加与相乘与连续信号的相加与相乘运算是一致的，在此不再赘述。这里介绍离散信号的其他时域运算，包括差分、求和、反褶和卷积和。

（1）信号的差分与求和。

信号的差分运算为 $y(k)=f(k+1)-f(k)$，MATLAB 中用函数 diff 实现差分运算，其调用格式为

```
y=diff(f)
```

信号的求和为 $y=\sum_{k=k_1}^{k_2} f(k)$，将序列 $f(k)$ 中 k_1 和 k_2 之间的序列值相加起来。MATLAB 中用函数 sum 实现求和运算，其调用格式为

```
y=sum (f (k1: k2) )
```

例如，*k*=–2∶5；一有限长序列 *f*=[1,–1,2,0,1,3,4,5]。调用 *y*=diff（*f*），得到求差分后的结果为 *y*=[–2,3,–2,1,2,1,1]；调用 *y*=sum（*f*（1∶4）），即求序列 *f* 中的第 1 项到第 4 项

数值之和，得到求和结果为 y=2。

（2）信号的反褶。

在离散信号求反褶中可以使用函数 fliplr 来实现，其调用格式为

```
y=fliplr（f）
```

（3）信号的卷积和。

MATLAB 提供了函数 conv 来实现两信号的卷积和。长度为 N 的序列 A 与长度为 M 的序列 B 求卷积和，其调用形式为 y=conv（A，B），得到的序列 y 的长度为 N+M-1。

例 6-12　已知序列 $f_1(k)=\{1,1,\underset{\underset{k=0}{\uparrow}}{2},-1,3,1\}$，$f_2(k)=\{\underset{\underset{k=0}{\uparrow}}{1},1,1,1\}$，求 $f_1(k)*f_2(k)$。

解
```
k1=-2：3；f1=[1，1，2，-1，3，1]；%序列 f1 的长度为 6，起点为-2；
k2=0：3；f2=[1，1，1，1]；       %序列 f2 的长度为 4，起点为 0；
f=conv（f1，f2）；
k0=k1（1）+k2（1）；
k3=length（f1）+length（f2）-2；
k=k0：k0+k3；                   %计算卷积和序列的起始位置
stem（k，f）
```

运行结果：

```
f= 1    2    4    3    5    5    3    4    1
k=-2   -1    0    1    2    3    4    5    6
```

6.1.2　LTI 系统的时域分析

LTI 系统的时域分析可以从求解系统的微分（或差分）方程入手。但由于微分（或差分）方程求解的复杂性，我们这里只讨论零状态响应的求解。

1. 连续系统的时域分析

在 MATLAB 的控制系统工具箱中，冲激响应 $h(t)$ 利用函数 impulse 来实现；阶跃响应 $s(t)$ 利用函数 step 来实现。各自的调用格式为

```
y=impulse(sys,t)
y=step(sys,t)
```

其中，sys 表示连续 LTI 系统的系统模型；t 表示要计算系统响应的时间范围。对于给定 LTI 系统的微分方程为 $\sum_{i=0}^{n} a_i y^{(i)}(t)=\sum_{j=0}^{m} b_j f^{(j)}(t)$，该系统模型 sys 可借助函数 tf 获得，其调用格式为

```
sys=tf（b，a）
```

其中，$b=[b_m,b_{m-1},\cdots,b_1,b_0]$；$a=[a_n,a_{n-1},\cdots,a_1,a_0]$。

例 6-13　某连续 LTI 系统，其微分方程为 $y''(t)+3y'(t)+2y(t)=f'(t)+2f(t)$，求[0,10]的系统的冲激响应和阶跃响应。

解
```
a=[1 3 2];
```

```
b=[1 2];
sys=tf (b, a) ;
t=0: 0.001: 10;
h=impulse (sys, t) ;
s=step (sys, t) ;
subplot (1, 2, 1) , plot (t, h) ;
subplot (1, 2, 2) , plot (t, s) ;
```

2. 离散系统的时域分析

而对于系统差分方程为$\sum_{k=0}^{N} a_k y(n-k)=\sum_{m=0}^{M} b_m f(n-m)$的离散系统，其单位响应的求解，有以下几种方法：

（1）可以借助迭代法求解；

（2）可借助信号处理工具箱中的函数 impz 来实现，其调用格式为

```
h=impz(b,a,n)
```

其中，$b=[b_0,b_1,\cdots,b_{M-1},b_M]$；$a=[a_0,a_1,\cdots,a_{N-1},a_N]$；$n$ 表示响应的取值范围。

（3）可借助信号处理工具箱中的函数 filter 来实现，其调用格式为

```
y=filter(b,a,f)
```

其中，b、a 同上；f 表示输入序列；y 为系统对输入为 f 时的零状态响应，即输出序列。

例 6-14　某离散 LTI 系统差分方程 $y(n)-2y(n-1)+3y(n-2)=f(n)+2f(n-1)$，求系统的单位响应 $h(n)$。

方法一：迭代法求解。

思路：单位响应 $h(n)$ 的定义是激励 $f(n)=\delta(n)$ 时系统的零状态响应。激励与响应之间的关系为 $h(n)=\delta(n)+2\delta(n-1)+2h(n-1)-3h(n-2)$ 。已知 $h(-1)=0$ ，$h(-2)=0$ ，$\delta(n)=\begin{cases}1, & n=0\\ 0, & n\neq 0\end{cases}$，可以得到 $h(0)=1$ ，$h(1)=4$ ，$h(2)=5$，依次类推。

```
h0=1;
h1 (1) =4;
h1 (2) =2*h1 (1) -3*h0;
for k=3: 10;
h1 (k) =2*h1 (k-1) -3*h1 (k-2) ;
end
hh=[h0 h1 (1: 10) ]
subplot (131) ,
k=1: 11;
stem (k-1, hh) ;
```

运行结果如下：

```
hh=1    4    5    -2  -19  -32    -7    82  185  124  -307
```

方法二：impz 函数实现。

```
a=[1 -2 3];
b=[1 2];
n=0：10;
h=impz（b，a，n）;
subplot（132），
stem（n，h）;
```

运行结果（图 6-2（b））如下：

```
h=1    4    5    -2  -19  -32    -7    82   185  124  -307
```

方法三：filter 函数实现。

单位响应，即输入函数为 $\delta(n)$，写成序列形式为 f=[1,0,0,0,⋯]。

```
f=[1，zeros（1，10）]
h2=filter（b，a，f）
subplot（133），
k=1：11;
stem（k-1，h2）;
```

运行结果（图 6-2（c））如下：

```
h2=1    4    5    -2  -19  -32    -7    82  185  124  -307
```

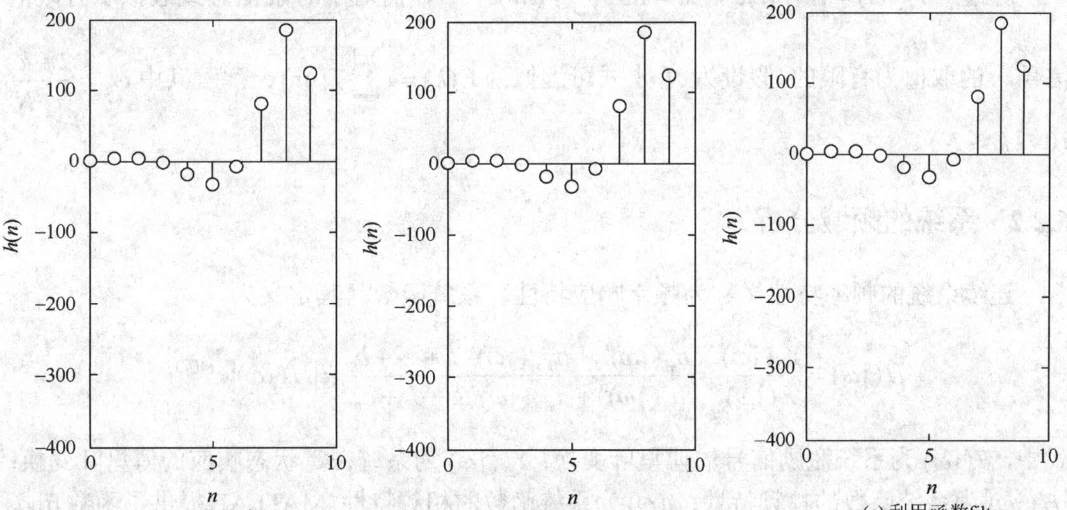

(a) 迭代法　(b) 利用函数impz　(c) 利用函数filter

图 6-2　三种方法求解单位响应的运行结果

6.2　基于 MATLAB 的信号与系统频域分析

6.2.1　信号的频域分析

MATLAB 的 Symbolic Math Toolbox 中提供了函数 fourier 和 ifourier 求解傅里叶变换

及其逆变换。调用时需要注意的是所用到的变量均为符号变量，即需要借助 sym 或 syms 对变量进行定义。

1. 傅里叶变换

函数 fourier 是按照 $F(\mathrm{j}w)=\int_{-\infty}^{\infty} f(t)\mathrm{e}^{-\mathrm{j}wt}\mathrm{d}t$ 来定义的，其调用格式为

```
F=fourier(f)
F=fourier(f,v)
F=fourier(f,u,v)
```

2. 傅里叶逆变换

函数 ifourier 是按照 $f(t)=\int_{-\infty}^{\infty} F(\mathrm{j}w)\mathrm{e}^{\mathrm{j}wt}\mathrm{d}w$ 来定义的，其调用格式为

```
f=ifourier(F)
f=ifourier(F,u)
f=ifourier(F,v,u)
```

通过这两个函数得到的是函数表达式。

思考题：如何实现连续时间信号傅里叶变换的数值计算。

思路：$F(\mathrm{j}\omega)=\int_{-\infty}^{\infty} f(t)\mathrm{e}^{-\mathrm{j}\omega t}\mathrm{d}t=\lim\limits_{\tau\to 0}\sum\limits_{n=-\infty}^{\infty} f(n\tau)\mathrm{e}^{-\mathrm{j}n\omega\tau}$，而对于时限信号或近似于时限的信号，$n$ 的取值为有限的，假设为 N，上式可近似为 $F(k)=\tau\sum\limits_{n=0}^{N-1} f(n\tau)\,\mathrm{e}^{-\mathrm{j}\omega_k n\tau}$，其中 $\omega_k=\dfrac{2\pi}{\tau}\dfrac{k}{N}$ $(0\leqslant k\leqslant N)$。

6.2.2　系统的频域分析

连续系统的频率特性又称为频率响应特性、系统函数，其定义为

$$H(\mathrm{j}\omega)=\frac{Y_{zs}(\mathrm{j}\omega)}{F(\mathrm{j}\omega)}=\frac{b_m(\mathrm{j}\omega)^m+b_{m-1}(\mathrm{j}\omega)^{m-1}+\cdots+b_0}{a_n(\mathrm{j}\omega)^n+a_{n-1}(\mathrm{j}\omega)^{n-1}+\cdots+a_0}=|H(\mathrm{j}\omega)|\mathrm{e}^{\mathrm{j}\phi(\omega)}$$

式中，$F(\mathrm{j}\omega)$ 为系统激励信号的傅里叶变换；$Y_{zs}(\mathrm{j}\omega)$ 为系统在零状态响应的傅里叶变换；$|H(\mathrm{j}\omega)|$ 为系统函数的幅频特性；$\phi(\omega)$ 为系统函数的相频特性。MATLAB 提供了函数 freqs 来计算连续系统的频率响应 $H(\mathrm{j}\omega)$，其调用格式为

```
H=freqs(b,a,w)
[H,w]=freqs(b,a)
```

其中，$b=[b_m,b_{m-1},\cdots,b_1,b_0]$；$a=[a_n,a_{n-1},\cdots,a_1,a_0]$；$w$ 为需计算的 $H(\mathrm{j}\omega)$ 的抽样点。

例 6-15　试分析图 6-3 所示各系统的频率响应特性，并画出其频率特性曲线。

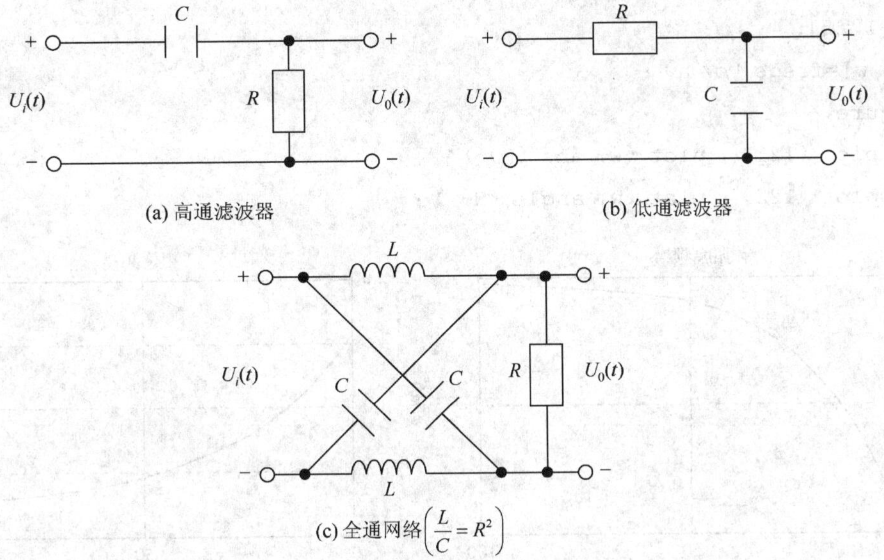

图 6-3　三种常见的系统

根据电路方面的知识可以求得以上系统的频率响应特性分别为$H(\mathrm{j}\omega)=\dfrac{\mathrm{j}\omega}{\mathrm{j}\omega+\dfrac{1}{RC}}$（图 6-3（a））；$H(\mathrm{j}\omega)=\dfrac{\dfrac{1}{RC}}{\mathrm{j}\omega+\dfrac{1}{RC}}$（图 6-3（b）），$H(\mathrm{j}\omega)=\dfrac{-\mathrm{j}\omega+\dfrac{R}{L}}{\mathrm{j}\omega+\dfrac{R}{L}}$（图 6-3（c））。

假设$R=1\Omega$，$L=0.04\mathrm{H}$，$C=0.04\mathrm{F}$，则各系统的频率响应特性分别为$H(\mathrm{j}\omega)=\dfrac{\mathrm{j}\omega}{\mathrm{j}\omega+25}$（图 6-4（a））；$H(\mathrm{j}\omega)=\dfrac{25}{\mathrm{j}\omega+25}$（图 6-4（b）），$H(\mathrm{j}\omega)=\dfrac{-\mathrm{j}\omega+25}{\mathrm{j}\omega+25}$（图 6-4（c））。程序如下：

```
b=[1 0];
a=[1 25];
[H，w]=freqs（b，a）；
subplot（121），plot（w，abs（H））；
subplot（122），plot（w，angle（H））；
b=[25];
a=[1 25];
[H，w]=freqs（b，a）；
figure，
subplot（121），plot（w，abs（H））；
subplot（122），plot（w，angle（H））；
b=[-1 25];
```

```
a=[1 25];
[H, w]=freqs (b, a) ;
figure,
subplot (121) , plot (w, abs (H) ) ;
subplot (122) , plot (w, angle (H) ) ;
```

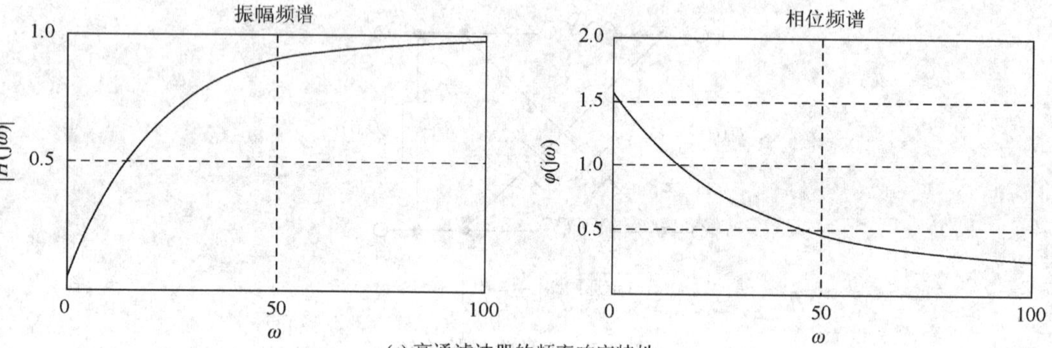

(a) 高通滤波器的频率响应特性

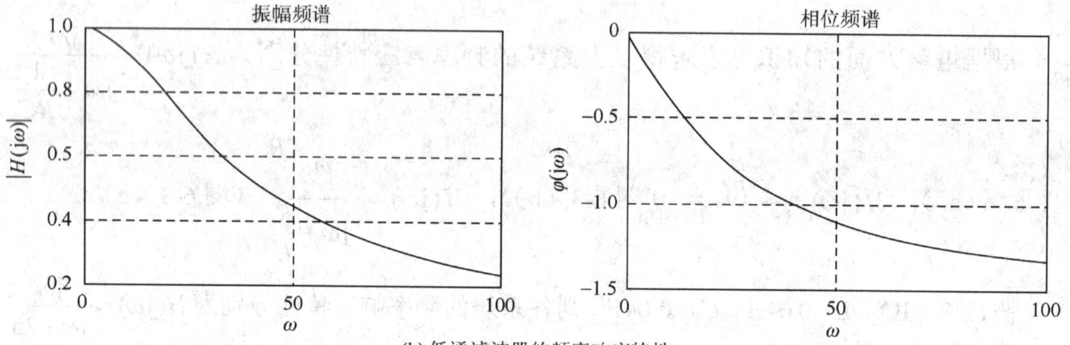

(b) 低通滤波器的频率响应特性

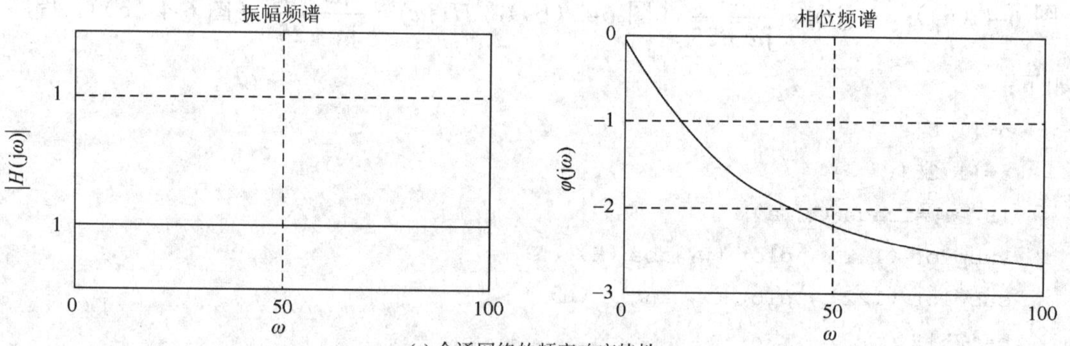

(c) 全通网络的频率响应特性

图 6-4　三个系统的频率响应特性图

6.2.3　傅里叶变换在通信系统中的应用

1. 幅度调制

设信号 $f(t)$ 的频谱为 $F(\mathrm{j}\omega)$，现将 $f(t)$ 乘以载波信号 $\cos(\omega_0 t)$，得到高频的已调信

号 $y(t)$，即

$$y(t)=f(t)\cos(\omega_0 t)$$

式中，$f(t)$ 称为调制信号。

从频域上看，已调制信号 $y(t)$ 的频谱为原调制信号 $f(t)$ 的频谱搬移到 $\pm\omega_0$ 处，幅度降为原 $F(\mathrm{j}\omega)$ 的 1/2，即

$$f(t)\cos(\omega_0 t)\leftrightarrow\frac{1}{2}\left[F(\mathrm{j}(\omega+\omega_0))+F(\mathrm{j}(\omega-\omega_0))\right]$$

上式即为调制原理，也是傅里叶变换性质中“频移特性”的一种特别情形。这里采用的调制方法为抑制载波方式，即 $y(t)$ 的频谱中不含有 $\cos(\omega_0 t)$ 的频率分量。

MATLAB 提供了专门的函数 modulate（）用于实现信号的调制。调用格式为

```
y=modulate(x,Fc,Fs,'method')
[y,t]=modulate(x,Fc,Fs)
```

其中，x 为被调信号；F_c 为载波频率；F_s 为信号 x 的采样频率；method 为所采用的调制方式，若采用幅度调制、双边带调制、抑制载波调制，则'method'为'am'或'amdsd-sc'。其执行算法为

```
y=xcos(2piFct)
```

其中，y 为已调信号；t 为函数计算时间间隔向量。

在 MATLAB 的实现程序中，为了观察 $f(t)$ 和 $y(t)$ 的频谱，可使用“信号处理工具箱函数”中估计信号的功率谱密度函数 psd（），其格式为

```
[Px,f]=psd(x,Nfft,Fs,window,noverlap,dflag)
```

其中，x 是被调信号（即本例中的 $f(t)$）；Nfft 指定快速傅里叶变换（FFT）的长度；F_s 为对信号的采样频率。后面三个参数的意义将涉及信号处理的更深的知识，在此暂不介绍。

例 6-16　设信号 $f(t)=\sin(100\pi t)$，载波 $y(t)$ 为频率为 400Hz 的余弦信号。试用 MATLAB 实现调幅信号 $y(t)$，并观察 $f(t)$ 的频谱和 $y(t)$ 的频谱，以及二者在频域上的关系。

解
```
Fs=1000;
Fc=400;
N=1000;
n=0: N-2;
t=n/Fs;
x=sin (2*pi*50*t) ;
subplot (221)
plot (t, x) ;
xlabel ('t (s) ') ;
ylabel ('x') ;
title ('被调信号') ;
```

```
axis ([0 0.1 -1 1])
Nfft=1024;
window=hamming (512) ;
noverlap=256;
dflag='none';
[Pxx, f]=psd (x, Nfft, Fs, window, noverlap, dflag) ;
subplot (222)
plot (f, Pxx)
xlabel ('频率 (Hz) ') ;
ylabel ('功率谱 (X) ') ;
title ('被调信号的功率谱')
grid
y=modulate (x, Fc, Fs, 'am') ;
subplot (223)
plot (t, y)
xlabel ('t (s) ') ;
ylabel ('y') ;
axis ([0 0.1 -1 1])
title ('已调信号')
[Pxx, f]=psd (y, 1024, Fs, window, noverlap, dflag) ;
subplot (224)
plot (f, Pxx)
xlabel ('频率 (Hz) ') ;
ylabel ('功率谱 (Y) ') ;
title ('已调信号的功率谱') ;
grid
```

程序运行结果如图 6-5 所示。

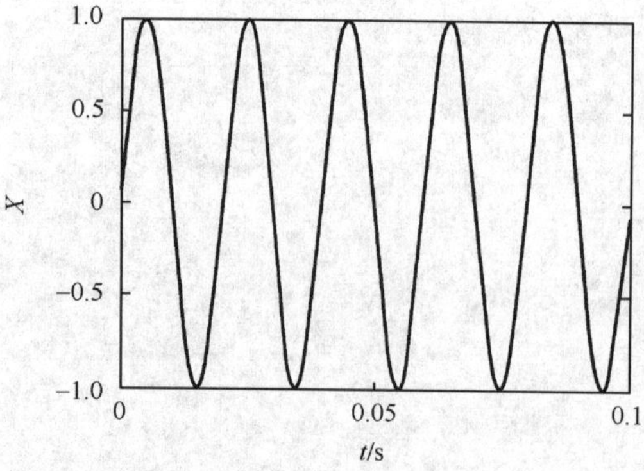

(a) 被调信号

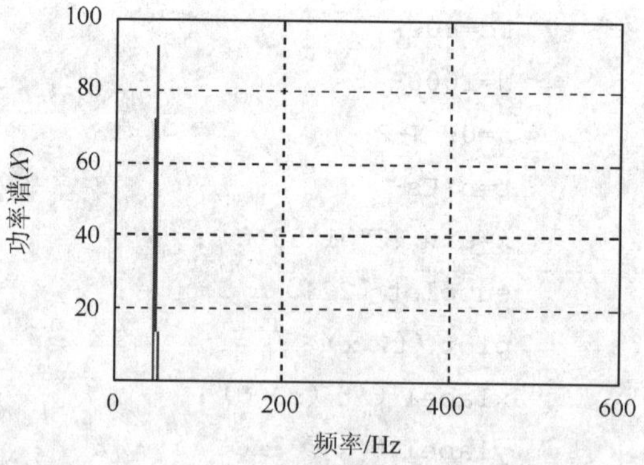

(b) 被调信号的功率谱

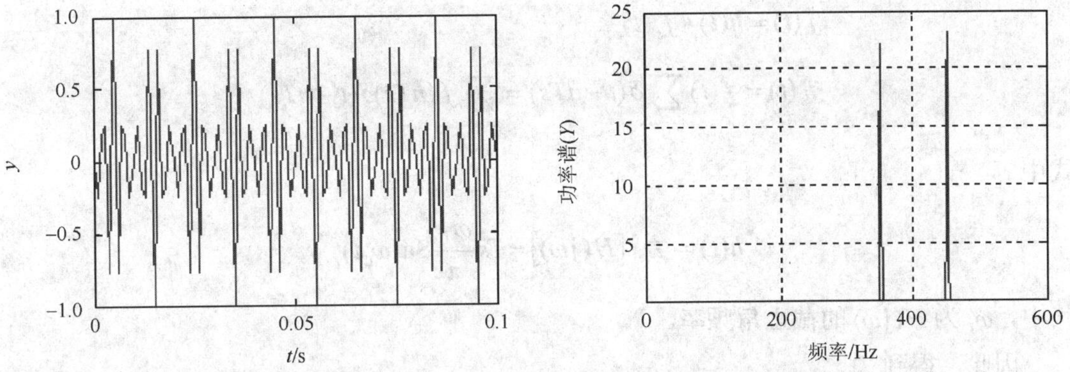

(c) 已调信号　(d) 已调信号的功率谱

图 6-5　例 6-16 程序运行结果

2. 采样

对某一连续时间信号 $f(t)$ 进行采样可表示为 $f_s(t)=f(t)\delta_{Ts}(t)$，其中，单位冲激采样信号 $\delta_{Ts}(t)$ 的表达式为

$$\delta_{Ts}(t)=\sum_{n=-\infty}^{\infty}\delta(t-nTs)$$

其傅里叶变换为 $\Omega_s\sum_{n=-\infty}^{\infty}\delta(\Omega-n\Omega_s)$，其中，$\Omega_s=2\pi/T$，设 $F(\mathrm{j}\Omega)$ 为 $f(t)$ 的傅里叶变换，$f_s(t)$ 的频谱为 $F_s(\mathrm{j}\Omega)$，由傅里叶变换的频域卷积定理，有

$$f_s(t)=f(t)\delta_{Ts}(t)\leftrightarrow F_s(\mathrm{j}\Omega)=\frac{1}{2\pi}F(\mathrm{j}\Omega)*\Omega_s\sum_{n=-\infty}^{\infty}\delta(\Omega-n\Omega_s)=\frac{1}{Ts}\sum_{n=-\infty}^{\infty}F(\mathrm{j}(\Omega-n\Omega_s))$$

若设 $f(t)$是带限信号，带宽为 Ω_m，即当$|\Omega|>\Omega_m$时，$f(t)$的频谱 $F(\mathrm{j}\Omega)=0$，则 $f(t)$经过采样后的频谱 $F_s(\mathrm{j}\Omega)$ 就是 $F(\mathrm{j}\Omega)$在频率轴上搬移至 $0,\pm\Omega_s,\pm2\Omega_s,\cdots,\pm n\Omega_s$ 处（幅度为原频谱的 $1/T_s$ 倍）。因此，当 $\Omega_s\geqslant2\Omega_m$ 时，频谱不会发生混叠；而当 $\Omega_s\leqslant2\Omega_m$ 时，频谱发生混叠。

设信号 $f(t)$被采样后形成的采样信号为 $f_s(t)$，信号的重构是指由 $f_s(t)$ 经内插处理后，恢复出原来的信号 $f(t)$的过程，因此又称为信号恢复。设 $f(t)$为带限信号，带宽为 ω_m，经采样后的频谱为 $F_s(\mathrm{j}\omega)$。设采样频率 $\omega_s\geqslant2\omega_m$，则 $F_s(\mathrm{j}\omega\sigma)$ 是以 ω_s 为周期的谱线。现取一个理想低通滤波器频率特性为

$$H(\mathrm{j}\omega)=\begin{cases}Ts, & \omega<\omega_C\\ 0, & \omega>\omega_C\end{cases}$$

式中，截止频率 ω_C 满足 $\omega_m\leqslant\omega_C\leqslant\omega_s/2$。

若理想低通滤波器与 $F_s(\mathrm{j}\omega\sigma)$ 相乘，得到的频谱即为原信号的频谱 $F(\mathrm{j}\omega)$。

根据时域卷积定理，有

$$f(t) = h(t) * f_s(t)$$

$$f_s(t) = f(t)\sum_{n=-\infty}^{\infty}\delta(t - nTs) = \sum_{n=-\infty}^{\infty} f(nTs)\delta(t - nTs)$$

式中

$$h(t) = \mathcal{F}^{-1}\left[H(\mathrm{j}\omega)\right] = Ts\frac{\omega_C}{\pi}\mathrm{Sa}(\omega_C t)$$

其中，ω_c 为 $H(\mathrm{j}\omega)$ 的截止角频率。

因此，得到

$$f(t) = f_s(t) * Ts\frac{\omega_C}{\pi}\mathrm{Sa}(\omega_C t) = \frac{Ts\omega_C}{\pi}\sum_{n=-\infty}^{\infty} f(nTs)\mathrm{Sa}\left[\omega_C(t - nTs)\right]$$

上式即为用 $f(nTs)$ 表达 $f(t)$ 的表达式，其中的抽样函数 $\mathrm{Sa}(\omega_C t)$ 为内插函数。

例 6-17　设信号 $f(t)=\mathrm{Sa}(t)=\sin(t)/t$ 作为被采样的信号，其

$$F(\mathrm{j}\omega) = \begin{cases} \pi, & \lfloor\omega\rfloor < 1 \\ 0, & \lfloor\omega\rfloor > 1 \end{cases}$$

即信号的带宽 ω_m=1。当采样频率 $\omega_s=2\omega_m$ 时，被称为临界采样（取 $\omega_C=\omega_m$）。在临界采样状态下实现对信号 Sa(t)的采样及由该采样信号恢复 Sa(t)。

解

```
clear;
wm=1;            %信号带宽
wc=wm;           %滤波器截止频率
Ts=pi/wm;         %采样间隔
ws=2*pi/Ts;          %采样角频率
n=-100: 100;         %时域采样点数
nTs=n*Ts;         %时域采样点
f=sinc (nTs/pi) ;
Dt=0.005;
t=-15: Dt: 15;
fa=f*Ts*wc/pi*sinc ( (wc/pi) * (ones (length (nTs) , 1) *t-nTs'*ones (1,
length (t) ) ) ) ; %信号重构
error=abs (fa-sinc (t/pi) ) ;  %求重构信号与原信号的误差
t1=-15: 0.5: 15;
f1=sinc (t1/pi) ;
subplot (3, 1, 1) ;
stem (t1, f1) ;
xlabel ('kTs') ;
ylabel ('f (kTs) ') ;
```

```
title（'sa（t）=sinc（t/pi）临界采样信号'）；
subplot（3，1，2）；
plot（t，fa）；
xlabel（'t'）；
ylabel（'fa（t）'）；
title（'由 sa（t）=sinc（t/pi）的临界采样信号重构 sa（t）'）；
grid;
subplot（3，1，3）；
plot（t，error）；
xlabel（'t'）；
ylabel（'error（t）'）；
title（'临界采样信号与原信号的误差 error（t）'）；
```

程序运行结果如图 6-6 所示。

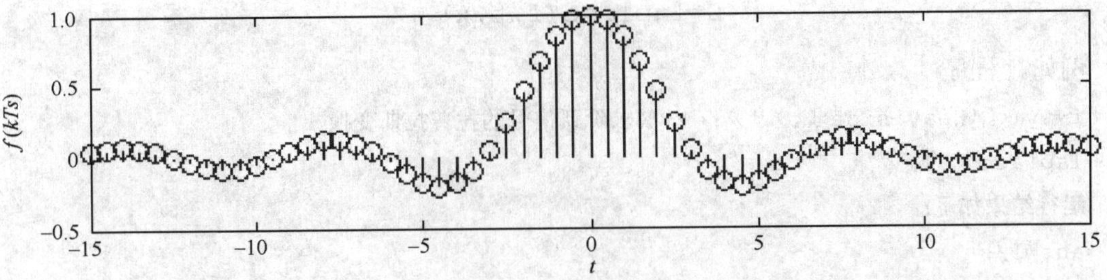

(a) Sa(*t*)=sinc(*t*/pi) 临界采样信号

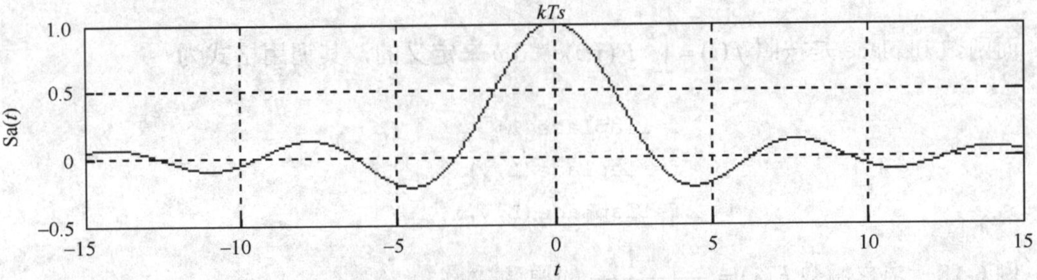

(b) 由Sa (*t*)=sirlc (*t*/pi)的临界采样信号重构Sa (*t*)

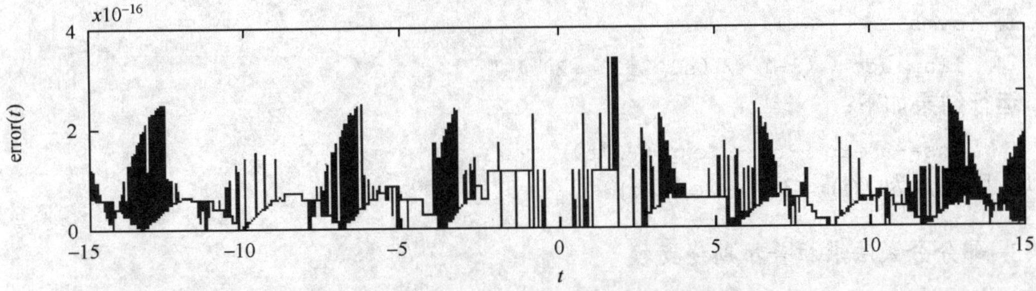

(c) 临界采样信号与原信号的误差error (*t*)

图 6-6　例 6-17 程序运行结果

6.3 基于 MATLAB 的信号与系统 s 域分析

6.3.1 信号的 s 域分析

MATLAB 的 Symbolic Math Toolbox 中提供了函数 laplace 和 ilaplace 求解拉普拉斯变换及其逆变换。调用时需要注意的是所用到的变量均为符号变量，即需要借助 sym 或 syms 对变量进行定义。

1. 拉普拉斯变换

函数 laplace 是按照 $F(s)=\int_{-\infty}^{\infty} f(t)\mathrm{e}^{-st}\mathrm{d}t$ 来定义的，其调用格式为

```
L=laplace(f)
L=laplace(f,t)
L=laplace(f,t,x)
```

例如，程序

```
f=sym('Heaviside(t)');    %求阶跃信号的拉普拉斯变换。
laplace(f)
```

运行结果如下：

```
ans=1/s
```

2. 拉普拉斯逆变换

而函数 ilaplace 是按照 $f(t)=\int_{-\infty}^{\infty} F(\mathrm{j}\omega)\mathrm{e}^{\mathrm{j}\omega t}\mathrm{d}\omega$ 来定义的，其调用格式为

```
f=ilaplace(L)
f=ilaplace(L,y)
f=ilaplace(L,y,x)
```

例 6-18 求象函数 $F(s)=\dfrac{s-1}{s^2+3s+2}$ 的原函数。

解

```
syms s
ilaplace((s-1)/(s.^2+3*s+2))
```

运行结果如下：

```
ans=-2*exp(-t)+3*exp(-2*t)
```

所以，原函数为 $f(t)=(3\mathrm{e}^{-2t}-2\mathrm{e}^{-t})u(t)$。

3. 部分分式法求拉普拉斯逆变换

对于复杂的象函数，形如 $F(s)=\dfrac{N(s)}{D(s)}=\dfrac{b_m s^m+b_{m-1}s^{m-1}+\cdots+b_1 s+b_0}{a_n s^n+a_{n-1}s^{n-1}+\cdots a_1 s+a_0}$，MATLAB 提供

了函数 residue 来实现部分分式法求解拉普拉斯逆变换。函数的调用格式为

```
[r,p,k]=residue(num,den)
```

其中，num、den 分别为象函数 $F(s)$ 的分子多项式和分母多项式的系数向量；返回值 r 为部分分式的系数；p 为象函数 $F(s)$ 的极点；k 为多项式的系数，当象函数 $F(s)$ 为真分式时，k 为空。

例 6-19　求象函数 $F(s)=\dfrac{s-1}{s^2+3s+2}$ 的原函数。

解

```
b=[1 -1];
a=[1 3 2];
[r, p, k]=residue (b, a)
```

运行结果如下：

```
r=3 -2, p=-2 -1, k= [ ]
```

由此可写出象函数的展开式为

$$F(s)=\frac{3}{s+2}+\frac{-2}{s+1}$$

所以，原函数为 $f(t)=(3e^{-2t}-2e^{-t})u(t)$。

例 6-20　求象函数 $F(s)=\dfrac{s^3+4s^2+6}{s^2+3s+2}$ 的原函数。

解

```
b=[1 4 0 6];
a=[1 3 2];
[r, p, k]=residue (b, a)
```

运行结果如下：

```
r= -14  9 , p= -2 -1 , k= 1 1
```

由此得到展开式为

$$F(s)=s+1+\frac{-14}{s+2}+\frac{9}{s+1}$$

所以，原函数为 $f(t)=\delta'(t)+\delta(t)+(-14e^{-2t}+9e^{-t})u(t)$。

6.3.2　系统的 s 域分析

1. 系统函数的零、极点

一般说来，系统函数可表示为一个有理分式的形式，如 $H(s)=\dfrac{N(s)}{D(s)}$，则系统函数的零、极点求解可以按照定义分别求出，即使 $N(s)=0$ 的点称为系统函数的零点，使 $D(s)=0$ 的点称为系统函数的极点。MATLAB 中提供了求解多项式的根的函数 roots。

若系统函数 $H(s)=\dfrac{s-1}{s^2+3s+2}$，则 $N(s)=s-1$，$D(s)=s^2+3s+2$，用 MATLAB 语

句实现为

```
N=[1 -1]；  %N 为分子多项式的系数向量
D=[1 3 2]；%D 为分母多项式的系数向量
z=roots（N）%零点
p=roots（D）%极点
```

运行结果如下：

```
z=1
p=-2 -1
```

借助 plot 函数还可以绘制出系统的零、极点图，如图 6-7（a）所示。详细程序留给读者自己思考。

MATLAB 提供了函数 pzmap 可直接得到系统函数的零、极点图。函数的调用格式为

```
Pzmap(sys)
```

其中，sys 表示连续 LTI 系统的系统模型。sys=tf(b, a)，b、a 分别为系统函数的分子多项式系数向量和分母多项式系数向量。上例可用程序表示为

```
N=[1 -1]；
D=[1 3 2]；
sys=tf（N，D）；
pzmap（sys）
```

得到的系统函数的零、极点图如图 6-7（b）所示。

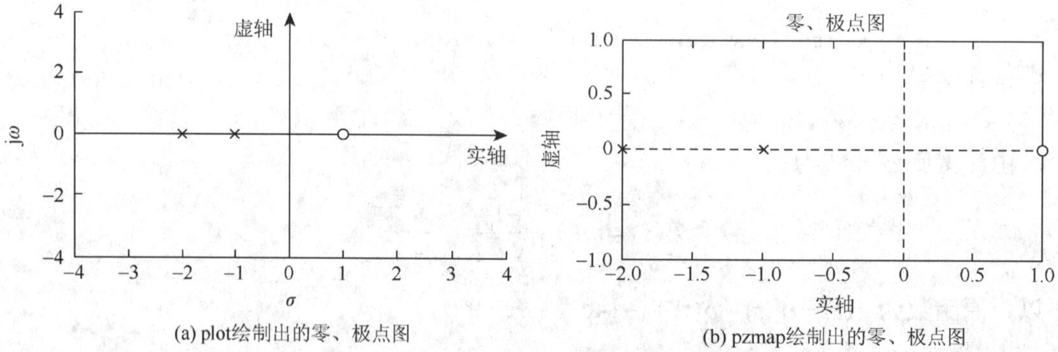

图 6-7　两种方法得到的系统函数的零、极点图

结合之前介绍过的冲激响应和系统频率响应的 MATLAB 分析，可判断系统的稳定性。

例 6-21　已知某系统的系统函数为

$$H(s)=\frac{2s+3}{s^3+4s^2+5s+6}$$

试画出该系统函数的零、极点图，并试求出系统的冲激响应 $h(t)$ 和系统的频率响应 $H(\mathrm{j}\omega)$，判断系统的稳定性。

解　MATLAB 程序如下：

```
N=[2 3];
D=[1 4 5 6];
sys=tf (N, D) ;
subplot (131),
pzmap (sys)
subplot (132),
impulse (N, D)
subplot (133),
[H, w]=freqs (N, D) ;
plot (w, abs (H) )
xlabel ('Frequency')
title ('Magnitude Respone')
```

由图 6-8（a）可知系统函数的全部极点均在 s 平面的左半平面，对应的冲激响应是衰减的，得到该系统是个稳定系统。

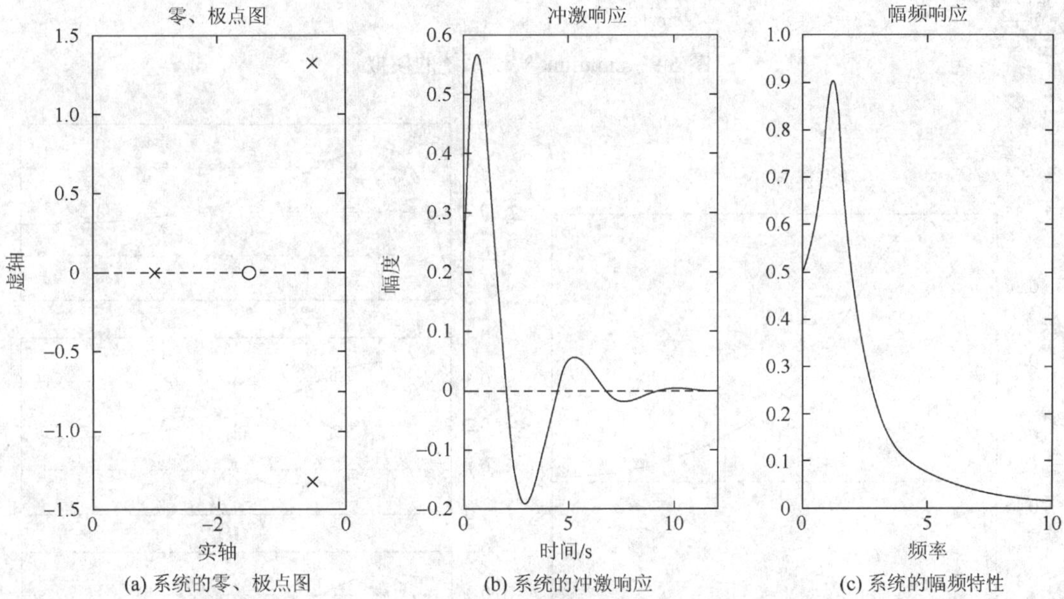

(a) 系统的零、极点图　(b) 系统的冲激响应　(c) 系统的幅频特性

图 6-8　系统的特性图

2. 系统模拟

MATLAB 还提供了 simulink 来实现系统的模拟。

例 6-22　已知系统的系统函数 $H(s)=\dfrac{2s+1}{s^2+5s+6}$，试求系统的阶跃响应。

方法一：借助阶跃响应函数 step 来实现，运行结果图如 6-10（a）所示。

```
b=[2, 1]; a=[1 5 6];
```

```
step (b, a)
```

方法二：用 simulink 来实现系统的模拟。

图 6-9 给出了三种系统模拟的方式，可以通过传输函数、积分器等模块、零、极点来实现系统的模拟，通过该系统模拟得到的系统的阶跃响应图形如图 6-10（b）所示。

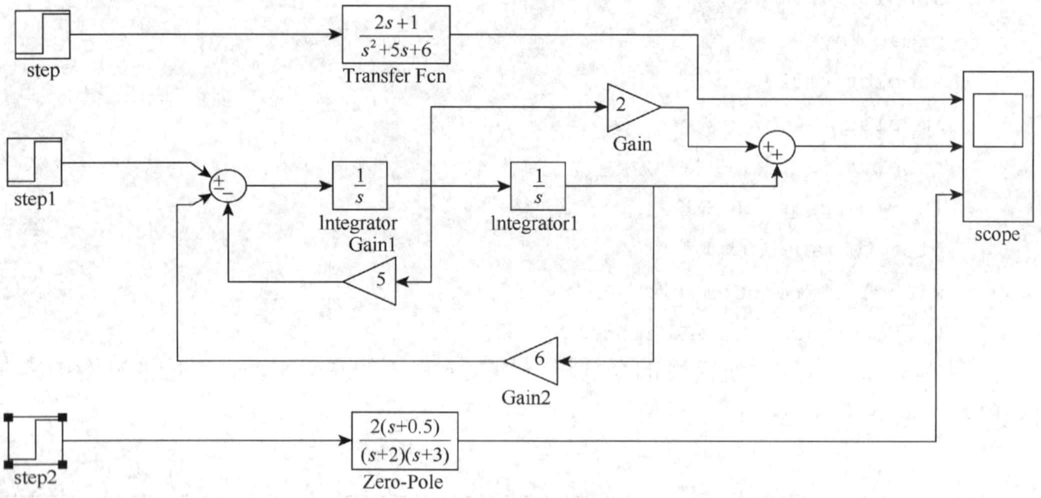

图 6-9　simulink 实现系统的模拟

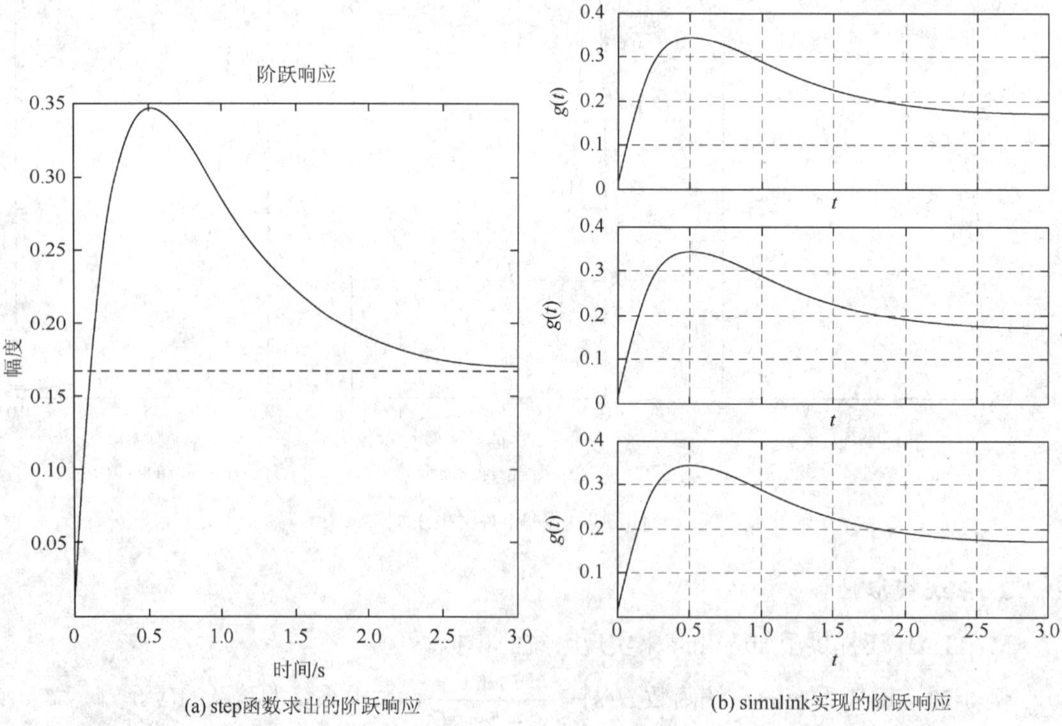

图 6-10　仿真后的运行结果

6.4　基于 MATLAB 的离散信号与系统 z 域分析

6.4.1　离散信号的 z 变换

与拉普拉斯变换类似，MATLAB 提供了函数 ztrans 和 iztrans 来实现离散信号的 z 变换及其逆变换。

1. z 变换

ztrans 函数的调用格式如下：

```
F=ztrans(f)
F=ztrans(f,w)
F=ztrans(f,k,w)
```

2. z 逆变换

iztrans 函数的调用格式如下：

```
f=iztrans(F)
f=iztrans(F,k)
f=iztrans(F,w,k)
```

3. 部分分式法求 z 逆变换

信号在 z 域的表示式通常可用有理分式形式表示：

$$F(z)=\frac{N(z)}{D(z)}=\frac{b_0+b_1z^{-1}+\cdots+b_mz^{-m}}{a_0+a_1z^{-1}+\cdots+a_nz^{-n}}$$

MATLAB 提供了函数 residuez 来对 $F(z)$ 进行部分分式展开，从而求得 $F(z)$ 的 z 逆变换。该函数的调用格式为

```
[r,p,k]=residuez(b,a)
```

其中，$b=[b_0,b_1,\cdots,b_m]$，$a=[a_0,a_1,\cdots,a_n]$ 分别为 $F(z)$ 的分子、分母多项式的系数向量；得到的返回值 r 为部分分式的系数；p 为极点；k 为多项式的系数。若 $F(z)$ 为真分式，则 k 为空。即借助 residuez 函数将 $F(z)$ 展开为

$$F(z)=\frac{N(z)}{D(z)}=\frac{r(1)}{1-p(1)z^{-1}}+\frac{r(2)}{1-p(2)z^{-1}}+\cdots+\frac{r(n)}{1-p(n)z^{-1}}+k(1)+k(2)z^{-1}+\cdots$$

例 6-23　已知 $F(z)=\dfrac{1}{(1-z^{-1})(1-2z^{-1})}$，试求其部分分式展开。

解　MATLAB 程序如下：

```
b=[1];
a=conv([1 -1],[1 -2]);
[r, p, k]=residuez(b, a)
```

运行结果如下：

```
r=2  -1; p = 2  1; k = [ ];
```

根据结果得到部分分式展开为

$$F(z)=\frac{2}{1-2z^{-1}}+\frac{-1}{1-z^{-1}}$$

6.4.2　离散系统的 z 域分析

1. 系统函数的零、极点

一般说来，系统函数可表示为一个有理分式的形式：

$$H(z)=\frac{N(z)}{D(z)}=\frac{b_0+b_1z^{-1}+\cdots+b_mz^{-m}}{a_0+a_1z^{-1}+\cdots+a_nz^{-n}}$$

求系统函数的零极点可以借助函数 roots 来实现，方法类似于连续系统的系统函数零、极点求解。除此之外，MATLAB 还提供了函数 tf2zp 来求解，其函数的调用格式为

```
[z,p,k]=tf2zp(b,a)
```

其中，b、a 分别为系统函数的分子多项式和分母多项式的系数向量；z 为零点；p 为极点；k 为增益系数。系统函数转换为

$$H(z)=\frac{N(z)}{D(z)}=k\frac{[z-z(1)][z-z(2)]\cdots[z-z(m)]}{[z-p(1)][z-p(2)]\cdots[z-p(n)]}$$

MATLAB 还提供了函数 zplane 直接得到系统函数的零、极点分布图，其调用格式为

```
Zplane(b,a)
```

例 6-24　已知某离散系统的系统函数 $H(z)=\dfrac{2z+3}{3z^3+2z+1}$，试用 MATLAB 求出该系统的零极点，并画出零、极点分布图。

方法一：函数 roots 的调用。

```
b=[2 3 ];
a=[3 0 2 1];    % “0”不可少。它代表了z^2项的系数为0。
z=roots (b)     %求零点
p=roots (a)     %求极点
```

运行结果如下：

```
z= -1.5000   p= 0.2012 + 0.8877i, 0.2012 - 0.8877i, -0.4023
```

方法二：函数 tf2zp 的调用。

```
b=[2 3 ];
a=[3 0 2 1];    % “0”不可少。它代表了z^2项的系数为0。
[z, p, k]=tf2zp (b, a)
```

运行结果如下：

```
z=-1.5000  p=0.2012+0.8877i, 0.2012-0.8877i, -0.4023  k=0.6667
```

画零、极点图可调用函数 zplane，如图 6-11 所示。

```
b=[2 3 ];
```

```
a=[3 0 2 1];
zplane (b, a)
```

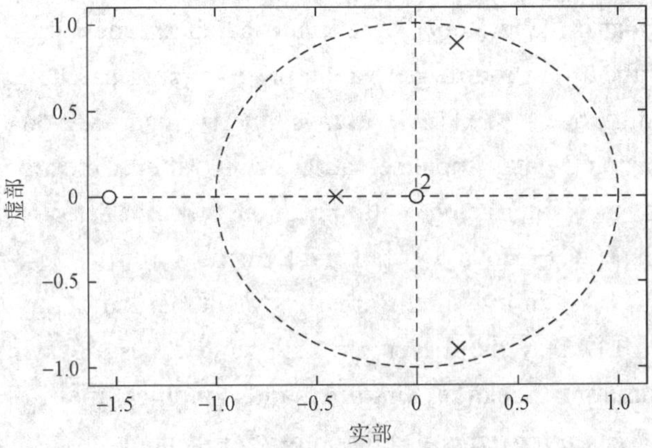

图 6-11　系统函数的零、极点图

2. 系统函数的零、极点分布的应用

与连续系统的分析一样，离散系统可根据系统函数 $H(z)$ 的零、极点分布来判断系统的稳定性并分析系统单位响应的时域特性。

例 6-25　已知某离散系统的系统函数 $H(z)=\dfrac{2z+3}{3z^3+2z+1}$，试分析该系统的单位响应，并判断该系统的稳定性。

解　首先可借助函数 impz 来求得系统的单位响应，如图 6-12 所示。

```
b=[2 3 ];
a=[3 0 2 1];
impz (b, a)
```

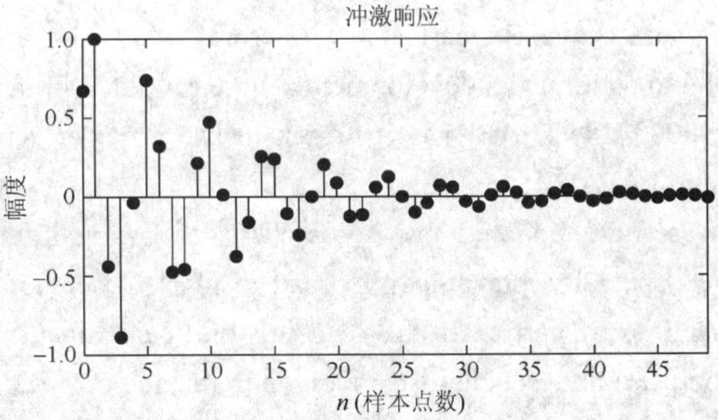

图 6-12　系统的单位响应

系统的单位响应是呈衰减趋势的。从图 6-11 中可以看出，系统函数的所有极点均在单位圆内，因此判断得出该系统是稳定系统。

信号、系统仿真与辅助分析软件（MATLAB）简介

MATLAB (matrix laboratory) is a multi-paradigm numerical computing environment and fourth-generation programming language. Developed by MathWorks, MATLAB allows matrix manipulations, plotting of functions and data, implementation of algorithms, creation of user interfaces, and interfacing with programs written in other languages, including C, C++, Java, Fortran and Python.

Although MATLAB is intended primarily for numerical computing, an optional toolbox uses the MuPAD symbolic engine, allowing access to symbolic computing capabilities. An additional package, Simulink, adds graphical multi-domain simulation and Model-Based Design for dynamic and embedded systems.

In 2004, MATLAB had around one million users across industry and academia. MATLAB users come from various backgrounds of engineering, science, and economics. MATLAB is widely used in academic and research institutions as well as industrial enterprises.

History

Cleve Moler, the chairman of the computer science department at the University of New Mexico, started developing MATLAB in the late 1970s. He designed it to give his students access to LINPACK and EISPACK without them having to learn Fortran. It soon spread to other universities and found a strong audience within the applied mathematics community. Jack Little, an engineer, was exposed to it during a visit Moler made to Stanford University in 1983. Recognizing its commercial potential, he joined with Moler and Steve Bangert. They rewrote MATLAB in C and founded MathWorks in 1984 to continue its development. These rewritten libraries were known as JACKPAC. In 2000, MATLAB was rewritten to use a newer set of libraries for matrix manipulation, LAPACK.

MATLAB was first adopted by researchers and practitioners in control engineering, Little's specialty, but quickly spread to many other domains. It is now also used in education, in particular the teaching of linear algebra and numerical analysis, and is popular amongst scientists involved in image processing.

Syntax

The MATLAB application is built around the MATLAB language, and most use of MATLAB involves typing MATLAB code into the Command Window (as an mathematical shell), or executing text files containing MATLAB code, including scripts and/or functions.

Variables

Variables are defined using the assignment operator, =. MATLAB is a weakly typed programming language because types are implicitly converted. It is an inferred typed language because variables can be assigned without declaring their type, except if they are to be treated as symbolic objects, and that their type can change. Values can come from constants, from computation involving values of other variables, or from the output of a function. For example:

```
>> x = 17
x =
 17

>> x = 'hat'
x =
hat
>> y = x + 0
y =
      104      97      116
>> x = [3*4, pi/2]
x =
   12.0000   1.5708
>> y = 3*sin(x)
y =
   -1.6097   3.0000
```

Vectors/matrices

A simple array is defined using the colon syntax: init:increment:terminator. For instance:

```
>> array = 1:2:9
array =
 1 3 5 7 9
```

defines a variable named array (or assigns a new value to an existing variable with the name array) which is an array consisting of the values 1, 3, 5, 7, and 9. That is, the array starts at 1 (the init value), increments with each step from the previous value by 2 (the increment value), and stops once it reaches (or to avoid exceeding) 9 (the terminator value).

```
>> array = 1:3:9
array =
 1 4 7
```

the increment value can actually be left out of this syntax (along with one of the colons), to use a default value of 1.

```
>> ari = 1:5
ari =
 1 2 3 4 5
```

assigns to the variable named ari an array with the values 1, 2, 3, 4, and 5, since the default value of 1 is used as the incrementer.

Indexing is one-based, which is the usual convention for matrices in mathematics, although not for some programming languages such as C, C++, and Java.

Matrices can be defined by separating the elements of a row with blank space or comma and using a semicolon to terminate each row. The list of elements should be surrounded by square brackets: []. Parentheses: () are used to access elements and subarrays (they are also used to denote a function argument list).

```
>> A = [16 3 2 13; 5 10 11 8; 9 6 7 12; 4 15 14 1]
A =
 16   3   2  13
  5  10  11   8
  9   6   7  12
  4  15  14   1

>> A(2,3)
ans =
 11
```

Sets of indices can be specified by expressions such as "2:4", which evaluates to [2, 3, 4]. For example, a submatrix taken from rows 2 through 4 and columns 3 through 4 can be written as:

```
>> A(2:4,3:4)
ans =
 11 8
 7 12
 14 1
```

A square identity matrix of size n can be generated using the function eye, and matrices of any size with zeros or ones can be generated with the functions zeros and ones, respectively.

```
>> eye(3)
ans =
 1 0 0
 0 1 0
 0 0 1
>> zeros(2,3)
ans =
 0 0 0
 0 0 0
>> ones(2,3)
ans =
 1 1 1
 1 1 1
```

Most MATLAB functions can accept matrices and will apply themselves to each element. For example, mod(2*J,n) will multiply every element in "J" by 2, and then reduce each element modulo "n". MATLAB does include standard "for" and "while" loops, but (as in other similar applications such as R), using the vectorized notation often produces code that is faster to execute. This code, excerpted from the function magic.m, creates a magic square M for odd values of n (MATLAB function meshgrid is used here to generate square matrices I and J containing 1:n).

```
[J,I] = meshgrid(1:n);
A = mod(I + J - (n + 3) / 2, n);
B = mod(I + 2 * J - 2, n);
M = n * A + B + 1;
```

Structures

MATLAB has structure data types. Since all variables in MATLAB are arrays, a more adequate name is "structure array", where each element of the array has the same field names. In addition, MATLAB supports dynamic field names (field look-ups by name, field manipulations, etc.). Unfortunately, MATLAB JIT does not support MATLAB structures, therefore just a simple bundling of various variables into a structure will come at a cost.

Function handles

MATLAB supports elements of lambda calculus by introducing function handles, or function references, which are implemented either in .m files or anonymous nested functions.

Classes

Although MATLAB has classes, the syntax and calling conventions are significantly different from other languages. MATLAB has value classes and reference classes, depending on whether the class has handle as a super-class (for reference classes) or not (for value classes).

Method call behavior is different between value and reference classes. For example, a call to a method can alter any member of object only if object is an instance of a reference class.

Graphics and graphical user interface programming

MATLAB supports developing applications with graphical user interface features. MATLAB includes GUIDE (GUI development environment) for graphically designing GUIs. It also has tightly integrated graph-plotting features. For example the function plot can be used to produce a graph from two vectors x and y. The code:

```
x = 0:pi/100:2*pi;
y = sin(x);
plot(x,y)
```

produces the following figure of the sine function:

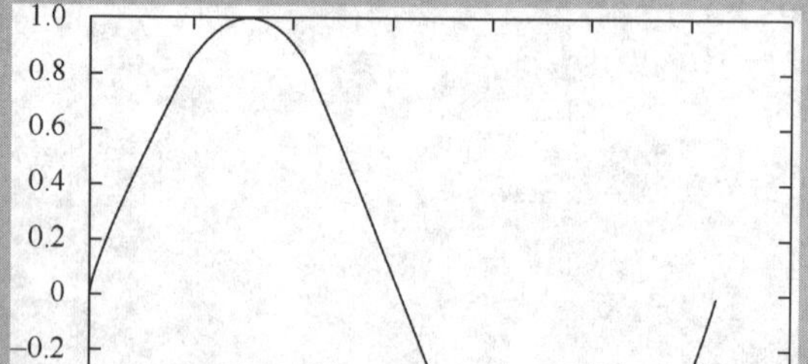

A MATLAB program can produce three-dimensional graphics using the functions surf, plot3 or mesh.

```
[X,Y] = meshgrid(-10:0.25:10,-10:0.25:10);
f = sinc(sqrt((X/pi).^2+(Y/pi).^2));
mesh(X,Y,f);
```

```
axis([-10 10 -10 10 -0.3 1])
xlabel('{\bfx}')
ylabel('{\bfy}')
zlabel('{\bfsinc} ({\bfR})')
hidden off
```

This code produces a wireframe 3D plot of the two-dimensional unnormalized sinc function:

```
[X,Y] = meshgrid(-10:0.25:10,-10:0.25:10);
f = sinc(sqrt((X/pi).^2+(Y/pi).^2));
surf(X,Y,f);
axis([-10 10 -10 10 -0.3 1])
xlabel('{\bfx}')
ylabel('{\bfy}')
zlabel('{\bfsinc} ({\bfR})')
```

This code produces a surface 3D plot of the two-dimensional unnormalized sinc function:

习　题

6-1　利用 MATLAB 实现下列信号。

（1）$f(t)=u(t)-2u(t-2)+u(t-3)$；（2）$f(t)=\mathrm{e}^{-2t}-\mathrm{e}^{-3t}$；

（3）$f(t)=\mathrm{Sa}(\pi t)\cos(10t)$；（4）$f(k)=u(k+2)-u(k-3)$；

（5）$f(k)=(0.2)^k u(k)$；（6）$f(k)=\cos(0.9\pi k)\cdot 2^k$。

6-2　已知 $f(t)$ 的波形图如图 6-13 所示，试用 MATLAB 求出信号 $f(t)$ 的表达式，并画出 $f(t)$、$f(-t)$、$f(-2t)$ 以及 $f(-2t+3)$ 的波形图。

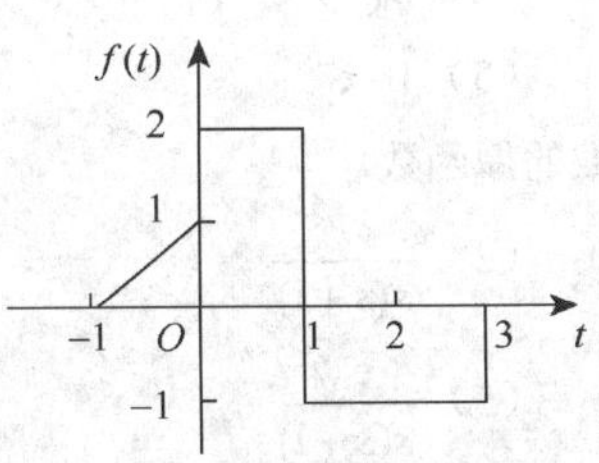

图 6-13　习题 6-2 图

6-3　画出离散正弦序列 $\cos(\omega_0 n)$ 的波形图，其中取 $\omega_0=0.1\pi$，$\omega_0=0.5\pi$，$\omega_0=0.9\pi$，$\omega_0=\pi$。

6-4　判断下列正弦序列是否是周期信号。

（1）对 $\sin(4\pi t)$ 以抽样频率 $f_s=3\text{Hz}$ 进行抽样所得序列 $f_1(n)$；

（2）对 $\sin(6t)$ 以抽样频率 $f_s=5\text{Hz}$ 进行抽样所得序列 $f_2(n)$。

6-5　借助 MATLAB 的 help 文件熟悉信号产生函数 square（周期方波）、sawtooth（周期锯齿波）、

tripuls（三角波）的使用。

6-6　实现连续信号卷积算法的编写，并运用算法计算当 $f(t)=h(t)=u(t)-u(t-2)$ 时，$y(t)=f(t)*h(t)$，并画出 $f(t)$、$h(t)$ 和 $y(t)$ 的波形图。

6-7　试用 MATLAB 合成图 6-14 所示的周期锯齿波，其中，$T=2\text{s}$，$A=1$。

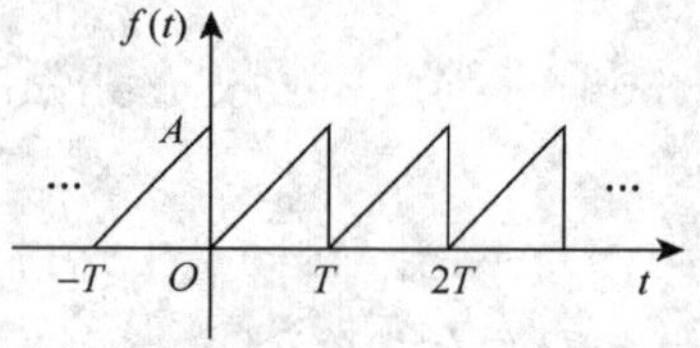

图 6-14　习题 6-7 图

6-8　借助 help 文件学习 fft 函数和 ifft 函数，求得信号的频谱。

6-9　实现连续时间信号的傅里叶变换的数值计算的算法编写，并验证 $G_2(t)\leftrightarrow 2\text{Sa}(\omega)$。

6-10　两种方法实现信号的幅度调制与解调。方法一：MATLAB 提供了 modulate 函数来实现。方法二：信号的幅度调制原理 $f(t)\cos(\omega_0 t)\leftrightarrow \frac{1}{2}[F(\text{j}(\omega-\omega_0))+F(\text{j}(\omega+\omega_0))]$，利用时域的方法来实现，同时绘制出信号的频谱图。通过实例 $G_2(t)\cos(50t)\leftrightarrow \text{Sa}(\omega+50)+\text{Sa}(\omega-50)$ 来验证。

6-11　设计编写算法实现信号的抽样与重构。选取信号 $f(t)=\text{Sa}(t)$：当采用下列抽样间隔时，得到抽样后的信号波形图、由该抽样信号恢复的信号，并计算恢复后的信号与原信号的误差。

（1）抽样间隔 $T_s=0.5\pi$；

（2）抽样间隔 $T_s=1.5\pi$。

6-12　已知信号 $f(t)=2\cos(3t)+5\cos(50t)$ 通过频率特性为 $H(\text{j}\omega)$ 的系统，试问系统的输出有何特点？系统的作用是什么？

（1）$H(\text{j}\omega)=\frac{\text{j}\omega}{\text{j}\omega+25}$；　　（2）$H(\text{j}\omega)=\frac{10}{\text{j}\omega+10}$。

6-13　试用 laplace 函数求下列信号的象函数。

（1）$\text{e}^{-2t}+2$；　（2）$\delta(t)+\text{e}^{-t}$；　（3）$\text{e}^{-t}\cos t$；

（4）$\sin t+2\cos t$；　（5）$1-\text{e}^{-t}$；　（6）$\text{e}^{-t}\sin 2t$。

6-14　用多种方法求出下列象函数的原函数。

（1）$\frac{2}{s+2}$；　（2）$\frac{1}{s(s+1)}$；　（3）$\frac{2s+3}{s^2+4s+3}$；

（4）$\frac{s^2+2}{s^2+1}$；　（5）$\frac{\text{e}^{-s}}{s(s+1)}$；　（6）$\frac{1}{(s+3)^2}$。

6-15　已知某线性系统的微分方程为 $y''(t)+5y'(t)+6y(t)=2f'(t)+f(t)$，当 $y(0_-)=1$，$y'(0_-)=1$，$f(t)=\text{e}^{-t}\varepsilon(t)$ 时，试用 MATLAB 求得系统的零输入响应 $y_{zi}(t)$、零状态响应 $y_{zs}(t)$ 和全响应 $y(t)$，并画出相应的波形图。

6-16　已知系统函数 $H(s)=\frac{s(s+2)}{s^2+4s+3}$，试用多种方法求解系统的阶跃响应和冲激响应，并画出相应的波形图。

6-17　已知某系统函数 $H(s)=\dfrac{2s+3}{s^3+4s^2+5s+6}$，试画出该系统的零、极点分布图，求出解冲激响应、系统的频率响应，并判断系统的稳定性。

6-18　试求出下列信号的 z 变换。

（1）$(n+1)u(n)$；　（2）$\cos(3n)u(n)$；

（3）$\left(\dfrac{1}{2}\right)^n u(n)$；　（4）$e^{-2n}u(n)$。

6-19　试确定下列因果信号的 z 逆变换。

（1）$\dfrac{z}{z+2}$；　（2）$\dfrac{z^2}{z^2+\sqrt{2}z+1}$；

（3）$\dfrac{z^2-3z-4}{3z^2-2}$；　（4）$\dfrac{z^2-3z-4}{3z^3-2}$。

6-20　已知离散系统的系统函数分别如下：

（1）$H(z)=\dfrac{2z^2-3}{2z^3+3z^2-5z+1}$；　（2）$H(z)=\dfrac{z^2-3z-4}{3z^3-2}$。

试用 MATLAB 求出系统的零、极点图，并根据零、极点图判断系统的稳定性。

习题参考答案

第1章　信号与系统基本概念

1-1　略

1-2　（1）$u(t)+u(t-1)+u(t-2)$

（2）$[u(t+1)-u(t-3)]+[u(t)-u(t-2)]+[u(t)-u(t-1)]$

（3）$[u(t+2)-u(t-2)]+[u(t+1)-u(t-1)]$

（4）$R(t-1)$

1-3　（1）$2\delta(n)+5\delta(n-1)+4\delta(n-2)$；　（2）$u(2n)-u(2n+1)$

（3）$u(-n+3)$　（4）$R(n)$

1-4　（1）$\delta(t)$；　（2）$\frac{1}{4}$；　（3）0；　（4）1；　（5）$2u(t)$

（6）1；　（7）$-\frac{1}{2}$；　（8）$1-\mathrm{e}^{\mathrm{j}\omega t_0}$；　（9）$\mathrm{e}^{-3}+\mathrm{e}^{-\frac{9}{2}}$；　（10）2

1-5　（1）$t[u(t)-u(t-1)]+[u(t-1)-u(t-2)]$

（2）$u(t)+u(t-1)+u(t-2)-3u(t-3)$

1-6　略

1-7　（1）$\frac{\mathrm{d}f(t)}{\mathrm{d}t}=2[u(t+1)-u(t)]-2[u(t-1)-u(t-3)]$

$\frac{\mathrm{d}^2 f(t)}{\mathrm{d}t}=2[\delta(t+1)-\delta(t)]-2[\delta(t-1)-\delta(t-3)]$

（2）$\frac{\mathrm{d}f(t)}{\mathrm{d}t}=2[u(t+1)-u(t)]-2[u(t)-u(t-1)]+2\delta(t-2)-2\delta(t-3)$

$\frac{\mathrm{d}^2 f(t)}{\mathrm{d}t}=2[\delta(t+1)-\delta(t)]-2[\delta(t)-\delta(t-1)]+2\delta'(t-2)-2\delta'(t-3)$

1-8　（1）$y''(t)+5y'(t)=f(t)$；　（2）$y(n)-3y(n-1)+2y(n-2)=f(n)$

1-9

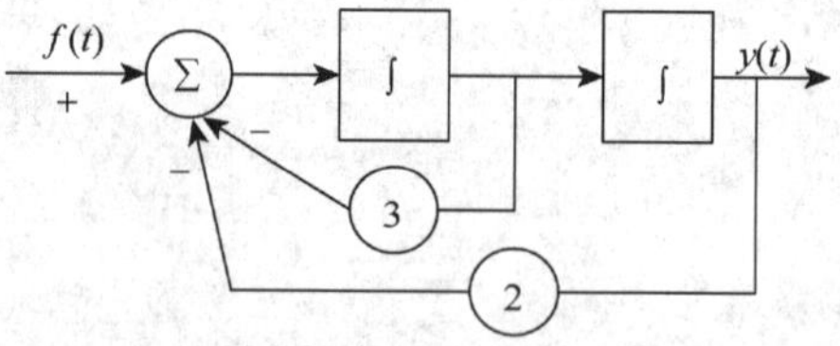

(1) 连续系统

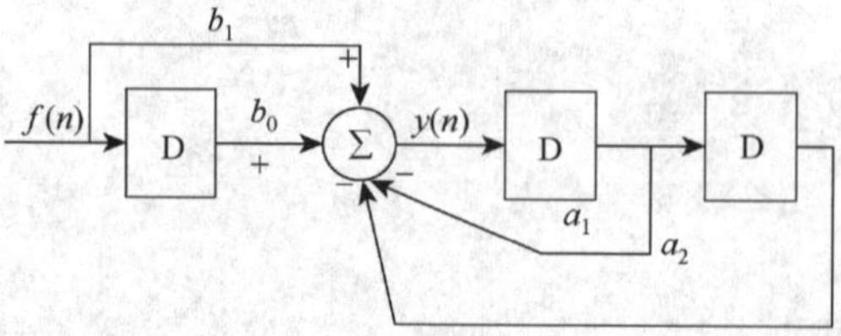

(2) 离散系统

1-10 （1）线性、时不变、因果；（2）线性、时变、非因果；（3）线性、时不变、因果
（4）线性、时不变、因果；（5）线性、时变、非因果；（6）线性、时不变、因果
（7）非线性、时不变、因果；（8）线性、时不变、非因果

1-11 略

1-12 （1）causal、memory；（2）causal、memory；（3）causal、memoryless

1-13 （1）$\because y(t)=T\{x(t)\}\ \therefore T\left\{\int_0^t x(\tau)\mathrm{d}\tau\right\}=\int_0^t T\{x(\tau)\}\mathrm{d}\tau=\int_0^t y(\tau)\mathrm{d}\tau$

（2）$\because y(t)=T\{x(t)\}\ \therefore T\left\{\dfrac{\mathrm{d}x(t)}{\mathrm{d}t}\right\}=\dfrac{\mathrm{d}}{\mathrm{d}t}\left[T\{x(t)\}\right]=\dfrac{\mathrm{d}}{\mathrm{d}t}[y(t)]=\dfrac{\mathrm{d}y(t)}{\mathrm{d}t}$

1-14 （1）causal、memory、linear；（2）noncausal、memory、linear
（3）causal、memory、linear；（4）causal、memory、linear

1-15 略

1-16 略

第2章 信号与系统时域应用分析方法

2-1 （1）$3\mathrm{e}^{-t}+\mathrm{e}^{-5t}(t\geqslant 0)$；（2）$\sin 4t+\cos 4t(t\geqslant 0)$
（3）$\mathrm{e}^{-t}(\cos t+2\sin t)(t\geqslant 0)$；（4）$\mathrm{e}^{-2t}(2+5t)(t\geqslant 0)$

2-2 （1）$\mathrm{e}^{-2t}+\dfrac{3}{2}\mathrm{e}^{-t}-\dfrac{3}{2}\mathrm{e}^{-3t}(t\geqslant 0)$；（2）$\mathrm{e}^{-t}(t\geqslant 0)$
（3）$5\mathrm{e}^{-3t}-\mathrm{e}^{-2t}(t\geqslant 0)$；（4）$\delta'(t)+\delta(t)+\mathrm{e}^{-2t}(t\geqslant 0)$

2-3 （1）$2\delta(t)-8\mathrm{e}^{-4t}(t\geqslant 0)$；（2）$8\mathrm{e}^{-t}-6\mathrm{e}^{-2t}-2t\mathrm{e}^{-2t}(t\geqslant 0)$
（3）$t\mathrm{e}^{-2t}(t\geqslant 0)$；（4）$\dfrac{3}{2}+t-\dfrac{1}{2}\mathrm{e}^{-2t}\cos 2t-\dfrac{1}{2}\mathrm{e}^{-2t}\sin 2t(t\geqslant 0)$

2-4 （1）$u(t)$；（2）$u(t)+\delta(t)+\mathrm{e}^{-2t}(t\geqslant 0)$

2-5 $\dfrac{1}{4}\mathrm{e}^{-t}+\dfrac{11}{4}\mathrm{e}^{-4t}(t\geqslant 0)$

2-6 （1）$y_{zs}(t)=\mathrm{e}^{-t}+\sin t(t\geqslant 0)$，$y_{zi}(t)=\mathrm{e}^{-t}(t\geqslant 0)$
（2）$\left[2\mathrm{e}^{-(t-1)}+\sin(t-1)\right]u(t-1)$
（3）$2(2\mathrm{e}^{-t}+\sin t)u(t)$

2-7 （1）$\dfrac{1}{2}(1-\mathrm{e}^{-2t})u(t)$；（2）$R(t)$；（3）$\dfrac{1}{2}t^2u(t)-\dfrac{1}{2}(t-2)^2u(t-2)$
（4）$[1-\cos(t-1)]u(t-1)$；（5）$2\sin\left(t-\dfrac{\pi}{4}\right)$；（6）$\begin{cases}(t-1)+\dfrac{(t-1)^2}{2}, & 1\leqslant t\leqslant 2\\ \dfrac{3}{2}+(t-2)+\dfrac{(t-2)^2}{2}, & 2<t\leqslant 3\\ 3, & t>3\end{cases}$
（7）$(t-2)\left[u(t-2)-u(t-4)\right]$；（8）$\delta(t)-3\mathrm{e}^{-3t}u(t)$

2-8 （a）$\begin{cases}2(1-\mathrm{e}^{-t}), & 0\leqslant t\leqslant 2\\ 2\left[\mathrm{e}^{-(t-2)}-\mathrm{e}^{-t}\right], & t\geqslant 2\end{cases}$；（b）$2\left[R(t-1)-R(t-2)-R(t-3)+R(t-4)\right]$
（c）$f_2(t-2)+f_2(t+2)$；（d）$2\left[R(t)-R(t-1)-R(t-2)+R(t-3)\right]$
（e）$(\mathrm{e}-\mathrm{e}^{-t})u(t+1)$；（f）$f_3(t)=\int_{-\infty}^t f_2(\tau)\,\mathrm{d}\tau=\begin{cases}1-\cos t, & 0\leqslant t\leqslant 2\pi\\ 0, & t>2\pi\end{cases}$

$f_1(t) * f_2(t) = 2\left[f_3(t) - f_3(t-1)\right]$

2-9　(a) $h(t) = h_1(t) + h_1(t) * h_2(t) * h_3(t)$；　(b) $h(t) = \left[1 + 2h_1(t)\right] * h_2(t)$

2-10　$h(t) = \mathrm{e}^{-t}u(t)$，$h(t) = \left[1 - \mathrm{e}^{-(t+1)}\right]u(t+1) - \left[1 - \mathrm{e}^{-(t-2)}\right]u(t-2)$

2-11　$\mathrm{e}^{-3t} - 3\mathrm{e}^{-2t} + 2\mathrm{e}^{-t}(t \geqslant 0)$

2-12　$2\left[\delta(t) - \mathrm{e}^{-t}u(t)\right]$

2-13　$y''(t) + a_1 y'(t) + a_0 y(t) = f(t)$

2-14　$y(n) = \{0, 0, 2, 1, 4, 2, 6, -1\}$

2-15　(1) $\left[3\left(\frac{1}{2}\right)^n - 2\left(\frac{1}{3}\right)^n\right]u(n)$

(2) $\left[2\mathrm{e}^{-(t-1)} + \sin(t-1)\right]u(t-1)$

(3) $\{-1, 0, -1, 0, -1, 0, -1, 0, 1, 0, 1, 0, 1, 0, 1\}(-7 \leqslant n \leqslant 7)$

2-16　$y(n) = \left(\frac{1}{3}\right)^n u(n) - \left(\frac{1}{3}\right)^{n-1} u(n-1)$

2-17　$y(n) = \left[2(4)^n - (2)^n\right]u(n)$

2-18　(1) $y(n) + 2y(n-1) - 3y(n-2) = 3f(n) + f(n-1)$

(2) $y(n) = (-1)^n u(n)$

2-19　(1) $v_C''(t) + \frac{R}{L}v_C'(t) + \frac{1}{LC}v_C(t) = \frac{1}{LC}f(t)$

(2) $i''(t) + \frac{R}{L}i'(t) + \frac{1}{LC}i(t) = \frac{1}{L}f'(t)$

2-20　(1) $y(0) = -\frac{11}{8},\ y(1) = \frac{25}{32},\ y(2) = -\frac{53}{128},\ y(3) = \frac{109}{512}$

(2) $y(0) = 1,\ y(1) = \frac{1}{4},\ y(2) = \frac{13}{16},\ y(3) = \frac{49}{64}$

2-21　(1) $2\left[R(t) - 2R(t-1) + R(t-2)\right]$；　(2) $\begin{cases} 2t - \frac{t^2}{2}, & 0 \leqslant t \leqslant 2 \\ 2 - 2(t-2) + \frac{(t-2)^2}{2}, & 4 \geqslant t \geqslant 2 \end{cases}$

第 3 章　傅里叶变换与频域应用分析方法

3-1　(1) $F(\mathrm{j}\omega) = \pi\delta(\omega) + \frac{\pi}{2}[\delta(\omega-2) + \delta(\omega+2)]$

(2) $F(\mathrm{j}\omega) = \mathrm{j}\pi[\delta(\omega+2) - \delta(\omega-2)] + \pi[\delta(\omega+4) + \delta(\omega-4)]$

3-2　$f(t) = \frac{2}{\pi} + \frac{3}{\pi}\cos(2t)$

3-3　1000Hz，5000Hz

3-4　$F_2(\mathrm{j}\omega) = F_1(-\mathrm{j}\omega)\mathrm{e}^{-\mathrm{j}2\omega}$

3-5　(1) $\frac{1}{2}F\left(-\frac{\mathrm{j}\omega}{2}\right)\mathrm{e}^{-\frac{3}{2}\mathrm{j}\omega}$；　(2) $\frac{1}{5}F\left(\frac{\mathrm{j}(\omega-2)}{5}\right)$；　(3) $\mathrm{j}\frac{\mathrm{d}F(\mathrm{j}\omega)}{\mathrm{d}\omega} - 2F(\mathrm{j}\omega)$

(4) $-\mathrm{j}\frac{\mathrm{d}F(-\mathrm{j}\omega)}{\mathrm{d}\omega}\mathrm{e}^{-\mathrm{j}\omega}$；　(5) $-F(\mathrm{j}\omega) - \omega\frac{\mathrm{d}F(\mathrm{j}\omega)}{\mathrm{d}\omega}$；　(6) $f(3)\mathrm{e}^{-\mathrm{j}3\omega}$

3-6 $F(\mathrm{j}\omega)=\dfrac{1}{\mathrm{j}\omega}\left(\mathrm{Sa}(\omega)\mathrm{e}^{-\mathrm{j}\omega}-\mathrm{e}^{-\mathrm{j}2\omega}\right)$

3-7 $F(\mathrm{j}\omega)=\dfrac{\omega_0}{(\alpha+\mathrm{j}\omega)^2+\omega_0^{\ 2}}$

3-8 略

3-9 $F(\omega)=4\{\mathrm{Sa}[2(\omega+50)]\mathrm{e}^{-\mathrm{j}2(\omega+50)}+\mathrm{Sa}[2(\omega-50)]\mathrm{e}^{-\mathrm{j}2(\omega-50)}\}$

3-10 $h(t)=3\mathrm{e}^{-2t}u(t)$

3-11 $y(t)=|H(\mathrm{j}\omega_0)|\cos\left(\omega_0 t+\theta+\varphi(\omega_0)\right)$

3-12 $ys(t)=\dfrac{1}{\sqrt{2}}\sin(t-45°)+\dfrac{1}{\sqrt{10}}\sin(t-72°)$

3-13 $r(t)=\dfrac{1}{2}\cos 2t$

3-14 略

3-15 （1）$\dfrac{2}{f_{\mathrm{m}}}$；（2）$\dfrac{1}{4f_{\mathrm{m}}}$；（3）$\dfrac{1}{2f_{\mathrm{m}}}$

3-16 $A=\dfrac{1}{3}$，$B=3$

3-17 $x(t)=\sqrt{12}(\mathrm{e}^{-t}-\mathrm{e}^{-2t})u(t)$

3-18 $x(t)=\mathrm{e}^{-4t}u(t)$

3-19 $y(t)=0$

3-20 $T_{\max}=\dfrac{\pi}{\omega_1+\omega_2}$

第 4 章 拉普斯变换与 s 域应用分析方法

4-1 （1）$\dfrac{1}{s+2}+\dfrac{2}{s}$；（2）$1+\dfrac{1}{s+1}$；（3）$\dfrac{s+1}{(s+1)^2+1}$；（4）$\dfrac{2s+1}{s^2+1}$

（5）$\dfrac{1}{s}-\dfrac{1}{s+1}$；（6）$\dfrac{2}{(s+1)^2+4}$；（7）$1+s$；（8）$\dfrac{1+s}{s^2}$

4-2 （a）$\dfrac{1}{s}(1-\mathrm{e}^{-2s})$；（b）$\dfrac{1}{s}(1-\mathrm{e}^{-s})$；（c）$\dfrac{1}{s}(\mathrm{e}^{-s}-\mathrm{e}^{-3s})$

4-3 （1）$2\mathrm{e}^{-2t}u(t)$；（2）$(1-\mathrm{e}^{-t})u(t)$；（3）$\left(\dfrac{3}{2}\mathrm{e}^{-3t}-\dfrac{1}{2}\mathrm{e}^{-t}\right)u(t)$

（4）$\delta(t)+\sin t$；（5）$\left[1-\mathrm{e}^{-(t-1)}\right]u(t-1)$；（6）$t\mathrm{e}^{-3t}u(t)$

4-4 （1）$y_{zs}(t)=\left(\dfrac{1}{3}\mathrm{e}^{-t}+\dfrac{1}{6}\mathrm{e}^{2t}-\dfrac{1}{2}\mathrm{e}^{-2t}\right)u(t)$，$y_{zi}(t)=\left(\dfrac{3}{4}\mathrm{e}^{2t}+\dfrac{1}{4}\mathrm{e}^{-2t}\right)u(t)$

（2）$y(t)=y_{zs}(t)+y_{zi}(t)=\left(\dfrac{1}{3}\mathrm{e}^{-t}+\dfrac{11}{12}\mathrm{e}^{2t}-\dfrac{1}{4}\mathrm{e}^{-2t}\right)u(t)$

4-5 $y_{zs}(t)=\left[2\mathrm{e}^{-2t}+(3t-2)\mathrm{e}^{-t}\right]u(t)$，$y_{zi}(t)=(3\mathrm{e}^{-t}-2\mathrm{e}^{-2t})u(t)$

$y(t)=y_{zs}(t)+y_{zi}(t)=\left[(3t+1)\mathrm{e}^{-t}\right]u(t)$

4-6 $h(t)=\dfrac{1}{2}(\mathrm{e}^{-t}+\mathrm{e}^{-3t})u(t)$，$g(t)=\left(\dfrac{2}{3}-\dfrac{1}{2}\mathrm{e}^{-t}+\dfrac{1}{6}\mathrm{e}^{-3t}\right)u(t)$

4-7 $g(t)=(1-\mathrm{e}^{-2t}+2\mathrm{e}^{-3t})u(t)$

4-8 $H(s)=\mathrm{e}^{-s}\left(1+\frac{1}{s}\right)+\frac{\mathrm{e}^{-3s}}{s}$，$\frac{1}{2}[1+\mathrm{e}^{-2(t-1)}]u(t-1)+\frac{1}{2}[1-\mathrm{e}^{-2(t-3)}]u(t-3)$

4-9 $H(s)=\frac{1}{8s+2}$

4-10 $i(t)=\left[0.2+\mathrm{e}^{-t}\left(0.8\cos 2t-1.1\sin 2t\right)\right]u(t)$，$s$ 域模型略

4-11 （1）$H(s)=\frac{2s+1}{s^2+3s+2}$；　（2）$h(t)=(3\mathrm{e}^{-2t}-\mathrm{e}^{-t})u(t)$

（3）$y''(t)+3y'(t)+2y(t)=2f'(t)+f(t)$

（4）系统稳定；　（5）$y(t)=[0.5\mathrm{e}^{-t}+3\mathrm{e}^{-2t}-2.5\mathrm{e}^{-3t}]u(t)$

4-12 （1）$\frac{16}{(\mathrm{j}\omega+1)(\mathrm{j}\omega+8)}$；　（2）$\frac{10(\mathrm{j}\omega+4)}{(\mathrm{j}\omega+1)(\mathrm{j}\omega+10)}$

（3）$\frac{10}{\mathrm{j}\omega(\mathrm{j}\omega+6)}+\frac{10}{6}\pi\delta(\omega)$；　（4）$\frac{10}{(\mathrm{j}\omega+1)[(\mathrm{j}\omega+2)^2+12]}$

4-13

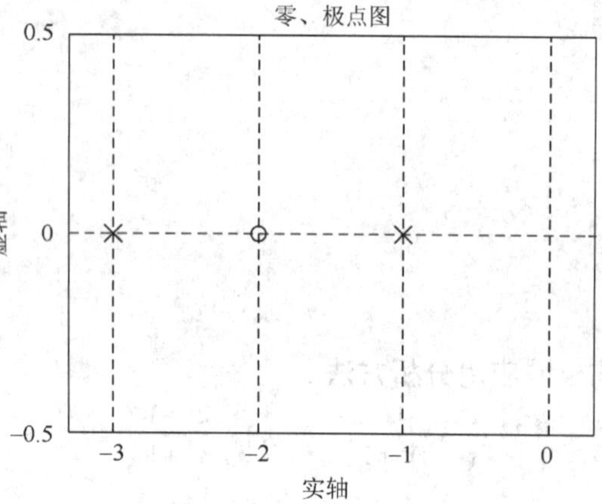

(1) 零点：0,−2；极点：−1,−3

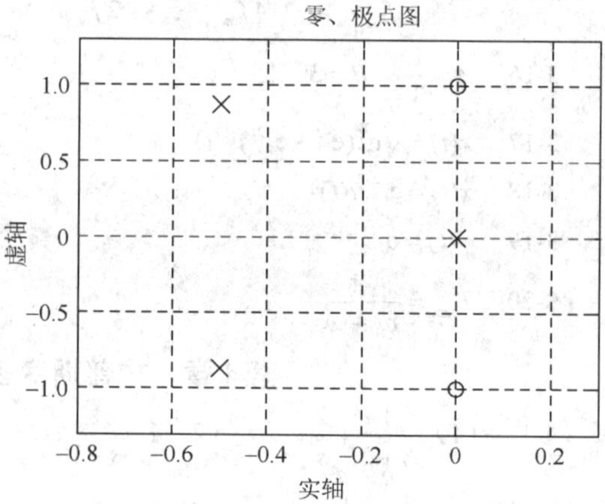

(2) 零点：$\pm\mathrm{j}\sqrt{2}$；极点：$0,-1\pm\mathrm{j}\frac{\sqrt{3}}{2}$

4-14 （1）$H(s)=\frac{2(s+6)}{(s+3)(s^2+25)}$，系统稳定

（2）$H(s)=\frac{2(s+6)}{(s-3)(s^2+16)}$，系统不稳定

4-15 $H(s)=\frac{s}{s^2+s+6}$，系统稳定

4-16 $K\leqslant 2$

4-17 （1）$\left(\frac{1}{2}+\frac{1}{2}\mathrm{e}^{-2t}\right)u(t)$；　（2）$\left(\frac{14}{13}\mathrm{e}^{-10t}+\frac{5}{13}\sin 2t-\frac{1}{13}\cos 2t\right)u(t)$

（3）$(8t\mathrm{e}^{-10t})u(t)$；　（4）$\left(\frac{-1}{12}+\frac{1}{21}\mathrm{e}^{3t}+\frac{1}{28}\mathrm{e}^{-4t}\right)u(t)$

4-18 （1）$(2\mathrm{e}^{-4t}-\mathrm{e}^{3t})u(t)$；　（2）$\left(\frac{1}{7}-\frac{1}{7}\mathrm{e}^{-2.5t}\cos\frac{\sqrt{3}}{2}t+\frac{3\sqrt{3}}{7}\mathrm{e}^{-2.5t}\sin\frac{\sqrt{3}}{2}t\right)u(t)$

（3）$\mathrm{e}^{0.5t}\left(\cos\frac{\sqrt{3}}{2}t-\frac{\sqrt{3}}{3}\sin\frac{\sqrt{3}}{2}t\right)u(t)+\left[\frac{2\sqrt{3}}{3}\mathrm{e}^{-0.5(t-1)}\sin\frac{\sqrt{3}}{2}(t-1)\right]u(t-1)$

（4）$\delta(t)-\mathrm{e}^{-t}u(t)+\left[(t-2)\mathrm{e}^{-(t-2)}\right]u(t-2)+\left[(2-t)\mathrm{e}^{-(t-1)}\right]u(t-1)$

4-19 （a）$H(s)=\dfrac{(1+RCs)^2}{(1+RCs)^2+RCs}$；（b）$H(s)=\dfrac{1}{R^2C^2s^2+3RCs+1}$

4-20 （1）$E(s)=\dfrac{s(s-3)}{s^2+(k-3)s+3}R(s)$；（2）$K\geqslant 3$；（3）$K\geqslant 3$

4-21 （1）stable；（2）marginally stable；（3）unstable；（4）marginally stable

第5章 z变换与z域应用分析方法

5-1 （1）$X(z)=\dfrac{1}{1-\dfrac{1}{2}z^{-1}}\left(|z|>\dfrac{1}{2}\right)$；（2）$X(z)=\dfrac{1}{1-2z^{-1}}(|z|<2)$

（3）$X(z)=\dfrac{1-(2z)^{-3}}{1-\dfrac{1}{2}z^{-1}}\left(|z|>\dfrac{1}{2}\right)$；（4）$X(z)=\dfrac{1}{1-2z}\left(|z|<\dfrac{1}{2}\right)$

（5）$X(z)=\dfrac{1}{1-z^{-1}}(|z|<1)$；（6）$X(z)=\dfrac{1}{1-2z^{-1}}+\dfrac{1}{1-\dfrac{1}{2}z^{-1}}(|z|>2)$

（7）$X(z)=1-\dfrac{1}{8}z^{-3}(|z|>0)$；（8）$X(z)=\dfrac{1}{1-3z\mathrm{e}^{-\mathrm{j}\frac{\pi}{4}}}+\dfrac{1}{1-3z\mathrm{e}^{\mathrm{j}\frac{\pi}{4}}}\left(|z|<\dfrac{1}{3}\right)$

5-2 （1）$x(n)=a^nu(n)$；（2）$x(n)=-a^nu(-n-1)$

（3）$x(n)=(-0.5)^nu(n)$；（4）$x(n)=-3\left(-\dfrac{1}{4}\right)^nu(n)+4\left(-\dfrac{1}{2}\right)^nu(n)$

（5）$x(n)=\dfrac{5}{6}\left(-\dfrac{1}{2}\right)^nu(n)+\dfrac{1}{6}\left(\dfrac{1}{2}\right)^nu(n)$

5-3 $X(z)=\dfrac{1}{1-\dfrac{1}{2}z^{-1}}+\dfrac{-1}{1-2z^{-1}}$

（1）$x(n)=\left(\dfrac{1}{2}\right)^nu(n)-2^nu(n)$，右边序列

（2）$x(n)=-\left(\dfrac{1}{2}\right)^nu(-n-1)+2^nu(-n-1)$，左边序列

（3）$x\left(n=\left(\dfrac{1}{2}\right)^nu(n)+2^nu(-n-1)\right)$，双边序列

5-4 （1）$X(z)=\dfrac{-2}{1-\dfrac{1}{3}z^{-1}}+\dfrac{3}{1-\dfrac{1}{2}z^{-1}}$

$|z|<\dfrac{1}{3}$，$x(n)=2\left(\dfrac{1}{3}\right)^nu(-n-1)-3\left(\dfrac{1}{2}\right)^nu(-n-1)$

$\dfrac{1}{3}<|z|<\dfrac{1}{2}$，$x(n)=-2\left(\dfrac{1}{3}\right)^nu(n)-3\left(\dfrac{1}{2}\right)^nu(-n-1)$

$|z|>\dfrac{1}{2}$，$x(n)=-2\left(\dfrac{1}{3}\right)^nu(n)+3\left(\dfrac{1}{2}\right)^nu(n)$

（2）$X(z)=\dfrac{2}{1-1.5z^{-1}}+\dfrac{-2}{1-z^{-1}}$

$|z|<1$，$x(n)=-2(1.5)^n u(-n-1)+2u(-n-1)$

$1<|z|<1.5$，$x(n)=-2(1.5)^n u(-n-1)-2u(n)$

$|z|>1.5$，$x(n)=2(1.5)^n u(n)-2u(n)$

5-5　（1）$\begin{cases} x(0)=1 \\ \lim\limits_{n\to\infty} x(n)=-1 \end{cases}$；　（2）$\begin{cases} x(0)=1 \\ \lim\limits_{n\to\infty} x(n)=0 \end{cases}$

5-6　$H(z)=\dfrac{-\frac{1}{3}}{1-\frac{1}{2}z^{-1}}+\dfrac{\frac{4}{3}}{1-2z^{-1}}$

因为是稳定系统，其收敛域为$\frac{1}{2}<|z|<2$，故

$$h(n)=-\frac{1}{3}\left(\frac{1}{2}\right)^n u(n)-\frac{4}{3}2^n u(-n-1)$$

5-7　$H(z)=\dfrac{2}{\left(1+\frac{1}{2}z^{-1}\right)(1-2z^{-1})}=\dfrac{\frac{2}{5}}{1+\frac{1}{2}z^{-1}}+\dfrac{\frac{8}{5}}{1-2z^{-1}}$

因为是因果系统，所以收敛域为

$$h(n)=\frac{2}{5}\left(-\frac{1}{2}\right)^n u(n)+\frac{8}{5}2^n u(n)$$

5-8　（1）$H(z)=\dfrac{1+0.9z^{-1}}{1-0.9z^{-1}}=\dfrac{2z}{z-0.9}-1$，极点 $z=0.9$，零点 $z=-0.9$

（2）$h(n)=2(0.9)^n u(n)-\delta(n)$，$H(\mathrm{e}^{\mathrm{j}\omega})=H(z)\big|_{z=\mathrm{e}^{\mathrm{j}\omega}}=\dfrac{1+0.9\mathrm{e}^{-\mathrm{j}\omega}}{1-0.9\mathrm{e}^{\mathrm{j}\omega}}$

5-9　$X(z)=\dfrac{1}{125}\dfrac{z^{-3}}{1-\frac{1}{5}z^{-1}}$，$|z|>\dfrac{1}{5}$

5-10　$\alpha=2$，n_0，arbitrary

5-11　poles at $z=\frac{1}{3}\mathrm{e}^{\pm \mathrm{j}\pi/4}$，ROC：$|z|<\frac{1}{3}$

5-12　3

5-13　two sided

第 6 章　典型应用实例与 MATLAB 辅助分析

6-1　（1）t = 0:0.01:10; f = stepfun(t,0)-2*stepfun(t,2) + stepfun(t,3);plot(t,f)

（2）t = 0:0.01:10; f =exp(-2*t)-exp(-3*t);plot(t,f)

（3）t = -10:0.01:10; f =sinc(pi*t).*cos(10*t);plot(t,f)

（4）k = -10: 1:10; f = stepfun(k,-2)-stepfun(k,3);stem(k,f)

（5）k = -10: 1:10; f =0.2.^k.* stepfun(k,0); stem (k,f)

（6）k = -10: 1:10; f=cos(0.9*pi*k).*2.^k; stem (k,f)

6-2　f(t)=(t+1)*[u(t+1)-u(t)]+2*u(t)-3*u(t-1)+u(t-3);

t = -5:0.01:5;

f = (t+1).*(stepfun(t,-1)-stepfun(t,0))+2*stepfun(t,0)-3*stepfun(t,1) + stepfun(t,3);plot(t,f)

```
t1= -5:0.01:5;t=-t1;
f = (t+1).*(stepfun(t,-1)-stepfun(t,0) )+2*stepfun(t,0)-3*stepfun(t,1) + stepfun(t,3);plot(t1,f)
t1= -5:0.01:5;t=-2*t1;
f = (t+1).*(stepfun(t,-1)-stepfun(t,0) )+2*stepfun(t,0)-3*stepfun(t,1) + stepfun(t,3);plot(t1,f)
t1= -5:0.01:5;t=-2*t1+3;
f = (t+1).*(stepfun(t,-1)-stepfun(t,0) )+2*stepfun(t,0)-3*stepfun(t,1) + stepfun(t,3);plot(t1,f)
```

6-3 n=-20:20;y=cos(0.1*pi*n); stem(n,y)

6-4 （1）是。n=-30:30;t=n/3;f1=sin(4*pi*t);stem(n,f1);

（2）否。n=-30:30;t=n/5;f2=sin(6*t);stem(n,f2);

6-5 help square、help sawtooth、help tripuls

6-6 t=-3:0.01:3;f= stepfun(t,0)-stepfun(t,2);h=f;subplot(221),plot(t,f); subplot(222),plot(t,h);

y=conv(f,h); subplot(223),t=-6:0.01:6;plot(t,y);

6-7 t=-5:0.01:5;y= sawtooth(9pi*t);plot(t.y);

6-8 help fft; help ifft;

6-9 t=-2:0.01:2;g2= stepfun(t,-1)-stepfun(t,1); subplot(221),plot(t,g2);

F=fft(g2); subplot(222),stem(F);f=iff(F); subplot(223),plot(t,real(f));

6-10 方法一：help modulate

方法二：t=-2:0.01:2;g2= (stepfun(t,-1)-stepfun(t,1)).*cos(50*t); subplot(221), plot(t,g2);

F=fft(g2); subplot(222),stem(F);f=iff(F); subplot(223),plot(t,real(f));

6-11 %参看：用 MATLAB 验证时域抽样定理

```
clc;
TN=0.05;TNN=0.005;   %前者为抽样间隔 后者是对原始信号抽样画图
Ts1=0.02;Ts2=0.08;   %两种抽样时间 分别小于、大于抽样间隔 TN
n=-200:200;nN=-2000:2000; %抽样长度
nTs1=n*Ts1;nTs2=n*Ts2;nTN=n*TN;nTNN=n*TNN;
%以小于抽样间隔抽样
fs1=cos(8*pi*nTs1)+2*sin(40*pi*nTs1)+cos(24*pi*nTs1); %抽样信号
ft=cos(8*pi*nTNN)+2*sin(40*pi*nTNN)+cos(24*pi*nTNN);   %原始信号
y1=fs1*Ts1*40*sinc(40*(ones(length(nTs1),1)*nTs1-nTs1'*ones(1,length(nTs1)))); %重构信号
error1=abs(fs1-y1);
subplot(2,3,1);
stem(nTs1,fs1,'r');
hold on;
plot(nTNN,ft);
xlim([-0.5,0.5]);ylim([-4,4]);
grid on;
subplot(2,3,2);
plot(nTs1,y1);
```

```
xlim([-0.5,0.5]);ylim([-4,4]);
grid on;
subplot(2,3,3);
plot(nTs1,error1,'g');
xlim([-0.5,0.5]);ylim([-4,4]);
grid on;
%以大于抽样间隔抽样
fs2=cos(8*pi*nTs2)+2*sin(40*pi*nTs2)+cos(24*pi*nTs2);
ft=cos(8*pi*nTNN)+2*sin(40*pi*nTNN)+cos(24*pi*nTNN);
y2=fs2*Ts2*40*sinc(40*(ones(length(nTs2),1)*nTs2-nTs2'*ones(1,length(nTs2))));
error2=abs(fs2-y2);
subplot(2,3,4);
stem(nTs2,fs2,'r');
hold on;
plot(nTNN,ft);
xlim([-0.5,0.5]);ylim([-4,4]);
grid on;
subplot(2,3,5);
plot(nTs2,y2);
xlim([-0.5,0.5]);ylim([-4,4]);
grid on;
subplot(2,3,6);
plot(nTs2,error2,'g');
xlim([-0.5,0.5]);ylim([-4,4]);
grid on;
```

6-12　低通滤波;syms t ;f=2*cos(3*t)+5*cos(50*t);F= fourier(f);

6-13　（1）syms t s;f=exp(-2*t)+2;F=laplace(F)

（2）syms t s;f=sym('Dirac(t)')+exp(-t); F=laplace(f)

（3）syms t s;f= exp(-t)*cos(t); F=laplace(f)

（4）syms t s;f= sin(t)+2*cos(t); F=laplace(f)

（5）syms t s;f= 1-exp(-t); F=laplace(f)

（6）syms t s;f= exp(-t)*sin(2*t); F=laplace(f)

6-14　（1）syms t s;F= 2/(s+2);f=laplace(F)

（2）syms t s;F=1/s-1/(s+1);f=laplace(F)

（3）syms t s;[r,p]=residue([2,3],[1,4,3]);F=r(1)/(s-p(1))+r(2)/(s-p(2));f= laplace(F)

（4）syms t s;F=1-1/(s^2+1);f=laplace(F)

（5）syms t s;F=exp(-t)/s- exp(-t)/(s+1);f=laplace(F)

（6）syms t s;F=1/(s+1)^3;f=laplace(F)

6-15 syms t; f=exp(-t)*sym('Heaviside(t)');y = dsolve('D2y+5*Dy+6*y = 2*Df+f', 'y(0) = 1,Dy(0)=1');

零输入响应: y = dsolve('D2y+5*Dy+6*y = 0', 'y(0) = 1,Dy(0)=1');

零状态响应: y = dsolve('D2y+5*Dy+6*y = 2*Df+f', 'y(0) = 0,Dy(0)=0');

或用 laplace 变换: 零状态 H(s)=(2s+1)/(s^2+5s+6),F(s)=1/(s+1);…

6-16 阶跃响应:F(s)=1/s, Y(s)=H(s)*F(s);f=ilaplace(Y);

冲激响应:F(s)=1, Y(s)=H(s)*F(s);f=ilaplace(Y);

6-17 零、极点分布图:zplane([2 3],[1 4 5 6])

冲激响应:IMPULSE([2 3],[1 4 5 6])

系统的频率:freqs([2 3],[1 4 5 6])

系统稳定

6-18 （1）syms n z; f=(n+1)*sym('Heaviside(n)');F= ZTRANS(f)

（2）syms n z; f=cos(3*n)*sym('Heaviside(n)');F= ZTRANS(f)

（3）syms n z; f=(1/2)^*sym('Heaviside(n)');F= ZTRANS(f)

（4）syms n z; f=exp(-2*n)*sym('Heaviside(n)');F= ZTRANS(f)

6-19 （1）syms n z;F=z/(z+2);f= iztrans(F)

(2)～(4)类似，略

6-20 （1）系统的零、极点图：zplane([2 0 -3],[2 3 -5 1])，不稳定

（2）系统的零、极点图：zplane([1-3 -4],[3 0 0 -2])，稳定

参考文献

奥本海姆，等. 2000. 信号与系统 [M]. 刘树堂，译. 西安：西安交通大学出版社.
谷源涛，应启珩，郑君里. 2005. 信号与系统——MATLAB 综合实验[M]. 北京：高等教育出版社.
管致中，夏恭恪，孟桥. 2011. 信号与线性系统[M]. 5 版. 北京：高等教育出版社.
梁虹，梁洁，陈跃斌，等. 2002. 信号与系统分析及 MATLAB 实现[M]. 北京：电子工业出版社.
楼顺天，李博菡. 1998. 基于 MATLAB 的系统分析与设计——信号处理[M]. 西安：西安电子科技大学出版社.
王景芳，肖尚辉，康清钦. 2010. 信号与系统[M]. 北京：清华大学出版社.
吴大正，等. 2005. 信号与线性系统分析[M]. 4 版. 北京：高等教育出版社.
邢丽冬，潘双来. 2012. 信号与线性系统[M]. 2 版. 北京：清华大学出版社.
徐守时. 2003. 信号与系统：理论、方法和应用[M]. 合肥：中国科学技术大学出版社.
郑君里，应启珩，杨为理. 2011. 信号与系统[M]. 3 版. 北京：高等教育出版社.
Oppenheinm A V，Willsky A S. 1999. Signal and System[M]. 2nd ed. Englewood Cliffs：Prentice-Hall.